Business Administration Classics

工商管理系列教材

管理思想史

(第3版)

The History of Management Thought (Third Edition)

方振邦　刘　琪　编著

中国人民大学出版社
· 北京 ·

作者简介

方振邦 中国人民大学公共管理学院教授、博士生导师，公共组织绩效管理研究中心主任，中国人力资源开发研究会人才测评研究分会副会长，兼任中共中央组织部、国家人力资源和社会保障部、国家开发投资集团公司专家。主要研究领域为公共部门人力资源管理、战略性绩效管理、领导干部选拔任用、领导干部考核评价、管理思想百年脉络等。出版《战略性人力资源管理》《战略性绩效管理》《管理百年》《国外人才能力标准与评价》《党政领导干部考核评价》《公共部门人力资源管理》等著作30余部。发表《干部竞争性选拔：发展历程、存在问题及解决对策》《政府绩效管理创新：平衡计分卡中国化模式的构建》《构建促进科学发展的领导干部实绩考核体系》等学术论文近100篇。主持中共中央组织部《考试测评与干部选拔工作改革研究》等课题40余项。

刘　琪 中国人民大学公共管理学院公共组织与人力资源专业博士生，在中国人民大学发展规划处工作。主要研究领域为公共部门人力资源管理、绩效管理、高等教育管理、高等教育政策。

内容简介

本书以具体年代与具体学派为维度，系统梳理百年来管理思想发展历程，清晰勾勒管理思想发展脉络，精选并浓缩管理思想精华，着重阐释各种经典管理思想流派的产生、发展、来龙去脉及其相互关联，尤为关注20世纪90年代以来出现且至今仍风靡世界的管理思想，能够帮助读者在较短的时间内理清管理思想脉络，掌握管理思想精髓，透析管理思想前沿，夯实管理理论功底，提升管理能力素质。

本书第3版新增了管理思想百年脉络图，增加了不成熟-成熟理论、组织防卫与双环学习理论、交易型领导和变革型领导理论等，内容更加精准、丰富，表述更加简明、通俗易懂，可读性与适用性更强。

Preface | 前　言

管理随着人类共同劳动的出现已经有几千年的历史，管理思想的发展与人类社会的生产实践密切相关。回顾各种管理思想的演变历程，不难发现，许多管理思想至今仍在指导人们的实践，一些当下流行的管理理论也可以从早期管理思想中寻找渊源。因此，系统梳理各种管理思想的演进历程、理论内涵和应用价值，提炼管理思想发展的主要规律，对于学界和实践界人士提高专业知识素养、传承优秀管理思想、指导当下管理实践都具有十分重要的意义。

为帮助读者快速、全面、系统地理清管理思想发展脉络、掌握管理思想精髓、把握管理思想前沿，我们于2011年出版了《管理思想史》一书，并于2014年进行了第一次修订，得到广大师生好评。根据近年来的教学经验和研究成果，我们再次进行修订，形成《管理思想史》第3版。总体来说，第3版沿袭了前两版的基本思路，具有以下特点：

(1) 梳理管理思想之脉络。本书以具体年代及具体学派为维度，清晰勾勒出百年管理思想发展脉络，着重梳理各种管理学派和思想产生、发展状况及来龙去脉，以帮助读者理清思路、掌握规律和学习记忆。

(2) 浓缩管理思想之精华。本书从博大精深、纷繁复杂的管理思想丛林中选取精华，系统地阐述百余年来核心管理思想的背景、人物、作品、特点、评论，以方便读者在较短的时间内熟悉和掌握主要管理思想的关键内容。

(3) 触摸管理思想之前沿。本书对20世纪90年代后出现的前沿管理思想进行重点介绍和阐释，包括卓越公司理论、知识管理理论、创新理论、学习型组织理论、团队角色理论、流程再造学派、核心竞争力理论、蓝海战略以及平衡计分卡理论等，以确保读者把握管理思想发展的趋势和方向。

与此同时，我们秉持科学系统、清晰易懂的原则对第3版各章节进行了调整。第一，调整了管理思想百年脉络图及相应章节内容，使管理理论的发展与演变以更加清晰的脉络呈现；第二，增加了不成熟-成熟理论、组织防卫与双环学习理论、交易型领导和变革型领导理论等，使内容更加精准、丰富；第三，修改了各章节的导语和小结，表述更加简明清晰、通俗易懂，以提高读者的阅读效率。

本书既可以作为普通高等院校管理类本科生的专业课教材，也可以作为研究生入学考试专业参考书目，还可以供各类组织中从事管理研究和实践的人士参考。读者既可以通篇阅读，建立起对管理理论的发展与演变的全面认识，也可以根据需要重点研读。

集结成书的艰辛过程汇聚了团队的辛劳付出和智慧。在本书即将出版之际，我们要特别感谢中国人民大学出版社的编辑为本书的出版所付出的劳动；感谢中国人民大学公共管理学院组织与人力资源研究所的研究生韩宁、姜颖雁、唐健、刘庆、杜义国、杨畅等为本书的编写所做的各项工作。尽管我们付出了极大努力，但限于水平，书中的纰漏和不足在所难免，敬请各位同人、专家和读者朋友批评指正。

方振邦

教授、博士生导师

中国人民大学公共组织绩效管理研究中心主任

Contents | 目 录

第一章

绪论

第一节 管理思想史概述

一、管理与管理思想发展

管理是人类的一种实践活动。它起源于人类的共同劳动，是一个协调工作活动的过程，以便能够有效率和有效果地同他人一起或通过他人实现组织的目标。正如马克思所说："一切规模较大的直接社会劳动或共同劳动，都或多或少地需要指挥，以协调个人的活动……一个单独的提琴手是自己指挥自己，一个乐队就需要一个乐队指挥。"① 协调工作的过程也是管理者发挥计划、组织、领导和控制等一系列管理职能的过程。有效率是指所从事的管理活动以尽可能少的资源（金钱、时间、原料、人力等）投入获得尽可能多的产出；有效果则指所从事的管理活动有助于组织达到预期目标。在成功的组织中，有效率和有效果是相辅相成的；有效的管理者既关注效率，更注重效果。

凡是有许多人共同劳动即协作的地方，就需要管理。可见，自从有了人类社会，就有了管理实践。随着管理实践的发展，人们对管理活动逐步产生认识，这种认识亦即人们所掌握的有关管理的知识，就是管理思想。将管理思想系统化并上升到理论形态，便形成管理理论。进而言之，管理思想是管理实践的理论表现，它是实际存在的有关管理活动及其职能、目的和范围等的知识主体。从一定意义上讲，人类的历史就是一部管理实践和管理思想的发展史。

管理思想的发展既是文化环境变化的一个过程，也是文化环境演变的产物。这是因为一方面人们对人、管理和组织的思想是根据整个历史中各种不同的文化道德准则和制

① 马克思．资本论：第1卷．北京：人民出版社，2004：384.

度变化的方向而向前发展的。有关如何进行管理的知识体系的发展也是根据各种文化中经济、社会和政治等方面的变化而演变的。另一方面，管理具有开放性，管理者总是在特定的文化价值准则和体制内管理组织及作出决定，他们分配和利用资源的方式也随着文化的缓慢变迁而发生变化。这里的文化是指我们整个社会的遗产，它具有非生物属性的人类遗传的特性，包含着与人类行为相联系的经济、社会和政治的形式。经济方面是指人同资源的关系；社会方面是指一个特定文化中人与人的关系；政治方面是指个人与国家的关系。管理思想总是要适应环境的变化而创新和发展，这是管理思想发展的一般规律。

管理的历史源远流长，管理思想的演变也经历了漫长的历史过程。现代意义上的管理思想是伴随着近代资本主义文明的诞生而发展起来的。西方工业革命之前，尽管也有人对管理进行了探索，但基本上属于经验管理，管理实践与个人经验分不开，因此管理思想比较零散，缺乏系统性，进而发展缓慢。直到 19 世纪六七十年代，随着第二次工业革命的出现，大机器生产和垄断组织客观上对管理方式、组织形式提出了全新的要求，于是人们开始对管理进行系统的研究。管理思想质的飞跃出现于 19 世纪末 20 世纪初的西方社会。1911 年泰勒的《科学管理原理》问世，标志着管理由经验上升为科学，使管理走上了规范化、制度化和科学化的轨道，管理学则成为一门正式学科逐步发展起来。自此，管理思想史上大师辈出，其中有学者，有管理实践者，也有管理咨询顾问，他们仁者见仁，智者见智，为管理思想的发展和完善作出了巨大贡献；同时，管理思想及学派纷纷涌现、异彩纷呈，形成博大精深的思想宝库，对管理实践产生了极其深远的影响，大大推动了社会及经济的发展。

二、管理思想史的研究对象与研究视角

管理思想史是自古至今有关管理的观点、见解、议论和理论的产生、发展、演变的历史，是管理实践经验的概括和系统化。从学科的角度说，管理思想史是研究和揭示人类管理思想的产生、发展、演变的历史过程及其规律的科学。

（一）管理思想史的研究对象

历史上曾经有一些著名学者对管理思想史进行过研究。其中较早的要数英国管理史学家林德尔·厄威克，他于 1956 年出版了《管理备要》，介绍了 70 位管理思想先驱的理论，考察了管理思想的发展和演变，总结了人类自首次运用科学的方法探讨管理问题以来的各种观点。此后，美国管理史学家小乔治于 1972 年正式出版了《管理思想史》，该书篇幅不大，简明扼要地介绍了西欧和美国的管理思想发展过程；而美国管理史学家丹尼尔·雷恩在其《管理思想的演变》（1979）一书中，按照时间顺序对有重大贡献的管理理论和实践工作者的活动背景、主要思想及其影响进行了研究。随后，美国管理学家哈罗德·孔茨对管理学派进行了重新梳理，并于 1980 年发表了《再论管理理论的丛

林》一文，将当时的管理理论划分为11个学派。通过分析各位著名管理史学家及经典管理思想史著作，不难发现，管理思想史的研究对象，既包括管理实践，也包括管理思想和管理理论及其辩证关系，还包括社会生产方式的变革与管理思想演变的相互关系等。

第一，研究不断发展的管理实践。管理实践是人们在社会组织中为实现一定目的而进行的各种实际管理活动。管理实践具有很强的社会性、组织性，具有明确的目的性，产生了广泛的影响与作用。管理实践体现着管理思想，是管理思想的表现形式，因而是管理思想史研究的主要对象。在现实社会生活中，传统的经验型管理与现代的科学管理往往交织在一起，现代管理实践始终处在发展变化之中，成为推动管理思想和理论发展的巨大动力。

第二，研究管理思想的演进规律。管理思想是在管理实践基础上逐渐形成发展起来的。在古代社会的长期历史进程中，人们对管理实践的思考处于不自觉的状态，在管理的具体问题与具体环节、方法等方面提出了许多见解，记录了许多成功的管理经验和方法，形成了丰富的古代管理思想遗产。然而这些管理思想是分散零碎的，缺乏理论的分析与概括，更谈不上思想体系。直到19世纪后期，在社会生产力高度发展与科学技术飞速进步的推动下，管理问题得到重视与关注，对管理实践的观察、研究与总结不断发展，人们对管理的认识日益全面深入，管理思想逐渐形成一个独立的思想体系，进而使管理成为一门学科。管理思想史正是以不同社会阶段管理思想的演进过程作为研究对象，探索其发展规律。

第三，研究社会生产方式与管理思想的关系。社会生产方式是管理思想产生和发展的基础。研究管理思想的发展，必须联系当时社会生产力发展水平和生产关系状况。管理思想是人们在总结、研究一定生产方式下的管理实践的基础上产生的，而生产方式的变革、管理实践的发展和管理中出现的现实问题又必然促使人们去进行理论的思考与探索，从而使新的管理思想不断产生出来，经过管理实践检验与充实，使管理思想逐渐上升到理论的高度，形成系统的、综合的管理理论。

（二）管理思想史的研究视角

管理思想史作为一门研究管理学历史的学问，与其他历史科学一样，从方法论角度看，必然有三个基本的研究视角：

（1）时间系列的视角。任何管理思想都是在管理活动和管理科学发展的时间系列中形成、存在与变化的，所以只有将某一管理思想放入管理活动和管理科学发展的时间系列中，才能再现管理科学的历史过程。

（2）研究领域系列的视角。任何管理思想都与前后相继的管理思想存在内容上的继承和变更关系，这种内容上的继承和变更决定了管理思想学派的异同，也决定了管理思想学派不同的历史地位。

（3）研究方法系列的视角。任何管理思想都必须借助于一定的研究方法才能得出。研究方法的相同，可以使内容相近的管理思想表现出继承关系，甚至可以使内容相左的管理思想呈现出某种关联。

总之，管理思想史的基本研究视角可以概括为：将各种管理思想放入相应的时间系列、研究领域系列和研究方法系列中，以理清各种管理思想产生、形成和发展的环境条件、主要过程及历史地位，进而揭示管理科学发展变化的基本规律。

三、学习与研究管理思想史的重要意义

管理思想史作为一个独立的研究领域，往往被绝大多数管理学院（系）所忽视。尽管不同层次的院系都讲授管理思想史知识，但是这个领域通常缺乏深度，也缺乏指导和整合。事实上，管理思想史所反映的内容最具一般性，它集管理科学基本原理于一身，通过深刻分析这些基本原理和基本思想产生、发展、演变的过程及其应用条件，从而对各个领域的管理都具有普遍指导意义。

第一，传承和发展管理思想。马克・吐温曾经说过，历史不可能重复自己，但有时候它有一种律动。对于管理学者来说，管理史上有许多内容要学习，其中重要的一课就是将过去的研究作为未来的序幕。学习和研究管理思想史，可以更清楚地了解古今中外管理实践和管理思想的发展过程，了解某些具体管理经验的来龙去脉以及它们在整个管理思想发展中的地位和作用，这样，就便于我们掌握管理的灵魂，吸收管理思想的精华，对先进管理经验和管理思想加以鉴别与取舍，在总结和发展的基础上进一步实现管理思想的创新。

第二，引领和指导管理实践。本书研究的管理思想，绝大部分是西方自管理科学产生以来的管理思想。应该说，这些管理思想是资本主义工业革命以来特别是资本主义大生产条件下如何组织生产的实践经验和理论总结。作为组织社会化大生产的产物，西方的管理思想对于我们的管理实践有着直接的指导作用。资本主义的生产发展到今天，没有管理上的成就是不可想象的。在我们的市场经济体制已初具形态的情况下，企业的生存不仅取决于资金、设备、产品等“形象化”的因素，还取决于管理的因素，在这方面，对于管理思想史的学习和研究，无疑具有重要的意义。我国正在进行社会主义现代化建设，要实现全面建设小康社会这一宏伟目标，必须提高经济管理、政府管理、教育管理、科技管理、社会管理等的水平。如何提高管理水平？重要的是掌握与运用管理思想史中关于管理科学的基本原理，并结合各行业特点进行管理变革与管理创新实践。

第三，弘扬和培育管理文化。人们对管理的认识的深化，是伴随历史上各种不同的文化道德准则的变化而发展的，管理思想的发展既是文化演进的一个过程，也是文化环境演变的产物。美国管理学家丹尼尔・雷恩认为“管理是文化的产儿”。彼得・德鲁克认为：“企业管理不仅是一门学科，还应是一种‘文化’，即有它自己的价值观、信仰、工具和语言的一种文化。”管理以文化为基础，它根植于文化、社会、传统、风俗、信

念及种种制度中，管理受到而且应该受到文化的影响；但同时管理和管理人员又影响文化与社会的形成。研究和学习管理思想史，就可以了解各个时期社会文化、传统、风俗、习惯及其对组织管理的影响，并掌握每个时期管理文化的思想精髓，在继承与融会贯通的基础上发展管理科学，进而弘扬和培育管理文化。

第四，开发和提高管理素质。有关管理思想演变的研究，能够向我们展现各种理念和方法的起源，使我们追溯它们的发展历程，给我们提供文化环境方面的观察视角，所以，它提供一个加快整合过程的理论框架。通过回顾睿智的前辈的管理经验和思想，可以改善目前的教学方法，扩展知识，获得洞察力。理论——在任何学科中都是一个合理的目标——是以管理学内容中各种个人的思想为基础的。追溯现代管理概念的起源和发展，能使我们更好地理解该领域中的分析工具和概念工具。当我们了解了大型公司的成长和壮大、科技的快速发展、各种文化价值观的兴衰，就可以开阔视野，了解和掌握丰富的管理成果，增强对外开放的积极性和主动性，使我们站得更高、看得更远，提高管理能力和管理水平。

第二节　早期管理思想

随着人类社会从低级向高级发展，管理实践和管理思想也日益丰富。当今许多管理思想都可以从早期管理思想中寻找渊源。不过，由于历史环境的限制，早期管理思想还不够系统全面，也没有形成专门的管理理论和学派。但这些思想却是管理思想史上不可缺少的重要组成部分，此后的管理学家正是在这些思想基础上发展出各自的管理理论，形成了独特的管理学派。

一、古代管理思想

管理思想的历史渊源可以追溯到远古时代。最早期的例子，如埃及的金字塔和中国的万里长城，都是几千年以前在由负责计划、组织、领导和控制活动的专门人员的管理与指挥下，由成千上万的劳动者共同协作建造的。古代管理思想主要源于文明古国。随着人类蒙昧时代的结束和文明时代的到来，管理实践和管理思想也不断发展。

（一）古代中国人的管理思想

中国古代管理思想源远流长、博大精深、独具魅力。其中，极具代表性的有儒家、道家、兵家、法家管理思想，其中都有不少适用于今天管理活动的精辟见解。儒家提倡贵和中庸的管理方法。在儒家文化中，“和”既是管理的目的，也是管理的方法。孔子强调：“君子和而不同，小人同而不和。”他主张在无关原则的小事上，要讲协调、重和睦；凡事关原则性的大问题，则要坚持原则，不应苟同。孔子提倡中庸，是反对在处理问题时走极端，防止片面性。适中办事才是正道，才符合事物常理。道家有着无为而治的管理智慧，提倡“柔道”管理，基本思想是强调顺应自然、以柔克刚。从“无为”的原则出发，老子提出了一整套的道家管理战略。老子说：无为而无不为。取天下常以无事，及其有事，不足以取天下。也就是说，按照“无为”的原则办事和管理，天下就没有不能办好的事，管理就一定能取得预期的成效。这正所谓“为无为，则无不治”。兵家管理思想是在战争中产生的，以“谋略”或“运筹”为中心，强调“人谋”，要求“谋定而动”。例如，《孙子兵法》提出：“上兵伐谋”，主张“计战”“智战”“庙算”。孙子认为，计划、决策应从“道、天、地、将、法”五方面入手，才能保证战争的胜利。法家的核心思想是“法治”，强调法律的作用，反对礼制。认为当时新兴地主阶级反对贵族垄断经济和政治利益的世袭特权，要求土地私有和按功劳与才干授予官职的做法，是公平的、正确的主张，而维护贵族特权的礼制则是落后的、不公平的。法家认为人人都有趋利避害的本性，正如商鞅所提出的，“人生有好恶，故民可治也”；反对保守的复古思想，主张锐意改革，认为历史是向前发展的，一切法律和制度都要随历史的发展而发展，既不能复古倒退，也不能因循守旧。法家提出了“法”“术”“势”的治国方略，法家思想集大成者韩非子更是提倡将“法”“术”“势”三者紧密结合。“法”是指健全法制；“术”是指驾驭群臣、掌握政权、推行法令的策略和手段；“势”是指君主权势，要独掌军政大权。其主要目的就是察觉、防止犯上作乱，维护君主地位。

（二）古埃及人的管理思想

古埃及人在公元前5000年到公元前525年期间建造了70多座金字塔（国王的陵墓）。金字塔本身的修建，用了10万人，花了20年的时间，体现出古埃及人高超的组织和管理能力。修建过程中，石块的采掘、搬运和凿刻以及大量人员的管理，都需要周密的计划、组织和控制工作。古埃及也兴修了大规模的水利工程，这些工程都需要国家建立专门的机构和任命专职人员来管理。古埃及人还认识到实行专业化的重要性，通过法律禁止手工工人从事祖传手艺以外的手艺和参加政治活动，以便他们专精于祖传手艺。在工程管理中，每个监工大约管理10名奴仆，反映出他们已知道每个管理者所能监督人数的管理跨度是“以十为限”。总之，古埃及人通过相当复杂、精巧的管理方法，通过预测、规划，给不同的人和部门分配工作，并确定一位“专业的”全职管理者来协调和管理国家与公共事务。这些管理思想至今仍有价值。

（三）古巴比伦人的管理思想

古巴比伦王国第一王朝处于两河流域奴隶制社会兴盛时期。汉谟拉比是上古帝王中有名的政治家和军事家，他执政40余年，各方面都有所建树。汉谟拉比把全国的行政、军事、立法、司法、祭祀等大权集中在自己手里，直接任命从中央到地方的各级官吏，亲自下令开凿运河、沟渠，甚至亲自调动劳动力，其中最大的一条叫“汉谟拉比运河”，能为整个巴比伦提供充足的水源。汉谟拉比为了巩固其统治地位，颁布了《汉谟拉比法典》，作为国家行为的准绳。该法典共包括 282 条，涉及个人财产、商业活动、租赁、借贷、生产控制、劳动刺激、工资报酬等多个方面，体现出经济管理思想的萌芽。法典中规定了最低工资标准，并提出支付工资时，可以根据人们所从事工作的自然状况，将工资划分为计时工资和计件工资，可见当时对人员的管理已经比较规范了。

（四）希伯来人的管理思想

希伯来人很善于利用宗教来控制人和管理国家。原先希伯来人信奉的是多神教，耶和华是诸神中的主神。大卫王建立了统一的国家后，为适应政治统一的需要，将耶和华神的地位进一步提高。在公元前 6 世纪左右的所谓“巴比伦之囚”期间，沦为新巴比伦王国之囚虏的一批犹太人酝酿着新的宗教思想。犹太祭司开始竭力宣扬耶和华神是宇宙间的唯一真神，是犹太人的“救世主”，他将帮助犹太人复国，建立一个祭司宗教权力与贵族政治权力合一的统一的神权政体国家。在波斯灭掉新巴比伦王国后，犹太人重返耶路撒冷，建立了神权政体国家，重修被毁坏的神庙与宫殿。与此相应，犹太教也就形成了。犹太教的主要经典是圣经中的《旧约全书》。

摩西是希伯来的伟人之一。他率领希伯来人逃出埃及，摆脱埃及人的奴役。在逃出埃及的准备、组织和实施中，他显示出自己的管理才能。摩西在政府、立法、人际关系、人员选择和训练等方面都有出色的能力。摩西的岳父叶忒罗可以说是人类最早的管理咨询人员之一，他对摩西的管理方式提出批评，指出了摩西在处理政务中事必躬亲的方式不对，光靠个人管理不但完不成任务，还会累垮自己。他建议摩西采用授权原则和例外原则，挑选一些能干的人在各地进行管理：“他们应该对每一件小事自行做出判断；但每一件大的事情，他们应该向你报告。”他向摩西提出了三条建议：一是制定法令，昭告民众；二是从百姓中挑选出能干的人，分别担任千夫长、百夫长、五十夫长和十夫长，建立起社会等级，委任管理；三是实行分级管理，一般事务由下属各级处理，只有最重要的政务才呈报摩西处理。这已体现了管理宽度、组织层次与管理例外原则等思想。

（五）古希腊人的管理思想

古希腊文明是欧洲最早、影响最为深远的古代文明，是欧洲文明的摇篮。古希腊人崇尚民主管理，他们构建了一种复杂的民主政府，并形成了科学的方法。古希腊人发展出一种新型的城市政府——城邦。城邦鼓励自由交换意见。城邦提供了自由讨论的实践经验，并证明了我们称之为协商式管理的价值。古希腊的一些改革家和思想家受到先进文化与先进生产力的影响，其思想中也孕育着管理萌芽，主要代表人物有苏格拉底、柏拉图、色诺芬和亚里士多德。

苏格拉底（Socrates，公元前 469—前 399）很早就认识到管理的普遍性。他认为公共事业的管理技术和私人事业的管理技术是可以相互通用的；如果一个人不能管理他的私人事务，他肯定也不能管理公共事务。他还认为，成功的管理者是那些了解这些原则并在各个领域中予以恰当应用的人，而失败的管理者是那些不了解这些原则应用的普遍性的人——这条原则不论在哪个事业领域中都适用。

柏拉图（Plato，公元前 427—前 342）是苏格拉底的著名学生。他在《理想国》一书中首先提出了经济科学中的专业化或劳动分工原理。他认为，一个人不应该同时在木料和铁两个方面都进行工作，因为那会使其不能获得优异成绩。他把人分为三等：第一等是治国贤哲，即管理国家的哲学家，其职能是以其智慧来管理国家；第二等是卫国的武士，其职能就是以其勇敢来帮助统治者实施暴力和防御，以保障从事各种行业的人的生活需要；第三等是民间艺工，由手工业者、农民、商人等组成，其职能是通过其劳动供给国家物质财富并接受上面两个等级的统治。

色诺芬（Xenophon，约公元前 430—约前 355 或前 354）也是苏格拉底的著名学生。他的《家庭管理》（又称《经济论》）一书是古希腊流传下来的专门论述经济问题的第一部著作。这部著作对管理思想的发展具有重要贡献：第一，首先提出了经济管理的研究对象。色诺芬认为“家庭管理”研究的是优秀的主人如何管理好自己的财产。第二，首先提出了管理水平优劣的判别标准。色诺芬认为，检验管理水平高低的标准是财富是否得到增加。第三，首先认识到了管理的中心任务是加强对人的管理。色诺芬的主张无疑从客观上否定了奴隶制的基础，也为随后的管理思想的发展奠定了思想基础。他提出，对奴隶的管理应该严厉，但对顺从的奴隶应该给予较好的待遇。第四，色诺芬分析了分工的重要性。他认为分工可以提高产品的质量，因为一个人不可能精通一切技艺，所以劳动分工是必要的。

亚里士多德（Aristotle，公元前 384—前 322）是柏拉图的著名学生。他在《政治学》一书中提出了有关管理和组织的许多见解：第一，论劳动的专业化。他认为，劳动者的注意力专注于工作，各种工作便可做得更好。第二，论部门分工，即每一部门都应当具有特定职能。第三，论集权、分权及代表制。第四，论协作，即整体当然高于部分。第五，论领导。他认为，未曾学会服从者，不可能成为好的指挥官。

（六）古罗马人的管理思想

古罗马最初是意大利北部的一个奴隶制城邦，到公元前 3 世纪逐渐强大起来，不仅统一了意大利，后来还成为一个横跨亚、欧、非三洲大片土地的帝国。古罗马帝国之所以兴盛，很大程度上应归功于古罗马人卓越的组织管理才能。他们采取了较为分权的组织管理形式，从一个城市直至发展成为一个世界级的帝国。古罗马对人类文明的贡献主要表现在法律和治国施政方面。古罗马的法律成为后来社会文明的范例，而古罗马的立法和司法的分权制则为后来的立宪政府的制约和平衡体制树立了一个典范。此外，古罗马的农庄管理提供了许多管理方面的经验。古罗马人应用明智讲理和良好管理的方法来解决农庄管理问题：农庄主在视察农庄时，应该注意工作的进展情况，什么事情已做好，还有哪些事情没有做，然后应该把监工人员召集来并要他们报告已做了什么事情，并询问为什么未能完成其余的事情；农庄主应该给监工一份全年的书面工作计划，而对监工来说，应该承担维持纪律等职责。

二、中世纪管理思想

“中世纪”这个词是文艺复兴时期的作家创造的，指的是从罗马帝国衰亡到文艺复兴前这段时间。罗马帝国衰亡后，大庄园的出现和政治上的动荡，引起了经济、政治和社会的混乱，它为封建主义制度的出现创造了成熟的条件，欧洲的社会发展从此进入了封建主义时期。从管理思想看，中世纪在经济管理领域的研究没有重要成果，因为局限于某一地区的仅能维持生存的经济不需要经济管理理论来帮助它们发挥作用。但是，在社会管理领域，中世纪后期还是产生了不少影响深远、值得研究的管理思想成果，代表学者有阿奎那、马基雅维利和莫尔。

托马斯·阿奎那（Thomas Aquinas，约 1225—1274）出生于意大利的贵族家庭，中世纪著名神学家和经院哲学家。他的著述甚多，其中以《神学大全》最为著名，被誉为中世纪经院哲学的百科全书，阿奎那因此被奉为“神学之父”。他认为宇宙秩序是按等级的阶梯来安排的，从非生物体开始，逐级上升到人、圣徒、天使，最高是上帝，每一个较低的等级都有高一级的目的，并力求达到这个目的，所以整个体系都倾向于上帝，上帝是宇宙的最终目的。所有知识都必须为神学服务，如果知识不以证知上帝为目的，那么任何知识都是罪恶。阿奎那的神学观直至现在还支配着天主教会的思想体系。从管理学的角度看，阿奎那从自然法的观点出发，对如何协调人们的相互关系进行探讨，具有重要的历史意义。他认为，当每个人有他自己的业务需要照料时，人世间的事务就会处理得更有条理，如果每个人都对自己的处境感到满意的话，可以使人类处于一种比较和平的境地；相反，在共同占有某种东西的人们中间，往往最容易发生纠纷。阿奎那的这种宗教伦理思想，在某种程度上与后来关于人性假设的伦理学基础的探讨有着明显关联。

尼可罗·马基雅维利（Niccolò Machiavelli，1469—1527）出生于佛罗伦萨的一个破落士绅家庭，是意大利文艺复兴初期著名的政治思想家和历史学家，被称为“政治学之父”。他曾担任佛罗伦萨共和国国务秘书，主张结束当时意大利的政治分裂，建立一个统一而强大的君主国，为了实现这个目的，可以不择手段。他的这种主张被后人叫做“马基雅维利主义”，反映了当时意大利新兴资产阶级的要求。他写作的范围很广，涉及信件、剧本、诗、政论、历史等，其中最有名的是《君主论》《战争的艺术》《罗马史论》《佛罗伦萨史》等。这些著作中渗透的管理思想主要有：第一，“性本恶”的人性假定。马基雅维利将“权力欲望”和“财富欲望”看做人性的基础，认为人“是反复无常的、忘恩负义的，是怯懦、虚假、伪善、嫉妒、对他人满怀敌意的”，因此，必须使用强制手段对人进行管理和控制才能达到目标、完成任务。第二，物质利益决定论。马基雅维利认为，人们冲突的根本原因是物质利益。第三，共和制优于君主制的政体观。马基雅维利在对政治体制的研究中指出，由于人民总是比国王更聪明、更坚定、更有理性，所以与君主制相比，共和制更优越。在国家生活中明确强调人民的作用，这对管理思想的影响是巨大的。第四，强调领导者的素质问题。在他的著作《君主论》中，运用“案例分析”的方法，说明了一个君主应该具备的条件和才能。他对领导者的素质提出的名言是：“要比狮子还勇敢，比狐狸还狡猾。”这样才能使“狼”感到恐惧，才能使自己不落入陷阱。马基雅维利的这些思想对研究现代领导科学具有一定的借鉴意义。

托马斯·莫尔（Thomas More，1478—1535）出生于伦敦一个富裕的法官家庭，是欧洲早期空想社会主义学说的创始人、才华横溢的人文主义者和阅历丰富的政治家，历任国家要职，当过下议院的议长，任过大法官，以其《乌托邦》（全译为《关于最完美的国家制度和乌托邦新岛的既有益又有趣的全书》）而名垂史册。《乌托邦》首次系统地阐述了空想社会主义的基本思想，同时也阐述了许多同管理有关的思想：第一，批判私有制，主张公有制；第二，统一调配人力和组织生产；第三，民主管理国家事务。

三、英国工业革命时期管理思想

人类社会进入 18 世纪 60 年代以后，以英国为代表的西方国家开始了第一次工业革命，生产力得到了很大发展。在一个工业化的社会中，工商企业本身的管理已经成为专门研究的主题，人们不得不开始把科学思想运用到管理过程中，进而出现了一批卓有贡献的思想家、经济学家和管理学家，即开始了所谓的传统管理阶段或经验管理阶段。在传统管理阶段，管理基本上处于积累经验阶段，为后来泰勒等人创立科学管理体系打下基础，开始了从经验管理向科学管理的过渡。这个时期的主要代表人物有詹姆斯·斯图亚特、亚当·斯密、让·巴蒂斯特·萨伊、大卫·李嘉图、查尔斯·巴贝奇和罗伯特·欧文等。

詹姆斯·斯图亚特（James Denham Steuart，1712—1780）是英国重商主义后期重要代表人物，也是探讨资产阶级政治经济学整个体系的第一位英国学者。他的主要著作《政治经济学原理研究》出版于 1767 年，比亚当·斯密的《国富论》还早 9 年。斯图亚特发现了货币流通的一般规律，反对经济自由主义，主张国家全面干预经济生活，并先于斯密提出了劳动分工的概念，论述了工人由于重复操作而使作业动作更加灵巧。他比泰勒早 100 多年提出了工作方法研究和刺激工资制的实质，指出：“如果给一个人每日规定一定的劳动量，他就会以一种固定的方式工作，永远不想改进他的工作方法，如果是计件付酬的，他就会想出一千种的方法来增加其产量。”他还提出了管理人员和工人之间的分工问题。关于机器在制造业中的应用问题，他指出机器代替工人的劳动不会使工人失业，反而会有更多的就业机会。

亚当·斯密（Adam Smith，1723—1790）是英国古典经济学的杰出代表和理论体系的建立者。1776 年，他最重要的著作《国民财富的性质和原因的研究》（也称《国富论》）出版。该书主要研究促进或阻碍资产阶级财富发展的原因，论证资本主义制度比封建制度更能促进生产力的发展和财富的增长。斯密研究经济问题的出发点是人的本性。他认为每个人的一切活动都受“利己心”的支配。这种个人利益的追求者就是经济人。他的经济思想的中心内容是经济自由，反对重商主义，要求自由地发展资本主义经济。斯密的著作涉及许多现代管理的核心问题。他以大头针的制造为例，论述了劳动分工及其经济效果，认为分工在管理上对于提高劳动生产率有三个好处：(1) 分工可以使劳动者技术熟练程度很快提高；(2) 分工可以使某个人专门从事某种作业，可以缩短从一个工种转换到另一个工种所耗费的时间；(3) 分工可以使专门从事某项作业的劳动者经常改革劳动工具和发明机器。斯密还论述了管理中的控制职能，认为如果要真正地控制一个人，就必须使他为自己的工作成绩对某个人负责，而他对这个人无法施加任何重大的影响。他的经济人的观点对早期古典管理理论的发展具有重要意义。

让·巴蒂斯特·萨伊（Jean Baptiste Say，1767—1832）是法国庸俗政治经济学的创始人之一。他在《政治经济学概论》中讨论了企业家的问题，认为一些“冒险家”（企业家）拥有企业，但是他们经常只是拥有其中的一部分，他们是向别人借钱或者同别人合伙经营企业的，这些“冒险家”成为管理他人的管理人员，而在把土地、劳动力和资本这三个要素结合在一起时他们又承担了另一种风险，因而他们除了获得他们本人投资的利润外，还得到另一笔管理的报酬。萨伊第一个明确承认生产力继土地、资本、劳动力之外还存在第四种要素——管理。

大卫·李嘉图（David Ricardo，1772—1823）是英国古典政治经济学的杰出代表和集大成者，他的代表作是 1817 年出版的《政治经济学及赋税原理》。李嘉图在经济理论上的最大贡献是坚持和发展了劳动价值论，并由此分析了资本主义社会中阶级对立关系在分配领域的经济表现。他在管理思想方面也有许多论述，对于资本和管理技术的关系，提出了所谓的“工资铁律”；还提出了关于经济人方面的群氓假设，强调用绝对的、集中的权力来统治和管理群氓。这些思想对后世经济学和管理学的发展有相当大的影响。

查尔斯·巴贝奇（Charles Babbage，1792—1871）是英国数学家、发明家和科学管理的先驱，被后人称为“性情暴躁的天才”。与他同时代的其他人一样，巴贝奇偏重于技术方面的研究，取得了杰出的科学成果。1822 年，他制造了世界上第一部实用机械计算机。巴贝奇在管理学上的贡献是多方面的，他的名著《论机器和制造业的节约》于 1832 年出版。他的思想与“科学管理之父”泰勒的思想有许多相似的地方，他们都看到了管理存在着一种共同的规则或规律，并且都在试图寻找和利用这种规则或规律。巴贝奇的管理思想主要可以归纳为以下几个方面：(1) 提出在科学分析的基础上有可能制定出企业管理的一般原则；(2) 进一步发展了亚当·斯密关于劳动分工的思想，分析了分工能提高效率的原因；(3) 在劳资关系方面，强调工人要认识到工厂制度对他们有利的地方，提出了一种固定工资和利润分享的制度。巴贝奇在对制造业的研究中采取了科学分析的方法，认识到为争取工人的合作必须提供新的刺激，他努力寻求在管理人员和工人之间建立新的和谐关系，所有这些使他在管理方面成为一个具有远见卓识的人。

罗伯特·欧文（Robert Owen，1771—1858）是英国空想社会主义者，也是一位企业家、慈善家，被誉为“现代人事管理之父”。欧文曾在工厂内推行了一种新的管理制度，其核心是废除惩罚，强调人性化管理。他根据工人在工厂的表现，将工人的品行分为恶劣、怠惰、良好和优质四个等级，用一个木块的四面涂上黑、蓝、黄、白四色分别表示。每个工人的前面都有一块，部门主管根据工人的表现进行考核，厂长再根据部门主管的表现对部门主管进行考核。考核结果摆放在工厂里的显眼位置，员工一眼就可以看到每个人木块的不同颜色。这样，每人目光一扫，就可以知道对应的员工表现如何。刚开始实行这项制度时，工人表现恶劣的很多，而表现良好的却很少。但是，在众人目光的注视中和自尊心的驱使下，表现恶劣的人数逐渐减少，而表现良好的工人却不断增多。为了保证这种考核的公正，欧文还规定，无论是谁认为考核不公，都可以直接向他申诉。这种无惩罚的人性化管理，在当时几乎是一个奇迹。同时，部门主管考核员工，经理考核部门主管，同时辅之以越级申诉制度，开创了层级管理的先河，也有利于劳资双方的平等沟通和矛盾化解。欧文认为，好的环境可以使人形成良好的品行，坏的环境则使人形成不好的品行。他对当时很多资本家过分注重机器而轻视人的做法提出了强烈批评，并采用多种办法致力于改善工人的工作环境和生活环境。在工厂里，欧文通过改善工厂设备的摆设和搞好清洁卫生等方法，为工人创造出一个在当时看来尽可能舒适的工作场所。他还主动把工人的工作时间从13～14小时缩短到10.5小时。在他管理的厂区，人们看到的是一排排整齐的工人宿舍，每个家庭为两居室。欧文很注重绿化环境，在工人住宅的周围，树木成荫，花草成行，这对工人的身心健康有着十分积极的作用。为了使工人在闲暇时间有正当向上的娱乐和学习，消除酗酒斗殴等不良风气，欧文还专门建造了供工人娱乐的地方——晚间文娱中心。

四、美国早期科学管理思想

到了18世纪末期，始于英国的工业革命逐步影响到了美国等西方国家的管理思想革命。美国的经济是用火车轮子带动起来的。在短短的几十年内，铁路的迅速延伸使得美国的铁路公司急速扩张。铁路不仅是美国经济起飞的开路先锋，也成为美国管理的先行者。美国铁路公司在率先建立一个包括各种规模与性质的组织结构的同时，还培养了一批最早的职业管理者。这个时期的代表人物有丹尼尔·麦卡勒姆、亨利·普尔、亨利·汤与亨利·梅特卡夫。

丹尼尔·麦卡勒姆（Daniel C. McCallum，1815—1878）出生于英格兰，1822年来到美国。他读过几年小学，后来当了木工学徒，成为一位有成就的木匠和建筑师，设计修建了许多建筑。1848年，麦卡勒姆来到纽约伊利铁路公司工作，显示了他在管理和工程方面的才能。麦卡勒姆的管理经验主要体现在以下两个方面：第一，制定了严格的管理制度。主要包括适当地划分职责和极其快捷的报告制度、每日检查及其报告制度等。第二，制定了十分严密的组织细则来贯彻这些原则。主要包括：把员工按其职务要求分为不同等级，并要求员工穿上表示其等级的制服；为员工拟订职位说明书，并规定员工必须按职位说明书工作，不得自行其是；制定了一种表示各部门之间分工和报告控制系统的组织图，这是最早的组织图。麦卡勒姆制定的规章制度和组织措施，体现了授权原则、责任制、报告控制系统等，这在100多年前确实是非常了不起的，他的做法对后来管理思想的影响巨大。

亨利·普尔（Henry Poor，1812—1905）的一生正值美国铁路事业从无到有并走向成熟的重要时代，他在1849—1862年间长期担任《美国铁路杂志》的主编。普尔是麦卡勒姆在伊利铁路公司进行改革的最有力的支持者，麦卡勒姆的成果之所以取得巨大的影响也应归功于普尔和他的杂志。普尔在管理方面的主张是：第一，建立一种管理体系来管理企业，这种体系不能依靠企业的创办人和资助者来管理，而是通过培养专业管理人员来管理。普尔从麦卡勒姆的成果中发现了建立健全管理体系的三个原则，即组织原则、沟通交往原则和信息原则。第二，普尔注意到企业中人的因素，提出改变僵化的领导作风。

亨利·汤（Henry R. Towne，1844—1924）是美国工程师和管理学家。他于1868年与人合伙创办耶尔-汤制造公司，并担任总经理达48年。汤有多部管理方面的著作，在管理思想上和泰勒有着极为相似的认识。他的主要贡献有：(1) 率先强调管理的重要性，认为管理是一门独立的学科。当时美国的企业界不重视管理，否认管理是一门独立的学科，工程师一般局限于自己的专业领域，只用纯技术的观点来考察问题，不关心企业的管理方面。1886年，汤发表了《作为经济学家的工程师》一文，强调管理的重要性，大声疾呼他的工程师同事们承认并努力发展管理的科学。他认为“为了高效率地指挥一个企业，工厂管理与工程技术有着同样的重要性”。(2) 支持并推广科学管理运动。汤于1870年就开始系统地应用高效的管理方法。1884—1890年，他先后担任过美国机械工程师学会的副会长和会长，还有相当长的时间是学会的领导成员之一。他通过自己的影响力支持科学管理运动，提供宣传阵地，促进了该学会成员对科学管理运动的兴趣和支持。汤是科学管理运动的重要先驱者之一。(3) 汤在著名论文《利益分享》中提出了一种激励员工的收益分享制度。

亨利·梅特卡夫（Henry Metcalfe，1847—1917）是美国另一位科学管理的先驱者。在泰勒系统形成科学管理理论之前，梅特卡夫接管了法兰克福兵工厂，他发现该厂的传统组织和管理方法不仅造成很大的浪费，而且效率低下。于是，他于1881年建立了一套新的控制制度。泰勒称梅特卡夫“发明和引进了车间上报卡片这种制度，代表了管理技术中的另一项显著的进展”。这是一个解决控制问题的方法，卡片分为工时卡和材料卡，卡片中有各种详细的说明。工人完成工作以后，就将卡片交给工长，工长对此作出评价，并将此卡片作为资料保存下来。如果该部门能高质量且低成本地完成工作，通过卡片不仅可以了解情况，而且能确切地衡量每个工人的成绩，同时又减少了各种报表和报告。这种方法和现代管理方法中的看板管理具有相同的作用。小小的卡片将劳动控制、成本控制和工厂管理紧密地结合起来，这不能不说是一个具有深远意义的创举。

第三节　管理思想百年发展与未来趋势

1911 年，弗雷德里克·泰勒出版的《科学管理原理》奠定了管理学理论的基石，管理学终于成为一门正式的学科。此后百年来，管理学发展史上大师辈出，他们见仁见智，为管理思想的发展和完善作出了巨大的贡献。这些伟大的管理思想已经融汇到了现代管理思想宝库之中，不断地对管理实践与管理研究发挥着重要的指导和参考作用。

一、管理思想百年发展脉络

根据目前比较公认的一种观点，100 多年来的管理思想可以粗略地划分为古典管理理论、行为科学理论、现代管理理论、当代管理理论四个阶段。为了更加清晰、具体地描绘管理思想发展脉络，本书从具体每个年代的时间及相应出现的学派两个维度出发，对每个时代最具代表性的重要管理学家、管理思想及其特点进行系统阐释。

沿着百年管理思想史的长河溯源而上，源头是 19 世纪末 20 世纪初以弗雷德里克·泰勒等为代表的科学管理理论和以马克斯·韦伯等为代表的古典组织理论。通过 20 世纪 30—40 年代乔治·梅奥和弗里茨·罗特利斯伯格提出的人际关系理论，进入 20 世纪 50 年代，行为科学开始盛行。其中，比较有代表性的有以亚伯拉罕·马斯洛等人为代表的激励理论，以道格拉斯·麦格雷戈等人为代表的人性假设理论，以罗伯特·坦南鲍姆和沃伦·施密特为代表的领导行为连续体理论。而将科学管理理论的长处与行为科学的长处巧妙地结合在一起的则是经验主义学派的大师彼得·德鲁克。

20 世纪 60 年代，随着科学技术、生产和人类社会的进一步发展，各种管理理论和管理思想如雨后春笋般涌现，形成百家争鸣之势。在这一时期，人们开始对战略问题加以关注，出现了以伊戈尔·安索夫和阿尔弗雷德·钱德勒等为代表的战略管理学派。同时，还出现了以特德·列维特和菲利普·科特勒为代表的营销管理学派，以杰伊·洛希和保罗·劳伦斯为代表的权变理论学派，以弗里蒙特·卡斯特和詹姆斯·罗森茨韦克为代表的系统管理学派，以及以埃尔伍德·斯潘塞·伯法为代表的管理科学学派。

20 世纪 70 年代，以亨利·明茨伯格为代表的经理角色学派开始兴起。而到了 80 年代，工业社会进入鼎盛时期，制造业的骄子——日本在战争的废墟中迅速崛起，开始了大规模的海外进军。正是在这种背景下，理查德·帕斯卡尔和威廉·大内将目光聚焦到了在美国本土投资经营的日本企业，通过与美国企业的比较研究，揭示出日本企业成功的奥秘。爱德华兹·戴明和约瑟夫·朱兰则在日本本土潜心研究产品质量管理问题，最终成为品质管理的大师。这一时期，约翰·邓宁开创了跨国公司研究的先河，吉尔特·霍夫斯泰德则开始了他的跨文化研究，而迈克尔·波特将战略管理研究大大地向前推进了一步。

20 世纪 90 年代以来，伴随着客户经济和知识经济时代的到来，管理思想在创新和整合中继续向前发展。这一阶段涌现出众多新的思想和理念。其中，比较有代表性的有野中郁次郎、安妮·布鲁金以及托马斯·达文波特和劳伦斯·普鲁萨克的知识管理理论，克雷顿·克里斯坦森等的创新理论，迈克尔·哈默和詹姆斯·钱皮的流程再造学派，吉姆·柯林斯的卓越公司理论，彼得·圣吉的学习型组织理论，等等。特别要提到的是，在这一时期，罗伯特·卡普兰和戴维·诺顿在他人研究成果的基础上，开创性地提出了著名的平衡计分卡理论。平衡计分卡既是一种良好的战略管理工具，也是一种良好的组织及个人绩效管理工具，可以说，它是集大成的管理理论和管理工具。由此，管理思想发展已经趋于融合与集成化（见本书附录）。

二、管理思想未来发展趋势

历史是未来之镜！根据过去 100 多年的管理思想发展史，我们可以概括、提炼未来管理思想发展的特点。总体上，未来管理思想发展呈现出以下趋势：

第一，和谐与人本化。随着中西方文化的相互交融，管理思想开始借鉴中国文化所推崇的圆满和谐，提倡组织内外处处融通一致，以形成广大和谐的系统；同时，管理思想将日益突破“见物不见人”的狭隘视野，越来越关注人，实现从“物本主义”向“人本主义”的深刻变革。未来管理者将一改以往的“管理者”与“被管理者”对立的情形，把自己视为组织中的一员，人人都是管理的主体；对于重大的决策，员工既是决策的参与者也是决策的执行者；顺应个性，尊重人格，员工不是在制度约束下工作，而是自觉地把工作视为人生发展的组成部分；通过塑造组织文化，创造一种高度和谐、友善、亲切的氛围，使组织成为一个密切协作的团体，顺应社会经济运行的自然法则；组织划分不再拘泥于技术的专业化、组合的便利性、成本的降低、效率的提高等因素，而是把和谐作为管理的一个主要目标，分工、合作乃是达到“和”所需的手段。这一变革既是客观社会历史条件对管理科学与实践的必然要求，更是人类自我认识不断深化、社会发展日趋合理进步的重要体现。注重和谐和倡导人本管理，以促进人的全面发展为终极目标，是管理思想发展的必然趋势。

第二，融合与集成化。生产国际化和经济全球化促使不同国度管理思想相互渗透与融合，尤其是注重集体取向和整体思维的东方管理思想与注重个体取向和系统思维的西方管理思想的相互融合；同时，随着社会经济和科学技术的飞速发展，在学科高度分化和综合的趋势下，仅以一种管理思想是解决不了组织中所有管理问题的，管理思想不可避免地趋于集成化，即相互借鉴，汲取众家之长，实现民主化和科学化。充满动态性和复杂性的管理环境促进了丰富多彩的管理思想与管理流派的形成，管理热点也快速地变化，管理学术界的新名词层出不穷。一个令人振奋的现象是，不同管理思想并存的格局有效地推动着管理学的繁荣。多种管理思想的出现导致了连续性的、历史性的“派系”。新思想如同冲向岸边的波浪，它们到来时似乎盖过了前一个波浪，但每一个新波浪的作用都不能替代前一个波浪的作用。波浪涌过以后最终合而为一，共同对海岸线发生着作用。[①] 未来管理理论和实践研究的重要任务就是对现有管理理论进行系统性的整合，在整合的基础上进一步发展成为一个较完整的管理理论体系。例如，平衡计分卡作为一种当前备受青睐的综合性管理理论和管理工具，就是整合了流程再造学派、创新学派、知识管理学派、战略管理学派、激励理论、领导理论、团队理论以及学习型组织理论等在内的诸多学派和思想精髓，进而成为集管理学之大成的一种新的管理平台。

第三，应变与创新化。随着社会化大生产的发展，社会生产日趋复杂，社会环境变幻莫测，组织间竞争日益激烈。如何跟上时代的步伐，适应快速变化的内外部环境，是今后管理思想与实践的一大难题。组织只有快速反应、快速应变，才能生存。相应地，快速适应管理变革与管理实践的需要，成为管理理论研究的新领域和管理思想发展的新趋势。而且，面对竞争激烈的环境，组织唯有保持旺盛的创新力，才能立于不败之地。创新已经成为管理的主旋律，它不仅反映在管理的各方面，如战略、组织、制度、观念、市场等，而且渗透于整个管理过程之中。可以说，创新是管理理论与时俱进的灵魂，也是管理实践不断进步的动力。创新已经与管理理论的最新思潮融为一体，成为未来管理思想发展的一大趋势。

第四，剧增与多元化。第二次世界大战以后，管理思想呈现出学派林立的特点，正如美国管理学家孔茨所言，“犹如雨后春笋，过于滋蔓，成了一片众说纷纭的乱局和盘根错节的热带丛林”。特别是从 20 世纪 80 年代的“追求卓越”、20 世纪 90 年代的“公司再造”，直到 20 世纪末以来的“知识管理”“创新管理”热潮，管理理论处于未出“丛林”又进“丛林”的状态。不难预测，随着社会经济和技术的持续高速发展，未来管理学派及思想将与日俱增，远比“丛林”阶段还要凌乱、混沌许多。同时，管理理论研究和管理实践发展将会更加多元化。不同管理流派提出的观点既可能一致，也可能存在分歧。正如孔茨所说，“现代管理理论丛林代表着管理理论的复杂性、渗透性、交互性和灵活性，其本身也说明管理是一个复杂的过程，是一个随着时间、环境、情境、人员的不同而不同的函数”。丛林状况反映了管理实践活动的丰富多彩，也反映了现代管理理论的繁荣和兴旺。总之，未来管理思想发展还将继续趋于多元化。

---

① 胡克金斯基．管理宗师：世界一流的管理思想．大连：东北财经大学出版社，1998：134.

小结

管理思想史是研究和揭示人类管理思想的产生、发展和演变的历史过程及其规律的科学。管理思想史的研究对象，既包括管理实践，也包括管理思想和管理理论及其辩证关系，还包括社会生产方式的变革与管理思想演变的相互关系等。学习与研究管理思想史，可以传承和发展管理思想，引领和指导管理实践，弘扬和培育管理文化，以及开发和提高管理素质。

当今许多管理思想都可以从早期管理思想中寻找渊源。19 世纪与 20 世纪之交，管理学终于成为一门正式的学科。此后百年来，管理学发展史上大师辈出，他们见仁见智，为管理思想的发展和完善作出了巨大的贡献。总体上，未来管理思想发展呈现出和谐与人本化、融合与集成化、应变与创新化以及剧增与多元化等趋势。

思考题

1. 管理思想史的含义、研究对象与研究视角是什么？
2. 学习与研究管理思想史有哪些重要意义？
3. 古代管理思想的主要内容是什么？
4. 中世纪主要管理思想代表人物及其思想是什么？
5. 英国工业革命时期主要管理思想代表人物及其思想是什么？
6. 美国早期科学管理的主要代表人物及其思想是什么？
7. 百年管理思想发展脉络是什么？
8. 管理思想未来的发展趋势是什么？

第二章

19 世纪末 20 世纪初管理思想

19 世纪末 20 世纪初，垄断资本主义逐步占据社会主导地位，企业的生产、资本、市场规模逐渐扩大，经验式的传统管理已不能适应社会化大生产的需求，难以满足日益复杂的企业组织的需要。为适应时代变化，企业所有者与管理者加速分离，专门的管理阶层出现，人们开始对管理进行系统的研究。在美、法、德等西方国家产生了一系列各具特色的古典管理理论，主要包括科学管理理论、管理过程理论、古典组织理论和工业心理学。由此，人类正式步入了管理的科学殿堂，踏上了管理思想百年发展与演变的历史进程。

社会化大生产需要与之相适应的新的管理理论，科学管理理论应运而生。创始人弗雷德里克·泰勒提出了谋求最高生产率的科学管理四项原则；主张标准化管理和激励性工资制度；推崇计划职能与执行职能相分离；认为雇佣双方要通过合作提高生产率，从而实现雇主低成本和雇员高工资的双重目标。他还通过工时研究和动作研究建立了科学化、规范化、制度化的标准条例，以促成由低效率管理向高效率管理的转变；由旧的、传统的、经验的方法向科学方法的转变；由重视盈余的分配向重视更多盈余增加的转变，进而实现管理者和工人的双赢。

科学管理思想得到管理实践者和研究者的普遍接受，并拥有了众多的追随者、继承者和实践者，包括卡尔·巴思、亨利·甘特、弗兰克·吉尔布雷思夫妇、哈林顿·埃默森、莫里斯·库克和亨利·福特等。其中，卡尔·巴思忠实地实践了泰勒的科学管理方法，发明了“巴思计算尺”，解决了工具标准化问题；亨利·甘特发展了泰勒思想，制定了用于生产控制的多种图标，“甘特图”更是成为当时计划和控制生产的有效工具；泥瓦工出身的弗兰克·吉尔布雷思和夫人一起通过对动作的研究，提出了“动作经济原则”与建筑业的“现场制度”等；哈林顿·埃默森提出了效率的 12 项原则以及配套的奖励工资制度，他认为组织架构与效率息息相关，主张建立并行的直线组织和参谋组织；莫里斯·库克把科学管理理念应用于高等教育和市政管理，这是科学管理理论在非工业部门应用的全新尝试；亨利·福特则是科学管理的典型实践者，他在汽车工业中创立的流水线作业和标准化生产方式对后来的生产管理活动产生了深远影响。科学管理理论首次突破了管理研究的经验途径这一局限性视野，率先提出要以效率、效益更高的科学化管理来取代传统小作坊式的经验管理，使人们认识到在管理上引进科学研究方法的重要性和必要性，因而成为管理思想史上的一座里程碑。

在科学管理思想被人们广泛接受的同时，还有管理学家在思考组织的管理问题，形成了组织理论学派，亨利·法约尔和马克斯·韦伯是当时的主要代表人物。亨利·法约尔以整个企业经营活动为对象，概括和阐述了一般管理理论。该理论认为管理有别于经营，管理活动只是经营活动的一部分，有自身的职能体系；管理活动包括五项职能，即计划、组织、指挥、协调、控制；管理活动要遵循劳动分工、统一领导和统一指挥等在内的 14 项管理原则。同时，亨利·法约尔被誉为“管理过程之父”，对现代经营管理影响深远。马克斯·韦伯的研究主要集中在古典组织理论方面，他提出的理想官僚制是以理性-法律权力为基础的行政管理体制，包含着上层、中层和基层三个层次的组织架构，其核心思想是通过职务或者职位取代个人或世袭地位来管理；他还提出传统权力、超凡权力、法定权力三种权力类型。作为现代管理理论的基础，古典组织理论在管理思想史上仍具有不可替代的重要地位，对当今的管理研究和实践仍然起着非常重要的指导作用。

这一时期出现的工业心理学思想孕育着行为科学的诞生。雨果·孟斯特伯格通过心理学的方法提高工人的适应性与工作效率，追求个人在工业中的最高效率和最适宜的环境条件，力求提高企业经济效益。他的研究领域主要涉及：如何根据个体的素质以及心理特点把他们安置到最合适的工作岗位上；在什么样的心理条件下可以让工人发挥最大的干劲和积极性；工人处于什么情绪状态下能产生最佳工作效果。他所开创的工业心理学对后来的人际关系运动产生了深远影响，为管理思想的发展开辟了新的途径。

这一时期古典管理理论逐渐向行为科学过渡，玛丽·帕克·福莱特架起了古典管理理论和行为科学之间的思想桥梁。福莱特通过对群体合作和责任问题的研究，提出了群体性原则。福莱特有关利益结合、情境规律的论述同泰勒的精神革命、职能管理的思想一脉相承，而关于协作、领导的相互影响理论又同乔治·梅奥以及切斯特·巴纳德的论点十分相近，因此客观上为科学管理理论和人际关系学派、社会协作系统学派成功地搭起了一座过渡的桥梁。

第一节 古典管理理论

1911 年泰勒的《科学管理原理》问世，标志着管理由漫长的经验管理阶段进入科学管理阶段。弗雷德里克·泰勒的科学管理理论、亨利·法约尔的一般管理理论、马克斯·韦伯的古典组织理论共同构筑了古典管理理论大厦。古典管理理论是人类管理思想史上奠基性的管理理论。它基于“经济人”假设，试图从三个不同的角度，即个人、组织和社会来解决整个资本主义社会宏观与微观的管理问题，为破解资本主义劳资关系、生产效率、社会组织等方面的难题，提供管理思想指导与科学理论方法。

一、科学管理理论

在管理思想史上，美国的弗雷德里克·泰勒（Frederick W. Taylor，1856—1915）无疑是一位举足轻重的人物。他第一次深入系统地把科学研究方法引入管理实践领域，集前人实践经验和管理思想之大成，创立了系统化的科学管理理论；首开西方管理理论研究之先河，使管理成为一门真正意义上的科学并在实践中不断发展。泰勒以其对管理理论与实践的杰出贡献，被管理学界公认为“科学管理之父”。

当然，科学管理并不是泰勒一人建立起来的，同一时期，泰勒思想的拥护者、追随者或实践者，包括卡尔·巴思、亨利·甘特、吉尔布雷思夫妇、哈林顿·埃默森、莫里斯·库克、亨利·福特等作为科学管理的典型代表人物，也从不同的侧面为科学管理理论的建立与发展作出了贡献。

（一）泰勒的科学管理思想

泰勒出生于美国宾夕法尼亚州费城一个富裕的律师家庭，本想继承父业，成为一名律师，为此考上了哈佛大学法学院，但由于眼疾辍学。尽管他的家世很好，他却是从最基层开始职业生涯的。他早年在费城的恩特普利斯液压机厂做学徒工，学徒期满后进入米德维尔钢铁工厂工作，由于工作努力、业绩突出，在短短的6年时间内由工人晋升为总工程师。泰勒在管理生涯中，注重将理论知识运用于管理实践，不断地在工厂进行实验。其中三个著名的实验是搬运铁块实验、铁砂和煤的铲掘实验以及金属切削实验。通过实验系统研究和分析工人的操作方法及作业所花费的时间，即进行动作研究和时间研究，并将这些实验成果逐步加以改进发展，形成科学管理理论体系。

泰勒的代表作是1895年的《计件工资制》、1903年的《工场管理》以及1911年的《科学管理原理》。他的主要贡献在于让管理走向科学化，促使管理由漫长的经验管理阶段迈进了划时代的科学管理阶段。泰勒的科学管理思想主要包括以下内容。

1. 科学管理四项原则

泰勒的科学管理的根本目的是谋求最高的工作效率，而最高的效率是雇主和雇员达到共同富裕的基础。要达成最高的工作效率，最重要的手段是用科学化、标准化的管理模式代替传统的经验管理模式。为此，泰勒提出了科学管理的四项原则：

第一，为工人提出科学的操作方法，代替过去单靠工人的经验得来的知识与方法。

第二，科学地挑选工人，并对他们开展培训、教育进而使之成长。而在过去，则是由工人自己挑选工作，并尽自己的可能进行自我培训。

第三，与工人衷心地合作，保证一切工作都能按照已经形成的科学原则去办，因为若不能使工人同科学方法结合起来，以前所付出的一切劳动都会白费。

第四，管理当局与工人在工作和职责的划分上几乎是对等的，管理当局把自己比工人更胜任的各种工作都承揽过去。而在过去，几乎所有的工作和大部分责任都推到了工人的头上。

2. 作业管理

作业管理在泰勒的科学管理中占有重要地位，也有四项原则：高的日作业定额；标准的作业条件；完成作业的工人，按高工资率付给报酬；未完成作业的工人，按低工资率付给报酬。其中，前两条属于标准化管理，后两条属于激励性的计件工资制度。

（1）标准化管理。高的日作业定额是针对当时作业方法不当、纪律松弛及有组织的怠工等弊端提出来的，而且这个定额是所有工人经过训练和努力后，在不损害其健康的情况下能够达到并可以长期坚持下去的。为实现这一目标，必须具备两个条件：为作业挑选一流的工人和标准化的作业条件。企业管理当局的责任在于为员工安排最合适的作业，培训他们成为一流的工人，激励他们尽最大的努力来工作。此外，还必须使工人掌握标准化的操作方法，使用标准化的工具、机器和材料，劳动与休息时间合理搭配，作业环境布置标准化等。

（2）计件工资制度。泰勒的计件工资制包含三点内容：第一，通过工时研究和分析，制定出一个定额或标准。这点要由管理当局来做。由定额制定部门来设计各种工作，并把工作分解为各项要素，为每一要素制定出定额。这样，就把定额的制定从以主观估计和经验为基础改变为以科学为基础。第二，采用一种叫做“差别计件制”的刺激性付酬制度，即按照工人是否完成其定额而采取不同的工资率。如果工人没有完成定额，全部工资均按低工资率付给（正常工资的 80%），如超过定额，全部工资均按高工资率付给（正常工资的 125%），以此来鼓励工人完成和超过定额。第三，工资支付的对象是工人而不是职位，即根据实际工作表现，而不是按工作类别来支付工资。这种计件工资制能够促使工人大大提高劳动生产率，企业管理当局的工资支出尽管有所增加，但劳动生产率的提高大于工资的增长，所以对管理当局而言还是有利的。

3. 职能化管理和例外原则

（1）职能化管理。泰勒的科学管理的一个重要方面是实行职能化管理，主要包括两个有机部分：一是把计划职能与执行职能分开，变经验工作法为科学工作法。单凭工人自己的经验是无法找到科学工作法的，他们没有时间和条件去从事这方面的实验与研究，因此必须将计划职能与执行职能分开。二是实行职能工长制。设计出八种职能工长，来代替原来的一个工长。八个职能工长中，四个（分别是工作命令工长、工时成本工长、工作程序工长、纪律工长）负责计划，四个（分别是工作分派工长、速度工长、修理工长、检验工长）负责执行。在职责范围内，每个工长都可以直接向工人发布命令。在这种情况下，工人不再只听一个工长的指挥，而是每天从八个不同的工长那里接受指示和帮助。

职能工长制的设想后来受到许多管理专家的批评，也没有得到推广，主要原因是一个工人同时接受几个职能工长的多头指挥，势必引起混乱。尽管如此，泰勒关于职能工长制的思想为以后在企业中建立职能部门和实行专业化管理作出了有益的探索。

（2）例外原则。规模较大的企业，不能只依据职能原则来组织和管理，还必须应用例外原则。所谓例外原则，就是企业的高级管理人员把一般的日常事务授权给下级去处理，自己只保留例外事项（即重要事项）的决策与监督权。泰勒提出的这种以例外原则为依据的管控方式，后来发展演变为授权原则、分权化原则等管理原则和事业部制等管理体制。

4. 精神革命

泰勒提倡劳资双方都必须进行一次“精神革命”，即双方变互相指责、怀疑、对抗为相互信任和合作，共同为提高劳动生产率而努力；伟大的“精神革命”是科学管理的实质；雇主关心的是低成本，工人关心的是高工资，只有劳动生产率提高了，双方才能都受惠，这就是双方进行“精神革命”并达到合作与协调的基础。

（二）泰勒的追随者及其思想

1. 卡尔・巴思

卡尔・巴思（Carl G. Barth，1860—1939），出生于挪威一个贫困家庭；1881 年移居美国；1899 年进入宾夕法尼亚州伯利恒钢铁公司，开始加盟泰勒的研究，担任过泰勒的特别助手和机械工程师。巴思是泰勒的嫡传弟子之一，忠实地实践泰勒的科学管理方法，拒绝对泰勒的规则做任何改变；他为被称为泰勒先生最正统的门徒而感到自豪，也是为数不多的与泰勒并肩工作到最后的人之一。

泰勒和他的早期伙伴一直被以下的机械数学问题所困扰：（1）如何预先设定车床或类似机械的运转和送料速度才能有最大功效，同时又能经济地使用切割工具，以指定的深度来切除已知半径和强度的工件。（2）怎样才能使解决以上问题的时间不会因为机器运转时间太短而受到影响。巴思通过开发计算尺成功地解决了上述问题。巴思计算尺由一个固定的主体、多个可调节的滑片和一些可互换的部件组成。每台机器的计算尺一般都含有一个固定主体和两个滑片，而那些可互换的部件中集成了机器的特殊结构和性质（要在特定的部件中集成这些信息需要大量机械工作和特殊的经验）。巴思计算尺的目的是在考虑设备能力和机器功率的基础上，选择运转和送料速度的组合，以在最短时间内切除大部分的金属。当时流行的机械实践，与这种改进的、预设机械运转和送料速度以可能最短时间完成机件的计算尺系统相比，就显得没有效率了。

巴思不遗余力地帮助泰勒在工厂推行泰勒制；而且，1908 年哈佛成立工商管理学院的时候，巴思尽自己所能说服学院院长，把泰勒制作为现代管理的标准。他在效率主义的传播和实践过程中起了相当大的作用。巴思计算尺非常有用，但这只是整个科学管理体系中一个非常狭窄的方面。有幸的是，在泰勒的门徒中，既有拘谨的巴思，又有开放的甘特。这个群体中的其他人和巴思的工作形成了明显的互补，进而强化了科学管理的实践性与创造性。

2. 亨利·甘特

亨利·甘特（Henry L. Gantt，1861—1919），出生于美国马里兰州一个富裕的农场主家庭。他到米德维尔钢铁厂任助理工程师时，遇见了对他事业产生巨大影响的泰勒，并开始与泰勒共事。甘特早年的工作是与泰勒紧密联系在一起的，但是从 1901 年之后，他成为一名独立的咨询工程师。虽然他对科学管理的观点表示赞同，但后来还是发展出了独特的甘特思想。甘特是泰勒创立和推广科学管理制度的亲密合作者，是科学管理运动的先驱者之一。他的主要思想和贡献是：

（1）发明了用于生产控制的甘特图。甘特当过教员，习惯用图表的方法对材料作出生动的说明。他于 1917 年发明了“甘特图”（又称“线条式进度表”），这是表示工作计划和进度的一种图示方法，至今仍在许多国家采用。他早期绘制图表仅为了说明工人完成任务的情况，即每天将每个工人是否达到标准和获得奖金的情况记录下来，达到标准的用黑色标明，未达到标准的用红色标明。这张图表对管理部门和工人都有帮助：由于图表上记载了工作进度以及工人没有获得奖金的情况，使管理部门能够了解到缺点所在，并把进度直接告诉工人。同时，在把车间或部门每日的工作付诸实施时，每一个人都可以从图表中越来越长的黑色线条上看到生产的进展情况。由于这种绘图方法提高了工作效率，甘特便进一步扩大了其使用范围，在图表上面增加许多内容，包括每日生产量的对比、成本控制、每台机器的工作量、每个工人的工作量及其与原估计的对比情况、闲置机器的费用等，从而使这种图表发展成为使用价值极高的管理工具。

（2）提出了计件奖励工资制。甘特提出的计件奖励工资制具有很大影响，人们一般称之为“任务加奖金制”。泰勒的差别计件工资制着眼于工人个人，而甘特的计件奖励工资制则不同，其着眼于工人工作的集体性，具有集体激励性质。该工资制的主要内容是：工人在规定时间内完成定额，可以拿到规定报酬，另加一定奖金（如 50 美分）；反之，在规定时间内完不成定额，则不能拿到奖金。如果工人少于规定时间完成定额，则按时间比例另加奖金。另外，每一个工人都达到定额标准，其工长也可以拿到一定比例的奖金；一名工长领导下的工人完成定额的人数越多，工长的奖金比例就越高。假如一个工长领导 10 名工人，其中有 5 人能够完成定额，则工长拿 $0.05\times5=0.25$ 美元的奖金；如果有 9 人完成定额，则工长拿 $0.1\times9=0.9$ 美元的奖金。

计件奖励工资制促使工长从“监工”变成他下级的老师和帮助者；通过教授工人操作的方法，提高了生产效率，从而把关心生产转变成关心工人。这一点使甘特的著作成为早期人类行为思想的一个里程碑。对于甘特的计件奖励工资制，泰勒曾给予很高评价，认为甘特的这一制度性质稍微温和一些，也灵活得多，在差别计件工资制不适用的多数情况下也能适用。

（3）强调加强工人培训以养成“工业的习惯”。甘特强调，工业教育要形成一种工业的习惯，其内容就是勤劳与合作，而且必须向工人传授的习惯是“迅速和尽最大努力去完成要他完成的工作”。建立工业的习惯不仅能使雇主与工人同时受益，即雇主的利润提高，工人的工资增加，还对工人的健康有益，能提高工人的工作兴趣。形成工业习惯的前提是士气，员工的士气是管理部门和工人之间建立互信与合作气氛的基础。

与泰勒相比，甘特处理问题的方式要渐进或温和得多。他很重视工业中人的因素，强调金钱刺激只是诸多影响人的动机的因素之一，曾被人称为“工业和平的使徒”，因此可称得上是人际关系理论的先驱者之一。在他去世 10 年后的 1929 年，美国机械工程师协会和美国管理学会（后来改为美国管理协会）决定设立甘特金质奖章，授予“在工业管理方面对社会做出优异成绩的人”，并把第一枚金质奖章追授给已故的甘特本人，理由是“他在工业管理方面的人道主义影响以及甘特图的发明”。

3. 吉尔布雷思夫妇

弗兰克·吉尔布雷思（Frank B. Gilbreth，1868—1924），生于美国缅因州的费尔菲尔德。弗兰克虽已通过麻省理工学院的入学考试，但并未入学，而是决定进入建筑行业，从砌砖学徒工开始自己的职业生涯。他设计出一种新的脚手架，发明了建造防水地窖的新方法。这位泥瓦工出身的工程师和管理学家，是泰勒的合作者之一，在动作研究方面有出色的研究，被公认为“动作研究之父”。

莉莲·吉尔布雷思（Lillian Moller Gilbreth，1878—1972），生于美国加州奥克兰，是弗兰克·吉尔布雷思的夫人。为了同丈夫合作研究，她改学了心理学。她是一位非常了不起的女性，除了在丈夫的研究中起着重要作用外，还在抚养 12 个孩子的繁忙家务劳动之余，潜心于管理心理学的研究，撰写了《管理心理学》（1914），并因此获得布朗大学博士学位。她是美国第一位获得心理学博士学位的女性，被称为“管理学第一夫人”。

吉尔布雷思夫妇的代表作是《动作研究》（1911）、《疲劳研究》（1916）等。他们的管理思想主要包括以下内容：

（1）动作研究。吉尔布雷思夫妇认为，动作研究是提高操作者工作效率的一种方法，是研究和确定完成一个特定任务的最佳动作的个数及其组合。动作研究的目的在于消除不必要的无效动作，找出一种最好的操作方法。他们在动作研究中主要采用观察、记录并分析的方法。研究的第一步是把动作进行分解，如把“拿工具”这一动作分解成 17 个基本动作，后来美国机械工程师协会整理为 18 项，包括寻找、找到、选择、抓取、夹持、移物、定位、装配、使用、拆卸、检验、预定位、放物、运移、休息、不可避免的耽搁、可避免的耽搁、计划等。弗兰克把这些基本动作定义为动素，每一个动素称为一个“Therblig”，这是他的姓，即 Gilbreth 字母次序倒过来组成的，只是“th”这两个字母次序不变。动素是不可再分的。这是一个比较精确分析动作的方法。为了获得进一步的研究资料，弗兰克应用当时刚刚出现的电影摄影技术进行动作摄影，放映后研究分析哪些动作是不必要的并加以消除。他还为此专门设计了一种“微动计算器”，把一个大钟装上一根长的大秒针，可以录下 1/2 000 秒，置于拍摄的现场，用来测定工作所需时间的长短。这项研究的重要性在于为动作研究开辟了道路，现代体育竞技中的动作研究基本源于此。

吉尔布雷思夫妇利用上述工具和技术对工人的操作进行研究，剔除不必要的无效动作，合并可以合并的动作，把各种最有效的动作基本元素归纳为一种最经济的动作，这就是所谓的“动作经济原则”。应该说，动作经济原则是吉尔布雷思夫妇做出最大成绩的领域。他们将动作经济原则分为三大类：一是关于人体运用的原则，包括双手应同时开始并完成动作、双臂的动作应对称等；二是关于操作场所布置的原则，包括工具物料应放置在固定场所、工具物料等装置应布置在工作者的前面就近处、工作台及坐椅的高度应使工作者坐立适宜等；三是关于工具设备的原则，包括尽量解除手的工作而以夹具或脚踏工具代替、工具物料要尽可能预先放置在工作位置上等。这三类原则可归纳为四项要求：第一，两手应尽量同时使用，并取对称反向路线。第二，动作单元要尽量减少。第三，动作距离要尽量缩短。第四，尽量使工作舒适。他们把动作经济原则推广到工人中去，使工效大大提高。例如，砌砖的动作由原来的 18 个减少到 4.5 个，砌内墙的动作由原来的 18 个减少到 2 个；一个砌砖工每小时的砌砖数从过去的 120 块提高到 350 块，工效提高了 191%。

（2）疲劳研究。疲劳研究与动作研究紧密相连，是动作研究的继续，动作研究消除了不必要的多余动作，减轻了疲劳。这项研究也是吉尔布雷思夫妇管理思想中的独特之处。为了进一步使工人减轻疲劳、增加产量，他们共同研究出一种合理搭配工作和休息时间、恰当布置环境的方法。他们认为，进行疲劳研究首先要分清两种不同的疲劳：一种是由必要动作产生的疲劳，这是不可避免的，但可以通过改善工作环境和条例，降低疲劳度；另一种疲劳是由不必要的动作产生的，这种疲劳可以通过消除不必要的劳动来消除。解决疲劳有两种不同的方法：第一是基础的、常识性的方法。这主要包括：缩短工作时间；使休息时间更有效，如提供带搁脚凳的靠背椅；改进福利设施，改善工作条件；保证工作的安全性；合理地安排工作地点和工具的摆放等。第二是科学实验方法。这种实验分成两个阶段：第一阶段是通过动作研究，找出最佳的操作方法，并使之标准化。第二阶段是进行时间测定，借以找出一种最佳的工作与休息的时间组合。这种最佳时间组合的理想标准是：工人的健康状况有所好转；工人的技术水平和劳动效率有所提高；工人的工作态度有所改善。

（3）强调制度管理。吉尔布雷思夫妇认为做任何工作都有一种最好的管理方法，并把这些方法系统化为一套制度遵照执行，如果制度有不妥的地方，可以反映和修改，但是在修改之前仍然必须执行，不得自行其是。他们提出了一种强调管理制度的方法，叫做现场制度；还拟订了“混凝土制度”和“砌砖制度”等。混凝土制度中包括一般规则、混凝土的搅拌和运输规则等，其中仅混凝土的搅拌就有 231 条规则。砌砖制度中包括学徒培训、管理方法、脚手架使用、砖的搬运以及砌砖的动作细节等。

（4）探讨了工作、工人和环境之间的相互影响。吉尔布雷思夫妇认识到，工人本身和环境都会影响到工作的进度：工人本身可能对工作业绩产生影响的因素主要有15项，包括骨骼、肌肉、满足程度、信仰、赚钱能力、经验、疲劳、习惯、健康状况、生活方式、营养状况、体格大小、技术水平、脾气、训练程度；环境方面影响工作成绩的因素主要有14项，即器械、衣服、颜色、文娱、供热、照明、材料质量、赏罚、所移物件的大小、所移物件的轻重、减轻疲劳的特别措施、周围条件、工具、工会规则。

（5）重视管理人员的发展计划和企业中人的因素。吉尔布雷思夫妇很重视管理人员的培训与发展，拟订了具体的计划来实现员工的培训和提升，并提出了个人提升图表、提升机会表及定期讨论会等。这些想法和措施到20世纪50年代发展成为管理人员培训提升的整套措施。此外，他们还重视企业中人的因素，把经济学、管理学、社会学、生理学、教育学等学科的有关知识用来改进和提升工人的能力，以便为提高生产率服务。英国管理学家厄威克认为，吉尔布雷思夫妇的突出贡献是把管理学发展成为一门以人为中心的社会科学。可以说，他们对以后的行为科学也产生了影响。

吉尔布雷思夫妇的结合是管理思想史上的一件幸事。他们开拓性地进行了动作研究、疲劳研究与制度管理研究，开创性地提出应该重视管理人员发展计划和企业中人的因素，对自己所信奉的管理理念身体力行，并将研究方法提到广泛适用的高度，使之成为管理的一个核心任务，对管理思想的发展有着极其重要的贡献。他们的动作研究与泰勒相比，虽然基本原理一致，但无论是某些指导思想还是技术方法，两者都有所不同。其动作研究不仅应用了更为先进的工具和方法，而且更加细致和深入地拓展了研究内容。可以说，吉尔布雷思夫妇是管理思想史上独特而璀璨的奇葩。为了提高劳动生产率，吉尔布雷思夫妇费尽了心血。尽管他们的许多努力曾令人发笑，对科学管理的痴狂也将他们引入了一些歧途，但他们的管理思想至今仍散发着迷人的光芒。

4. 哈林顿·埃默森

哈林顿·埃默森（Harrington Emerson，1853—1931），出生在美国新泽西州特兰顿市一个长老会牧师家庭，从事过大学教师、管理咨询师、总经理和效率工程师等职业。1910年，他作为专家在美国州际商业委员会的听证会上，就美国东部铁路公司运费率案出庭作证，宣称铁路公司每年在劳动力和材料方面的浪费达3亿美元，只要采用泰勒的科学管理方法，每天就可以节省100万美元，所以没必要提高运费率。他的一席话，震动了美国的工商业界，科学管理成为报纸的头条新闻，家喻户晓，对推广科学管理起到了积极的作用。

埃默森一直被视为泰勒的追随者，其实他的研究工作与泰勒并没有直接关系，只是有一些观点相近，他对科学管理的贡献绝大多数都是独创的。在埃默森的研究生涯中，最有成效的是有关效率问题的研究，他被管理学家雷恩称为“为发展中的美国找到节省时间和开支方法的新型‘效率工程师’的代表人物”。

（1）提出了直线-参谋组织形式。埃默森同意泰勒所讲的要重视职能人员的专业知识，但不同意泰勒提出的职能工长制，而主张采用直线组织和参谋组织相结合的制度：每一个企业设立一位“总参谋长”和四个参谋小组。第一组负责研究有关员工人事与福利问题；第二组负责研究有关组织结构、机器、工具、设备等问题；第三组研究材料的采购、储存、分发和搬运等问题；第四组研究有关标准、记录、会计及方法问题。参谋组织的专业人员在对各项问题做详尽研究的基础上，向直线管理人员提供意见，但不承担执行和完成具体作业的任务，由直线管理人员统一指挥和发布指令。这样，既能发挥专业知识的长处，又不至于破坏统一指挥的原则。

直线-参谋制和泰勒的职能工长制不同，它可以避免数个职能工长指挥同一个工人进而产生多头领导的弊端，保证组织中的指挥统一；同时，又能够充分发挥参谋人员的专业特长，实现管理的专业化。直线组织中的指挥统一与参谋组织中的职能单一相结合，使这种组织设计成为现代组织中直线-职能制的原型。

（2）提高效率的 12 项原则。效率问题是埃默森一生中最有成效的研究，他因此被称为“效率的传教士”。他是极少数胜任的以“效率工程师”为职业的人之一。“效率工程师”这个名称正是他首先提出来的。1912 年，他出版了《效率的 12 项原则》一书，积极宣传效率观念，成为管理思想史上的又一个里程碑。12 项原则的主要内容如下：

1）明确规定目标。组织成员理解其所承担的共同目标，可以减少组织内部的冲突，避免模糊不清、变化无常和失去目的等问题。

2）常识。管理者应具备追求知识并向各方征求意见的常识，从更广的角度看待问题。其本质在于对知识和能力的追求，实际上是强调作为管理者的职业追求和敬业精神。

3）向有能力的人（参谋与顾问）请教。也就是要建立一支有能力、胜任工作并高度专业化的参谋咨询队伍；每次协商都采取集体决策的方式，以便产生有效的影响。

4）纪律。这是实现其他 11 项原则的基础，使组织成为一个系统整体，而不是无政府状态。

5）公平处理各项事务。公平是指对待工人要有建立公正、平等的制度的能力。而要建立这样的制度，其基础在于认识到工厂与工人之间的关系是一种互利关系，而不只是单纯的恩赐关系或利他关系。

6）对各项工作要有可靠的、及时的、准确的和持久的原始记录。尽可能利用文件和档案，作为管理和决策的依据。

7）实行有效调度，对生产进行统一安排和控制，使部门的工作服从整体的要求，力求在最短的时间内圆满完成任务。

8）制定标准和进度表，以确定标准的工作时间、工作方法、工作日程和工作程序。

9）工作环境标准化，以保持工作环境的一致性，减少人力与金钱的浪费。

10）作业标准化，以提高工作效率。

11）用书面形式进行作业指导，以迅速有效地完成企业的目标。

12）实行“效率报酬”，即对提高效率进行奖励。

这12项原则都是以直线-参谋组织形式为基础，前5项是关于人的关系方面的；后7项是关于管理的方法、机构和制度的。这些原则相辅相成、相互配合，共同形成组织管理体系的基础。

（3）奖励工资制度。与12项效率原则相配合，埃默森创造了一种按工人工作效率的高低确定是否给予奖金和奖金高低的工资制度。工人所得的具体计算方法如下：工作效率在66.7%以下者，工人所得＝实际工作时间×标准工资率。工作效率在66.7%～100%者，工人所得＝实际工作时间×标准工资率×（1＋20%）。效率若超过100%，工人除了得到20%的奖金之外，还将获得他所节约的那部分时间的报酬，例如，效率达到100%时，每1美元工资可得20美分的奖金；效率达到120%时，每1美元工资的奖金为40美分；效率为140%时，每1美元工资的奖金则为60美分，即等于20美分的奖金加上由于工作效率提高40%后又获得的40美分。

这种工资制度与泰勒的差别计件工资制和甘特的计件奖励工资制一样，都是以标准的作业量（即通过科学方法测定的基本定额）为依据的。与计件奖励工资制的相同之处是，首先要使难以达到定额的非熟练工人能得到有保证的最低工资，并使达到或超过定额的熟练工人根据其实际效率相应地得到超定额的奖金。该制度与计件奖励工资制的不同之处是，计算奖金的起点更低，而且为了防止工人的工作出现时紧时松的情况，奖金按月而非按日计算。

埃默森的奖励工资制度的优点是：能够保障能力较差、工作效率较低的工人的基本工资；奖金率随工作效率的提高而逐渐提高，促使工人不断努力提高效率。但这种方法比较复杂，工人不易理解，需要增加管理费用，所以应用并不广泛。

5. 莫里斯·库克

莫里斯·库克（Morris Cooke，1872—1960），是科学管理早期研究者之一。1909年，当卡内基促进教学基金会主席写信给泰勒，要求派人帮助对教育组织的管理进行“经济的研究”时，泰勒派库克前去进行调查研究。库克在富兰克林·罗斯福总统当政期间担任过多种职务，如农村电气化管理局局长、纽约州电力局局长等；他还担任过杜鲁门总统的疑难问题处理专家。

泰勒、巴思、吉尔布雷思夫妇、甘特和埃默森都在寻求工业企业中的效率，库克却把效率真理的传播延伸到了教育和政府机构。库克的主要贡献就是在非工业组织中传播和应用科学管理思想。

（1）把科学管理原理应用于高等学校管理。库克于1909年接受泰勒的派遣，对高等学校的管理进行调查研究，衡量教学和科研工作中的投入成本与产出结果，并于1910年出版《学院的效率与工业的效率》一书，总结了调查研究结果。虽然研究只涉及物理系，但因为被认为代表了当时的教学与研究水平，所以在学术界引起了巨大的反响。库克在书中讲到了高等学校管理中的许多缺点，认为高等学校管理状况比工业企业更糟糕，包括：近亲繁殖（侧重于聘用本校毕业生为教师）；高等学校中盛行的委员会管理方式效率很低；各个系所自行其是，破坏了整个学校的协调；教工的工资不是以业绩而是以资历为依据；不合格的教师由于享有职务、保持特权而不退休；系主任没有实权；大学中缺少一个衡量效率的标准等。为了改变高等学校管理的这些不良状况，库克主张把科学管理的原理和方法应用于高等学校的管理，进而提出了一些具体建议：教授应该把更多的时间用在教学和科研上；管理工作应该由专家而不是由委员会来承担；应该更多地使用助手来承担次要和辅助性的工作，以便高级人员能更多地承担复杂的工作；教师的工资应该按照其业绩和效率来确定；教学和科研的成本应由校部更严密地控制等。这些主张虽然遭到了一些人的反对，但还是起到了一定的积极作用，在相当程度上改变了高等学校存在的不良状况。

(2) 把科学管理原理应用于市政管理。1912—1916 年，库克在担任费城公共工程局局长期间，树立了一个良好市政管理的榜样，主要是采用一些效率高的新方法，在申诉处理、财务计划、装备更新、人事管理、存货记录、工程转包、公共关系、作业标准化等方面进行了革新。库克按照泰勒的思想建立了一种“职能管理”组织，雇用了一批专家并解雇了 1 000 名左右靠关系占有职位和效率低下的人；设立了退休和福利基金；主张由专业的“城市经理”来管理城市，由有职有权的人来代替只会空谈的委员会；提出了一种早期的参与管理决策的想法来号召人们“合作”。由于他的革新，费城在清除垃圾方面，4 年就节省了 100 多万美元费用（那时的 100 万美元可不是个小数目），公用事业费用减少了 125 万美元。

(3) 重视人的因素，在劳资关系的处理上取得了较好的成就。泰勒那时看不到工人主张权利的必要性，反对工会，认为工人组织起来后会图谋罢工怠工，不利于双方合作和生产率的提高。泰勒的这种主张引起了当时有组织的工人和工会的反对与抵制，其科学管理也因此遭到反对和抵制。库克的认识则不同于泰勒，他认为，使科学管理行之有效的不是制度本身，而是人们对制度的信任，进而一直注意争取工人的合作，对日益发展的全国劳工运动越来越感兴趣，特别是 20 世纪 30 年代以后，同许多工会领袖关系都非常好。他主张管理要“人情化”，在有关工资、工作定额、员工福利等事情上，可同工会进行集体合同谈判，工人应更多地参与管理。这些主张受到工会领袖的欢迎，有助于在企业中恰当地处理劳资关系。

库克在泰勒的指导下将科学管理运用到教育和市政机构，对非工业部门的管理起到了很大的促进作用；同时，他设法使科学管理与有组织的工人形成和睦关系，为科学管理增加了劳资之间建立和谐合作的新思想。管理史学家丹尼尔·雷恩曾这样评价库克：如果 20 世纪科学管理还有任何发展的空间，就需要像库克一样的人在非工业组织中打开视野，并赢得美国工会运动的支持。

（三）科学管理实践者

当时，科学管理的杰出实践者首推亨利·福特（Henry Ford，1863—1947）。他是福特汽车公司创立者，世界著名的“汽车大王”。福特出生于密歇根州底特律市南郊迪尔本镇的一个农场主之家，没上过几年学，但在机械厂当学徒时，就以勤奋好学、刻苦钻研而闻名。1892 年，他成功地试制出第一台汽车；1899 年创立了底特律汽车公司；1903 年创建了福特汽车公司，随后控制了公司的大多数股份，担任董事长；1908 年研制出他最为理想的 T 型车，被称为“世界汽车工业史上具有划时代意义的伟大创举”；1913 年建起汽车工业史上第一条流水线，开辟了大批量生产汽车的时代。

福特是在世界汽车史上占有重要地位的先驱者，也彻底改变了全世界千百万人的生活方式，被誉为“给世界装上轮子的人”。他的代表作是《我的生活和工作》（1923）、《今天和明天》（1926）。福特的科学管理实践及思想主要体现在以下几个方面：

1. 首创大规模汽车装配流水线

流水线作业并不是福特的首创，但是，通过一次偶然的机会他在芝加哥屠宰场所见到的一切和听到的主人的一句笑话引发了他的灵感。屠宰场就是流水线作业，只是方向是相反的：它是将整体分解为个体，然后将各个部位的牛肉、骨头按照一定的规则分类存放。福特惊叹于屠宰场的效率和工作秩序：整头牛进去，出来的是各种各样的牛肉及其副产品。他想可以将这种既具有连贯性又有工作效率的流水作业的方式运用到汽车制造上。在福特想法的支持下，经过公司研发人员的刻苦攻关，1913 年春，世界上第一条汽车装配流水线在福特的工厂里诞生了。大规模装配流水线带来了生产方式的革命，将组装 T 型车的时间缩短了 50%。福特公司连创世界汽车工业时代的生产纪录：1920 年 2 月，1 分钟生产一辆汽车；1925 年 10 月，10 秒钟生产一辆汽车，一天能造出 9 109 辆 T 型车。这样的速度让同行为之震惊，让世界为之震惊，创造了世界汽车生产史上的奇迹。至此，福特公司发展成为世界上最大的汽车公司；而这种以装配流水线的生产方法和管理方式为核心的福特制，为后来汽车工业的发展树立了楷模，掀起了世界范围内具有历史性进步的“大批量生产”的产业革命。

2. 标准化和简单化生产

福特所说的标准化和简单化最重要的是实行生产方式的标准化和简单化，即从各种方法中选出最好的方法，并把它们结合起来，形成标准加以推广。他提出必须使汽车构造简单化，只有简单，汽车才可能轻便，才会容易修理，一旦哪部分有问题，换个标准零件就够了。而且，简单的设计更易于大批量生产，当产量增大时，生产成本就会降低，汽车价格就可以更加低廉。

（1）工作专门化。一是在对工作内容、职责和需求等进行全面分析的基础上，实施工作专门化。福特通过调查发现，工厂里有 7 882 项不同的工作。其中，949 项是重体力工作，需要有健全、强壮身体的人来干；有 3 338 项需要一般身体状况和体力的人来干；剩下的工作，根本不需要什么体力，即使最没有力气或者身体很弱的人都能干。事实上，大部分工作妇女或大一些的孩子都能完成。将最轻松的工作分类，看看有多少项工作需要健全的人。结果发现：670 项工作可由无腿的残疾人完成；2 360 项工作可由一条腿的残疾人完成；2 项工作可由无手臂的残疾人完成；715 项可由单手臂的残疾人完成；10 项能由盲人完成。二是实行单一产品原则和工厂专门化。每个工厂只生产一种产品，即不论怎样大型的工厂，也不在同一厂房里制造两种汽车。由于每个工厂都专门致力于单一产品的制造，就为大批量生产创造了条件。此外，各个工厂之间实行生产的专门化，使各种部件都在适当的场所分别制造，然后，把这些部件运到消费地组装成成品。

（2）部件的互换性。为了保证各地生产的部件能在装配厂顺利完成装配，必然要求所有部件都具有互换性。部件的互换性又必然要求生产的规格化，而这一要求只有在机器生产的条件下才能实现，是机器生产优于手工生产的重要表现。

（3）制造的精确性。为了实现部件的互换性，保证各种部件的规格化，必然要求制造过程的精确性，保证每个部件的精度都符合规定的标准。

（4）使用专门的机械。所使用的机械都是用于单一目的的，都专门用于进行一种作业。当时，福特汽车公司由于采用了大批量生产方式，大约 90%的设备是标准化的。

3. 实行高工资加福利制度

福特很注意工人的生活，他说过，"生产的汽车如果连我的员工都买不起，还有什么意义呢？必须要让我的员工首先买得起我所造的车，只有这样循环才能推动公司的发展"。而在当时，美国工人的工资是很低的，每天 1～1.5 美元，一个月一天都不休息，也只有几十美元。于是，1914 年，福特让公司的公关经理把所有媒体的记者都请来，宣布福特车所有生产线上的员工每人每天的工资涨到 5 美元。这惊呆了所有在场的人。当时，一辆福特汽车大概要卖 200 美元，如果一个员工一天只挣 1 美元，那么很难买一辆车，但如果一天能挣 5 美元，立刻就可以变成福特汽车的买主。他认为，雇主的目标应该是比同行业的任何一家企业都能给工人更高的工资。这是福特一贯坚持的工资观念。不仅如此，他还开创了 8 小时工作制，将当时的工作时间率先由 9 小时缩短为 8 小时。福特公司的 8 小时 5 美元工作制，引起了全美的强烈反响，工人无不拍手称快。除了高工资，还有福利。当时享有福特福利的条件是：负担家庭生活的已婚男人，以及"生活节俭"的单身男人和抚养亲戚的妇女。福特不主张雇用双职工，因为他认为母亲出去工作是"对小孩作孽"。

4. 独特的管理观

在福特的眼里，管理者没有什么作为，他以其一贯的直截了当的方式将他们逐一废弃。德鲁克在《管理的实践》一书中写道："亨利·福特的暴政中最为根本的就是他系统地、有预谋地、有意识地试图排除管理层，从而独自掌管这几十亿美元的商业王国。只要他的助手试图作出决定，都必定会被密探报告给他。"福特专门设置一个名为"社会部"的部门，以侦察下属的行为，一度有 50 个调查员。福特的管理采取分割式的办法。每个人只掌握自己分内的事情，对公司整体情况一无所知。在对待下属方面，福特的方式是冷酷无情的"铁血政策"，他经常抱怨"怎么我想要一双手时却得到整个的一个人”。此外，在内部管理上，福特提倡最大限度的“无头衔管理”。他认为通常的“办公室政治”是没有意义的，大家只要各司其职，做好自己的工作，不需要任何冗余的头衔和权力。福特表示，“当你考虑的是把工作做好，而不是为一个想得到提升的人找一个合适的头衔时，那就不会有提升的困难了”。

无论在经营思想上，还是在具体的管理方法上，福特与泰勒都有许多相似之处，但又有很大差别。例如，福特提出的高工资与产品的低价格相结合的目标同泰勒的高工资与低成本相结合的目标如出一辙，然而，福特提出这一目标是着眼于扩大市场需要，创造出更多的消费者，而泰勒提出这一目标则是着眼于调和企业内部的劳资关系。又如，泰勒采用科学管理方法，通过动作研究和时间研究提高了作业效率，同时大大提高了工人的劳动强度，福特采用科学管理方法，同样提高了作业效率，提高了工人的劳动强度，但这种作业的劳动强度是由传送带的严格步调来决定的，因而已经不再需要进行动作研究和时间研究了。福特实行装配流水线的大批量生产方式，大大提高了生产效率和经济效益，工人工资也有所提高，但是，他们的劳动强度显著提高，不需要更多思考，每天都在不断地重复着这种简单、单调的动作，工人的工作变得更加紧张和枯燥无味。不过，福特是汽车工业史上的一个传奇，在大起大落之中，他缔造了自己的王国，不管他做了些什么，还是留给后人许多可以回味、必须思索的东西。“当他未到人世时，这个世界还是马车时代。当他离开人间时，这个世界已经成为汽车的世界。”这是 1947 年 4 月《纽约时报》上的一段文字，形象地概括了福特与这个世界的联系。

（四）科学管理理论评述

科学管理理论首次突破了管理研究的经验途径这一局限性视野，首次提出要以效率、效益更高的科学型管理取代传统小作坊式的经验型管理，使人们认识到在管理上引进科学研究方法的重要性和必要性，开辟了管理学的新纪元。然而，由于科学管理只是起源于工厂现场作业实验，因此存在过于重视技术、强调个别作业效率、对人的看法有偏颇、忽视企业的整体功能等历史局限性；而且，单纯从“经济人”假设出发，认为企业家的目的只是获得最大限度的利润，工人只是为了获得最大限度的工资收入，这就忽略了人的动机的多样性。此外，泰勒以机械的模式看待员工，把员工看成是进行一定生产作业的生产工具——活的机器，进而反对有组织的工人和贬低工人；过分主张通过经营者和工人的职能分工来建立劳资双方的协调关系，而实际上这种分工对工人的社会地位和经济谈判地位会带来极其不利的影响。这些都是科学管理理论后来遭受多方诟病的重要原因。

二、一般管理理论

在泰勒探讨车间作业中以提高效率为重点的科学管理思想的同时，法国的亨利·法约尔（Henri Fayol，1841—1925）则以整个企业经营为对象，研究管理的一般原则和方法。他是概括和阐述一般管理理论的先驱，被誉为“一般管理理论之父”和“管理过程之父”。

法约尔是管理过程学派的“开山鼻祖”，出生于法国一个资产阶级家庭，1860 年毕业于法国圣艾迪安国立矿业学院，成为一名采矿工程师，同年进入科芒特里-富香博采矿冶金公司工作，并在此度过了整个职业生涯。他的管理才能是在他 47 岁被任命为总经理后才显现出来的。75 岁时他的划时代名著《工业管理与一般管理》（1916）才出版，标志着一般管理理论的形成。法约尔本来打算写四个部分，把一、二部分写成《工业管理与一般管理》，意欲在第三、四部分讲述他的原理的实际应用，但后两部分一直没有写完，这是管理思想史上的一大遗憾。

一般管理理论的主要内容如下：

1. 从企业经营活动中提炼出管理活动，并强调管理的普遍性

法约尔通过对企业活动的研究，提出“经营”与“管理”是两个不同的概念，管理包含在经营之中，认为企业的全部活动（或职能）分为以下六种：（1）技术活动（生产、加工、制造）；（2）商业活动（购买、销售、交换）；（3）财务活动（筹集和有效利用资金）；（4）安全活动（保护财产和人员）；（5）会计活动（财产清点、资产负债表、成本和统计等）；（6）管理活动（计划、组织、指挥、协调和控制）。

前五种活动都不负责制定企业的总经营计划，不负责建立社会组织和协调各方面的力量与行动，而这些活动都属于管理活动。法约尔把管理活动从经营活动中提炼出来，加以集中研究，得出了普遍意义上的管理定义，即“管理是普遍的一种单独活动，有自己的一套知识体系，由各种职能构成，管理是通过完成各种职能来实现目标的一个过程”。在管理学家林德尔·厄威克看来，法约尔对管理理论的独一无二的贡献在于把管理作为一种独立的职能加以分析，为通过职能分析来研究管理的整个现代方法的演进铺平了道路。

2. 管理的五项职能

法约尔认为，管理活动具有计划、组织、指挥、协调和控制五项职能。这五项职能紧密联系，形成一个完整的管理过程，为管理理论的研究提供了一个框架。它们不是独有的特权，也不是企业经理或领导人的个人责任，而是同企业经营的其他五大活动一样，是一种分配于领导人与整个组织成员之间的工作。法约尔提出的管理五项职能影响了整个 20 世纪的管理学，许多管理学者在此基础上继续研究，逐渐形成了管理过程学派或管理职能学派，法约尔因此被誉为“管理过程之父”。

（1）计划。在制定计划时，要考虑到下级管理人员和一般工人的意见；一个好的计划应该具备统一性、连续性、灵活性、精确性四个特点，而要制定具有这些特点的计划，就要对每天、每周、每月、每年、五年甚至十年的情况进行预测，并且随着时间的推移或情况的变化进行不断的调整或修改。

（2）组织。法约尔提出社会有机体的概念，认为社会有机体是同物的组织有区别的人的组织。社会有机体中的每个成员可以看做一个个的细胞。通过多数成员的结合，社会有机体才能变化和发展，从而形成器官（管理机构）。没有有机体，管理活动就不能存在；没有管理活动，社会有机体（组织）也就不能有效地形成和维持。随着企业的扩大和人员的增多，必然形成一定的等级序列或金字塔结构，应该维持一种比较狭窄的管理幅度，即每人直接领导的下属不要过多。

（3）指挥。组织建立以后，要让组织发挥作用，就是指挥的任务。指挥是一种以了解人的品质和管理一般原则为基础的艺术。担任指挥工作的领导者必须深入了解自己的员工、淘汰没有工作能力的人、做出榜样、对社会组织进行定期检查、不要在工作细节上耗费精力等。

（4）协调。在一个非常协调的企业里，每个部门的工作都要与其他部门步调一致；各部门内部的各个分部及所属单位，对各自在完成共同任务方面必须承担的工作和相互之间应提供的协助都要有精确的了解；各部门及所属分部的计划安排经常随情况的变动而调整。要解决这些问题，需要加强沟通，而部门领导的每周例会是沟通的最好方法之一。

（5）控制。控制就是要确认企业的各项工作是否和计划相符合，目的在于找出工作中的缺点和错误，以便纠正并避免重犯。为了有效控制，控制活动必须马上执行，伴以适当的奖励和惩罚；由于工作性质和对象的不同，控制应采取不同的方式。如果控制工作太多、太复杂，涉及面太广，应让一些专业人员来做，他们被称为检查员或监督员。

3. 管理的 14 项原则

法约尔根据自己长期的经验提出了一般管理的 14 项原则。

（1）劳动分工。劳动分工不只是适用于技术性的工作，而是毫无例外地适用于所有涉及或多或少的一批人或要求几种类型的能力的工作，其结果是职能的专业化和技术的分散。

（2）权力与责任。权力和责任之间存在着一种因果关系，就是说，责任是权力的孪生物，是权力的当然结果和必要补充，凡是在权力行使的地方，就必然存在责任。

（3）纪律。为使企业顺利发展，纪律是绝对必要的。纪律是由领导者决定的，无论是哪个社会组织，纪律状况都取决于领导者的道德状况。高层领导者和下属一样，都必须接受纪律的约束。

（4）统一指挥。统一指挥是指一个下属只应接受一个领导者的命令。如果这一原则不成立的话，纪律就会受到危害，秩序将被破坏，稳定将受到威胁。法约尔认为这条原则与泰勒的职能工长制不同，因为职能工长制违背了统一指挥的原则。

（5）统一领导。为了力求达到同一目的的全部活动，只能有一个领导人和一组计划。只有在一个领导和一组计划的情况下，才能做到责任明确、计划明确，进而保证组织目标的顺利实现。法约尔指出，统一领导和统一指挥的主要区别在于：人们通过统一领导来完善组织，而通过统一指挥来发挥人员的作用。统一指挥不能没有统一领导而单独存在，但并不来源于它。

（6）个体利益服从整体利益。利益原则是人类社会首要的也是基本的原则。法约尔认为，在一个企业里，一个人或一些人的利益不能置于企业利益之上，个人利益必须服从整体利益。为此，领导者应该坚定立场，树立好的榜样，尽可能签订公平的协定并认真地监督协定的执行。

（7）人员的报酬。人员的报酬是其服务的价格，应该合理，并尽量使企业同其所属人员（雇主和雇员）都满意。报酬方式应该能保证报酬公平，能奖励有益的努力和激发热情，也要限制过多的报酬。

（8）集中。这条原则主要讨论集权和分权的问题。二者本无好坏之分，关键在于找到一个适合企业的度。

（9）等级制度。等级制度就是从最高权力机构直至底层管理人员的领导序列。这个序列对于保证传达的需要和指挥的统一是必要的，但并不总是最迅速的途径。因此，应将尊重等级路线与保持行动迅速结合起来。为此，他设计了一种有利于使等级序列与行动迅速得到有机结合的所谓的“法约尔跳板”（也称“法约尔桥”），以使组织中的不同等级线路中相同层次的人员能在有关上级同意的情况下直接联系，减少信息迂回传递所导致的效率低下及损失。

（10）秩序。组织的秩序意味着在组织中的每一个人和每一种东西都有一个位置，并且有一个恰当的位置，包括物的秩序和人的秩序。

（11）公平。公平是由善意与公道产生的，公道是实现已订立的协定。企业领导人应经常把自己最大的能力发挥出来，努力使公平感深入到各级人员心中。

（12）人员的稳定。企业管理人员的稳定尤其重要。一个人要适应新工作，不仅要具备相应的能力，而且要给他一定的时间来熟悉这项工作，因为经验的积累是需要时间的，如果这个熟悉过程尚未结束便从事其他的工作，其工作效率就会受到影响。

（13）首创精神。首创精神是指人们在工作中的主动性和创造性，是组织充满生机和活力的保证。

（14）团结精神。全体人员团结是企业的巨大力量，为了实现团结，管理人员应避免使用可能导致分裂的分而治之的方法。

上述 14 项原则总的来看都围绕一个中心，即社会组织或社会机构的设计和运行问题。社会组织的框架如何设计，首先要看如何分工，因此明确分工原则是设计组织结构的前提条件。把分工加以具体化，就是要明确规定各个管理人员的权责范围，因此权力与责任相适应的原则又是分工原则的发展和落实。等级制度、统一指挥、统一领导和集中等原则都是维护社会组织健康运行的必要条件。员工报酬、处事公平、首创精神、团结精神等原则则是保证和提高组织发展的内部动力所必需的物质条件与精神条件。总之，只有把这 14 项原则联系起来，全面贯彻下去，才能保证社会组织合理地建立和顺利地运行。当然，法约尔同时认为，这些原则并不是固定不变的，而是灵活的，在管理上没有绝对死板的东西，只有尺度问题。

4. 管理人员的素质与能力分析

法约尔认为管理人员应该具有特别的素质和能力：（1）身体条件，即健康、精力充沛、谈吐清楚；（2）智力条件，即具有理解和学习能力、判断能力和适应能力等；（3）精神条件，即有干劲、坚定不移、愿意承担责任、主动、忠诚、刚毅、有尊严；（4）通用知识，即一般地熟悉而不仅限于所从事职能的各方面知识；（5）专门知识，即某项职能所特有的知识，如技术、商业、财务、管理等专业知识；（6）经验，即从本职工作中获得的知识，就是把个人从工作中吸取的教训加以整理。

他还认为，各种人员在管理的等级中所处的地位不同，其必须具备能力的相对重要性也不同。随着企业由小到大、管理职位由低到高，其管理能力在管理者必要能力中的相对重要性也不断增加，而其他诸如技术、商业、财务、安全、会计等能力的重要性则相对降低。

5. 倡导管理教育和创立管理理论

在西方现代管理史上，法约尔最早提出管理教育的重要性和必要性。他认为，由于大公司和其他组织日益增加，领导必须接受管理方面的训练，而不是墨守以往技术教育、商业教育的陈规，也不是只按自己的想法、原则与经验行事，进而大力提倡在大学和专科学校中开设管理课程，传授管理知识，通过管理教育来获取和提升管理能力。同时，他认为当时的法国“缺少管理教育”是由于“没有管理理论”。之所以要创立一种管理理论，原因有三点：（1）管理是一种独立的适用于所有类型事业的活动；（2）随着管理层级的不断提升，管理能力愈加重要；（3）管理是能够传授的。

20世纪初，由于缺少英语翻译，法约尔的作品在很长一段时间无法推广，其管理思想也被笼罩在泰勒科学管理的光环之下，没有得到人们的充分重视；而且，在当今的许多人看来，法约尔的主张也实在是太平凡了，只是极其一般的常识性东西。但是，正是他的一般管理理论才淬炼出管理的普遍原则，使管理得以作为可以基准化的职能，在企业经营乃至社会生活的各方面都发挥着重要作用。

法约尔与泰勒一样，致力于探讨管理的科学性，并建立了一套系统的管理理论。这正如法约尔本人所认识到的，两人的研究是互补的，因为两人都努力地想通过不同的分析方法来改进管理。但是，两人的思想还是存在一些明显不同：泰勒的研究是从工厂与车间的现场管理开始的，主要是技术方面和作业方面的管理；法约尔则把整个企业组织作为研究对象，研究的是整个企业的经营管理问题。

当同时代的其他人集中研究工人和机械的性能时，法约尔却把重点放在管理地位和管理者所需要的主要技能上，他的先知灼见开辟了管理过程学派的先河。可以说，法约尔的一般管理理论是管理思想史上继泰勒的科学管理之后的第二座丰碑，他第一次系统全面地概括和阐述了管理的基本原理、主要职能和一般原则。美国管理学家加里·哈默尔曾这样评价法约尔：“为数众多的理论之父与为数不多的理论之母共创了现代管理理论。然而集 20 世纪管理学作品之大成者，首推亨利·法约尔……法约尔是欧洲第一位管理大师，遗憾的是，在他辞世后的 75 年里，欧洲没有培养出第二位法约尔式的伟人。”英国管理思想家林德尔·厄威克在《管理备要》中也曾评价法约尔是“欧洲献给世界管理运动的最重要的人物”。在一张法约尔临终那年的钢笔肖像画旁，有这样一段文字：“他还是那么年轻——昂然微笑，目光直率而炯炯有神。他待人常常一见如故，他那不加修饰的权威和气度，他的仁慈，他那不甘寂寞的充满青春活力的心灵，使他成为受人尊敬的实业界元老。”

当然，法约尔的管理思想也存在一些不足之处，主要包括：只考虑了组织的内在因素和企业内部管理，没有考察组织同其外在环境之间的关系，因而不够全面；管理原则缺乏弹性，有些还相互矛盾（如劳动分工原则与统一指挥原则相互冲突），让人无所适从；同泰勒的科学管理理论一样，忽视了人性的研究，把人看作经济人和机械人。即便如此，他的管理思想依然被人们所认识、接受和重视，至今闪烁着耀眼的光芒，其管理原则仍是指导我们管理实践的指路明灯。

三、古典组织理论

与泰勒、法约尔并称为古典管理理论三位先驱的，还有德国著名社会学家、政治经济学家和管理学家马克斯·韦伯（Max Weber，1864—1920）。韦伯的研究主要集中在古典组织理论方面，是对泰勒、法约尔的理论的一种补充，他首次系统提出并阐述官僚组织理论，被誉为“组织理论之父”。

韦伯被公认为现代社会学和公共行政学最重要的创始人之一，他的研究兴趣十分广泛，涉及社会学、政治学、经济学、历史、宗教、哲学、音乐等诸多领域；他主持的讲座“以学术为职业”和“以政治为职业”在社会学界极为有名，在当时的德国产生强烈反响。后人把马克斯·韦伯与卡尔·马克思和爱米尔·迪尔克姆（又名涂尔干）并称为现代社会学的三大奠基人。他的主要著作大多是在其生命的最后 15 年及去世后出版的，1904—1905 年他的名著《新教伦理和资本主义精神》出版。遗憾的是，他一生中最重要的一部著作，即《经济与社会》（1921）未能在其有生之年写完。

韦伯对组织管理理论的伟大贡献，在于明确系统地提出理想的组织应以合理合法权力为基础，这样才能有效地维系组织的连续和目标的达成。为此，韦伯首推官僚组织，并且阐述了规章制度是组织得以良性运转的基础和保证。

1. 理想的官僚制及其特点

韦伯关于官僚制的原意是指，通过职务或者职位，而不是通过个人或者世袭地位来管理。理想的官僚制，既不同于凭借传统力量建立的管理体制，也不同于依据神授的权力和服从者对某种神秘启示的信仰而建立的管理体制，它存在着一种正式的管辖范围，这种范围一般是由规则（即法律或行政规定）来确定的。官僚制是一种严密的、合理的、形同机器那样的社会组织，具有熟练的专业活动、明确的职责划分、严格执行的规章制度以及金字塔式的等级服从关系特征，从而使其成为一种管理技术体系。官僚制的组织结构分为三层：上层是最高领导层，相当于现在许多组织中的高级管理层，其主要职能是制定有关整个组织的重大决策；中间层是行政官员，相当于现在组织中的中级管理层，其主要职能是贯彻上级领导层的重大决策并拟定实施方案，将下层的意见和建议反映给上层领导；基层是一般工作人员，其主要职能是依据上级的指示，从事实际工作。

韦伯进一步指出，以理性-法律权力作为基础的官僚制具有以下基本特点：

（1）确定的目标。组织应有确定的目标，人员的一切活动都必须遵守一定的程序，都是为了实现组织的目标。

（2）分工明确。建立明确的职能分工，每个职位都有明确的职权区域。对组织的全部活动进行专业化的职能分工，并依据这种职能分工确定管理职位，详细规定各个职位的权力和责任范围。这些规定适用于所有处于管理职位上的人。

（3）明确的等级制度。按照等级序列原则来组织，共同服务于一个指挥决策中心，形成一个自上而下的、等级森严的指挥体系。每个成员都要为自己的决定和行动对上级负责，受上级的控制和监督；同时，为了使每个人都能完成其所承担的责任，必须给予相应的权力，使其有权对他的下级发号施令。这样，就能维持组织的稳定，并且保证其强有力。

（4）非人格化的人员关系。组织成员之间是一种指挥和服从的关系，这种关系是由职位的高低决定的，是组织通过正式规定来明确的。个人之间的关系不能影响到工作关系。

（5）规范的选拔与录用。承担每个职位的人都是经过挑选的，必须经过考试和培训，接受一定的教育，获得一定的资格，根据职位对人的要求来确定需要什么样的人。人员必须是称职的，同时也是不能随意免职的。

（6）实行委任制。所有的管理人员都是任命的，而不是选举的（某些特殊职位除外）。

（7）管理职业化。管理人员有固定的薪金，并且有明文规定的升迁制度，有严格的考核制度。管理人员的升迁完全由其上级来决定，下级不得表示任何意见，以防止破坏上下级的指挥系统，通过这种制度培养组织成员的团队精神，要求他们忠于组织。

（8）公私有别。管理人员在组织中的职务活动应当与私人事务区别开来，公私事务之间应有明确的界限。管理人员管理组织，但不是组织的所有者，没有组织财产的所有权。

（9）遵守纪律。管理人员必须严格遵守组织中的法规和纪律，这些规则不受个人感情的影响，适用于一切情况。组织对每个成员的职权和协作范围都有明文规定，使其能正确地行使职权，从而减少内部的冲突和矛盾。此外，组织中的管理行为、决定和规则，都要以书面形式规定和记载，业务的处理和传递均以书面文件为准。书面文件同行使官方职能相结合，就构成“官署”，官署是组织中各种共同行动的中心点，这样就能保证业务处理的准确和规范。

韦伯认为，这种理想的行政组织是最符合理性原则的，其效率是最高的，在精确性、稳定性、纪律性和可靠性等方面都优于其他组织形式。而且这种组织形式适用于各种类型的组织，包括企业、教会、学校、国家机构、军队和各种团体。

2. 权力的分类

韦伯指出，任何组织都必须有某种形式的权力作为基础，才能变混乱为秩序，实现其目标。他认为存在着三种纯粹形态的合法权力（即被社会接受的权力）。

（1）传统权力（traditional authority）。其依据是对古老传统的不可侵犯性和按传统执行权力的人的正统性的信念。

（2）超凡权力（charismatic authority）。其依据是对个别人的特殊性和超凡的神圣、英雄主义或模范品质的崇拜，或对这个人的指示或发布的标准模式和命令的崇拜。

（3）法定权力（rational-legal authority），即理性-法律的权力。其依据是对标准规则“合法性”的信念，或者对那些按照标准规则被提升为指挥者的权力的信念。

在这三种权力中，传统权力的效率较差，因为其领导人不是按照能力来挑选的，其管理单纯是为了保存过去的传统。超凡权力则过于感情化，并且是非理性的，依据的不是规章制度，而是神秘的或者神圣的启示。所以这两种权力都不宜作为官僚制的基础，只有法定权力才能作为这种基础。

韦伯提出的官僚制理论在行政管理领域的组织机构中具有相当的先进性，但是由于他在提出这个理论的时候，社会文化和历史条件还没有形成对行政组织理论的需求，其理论提出后并没有受到应有的重视，直到 20 世纪四五十年代才在美国获得承认。此后，随着组织规模和复杂程度的发展，人们对于组织理论开始了探索，也使韦伯及其官僚制再度进入人们的视野，人们才发现韦伯的理论具有非常大的价值。他强调规则、强调能力、强调知识的行政组织理论，为社会发展提供了一种高效率、合乎理性的管理体制。

在某种程度上，官僚制本身存在的诸多不足，包括过分重视集权和等级制度、忽视人际关系与非正式组织、过度强调规章制度等，成为人们批评效率低下的“官僚主义”和“官僚作风”的口实，韦伯所描述的官僚主义世界似乎已经过去。但是，官僚制对 20 世纪初经济发展的推动起到了不可低估的作用，直至今天仍然发挥着重要的作用。官僚制已成为各类组织普遍运用的典型结构，广泛应用于国家机构、企业和各种社会团体及其管理之中，在组织设计实务中发挥着有效的指导作用。

概括起来，古典管理理论由于受当时生产力发展水平、时代背景、社会条件及研究者自身局限性等方面的影响，不可避免地存在缺陷，比如只注重生产过程、组织控制等方面的研究而对人的因素注意较少，把研究局限于组织内部的管理而忽视了组织发展的外部环境等。尽管存在种种缺陷，古典管理理论在管理思想史上仍具有不可替代的重要地位，因为它是现代管理理论的基础，对当今的组织管理实践和研究仍然起着非常重要的指导作用。

第二节　行为科学萌芽

19 世纪末 20 世纪初，古典管理理论“一家独大”，因此人们普遍认为该时期是古典管理时期，但事实上，这一时期出现的其他重要思想孕育着行为科学的诞生，行为科学已初露端倪，主要表现是：德国心理学家雨果·孟斯特伯格开创了工业心理学；美国管理学家玛丽·帕克·福莱特架起了古典管理理论通向行为科学的思想桥梁。这些重要思想不仅是行为科学诞生的前奏，也为行为科学破茧而出夯实了思想根基。

一、工业心理学诞生

第二次工业革命使得工业企业的生产规模不断扩大，生产效率进一步提高。为了获得更高的生产率，人们开始关注如何有效地利用人的生理和心理资源问题。泰勒的科学管理活动使得社会上对于科学管理的兴趣高涨起来。在泰勒制出现以前，心理学就已成为一门独立的科学，但是将心理学直接应用到工业生产领域，研究如何适应和转变工人的心理，激发工人的干劲，以提高生产效率，还是 20 世纪初才开始探索的。在这方面，德国心理学家雨果·孟斯特伯格（Hugo Münsterberg，1863—1916）首开先河，他最早把心理学的观念运用于工业组织，是工业心理学的创始人，被誉为“工业心理学之父”。他指出，在当时的工业中，人们将最大的注意力放在材料和设备上，虽然也有一些人注意到了工人的心理状态对工作效率的影响，如疲劳感、认为工作单调、兴趣和愉悦、认为工作报酬是否适当等，但缺乏科学解释。

孟斯特伯格师从德国著名心理学家威廉·冯特，获哲学博士和医学博士学位。1892 年，他应哈佛大学教授詹姆斯之邀，接管了由詹姆斯创设的心理实验室。他对用传统心理学研究方法研究实际工业中的问题很感兴趣，于是他的心理学实验室就成为工业心理学活动的基地，后来成为工业心理学运动的奠基石。1914 年，第一次世界大战在欧洲爆发，孟斯特伯格因效忠自己的祖国而支持非正义方的德国，从而受到排斥，导致精神抑郁，于 1916 年去世，当时人们评价他的去世造成了工业心理学的空白。

在 20 世纪初科学心理学发展初期，孟斯特伯格的贡献是多方面的。他是工业心理学、司法心理学和美学心理学的开创者，而且其研究还涉及哲学、心理治疗、实验心理学和教育心理学。1910 年，孟斯特伯格提出根据工作成绩确定职业性向的概念，1912 年他出版了《心理学与经济生活》一书，该书在 1913 年被英译为《心理学与工业效率》。在书中，他对人员甄选、职业伦理、工作绩效的心理因素以及广告心理等各方面均有所探讨。他把自己的研究成果概括为：

第一，最合适的人，即研究工作对人的要求，识别最适合从事某种工作的人应具备什么样的心理特点，将心理学的实验方法应用在人员选拔、职业指导和工作安排方面。

第二，最合适的工作，即研究和设计适合人们工作的方法、手段与环境，以提高工作效率。他发现，学习和训练是最经济的提高工作效率的方法与手段，物理的和社会的因素对工作效率有较强的影响，特别是创造工作中适宜的心理条件极为重要。

第三，最理想的效果，即用合理的方法在商业中也同样可以确保资源的合理利用。他研究了对人的需要施加符合组织利益的影响的必要性。

孟斯特伯格运用大量的心理学实验材料来证实以上三个方面，其中最著名的一个研究是探明安全驾驶的无轨电车司机应具备的特征。他系统地研究了这项工作的各个方面，并且设计了模拟电车的实验室实验，结果发现一个好的司机应该能够在驾驶的过程中同时理解所有的影响电车行驶的因素。孟斯特伯格认为研究疲劳问题对提高工业生产效率非常重要，进而研究了许多工厂每天和每周的工作曲线。典型的日产记录显示：每天上午九十点钟产量有轻度的增加，而午饭前产量下降，午饭之后产量又上升，但不如上午九十点钟的情况，下午下班前，产量急速下降。一周的产量也表示出类似的情形，星期一的产量平常，星期二和星期三是最好的，然后逐渐下降，直到星期六为止。这些研究为工业心理学开辟了新的研究领域，并为后续研究奠定了基础。

孟斯特伯格作为工业心理学的先驱，他的研究和思想对后来的研究工作与工业心理学理论有着深远的影响。在他之后，企业主从增加自己的经济利益出发，开始在企业中雇用心理学家，心理学家也得以进入到企业中开展应用性的研究，从而促使大量的社会心理学和工业心理学著作相继问世，产生了注重研究人的心理因素，试图通过对人的各种需要的满足来调动人的积极性的人际关系学说及其运动。但是，孟斯特伯格所考虑的面比较窄，仅限于个体心理的研究，缺乏社会心理学的视野。所以，他的工业心理学在当时未能引起更广泛的关注。

具有讽刺意味的是，孟斯特伯格本人由于支持德国而被美国排斥，但他的理论却被美国用来作为对付德国的武器。美国参战以后，广泛运用孟斯特伯格开创的方法，对参战的 200 万美国士兵进行了大规模的心理学测验，这是首次在管理领域对心理学的大规模应用。正是这种应用，建立了工业心理学的稳固地位，并使心理学成为管理学不可或缺的组成部分。

二、古典管理理论向行为科学过渡

人际关系研究先驱、巾帼管理学大师玛丽·帕克·福莱特（Mary Parker Follett，1868—1933），架起了古典管理理论和行为科学之间的思想桥梁。福莱特出生于美国马萨诸塞州的昆西，以优异的成绩从哈佛大学安内克斯学院（后更名为拉德克利夫学院）毕业，还曾游学于英国和法国，在政治学、经济学、法学和哲学方面都有极高的素养。这种不同学科的综合优势，使她可以把社会科学诸多领域内的知识融会贯通，从而在管理学界提出了独具特色的新型理论。有人认为，福莱特的思想超前了半个世纪甚至80年。20世纪60年代以后管理学的诸多探索，追根溯源都能在福莱特那里得到启示。由于她对管理学的巨大贡献，管理学大师德鲁克把她称为“管理学的先知”。有人甚至把她与泰勒相提并论，称这位杰出的女性应当与“科学管理之父”并列，可称之为“管理理论之母”。

从福莱特生活的时期来讲，是科学管理时期。她对泰勒的某些观点很赞赏，并作了进一步的概括。但她的政治哲学和管理哲学的基本倾向则明显具有“社会人”时代的特征，既概括了泰勒的许多思想，又得出与后来的梅奥等人所做的霍桑实验的研究成果大致相同的结论，所以她成了这两个时代之间的一个联系环节。她于1918年出版《新国家》一书，被人称为政治哲学家。此后对企业管理和工业组织的兴趣促使她进一步研究，成为多家企业的咨询人员，并提出了许多有关组织和人际关系方面的宝贵意见，受到管理学者的好评。福莱特研究所有关系下的各种基本问题，如冲突、权力、威信、领导和控制等。她同时将自然科学和社会科学的研究成果应用到商业组织中，指出有必要在人们各种兴趣之外创造团结一致的行动，以及培养良好的人际关系。

1. 群体原则

福莱特认为，只有在群体中才能发现真正的人，个人的潜能只有在群体中才能被发现，从而获得真正的自由。这种群体原则相对于个人独立思考、感觉和行动的老观念，成为一种“新心理学”。群体原则包括以下几个方面的内容：

第一，个人存在于相互的社会交往之中。福莱特应用“一致性”、“群体思维”和“集体意志”这一类词汇，追求一种以群体原则而不是个人主义原则为基础的新社会。福莱特并不是以此而否定个人，她只是强调个人只有通过群体才能发现“真正的自我”，一个人的“真正自我就是团体自我”，“人没有脱离社会、独立于社会或反对社会的权力”。

第二，民主是一种社会意识。她认为，民主是一种社会意识而不是个人主义的发展，新的真正的民主是从小的邻近地段的团体开始，逐步发展成为一种地区群体、全国群体，甚至发展为国际群体意志。她对投票箱式的民主不感兴趣，认为那只不过反映了人群心理学和单纯用数量来表示的“权利”。

第三，群体目标。她认为，人们可以通过会议、讨论和协作来彼此启迪思想，并在对共同目标的追求中表示其统一性；个人可以通过群体经验而使自己的创造力得到更大的发挥。

2. 通过利益整合解决冲突

福莱特特别研究了冲突现象，强调正因为冲突是生活中的一种现实情况，所以应该让其为我们所用。她提出了四种解决利益冲突的途径：一是一方自愿退让；二是斗争，一方战胜另一方；三是妥协；四是整合。前两者显然不足取，妥协也不利于辨明是非曲直，最佳途径为第四种，即通过整合找出一种使双方都满意的解决办法。福莱特在这里提出了一个与泰勒的所谓“精神革命”十分近似的观点。她提出的通过整合解决冲突的方法的前提，是力图使工人和管理当局双方真正感到是为一个共同目标而服务，而所有成员都在各级承担一定的责任，为整体作贡献，并以此使社会和经济达到整合的统一。

3. 通过控制和协作来达到目标

福莱特有关控制的基本要点有两个：一是由事实控制而不是由人控制；二是相互关联而形成的控制而不是上级强加的控制。在控制活动中，除非在某种情境中的所有要素、材料和人之间存在着统一与合作，否则，有效的控制是难以实现的。如果没有对共同利益的追求，情境就会失去控制。控制的基础就在于认识到相互间共同利益并自觉控制其工作，使之符合既定目标的自我管理、自我指挥的个人和团体。

经理人员所要控制的，不是单个的要素，而是复杂的相互关系，不是个人，而是情境，其结果是要使整个情境形成一种生产性的结构。由于许多群体力量的交织决定着相应的总行为，所以绝大多数情境都显得十分复杂，以致最高层的集中控制难以有效地发挥作用，这就要求在组织机构中设立多个控制点，并使其相互关联。这种相互关联是以协作为基础的，具体可包括四个方面：一是协作是涉及一种情境中全部要素的相互作用的因素；二是协作由全部有关负责人的直接接触形成；三是协作要在早期阶段进行；四是协作是一个连续的过程。有关协作的这四个方面被认为是组织的四项基本原则，这四项原则所得出的结论是：组织就是控制；组织和协作的目的是保证获得可控制的成果；协作达到团结，团结就是控制。

在管理学领域，有两位著名的巾帼管理学大师，同诸多男性伟人相比毫不逊色，她们是著名的“管理学的先知”福莱特和“管理学第一夫人”莉莲·吉尔布雷思。福莱特在管理学中的地位，犹如居里夫人在物理学中的地位，虽然没有创立学派，但她的思想却深深地映射在现代和当代管理学进展的方方面面。莉莲·吉尔布雷思在管理心理学方面的贡献，超出了当时的众多工业心理学家。正是她的工作，衬托出了弗兰克·吉尔布雷思的光彩，并使管理心理学同科学管理融为一体。

在技术至上和个人主义的美国，福莱特的思想当时没有引起人们足够的重视；但在大洋彼岸的英国，由于有组织的工会比较发达，她的思想受到了一定的关注；尤其是在强调群体的日本，福莱特的思想受到高度尊崇，日本专门建立了福莱特协会。随着社会的发展，美国人又重新发现了福莱特，除德鲁克给予她极高评价外，在 20 世纪 80 年代新公共管理运动的“重塑政府”浪潮中，福莱特的思想也成为政府变革的渊源。

小结

19 世纪末 20 世纪初管理思想的主要特点是：科学管理独领风骚；管理科学成功奠基。

泰勒是科学管理理论的创始人，被誉为“科学管理之父”。科学管理思想有众多的拥护者、追随者和实践者。其中比较著名的有巴思、甘特、吉尔布雷思夫妇、埃默森、库克和福特。具有“汽车大王”之称的福特汽车公司创立者福特首创大规模汽车装配流水线，推行标准化和简单化生产，实施冷酷无情的“铁血政策”，以及提倡最大限度的“无头衔管理”，成为科学管理的典型实践者。当同时代的其他人集中研究工人和机械的性能时，法国的法约尔却把重点放在管理地位和管理者所需要的主要技能上，他的先知灼见开创了管理过程学派的先河；而且，他以整个企业经营为对象，研究管理的一般原则和方法，是概括和阐述一般管理理论的先驱，被誉为“一般管理理论之父”和“管理过程之父”。对泰勒、法约尔的理论进行补充的是韦伯的古典组织理论，他由于首次系统阐述并提出官僚组织理论而被誉为“组织理论之父”。

同一时期的其他重要思想孕育着行为科学，行为科学已初露端倪。被誉为“工业心理学之父”的德国人孟斯特伯格首倡将心理学的研究方法应用于工业生产领域。具有“管理理论之母”和“管理学的先知”美誉的美国巾帼管理学大师福莱特架起了古典管理理论通向行为科学的思想桥梁。这些重要思想不仅是行为科学诞生的前奏，也为行为科学破茧而出夯实了思想根基。

思考题

1. 泰勒的主要管理思想和贡献是什么？
2. 甘特的主要管理思想和贡献是什么？
3. 甘特的计件奖励工资制与泰勒的差别计件工资制有何异同？
4. 吉尔布雷思夫妇的主要管理思想和贡献是什么？
5. 埃默森的直线-参谋制与泰勒的职能工长制有何不同？
6. 埃默森提高效率的12项原则是什么？
7. 科学管理理论的贡献和缺陷是什么
8. 法约尔的主要管理思想和贡献是什么？
9. 韦伯的主要管理思想和贡献是什么？
10. 孟斯特伯格的主要管理思想和贡献是什么？
11. 福莱特的主要管理思想和贡献是什么？

第 三 章

20 世纪 30—40 年代管理思想

20 世纪 30—40 年代，人类历史上爆发了规模空前的全球性经济危机和世界大战，工人的生活水平急剧下降，工人组织起来反抗资本家的斗争日趋增多，科学管理所倡导的经济刺激和物质激励效用递减，管理者逐渐认识到单纯用古典管理理论和方法已不能有效激励和控制工人以达到增长利润的目的。因此，研究者们不断进行探索，在管理学的不同分支领域里提出了许多深刻的见解。

一些管理学家和心理学家开始从心理学、社会学等学科出发系统思考企业中有关人的问题，人际关系学派和社会协作系统学派得以在大萧条中诞生。人际关系理论源于乔治·梅奥与弗里茨·罗特利斯伯格等人的“霍桑实验”。该实验第一次把管理研究的重点从工作和实物的因素上转移到人的因素上来，并得出重要结论：人作为“社会人”，决不仅仅追求金钱等物质享受，同时还希望满足友情、归宿、受人尊重等社会性需求。人际关系学派的主要观点包括：人是“社会人”而不是“经济人”；新的领导能力在于提高工人的满意度；正式组织中存在着非正式组织。

社会协作系统学派从社会学和整体论的视角来研究管理，认为社会的各类组织都是一个由相互联系的各个部分构成的整体，并把组织置于更大的社会系统中加以考察。该学派的代表人物切斯特·巴纳德是重视人对组织重要性的早期倡导者之一，他将组织看作一个协作的社会系统，认为系统能使个人与组织目标联系起来。巴纳德提出了许多与传统组织理论不同的观点，直接影响了在组织管理方面的开创性研究。如关于经理的职能，前人多采用静态的、叙述的方式来说明，而巴纳德采用动态的和分析的方式来阐释，对“沟通”“动机”“决策”等一系列问题进行了开创性的专题研究。

组织理论在这一时期继续发展。林德尔·厄威克发展和分析了控制职能，形成了比较系统的管理理论；厄威克还提出了适用于一切组织的八项管理原则以及组织设计理论。卢瑟·古利克非常强调在组织中贯彻一致性原则以保证组织活动的协调性，并主张在实际工作中随时根据情况变化来调整组织的结构与部门的职能。厄威克和古利克主张的一系列管理原则为形成比较完整的现代组织理论体系做好了铺垫。

管理过程学派在这一时期也获得了较大发展。詹姆斯·穆尼的研究注重过程分析，因其科学性而被人们广泛接受。他提出了组织内部的协调原则、阶层原则和职能原则等管理原则，并阐明了这些原则的适用性；他还对冲突管理进行了深入研究，其中有关冲突的类型划分和处理对策目前仍被广泛应用。拉尔夫·戴维斯提出了管理的有机职能，即计划、组织和控制，同时强调了管理哲学对经理人员的重要性。

此外，库尔特·勒温提出了群体动力学，用于分析非正式组织中人与人相互接触、相互影响所形成的社会秩序。该理论认为：群体的活动、相互影响和情绪三要素相互关联，并综合影响群体行为；群体目标和组织目标往往不一致；群体中人的行为不仅与他的能力和素质有关，而且与其所处环境有密切的关系；群体有自己的规范，并有别于正式组织的程序和工作标准。勒温群体动力学的出现进一步提醒人们，人类社会已经处于行为科学时代，从人的行为本质中激发动力，才能提高效率。行为科学理论的出现，弥补了科学管理理论的不足，为管理学科的进一步发展注入了强大的动力，成为管理理论的又一块奠基石。

第一节　人际关系学派的诞生与主要观点

人际关系学派是早期的行为科学。古典管理理论的建立，为当时生产力的发展和社会的进步提供了有力的理论武器，但随着社会的发展，人们发现古典管理理论并不能解决实践中遇到的一切问题，尤其是大量与人有关的问题，因而“经济人”假设陷入困境。20世纪30年代，在霍桑实验的基础上，美国管理学家梅奥创立了人际关系学派，并由此产生了“社会人”假设。

一、梅奥与霍桑实验

原籍澳大利亚的美国行为科学家乔治·梅奥（George Elton Mayo，1880—1949）是人际关系学派的创始人。1923年，梅奥在洛克菲勒基金会的资助下移居美国，并作为宾夕法尼亚大学沃顿商学院的研究人员为洛克菲勒基金会进行工业研究；1926年任哈佛大学工商管理学院工业研究室副教授。1924—1932年间，美国国家科学院全国研究委员会和西屋电器公司合作，进行了著名的霍桑实验，梅奥与合作者罗特利斯伯格于1927—1932年参与并主持了该项实验，揭开了作为组织中的人的行为研究的序幕，为人际关系学说和行为科学的创立奠定了基础。在人际关系学派出现以前，各种管理理论主要强调管理的科学性和严密性，轻视人的作用，把工人看做机器的附属品。梅奥则注重人的因素，研究人的个体行为和群体行为，强调满足员工的社会需求，而这些结论的重要依据正是来自霍桑实验。

霍桑实验是指从1924年11月至1932年5月在美国西屋电器（又译为威斯汀豪斯）

公司的霍桑工厂进行的一系列实验。从 1924 年开始到 1932 年结束，在将近 9 年的时间内，前后共进行过两个回合：第一个回合是从 1924 年 11 月至 1927 年 5 月，在美国国家科学院全国研究委员会赞助下进行；第二个回合是从 1927—1932 年，由梅奥主持进行。整个实验前后经过了四个阶段。

阶段一：车间照明实验——照明实验（1924—1927 年）

这一阶段主要是照明实验以及针对其他影响生产率的因素而进行的实验。霍桑工厂是一家拥有 25 000 名工人的生产电话机和电器设备的工厂。当时许多管理人员和管理学家认为，工作环境、工人的健康和生产率之间存在着明确的因果关系。至于影响工作效率的其他因素，如疲劳或者工作单调，一般认为主要是由于工作设计不当、休息时间安排不足、物资流程不畅、工作条件不善等引起的。在这一阶段先后进行了照明实验，工资报酬实验，工间休息、日工作时间长度与周工作天数的实验，结果发现工人的生产率一直在提高，无论实验条件如何变化。其结果令人迷惑不解，因此有许多人退出了实验。对此，梅奥和他的合作者罗特利斯伯格的权威解释是：参加实验的工人产量提高，主要是由于工人的精神方面发生了巨大变化，参加实验的工人成为一个社会单位，受到更多的关注，并形成一种参与实验计划的感觉，因而情绪高昂。

阶段二：继电器装配实验——福利实验（1927—1928 年）

1927 年，梅奥接受邀请并组织一批哈佛大学教授成立了一个新的研究小组，开始了霍桑的第二阶段的福利实验。福利实验的目的是找到更有效地控制影响员工积极性的因素。他们对实验结果进行归纳，排除了四种假设：（1）在实验中改进物质条件和工作方法，可导致产量增加；（2）安排工间休息和缩短工作日，可以解除或减轻疲劳；（3）工间休息可减少工作的单调性；（4）个人计件工资能促进产量的增加。最后得出“改变监督与控制的方法能改善人际关系，能改进工人的工作态度，促进产量的提高”的结论。

阶段三：大规模的访谈计划——访谈实验（1928—1931 年）

既然实验表明管理方式与员工的士气和劳动生产率有密切的关系，那么就应该了解员工对现有的管理方式有什么意见，为改进管理方式提供依据。于是梅奥等人制定了一个征询员工意见的访谈计划，在 1928 年 9 月到 1930 年 5 月不到两年的时间内，研究人员对工厂中约 2 万名员工进行了访谈，主要了解和研究员工对公司领导、保险计划、晋升、工资报酬等方面的意见和态度。在访谈计划的执行过程中，研究人员对工人在交谈中的怨言进行分析，发现引起他们不满的事实与他们所埋怨的事实并不是一回事，工人表述的不满与隐藏在其内心深处的不满并不一致。比如，有位工人表现出对计件工资率过低不满意，但深入了解后发现，这位工人是在为支付妻子的医药费而担心。研究人员认识到，工人关心自己的个人问题会影响到工作的效率。所以管理人员应该了解工人的这些问题，为此，需要对管理人员，特别是要对基层管理人员进行训练，使他们成为能够倾听并理解工人的访谈者，能够重视人的因素，在与工人相处时更为热情、更为关心他们，这样能够促进人际关系的改善和员工士气的提高。

阶段四：继电器绕线组的工作室实验——群体实验（1931—1932年）

这是一项关于工人群体的实验，其目的是要证实在之前的实验中研究人员似乎觉察到的在工人当中存在着的一种非正式的组织，这种非正式的组织对工人的态度有着极其重要的影响。

研究人员为了系统地观察在实验群体中工人之间的相互影响，在车间挑选了14名男员工，其中有9名绕线工、3名焊接工、2名检验工，让他们在一个单独的房间内工作。实验开始时，研究人员向工人说明，他们可以尽力地工作，因为在这里实行的是计件工资制。研究人员原以为实行这套办法会使员工更努力地工作，然而结果却出乎意料。事实上，工人实际完成的产量只是保持在中等水平，而且工人的日产量都差不多。根据动作和时间分析，每个工人应该完成标准的定额为7 312个焊接点，但是每个工人每天只完成6 000～6 600个焊接点就不干了，即使离下班还有较为宽裕的时间，他们也会自行停工。这是什么原因呢？研究者通过观察，了解到工人自动限制产量的理由是：如果他们过分努力地工作，就可能造成其他同伴的失业，或者公司会制定出更高的生产定额。

研究者认为，这种自然形成的非正式组织（群体）的职能，对内在于控制其成员的行为，对外则为了保护其成员，使之不受来自管理阶层的干预。这种非正式的组织一般都存在着自然形成的领袖人物。至于它形成的原因，并不完全取决于经济的发展，而主要是与更大的社会组织相联系。

霍桑实验及其结论随着时间的推移，其影响也逐步扩大。一些大学开始设立相应的课程，人际关系学说及其观点逐步进入了企业。1949年该学科被定名为行为科学以后，福特基金会成立了科学部，次年建立行为科学高级研究中心，并在1953年拨款委托哈佛大学、斯坦福大学等高等学府从事行为科学的研究。后来，洛克菲勒基金会、卡内基基金会也相继拨款支持行为科学的研究。1956年，美国出版了第一期《行为科学》杂志。自此以后，许多管理学家、社会学家和心理学家从行为的特点、行为和环境、行为的过程以及行为的原因等多角度开展对人的行为的研究，形成了一系列理论，使行为科学成为现代西方管理理论的一个重要流派。理论的研究和发展反过来促进了企业管理人员重视人的因素，强调人力资源的开发，注意改善企业的人际关系，使组织的需要和成员的需要协调一致等。

二、人际关系学派的主要观点

霍桑实验的研究成果由梅奥于1933年正式发布在《工业文明中的人类问题》一书中，这标志着人际关系学派的建立。在霍桑实验的总结中，梅奥特别指出以下几点：第一，与工人交谈有助于他们解除不必要的心理负担和调整自己对于个人问题的态度及情绪，从而使他们清楚、明白地提出自己的问题；第二，交谈有助于工人与周围的人相处得更容易、更和谐；第三，交谈还会提高工人与经理人员更好地合作的愿望和能力，这就有助于形成工人对工作群体和对工厂的双重归属感；第四，与员工交谈是培养训练管理人员的重要方法，有助于上情下达；第五，与员工交谈是获取信息的重要途径，这对于经理来说具有极大的客观价值。

梅奥提出了人际关系的重要性，认为人际关系如何是经理人员是否成熟的一个重要标志，也是一个组织是否有效的一个重要标志。他将人际关系学派的核心思想归结为三个基本点。

1. 人是“社会人”而不是“经济人”

梅奥提出，人们的行为并不单纯出自追求金钱的动机，还有社会方面、心理方面的需要，即追求人与人之间的友情、安全感、归属感和受人尊敬等，而后者更为重要。每一个人都有自己的特点，个体的观点与个性都会影响个人对上级命令的反应和工作的表现。应该把员工当做不同的个体来看待，当做社会人来对待，而不应将其视作无差别的机器或机器的一部分。因此，不能单纯从技术和物质条件着眼，而必须首先从社会心理方面考虑合理的组织与管理。

2. 正式组织中存在非正式组织

梅奥认为，任何一个机构里，在正式的法定关系背后都存在着由大量非正式群体构成的更为复杂的社会关系体系。非正式组织是与正式组织相对而言的，它有利有弊。无论正式的还是非正式的组织系统，对于一个团体的活动都是不可或缺的。非正式组织与正式组织有重大差别：在正式组织中，以效率逻辑为其行为规范；而在非正式组织中，则以感情逻辑为其行为规范。如果管理人员只是根据效率逻辑来管理，而忽略工人的感情逻辑，必然会引起冲突，影响企业生产率的提高和目标的实现。因此，管理当局必须重视非正式组织的作用，注意在正式组织的效率逻辑与非正式组织的感情逻辑之间保持平衡，以便管理人员与工人之间能够充分协作。

3. 新的领导能力在于提高工人的满意度

梅奥所建立的人际关系学派，提出了与当时流行的泰勒科学管理思想不同的一些新观点。在决定劳动生产率的诸因素中，置于首位的是工人的满意度，而生产条件、工资报酬只是第二位的。员工的满意度越高，其士气就越高，从而生产效率就越高。高满意度来源于工人个人需求的有效满足，不仅包括物质需求，还包括精神需求。满意度主要是由员工的社会地位决定的。企业管理人员要同时具有技术-经济技能和人际关系技能，使效率逻辑和感情逻辑得以平衡，这是取得高效率的关键。这就是所谓的新的领导能力。

应该说，梅奥是在管理思想发展史中有着特殊地位的管理学家。他主持的霍桑实验开辟了一个“社会人时代”，梅奥为管理行为所确立的准则是一种新的“管理哲学”，被称为“梅奥主义哲学”。但是，梅奥和罗特利斯伯格过于注重非正式组织而忽略了正式组织，过于强调人的感情和心理因素而忽视了理性、经济和制度因素。

第二节　社会协作系统学派

美国著名管理学家切斯特·巴纳德（Chester I. Barnard，1886—1961）于 1938 年出版了管理学历史上的经典之作《经理人员的职能》，对组织和管理理论的一系列基本问题提出了与以往的组织和管理理论完全不同的观点。由于他把各类组织都作为协作的社会系统来研究，所以后人把由他开创的管理理论体系称作社会协作系统学派。

巴纳德读完了哈佛大学的经济学课程，但因缺少一门实验科学的成绩而未能获得学士学位，后来反而因为在组织和管理研究方面作出杰出贡献而获得 7 个名誉博士学位。他曾担任新泽西贝尔电话公司的总经理，在此期间，几乎没有什么具体事务，由副手替他处理公司的各项工作，这使他有充裕的时间来思考问题。在这个职位上的积累和思考，使他完成并出版了《经理人员的职能》这一奠定他大师地位的著作。他还是一位出色的业余钢琴演奏家，担任过新泽西巴赫音乐协会的主席。

一、社会协作系统学派主要观点

研究管理必须从研究组织开始。巴纳德之前的组织理论受古典经济学的影响，偏重于专业的结构效率，对组织中的人员没有足够的重视，这种组织理论的缺陷直到巴纳德时才有了根本性的改观。

（一）组织协作系统论

巴纳德独创性地界定了组织的概念，并将组织分为正式组织和非正式组织，提出正式组织是指两个或两个以上的人有意识地协调活动或效力的协作系统。他认为，协作是整个社会得以正常运转的基本而又重要的前提条件。社会的各类组织，不管是政治的、军事的、宗教的，还是企业的、学术的，都是一个协作系统。而且，协作是一个动态的过程，它的运营环境以及组成要素都在不断变化，因此协作系统也处于不断的发展变化中。个人欲同他人建立协作关系，就必须处理好五个方面的社会因素，包括协作体系中个人之间的相互作用、个人和集体之间的相互作用、协作体系对个人的影响、社会目的和协作的有效性、个人动机和协作的效能等，它们是协作系统得以建立的最基本条件。协作系统的稳定性和持续性，取决于协作系统的效率和效能：当一个组织系统协作得很成功，能够实现组织目标时，这个组织就是有效率的，效率是系统存在的必要条件；而系统的效能是指系统成员个人目标的满足程度，协作效能是个人效能综合作用的结果。通过这两个概念把正式组织的要求同个人的需要结合起来，这在管理思想史上是一个重大突破。

巴纳德提出，作为正式组织的协作系统，不论其规模大小或级别高低，都包含着三个基本要素：协作的意愿、共同的目标和信息的沟通。

1. 协作的意愿

组织不能脱离人而存在。在任何组织中，协作的意愿都是必不可少的最普遍的要素；它意味着自我克制、放弃对个人行为的控制权、对个体行为的去个性化。没有这种意愿，就不可能将不同组织成员的行为有机地结合起来，协调一致地活动。但是，不同成员的协作意愿是不同的，同一个人不同时间的协作意愿的强度也是不同的，个人并不能自发地产生协作意愿。个人协作意愿强度的高低，取决于自己提供协作而导致的“牺牲”与组织因为自己的协作而提供的“诱因”这两者之间的比较。因此，巴纳德提出了一个著名的关系式：诱因≥贡献。所谓诱因是指组织给成员个人的报酬，这种报酬可以是物质的，也可以是精神的；所谓贡献是指个人为组织目标的实现而作出的贡献和牺牲。由于诱因和牺牲的尺度通常是由个人主观决定的，而不是客观的，因此，组织满足这些诱因也要因人而异。有的人看重金钱，有的人则看重地位，有的人侧重于自我目标的实现，对于不同的人，组织要给予不同的激励。

2. 共同的目标

共同的目标是达成协作意愿的必要前提。协作的意愿如果没有共同的目标是发展不起来的。如果没有共同的目标，员工就无法预期自己可能从中得到哪些满足，也就不会产生协作的意愿，对组织而言，就无法预测员工所采取的协作行为，组织的协作活动也就无从谈起。组织目标是整个组织存在的灵魂和奋斗的方向，理解组织的共同目标，必须把握以下要点：第一，必须使共同的目标为组织全体员工理解和接受，这样才能真正激发员工的协作行为。第二，必须使组织目标同个人目标协调起来。这被认为是管理思想发展史上具有里程碑意义的思想。第三，必须使组织的目标适应环境的变化。组织的共同目标不是一成不变的，它应当随着组织规模的变化、人员的变化、外界环境的变化和发展而调整。因此，组织制定的目标应具备综合性、总体性、清晰性、可分性和层次性等特点；确定组织目标应遵循灵活性与一致性结合的原则，不仅要有可能性，还要有挑战性。

3. 信息的沟通

信息的沟通作为第三要素，使前两个要素得以动态地结合。个人协作意愿和组织共同目标只有通过信息沟通才能联系和统一起来，内部信息交流是实现组织目标的基础。巴纳德还提出了信息沟通的一些基本原则：第一，信息沟通的渠道要被组织成员明确了解；第二，每个成员要有一个明确的、正式的信息沟通渠道，即必须向某人报告或从属于某人；第三，必须依照正式的路线沟通信息，不要在沟通中跳过某些层次，以免产生矛盾和误解；第四，信息沟通的路线必须尽可能直接和简捷；第五，作为信息沟通中心的各级管理人员必须称职；第六，组织工作期间信息沟通的路线不能中断；第七，每一信息沟通必须具有权威性。

对于巴纳德提出的组织的三个基本要素，以及由此纵深展开的理论贡献，日本学者饭野春树比喻说，组织目标是巴纳德从传统理论继承发展而来的“长子”，协作意愿是巴纳德从人际关系学派过继收养并加以改造的“次子”，信息沟通则是巴纳德赖以将正式组织的理论动态化的“幼女”。三个孩子力量的有机组合，为巴纳德家族争得了荣誉，并使巴纳德家族成为既传统又现代的结合体。

此外，巴纳德在分析正式组织与个人的协作关系时，还注意到了非正式组织的存在。非正式组织可能对正式组织产生某些不利的影响，但也至少起着三种积极的作用：第一，信息的沟通；第二，通过对协作意愿的调节，维持正式组织内部的凝聚力；第三，维护个人品德和自尊心。正式组织是保持秩序和一贯性所不可缺少的，而非正式组织是提供活力所不可缺少的；一个管理者如果也能是非正式组织的领导者，那么管理就会非常成功。

（二）权威接受论

巴纳德深入地研究了组织的权威问题，认为经理人员作为企业组织的领导核心，必须具有权威。权威是存在于正式组织内部的一种“秩序”，是一种信息交流的对话系统，是个人服从于协作体系要求的愿望和能力。以往的权威概念是建立在某种等级序列或组织地位基础之上的。巴纳德则提出了著名的权威接受论，认为权威由作为下级的个人来决定，这给予了权威一种自下而上的解释。也就是说，一项命令是否有权威性取决于接受命令的人，而不取决于权力当局或发布命令的人。巴纳德还发展出一个“无异区间”的概念，来解释一个组织怎样才能够在这种独特的权威概念下进行工作。在这个“无异区间”内，每个人都必须接受命令，不允许质疑权威。“无异区间”可大可小，取决于对个人来说诱因相比负担和牺牲所超出的程度。

个人承认命令的权威性并乐于接受命令必须基于四个条件：(1) 他们理解了所传达的命令；(2) 他们认为命令与组织的目标是一致的；(3) 他们认为命令与个人利益是一致的；(4) 他们认为在精神上和身体上能够执行或遵守命令。个人之所以接受命令，是因为下达命令者具有权威。这种权威或是由正式组织的职权和等级形成的地位权威，或是由个人能力和影响形成的领导权威。不管哪种权威，不被下属接受就不是权威。但是，当地位权威与领导权威结合在一起时，“无异区间”就无比宽广。经理人员不应滥用权威，发布无法执行或得不到执行的命令。

（三）组织决策论

巴纳德指出，组织理论研究的重点不是组织作业的科学化与合理化，而是组织的决策活动，组织的存在和持续发展在很大程度上取决于管理者的决策水平。他进而分析了决策的主体、起因和要素等，提出了许多独到的见解，为西蒙决策理论的形成提供了理论基础和思想素材。

第一，决策的主体。组织中的决策有个人决策和组织决策两种。个人决策是为了实现个人目标进行的决策，是组织成员具有协作意愿的基础；组织决策是为了实现组织目标而进行的决策，通常由许多人共同进行，在决策过程中，还需要各级管理者作出相应的具体决策。

第二，决策的起因。组织决策来源一般有三个：上级的指示、下属的要求以及管理者的创新。上级的指示是决策产生的主要来源；下属的要求一般是领导无能或命令不清晰造成的结果；管理者的创新是指管理者根据自身能力和环境的变化作出的决策，体现了管理者的开创性和前瞻性。

第三，决策要素。决策的制定同时受到客观因素和战略因素的制约。客观因素包括目标和环境两个方面，决策的机能就是协调这两方面因素的相互关系；战略因素是基于环境的不确定性提出的，是实现组织目标所必需的而在决策实施过程中阶段性不存在的因素。

（四）组织平衡论

管理的艺术就在于维持组织的平衡，维持诱因与贡献的平衡，从而维持组织成员之间的持续协作。组织是一个开放的系统，组织中的所有成员都寻求系统的平衡，调整各种内外部力量维持组织的动态平衡。组织平衡包括组织的内部平衡和外部平衡。

(1) 组织的内部平衡。内部平衡是指通过保持对组织成员的诱因和贡献的平衡，来确保组织成员积极地实现组织目标的过程。这个过程也就是对成员进行激励的过程，是组织目标和个人目标平衡的过程。要实现内部平衡，决定性因素是组织必须拥有足够多的诱因，包括经济的和非经济的两种。经济诱因是指组织向其成员提供的货币、物品等物质性报酬；非经济诱因是指晋升、荣誉、权势、理想、魅力等非物质因素。

(2) 组织的外部平衡。外部平衡是指组织与外部的平衡，主要包括两个方面：一是组织分系统与其他子系统之间的平衡，也就是组织系统与生产系统、人事系统和市场系统进行合理协调的过程，从而使以组织为中心的协作系统内部的各个分系统构成一个统一的整体；二是协作系统与外部环境之间的平衡，即系统要根据外部的经济、技术、社会等条件的变化，不断调整和更新自己的目标，确保二者之间的平衡。

（五）领导的性质

巴纳德在《组织与管理》(1948) 一书中突出强调了经理人员在企业组织与管理中的重要领导作用，从五个方面精辟地论述了“领导的性质”这一关系到企业生存和发展的根本性问题。

第一，领导者的主要工作。领导者的工作主要包含四大要素：一是确定目标，即根据组织的宗旨或者总的任务确定自己的行动目标，知道该干什么、不该干什么、向哪里发展；二是运用手段，即一方面要求领导者懂专业技术知识，另一方面要求领导者不能忽视为人处世、组织领导能力等基本的领导品质；三是控制组织，即通过有效手段确保成员按组织目标开展工作；四是进行协调，即引导被领导者，把他们的聪明才智变成协调一致的行动。

第二，领导者所处的环境。环境的不同，压力的大小，对领导者的行为会产生很大的影响。领导者所处的环境可以分为稳定的情况和极端不稳定的情况：在稳定的情况下，领导者的行为可能是冷静的、深思熟虑的、未雨绸缪的，而且需要自我控制以及娴熟的人际交往能力等；在极端不稳定的情况下，领导者要在精神和身体上鼓足勇气，当机立断，积极主动，富于创意甚至是大胆鲁莽的。

第三，领导者个人素质。领导者个人素质应包含：活力和忍耐力、决断力、说服力、责任感以及智力水平。巴纳德强调了非智力水平的重要性。

第四，领导者的培训。组织需要通过培训增强领导者一般性知识和专业性知识，并使领导者在工作实践中锻炼平衡感和洞察力，积累经验。

第五，领导者的选拔。领导者的选拔取决于两种授权机制——代表上级的官方授权（任命或免职），代表下级的非官方授权（接受或拒绝），后者即被领导者的拥护程度是领导者能否取得成功的关键。领导者选拔中最重要的条件是其过去的工作表现。

二、现代管理理论形成

巴纳德对管理学的主要贡献是：从社会系统的角度来研究组织问题，把组织看做人与人之间协作的系统。他是第一位将理性制定决策提升为管理的核心职能的管理学家，直接影响了在组织管理方面的开创性研究，提出了许多与传统组织理论不同的观点，奠定了现代组织理论的基础。管理学界几乎一致认为：巴纳德关于组织理论的探讨，至今无人超越。西方管理学界称他是现代管理理论的奠基人。他对于现代管理理论的贡献，犹如泰勒和法约尔对古典管理理论的贡献，被尊称为“现代管理理论之父”。后来的许多学者如德鲁克、孔茨、明茨伯格、西蒙、利克特等人都极大地受益于巴纳德，并在不同方向上有所发展。

源于巴纳德的现代管理理论与传统管理理论具有鲜明的不同，主要表现在以下几个方面：第一，现代管理理论认为，组织的性质和过程决定管理职能的内容以及如何实现这些职能，而不仅仅是孤立地分析管理职能或管理过程；第二，现代管理理论不是单纯地阐述实现管理目标的各种原理和方法，而是剖析组织的本质是什么、人在组织中如何行动等问题；第三，现代管理理论不仅把组织的表面结构作为分析对象，也把组织行为，即组织中人的行为作为分析对象；第四，现代管理理论不是把作业作为主要认识对象，而是把决策作为主要认识对象，即更注重组织行为的效果（做正确的事）。

第三节 其他管理思想及发展

一、古典管理理论系统化

古典管理理论之所以得到很好的传承与发展，很大程度上得益于英国著名管理史学家、教育家厄威克和美国管理学家古利克及时地对古典管理理论进行了较为全面的总结，并加以系统化。在这个过程中，他们也加进了自己的管理思想，对发展管理过程理论、古典组织理论作出了开拓性贡献。

（一）古典管理理论系统化的主要内容

林德尔·厄威克（Lyndall F. Urwick，1891—1983）曾担任位于日内瓦的国际管理学院首任院长、英国工业管理专业教育委员会主席，是著名的亨利管理学院的创始人之一，20 世纪 40 年代开始致力于推动管理教育，在管理教育领域贡献卓著。他曾主持英国教育部的管理教育委员会工作，促使英国在全国范围内统一了管理学教育大纲。此外，厄威克还是管理史学的先行者，他于 1954 年出版了《管理备要》一书（副标题是“70 位先驱者生活和工作的历史记载”），认为如果不对管理学的历史及先驱思想家的工作有所了解，就难以掌握管理学的内容、范围及发展空间。这本书比雷恩的《管理思想的演变》早 20 多年，介绍了 70 位管理思想先驱，系统地考察了管理理论的发展和演变，第一次总结了人类以科学的、系统的方法来探讨管理问题的各种观点，实为出色的管理思想发展史文献。

厄威克的大部分思想贡献主要体现在他在各种管理学研讨会上所作的报告和演讲中。他力图探求更为广泛的一般管理原则，乐观地认为可以找到一般管理理论，而他的著作也都是朝这个方向努力的。他对古典管理理论系统化的贡献，集中体现在 1944 年出版的《管理的要素》一书中。在该书中，他将科学管理理论和古典组织理论结合起来，继承了泰勒关于管理过程要以实践和科学调查为基础的指导思想，又引入了法约尔的计划职能和穆尼等人对组织职能的分析，自己重新发展和分析了控制职能。他认为，控制职能就是运用指挥原则，支配与监督下属的活动，进而将控制职能细分为三种派生的职能，即配备人员、选择安排、纪律和训练。与此相适应，指挥原则也分为三项派生原则，即集中、报酬和公平。此外，他从对古典管理理论的综合中总结出管理的直接结果是：秩序、稳定、主动性和集体精神。

厄威克把法约尔的管理思想作为一般框架，用列表形式罗列出管理学者之间的共同点，以探求更广泛的管理原则。他发现，这些管理学家虽然没有或者很少从对方汲取营养，却常常采取类似的研究途径得出相近的原理；事实上，已经存在一种很有用而且很可靠的管理知识，需要做的是把这些管理知识联系起来，于是他就承担了这一重任。他指出，自然科学同社会科学之间的差异，使得管理学仍是一门不精确的科学，但是有关管理的知识在数量上是很多的，足以使它成为一门更科学、更系统的学科。因此，他选择了一些重要的管理学著作，系统地分析其思想、概念和原则。

卢瑟·古利克（Luther H. Gulick，1892—1993），美国著名管理学家，出生于日本大阪，在日本生活到1904年才回到美国。古利克对古典管理理论的综合，集中体现在他与厄威克共同编写出版的《管理科学论文集》（1937）一书中。这部论文集汇集了反映当时管理学界主要不同观点的系列论文。其中，不仅包含了穆尼、丹尼森、亨德森、怀特海、梅奥、福莱特以及两位编者自己的文章，还包含了法约尔的著作在美国的第一个翻译版本，厄威克对法约尔和穆尼的比较，以及针对霍桑实验的一篇早期报告。这本论文集中的作者，除梅奥和福莱特以外，大都属于组织理论中传统学派的代表人物。

这部《管理科学论文集》将自法约尔以来的有关管理职能方面的论说加以系统化，并以政府管理为背景，提出了著名的"管理七职能论"，即著名的"POSDCORB"，这是取七种职能的英文单词的首字母组成的（其中，"协调"取了两个字母"CO"）。这七种职能分别是：计划（planning）、组织（organizing）、人事（staffing）、指挥（directing）、协调（coordinating）、报告（reporting）、预算（budgeting）。

与法约尔的五职能论相比较，古利克的理论继承了计划、组织、指挥、协调这四个职能，而将"控制"归入"报告"和"预算"两项职能中。在法约尔的"组织"职能中包括了人员配备及培训，古利克的理论将此项内容分离出来，形成了独立的"人事"职能。古利克和厄威克提出的这七种管理职能，虽有后人加以增减或修改，但基本上包括了古典管理学派到那时为止的有关管理过程论述的各个方面，并成为以后有关这类研究的出发点。

（二）对古典组织理论的贡献

1. 厄威克的组织理论

厄威克是古典组织设计理论的代表人物之一，他在《作为一个技术问题的组织》（1933）一文中指出，组织原理是"研究划分旨在实现目的的各种活动和职务，并落实到个人，再对每个人的活动进行调节和控制的方法"，以便最经济、最有效地实现组织目的。组织设计的作用有两个：（1）决定从事经营的各成员职务；（2）决定这些职务之间的相互关系，其目的在于有效地解决经营技术问题。

此外，在厄威克之前，古典管理理论的代表人物曾提到过许多管理原则，但都没有从总体上掌握各个原则之间的有机联系，也无法确定管理实践中各个原则的具体运用。为此，厄威克在1938年出版了《组织的科学原则》一书，该书对泰勒、法约尔等著名管理学家的原则进行分析，找出其共同点，从总体上把管理知识相互联系起来，提出了适用于一切组织的八项原则：（1）目标原则；（2）相符原则；（3）职责原则；（4）组织阶层原则；（5）控制幅度原则；（6）专业化原则；（7）协调原则；（8）明确性原则。厄威克在之后的著作中，把自己的思想同法约尔、穆尼、赖利、泰勒、福莱特、格雷库纳斯等人的观点结合起来，提出了 29 条主要管理原则和一些次要管理原则。

2. 古利克的组织理论

古利克发展了关于部门划分的理论，并且扩展了 2 000 多年前亚里士多德的疑问：按主题还是按照人来对人类活动进行归类。古利克提出如下假设：组织的目的在于协调。在这个假设基础上提出了“一致性原则”，该原则要求把类似的活动归并于同一个人的领导之下，以免引起摩擦和效率低下。在按照这个原则对各种活动进行归并时，古利克归纳了四种主要的方法：（1）按目的或者所执行的职能归并，如供水、控制犯罪、提供教育等；（2）按所应用的程序进行归并，如工程、医务、速记、统计、会计等；（3）按所处理或者服务的对象（人或物）进行归并，如移民、老战士、印第安人等；（4）按提供服务的场所进行归并。

根据古利克的划分，这些是大的归类或者主要一级部门的归类，其中任何一个都可采用，具体选用哪个则取决于哪个能最好地为组织目标服务。他认为，任何关于如何对各项活动进行归类的决定，除了要遵循“一致性原则”外，还必须遵循下列原则：（1）保证协调原则；（2）当组织发展或其目标改变时能维持灵活性的原则。

古利克还在其著作中把古典管理理论中关于管理原则的论述系统化为十条：（1）劳动分工或专业化；（2）按目标、程序、顾客或地区使工作部门化；（3）通过等级制度协作；（4）通过思想协作；（5）通过委员会协作；（6）合理授权；（7）统一指挥；（8）直线制和参谋制并存；（9）实行分权化和控股公司；（10）合理的控制幅度。

二、管理过程学派发展

20 世纪三四十年代，源于法约尔的管理过程学派得到进一步发展。除了古利克和厄威克提出著名的 POSDCORB——管理七职能论外，詹姆斯·穆尼、拉尔夫·戴维斯也作出了杰出贡献，是早期管理过程学派的重要代表人物。

詹姆斯·穆尼（James D. Mooney，1884—1957），被管理学家戴尔称为“伟大的组织者”，曾任通用汽车出口公司总裁。穆尼是管理过程学派的集大成者，其研究方法注重过程分析，与自然科学方法类似，他的理论因其科学性而被人们广泛接受。穆尼对管理理论的贡献主要在组织效率原则、管理过程和冲突管理上。穆尼在《组织原理》（1939）一书中指出，组织就是为了达到一个共同目标的人们联合的形式。组织内部全部关系有效协调，这个组织才能称为有效率的组织。从形式上来看，组织意味着秩序。穆尼说明了管理在组织中的作用，认为管理是激励、指挥和控制组织的计划与程序的活动。人的因素是随着管理而进入组织中的。管理同组织的关系就像复杂的心理结构同身体的关系，人的身体只不过是心理力量为实现目标和愿望而运用的手段与工具。因此，组织既从属于管理，又是管理得以进行的前提和基础。穆尼对组织目标给予了极大关注和深刻探讨，提出了组织获得高效率的三项基本原则，即协调原则、阶层原则和职能原则。穆尼提出的这些原则同韦伯提出的行政管理体制的基本思想不谋而合，十分相似。当时穆尼并没有参考韦伯的成果，而且韦伯的作品在当时尚未译成英文，因此应该认为穆尼独立提出了通过适当的组织结构来提高效率的观点。

拉尔夫·戴维斯（Ralph C. Davis，1894—1986），美国管理学家，1927年应美国通用汽车公司的邀请，在密歇根州的通用汽车弗林特研究所成立一个研究管理的部门。正是在通用汽车公司的经历，使他能够接触到唐纳森·布朗和阿尔弗雷德·斯隆的管理哲学与原则，并开始形成自己新的管理方法——一种不同于以前的作业管理或车间级别的管理方法。

戴维斯在1928年出版的《工厂组织和管理原则》一书表明，他当时主要是从车间一级作业的角度来看待管理的，认为工厂管理的基本职能和原理是普遍适用的。他在1935年出版了《企业组织和作业的原理》一书，提出了管理的有机职能（organic functions），即计划、组织和控制；1940年出版了《工业组织和管理的原理》一书，进一步发展了管理过程的概念，但仍以相当大的篇幅探讨有关车间和生产的事项；1951年出版了《高层管理的基本原理》一书，更加明显地体现出他对管理理论和实践的看法处于转型之中，几乎完全从企业高层管理的角度来探讨行政管理问题。

戴维斯所说的有机职能，就是企业从事生产和分配活动以满足经济需要的各种职能。有机职能是适用于各类企业的，主要包括以下三项：

（1）计划。计划是对为了解决企业的某个问题所需要的各项因素如力量、财务、关系等的详细说明。计划为经济有效地实现企业的目标提供了基础，是创造性的脑力工作，使得组织的使命易于了解和完成。

（2）组织。组织包含了成功地实现企业目标所需做的一切；组织的权威就是以对企业活动进行计划、组织和控制的权力为依据。经营组织是由直线组织和参谋组织两种组织构成的，这两种组织都是由有机职能分化或转移而产生的。

（3）控制。控制是对实现目标的各种活动的监督和调节。控制职能进一步分解为两类：第一类是在作业开始以前的预备性控制，即事前控制，包括例行计划、日程安排、准备和调度四项内容；第二类是在作业进行中的控制，即事中控制，包括指挥、监督、比较和改正，其目的在于保证正确地执行和调整偏差。关于控制幅度，戴维斯认为，一个上级所领导的下级人员，在体力劳动领域，不应超过3～8人。

戴维斯作为管理过程学派的代表之一，同该派鼻祖法约尔相比，既有相同点，也有不同之处。相同之处是两人都强调管理的普遍性，认识到管理教育的必要性和重要性。不同之处在于戴维斯没有指挥这项职能，而用贯穿于三项有机职能之中的“经理人员领导”来代替，他还认为协调也是贯穿于三项有机职能之中发挥作用，并不是一项单独的职能；法约尔把用人作为组织职能中的一项子职能，而戴维斯较少注意人事方面的职能。

三、群体动力学

德裔美籍心理学家、“社会心理学之父”库尔特·勒温（Kurt Lewin，1890—1947）创立了群体动力学。1932 年，勒温应邀赴斯坦福大学做访问教授，任期结束后，因逃避纳粹执政后对犹太人的迫害，于 1933 年移居美国；1944 年，到麻省理工学院创立了群体动力学研究中心，并担任主任直到逝世。他还是拓扑心理学的创始人，实验社会心理学先驱，格式塔心理学的后期代表，传播学创始人之一。勒温在他的著作中提出了向量、动力场、拓扑心理学和生活空间等许多新概念，形成了他独创的心理学理论。勒温还提出了颇具影响的“变革三阶段”理论，认为成功的组织变革应该遵循三个步骤：解冻现状；移动到新状态；重新冻结新变革，使之持久。

场论和群体动力学是他对心理学理论的杰出贡献。他在西方赢得了很高的社会声誉，人们将他与弗洛伊德、斯金纳等人齐名，赞扬他的开拓与创新精神。

（一）场论

场论（field theory）是勒温心理学体系的基础。心理学家在解释行为时，有的认为行为决定于外在原因（如行为主义），有的认为行为决定于内在原因（如本能论）。勒温采用了格式塔心理学观点，将个体行为变化视为在某一时间与空间内，受内外两种因素交互作用的结果。勒温称个人在某时间所处的空间为场。“场”是他借用物理学上力场的概念，其基本要义是：在同一场内的各部分元素彼此影响；当某部分元素变动，所有其他部分的元素都会受到影响。他用场论来解释人的心理与行为，并用以下公式表示个人与其环境的交互关系：

$$B=f(P,E)=f(LSP)$$

式中，B 代表行为（behavior）；P 代表个人（person）；E 代表环境（environment）；f 代表函数（function）；LSP 代表生活空间（lifespace）。

此公式的含义是：一个人的行为，不仅与他的个性有关，而且与其所处的环境有密切的关系，也就是说行为取决于个体的生活空间。一个人所处的环境就是他的“场”。如果一个人处于不利的环境之中，如人际关系恶劣、心情不舒畅等，则很难发挥其聪明才智，也就很难取得应有的成绩。而且一般而言，个人对环境往往无能为力。于是当个人与环境不适应时，个人倾向于离开他所在的环境。

（二）群体动力学

1944 年在麻省理工学院创办群体动力学研究中心后，勒温再次将格式塔心理学原理应用于群体社会行为的研究。

1. 关于群体的要素、目标、结构与规模

群体动力学研究的群体主要指非正式组织。同正式组织一样，群体是由活动、相互影响和情绪这三个基本要素组成的。“活动”是指人们在群体中的日常行为；“相互影响”是指人们在群体中的相互关系；“情绪”是指人们在群体活动中的各种心理状态。群体内各个成员的活动、相互影响和情绪综合构成群体的行为。勒温强调群体的三要素是相互关联的，它们综合影响群体行为。群体的存在和发展需有一个自己的目标。群体目标与正式组织的目标很可能不一致。管理者认识到这一点，就应该注意到正式组织目标与群体目标的协调问题，过分地强调正式组织的目标很可能有损于群体行动的内聚力和效率，从而阻碍正式组织目标的实现。

群体结构包括群体领袖、正常成员、非正常成员和孤立者。群体内的领袖是自然形成的，其主要职责是维系群体的内聚力，为了本群体利益向正式组织的领导提出群体的要求和建议。正常成员一般接受并遵守群体的绝大多数规范；非正常成员拒绝一项或几项规范，但仍属于群体成员。孤立者是指那些不属于某一固定群体的成员。群体的规模一般取决于参加群体的成员人数的多少，一般来说，群体的规模比较小，有利于保持群体内部的沟通。

2. 关于群体内聚力和士气的理论

群体内聚力是指群体对其成员的吸引程度，既包括群体对每一个成员的吸引程度，又包括群体成员相互吸引的程度。当达到一定吸引程度，而且群体成员资格具有一定价值时，这个群体就是内聚力强的群体。在内聚力强的群体中，成员的意见比较一致，相互关系融洽。一个群体内聚力的强弱可采用多种方法测定，可以让每一个成员评定自己对整个群体的归属感，也可以通过下列公式求出：

$$\text{群体内聚力}=\frac{\text{成员相互之间选择的数目}}{\text{群体中可能相互选择的数目}}$$

群体内聚力的强弱受多种因素的影响，包括群体的领导方式、群体与外界的关系、群体的规模、群体成员、群体内部的奖励方式和目标结构等。内聚力强的群体是一种有用的工具，既可以用来协助正式组织，提高劳动生产率，也可以用来反对正式组织，降低劳动生产率，关键在于如何引导。另外，生产率还受到群体成员之间诱导的性质的影响。受正确诱导的群体，生产率有所提高，内聚力越强，提高的幅度越大。

士气就是人们对某一群体或组织感到满意，愿意成为该群体的一员，并协助实现该群体的目标的态度。一般来说，内聚力强的群体，士气较高。但群体的士气和生产率并不存在正比例关系，因为生产率的高低还受到生产设备、原材料供应、员工性质和作业安排等因素的影响。但是，如果组织的领导者只注重生产任务，而不关心员工的士气，长期下去，员工士气往往低下，生产率也会受到影响。

3. 领导风格的类型

勒温将群体领导风格分为三种，即独裁型领导、民主型领导和放任型领导。

（1）独裁型领导（authoritarian leadership），即群体的一切活动完全由领导者个人决定，群体所有成员只能依令行事，不容许有任何异议。这种领导风格的效率一般不高，因为群体成员的一部分会完全依赖于领导者，当领导者不在时，活动则会出现停顿。

（2）民主型领导（democratic leadership），即群体的一切活动由领导者和群体成员共同讨论后决定，在讨论过程中，领导者以群体成员的身份参与，鼓励大家发表意见，力求达到集思广益。这种领导风格的效率比较高，即使领导不在场，工作也能够如期顺利地进行。

（3）放任型领导（laissez-faire leadership），即对群体作业方式，领导者不闻不问，完全由群体成员凭其所好各行其是。这种领导者的职责主要是提供有关群体的材料和情报，其作用类似于情报交换站，权威性较差。

勒温认为，这三种领导风格中，民主型领导最好。但是，这三者不是互相排斥的，而是在不同的情况下可供选择的不同风格。

勒温的群体动力学不仅发展了行为科学理论，而且开创了实验社会心理学的先河。他给出了分析非正式组织的方法，这对我们充分利用非正式组织来提高正式组织的绩效很有用。不过，勒温的理论也存在一定的局限。例如，他的领导风格类型理论仅仅注重领导者本身的风格，没有充分考虑到领导者实际所处的情境因素，因为领导者的行为是否有效不仅取决于其自身的领导风格，还受到被领导者和周围环境因素的影响。

小结

20 世纪 30—40 年代管理思想的主要特点是：人际关系学派应运而生；古典理论传承发展。

20 世纪 30 年代，在霍桑实验的基础上，梅奥创立了人际关系学派。同期，美国著名管理学家巴纳德把各类组织都作为协作的社会系统来研究，后人把由他开创的管理理论体系称作社会协作系统学派。他关于组织理论的探讨，至今无人超越，西方管理学界称他是现代管理理论的奠基人，“现代管理理论之父”。

古典管理理论之所以得到很好的传承与发展，很大程度上得益于英国著名管理学家厄威克和美国管理学家古利克及时地对古典管理理论进行了较为全面的总结，并加以系统化；穆尼和戴维斯为管理过程学派作出了杰出贡献；此外，“社会心理学之父”勒温创立了群体动力学。

思考题

1. 霍桑实验的过程和意义是什么？

2. 人际关系学派的主要观点是什么？
3. 社会协作系统学派的主要观点是什么？
4. 巴纳德的主要贡献和思想特点是什么？
5. 穆尼和戴维斯对管理过程学派的主要贡献分别是什么？
6. 勒温的群体动力学的主要观点是什么？

第四章

20 世纪 50 年代管理思想

20 世纪 50 年代，西方各国进入了政治调整和经济恢复时期，社会生产力发展和科学技术进步日新月异。同时，人们在生活有了基本保障之后渴求进一步改善自身的地位，劳资矛盾不断尖锐。管理者面临着企业经营决策复杂化、管理手段革故鼎新等一系列新挑战。在管理研究领域，许多研究者借鉴前人的研究成果，不断进行理论创新，形成了一系列新的学派。新旧学派在历史渊源和理论观点上相互影响、争相竞荣，由此初步形成了现代管理理论的丛林。

这一时期，以激励理论、领导理论为内容的行为科学日益盛行。在激励理论方面：马斯洛构建了需要层次理论和自我实现论，最初将人们的需求分为生理需要、安全需要、归属与爱的需要、尊重需要和自我实现需要五个层级，后来又在尊重需要和自我实现需要之间增加了求知需要和审美需要，将其扩充为七个层级；赫茨伯格通过调查分析提出了保健因素与激励因素共存的“双因素理论”；麦克利兰提出了成就激励理论，认为人的社会性需求包括权力需求、归属需求和成就需求；道格拉斯·麦格雷戈以人性假设为依据提出了“X-Y 理论”，批判了传统管理模式以“经济人”作为管理的前提；伯尔霍斯·弗雷德里克·斯金纳从行为过程的角度提出了强化理论，将强化划分为正强化、负强化、惩罚和衰减四种类型，并指出不同的强化方式可以影响行为的后果。

领导理论方面：罗伯特·坦南鲍姆与沃伦·施密特提出了“领导行为连续体理论”，按照领导者运用职权的程度和下属享有自主权的程度划分了七种具有代表性的领导风格，并指出采用何种领导风格及其可行性需要从领导者、下属和环境三个方面进行综合考虑，为领导者的选拔、培训以及领导的有效实施等提供了可资借鉴的理论参考。

这一时期，经验主义学派登上管理学的历史舞台。彼得·德鲁克注重从时代、社会以及组织所处的外部环境透视管理，强调管理的人性和实践性，提出了“目标管理”这一划时代的概念。目标管理的精髓是员工参与，它适用于高成就需求的员工和中高层管理者，它能够将管理者的工作由控制下属转变为与下属一起设定目标，通过变“我想做”为“我要做”，提高员工的工作积极性。

决策理论学派也在这一时期脱颖而出。赫伯特·西蒙与詹姆斯·马奇认为管理就是决策，主张以“有限理性”代替“绝对理性”，用“满意原则”代替“最优原则”，认为可以通过决策技术和方法，使组织结果与目标相符，从而达到提高效率的目的。

这一时期，管理过程学派继续发展。哈罗德·孔茨建立了管理过程理论的范式，认为管理包括计划、组织、人事、指挥和控制五项职能，管理人员不是按顺序依次执行这五项职能，而是同时或交叉执行的。而且，这些职能中的每一项都对组织的协调有所贡献，但协调本身并不是一项独立的职能。

此外，英国的政治学家诺斯科特·帕金森提出了机构膨胀定律、组织瘫痪定律、琐事定律、办公楼定律等“帕金森定律”，对行政机关人浮于事、机构臃肿、效率低下等现象进行了剖析，具有重要的现实意义。美国管理学家克里斯·阿吉里斯在着重分析人的个性与组织的关系的基础上，提出了“不成熟-成熟”理论，认为人的个性发展有一个从不成熟到成熟的连续发展过程，所以组织应改善设计，为员工制定更有挑战性的目标，帮助其成长。

第一节　行为科学理论盛行

行为科学于20世纪30—40年代正式诞生后，50年代开始盛行，并于60年代中期发展为组织行为学理论。它是为了应对当时日益尖锐的劳资关系、解决效率与人性之间的矛盾而产生的，行为科学从人道主义立场来看问题，目的在于有效地调动人的积极性，努力实现组织目标。由于人的复杂性，对于人性研究的侧重点不同，就形成了不同的行为科学学派和代表人物。其研究分为三个方面，即个体行为研究、领导行为研究和组织行为研究。

20世纪50年代的行为科学理论盛行，主要体现为出现了许多重要的激励理论和领导理论，包括马斯洛的需要层次理论、赫茨伯格的双因素理论、麦克利兰的成就激励理论、麦格雷戈的人性假设理论、斯金纳的强化理论，还有坦南鲍姆和施密特的领导行为连续体理论。

一、激励理论

（一）需要层次理论

美国社会心理学家、“人本主义心理学之父”亚伯拉罕·马斯洛（Abraham H. Maslow，1908—1970）第一次把“自我实现”和“人类潜力”的概念引入心理学的范畴，开创了人本主义心理学研究的新取向，构建了需要层次理论和自我实现论，促进了以人为中心的管理理论的发展。他创立的人本主义心理学继弗洛伊德精神分析学说和华生行为主义心理学之后，被称为心理学的“第三思潮”。

需要层次理论是研究人的需要结构的一种理论。马斯洛将其理论建立在三个假设之上：第一，人要生存，其需要能够影响行为。只有未满足的需要能够影响行为，满足了的需要不再起激励作用。第二，人的需要按重要性和层次性排成一定的次序，从基本的（如食物和住房）到复杂的（如自我实现）。第三，只有当某一级的需要得到最低限度的满足后，人才会追求高一级的需要，如此逐级上升，成为推动继续努力的内在动力。在《人类动机理论》（1943）一文中，马斯洛首先将人类的多种需要分为五个层级（见图 4-1）。

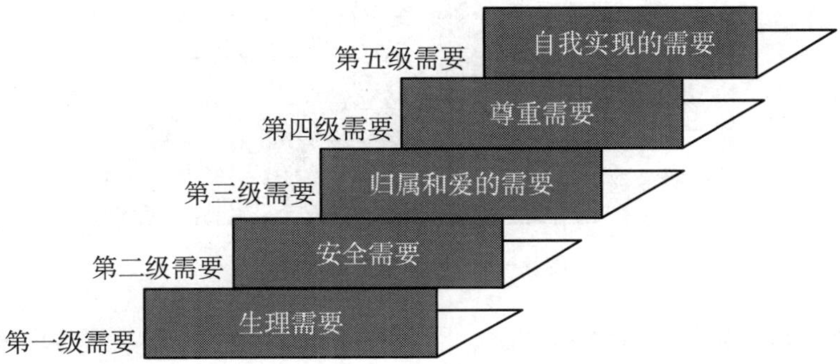

图 4-1　五级需要层次图

第一级：生理需要。包括维持生活和繁衍后代所必需的各种物质需要，如衣、食、住、行、性欲等。这些是人类最基本的，因而也是推动力最强的需要。在这一级需要没有得到满足前，更高级的需要就不会发挥作用。

第二级：安全需要。这是有关免除危险和威胁的各种需要，如防止工伤事故和有伤害的威胁、资方的无理解雇。

第三级：归属和爱的需要。包括和家属、朋友、同事、上级等保持良好的关系；给予别人并从别人那里得到友爱和帮助；自己有所归属，即成为某个集体公认的成员等。

第四级：尊重需要。包括自尊心、自信心、能力、知识、成就和名誉地位的需求，能够得到别人的承认和尊重等。这类需要很少得到满足，故常常是无止境的。

第五级：自我实现的需要。这是最高一级的需要，指一个人需要做他最适宜做的工作，发挥他最大的潜力，实现理想，并能够不断地自我创造和发展。

以上五种需要，层层递进，以生理需要为基础，以自我实现为最高发展需要。一般较低级需要得到满足之后，较高级需要便会随之产生，需要的层次越低，越容易得到满足，因此人们往往会为了追求高级需要更加奋不顾身，高级需要的满足使人更加有成就感。已经满足的需要，不再起促进作用，不再是激励的因素；一种需要一经满足，另一种需要就会取而代之。人们满足较高层次需要的途径要比满足低层次需要的途径更多。

马斯洛后来对人类的多种需要作了进一步阐释，即在第四层级之后增加了求知需要和审美需要，从而将整个需要层次理论体系扩充为七个层次，从而形成一个由七个层级组成的需要层次图（见图 4-2）。

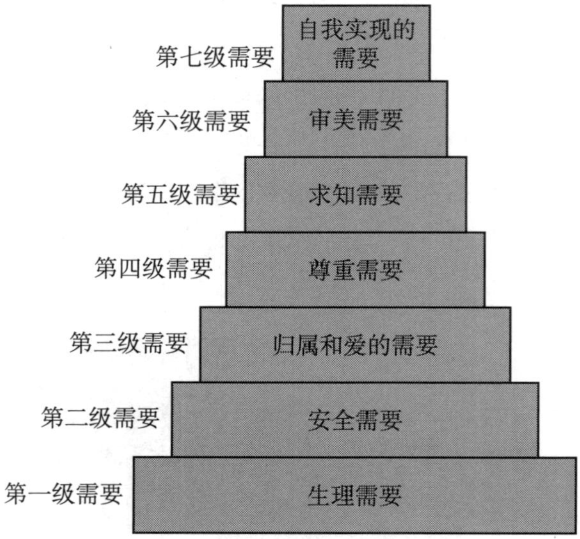

图 4-2　七级需要层次图

新第五级：求知需要。指人有知道、了解和探索事物的需要，而对环境的认识则是好奇心作用的结果。

新第六级：审美需要。指人有追求匀称、整齐和美丽的需要，并且通过从丑向美转化而得到满足。

马斯洛认为，个人人格获得充分发展的理想境界是自我实现，自我实现就是人性本质的终极目的，也就是个人潜力得到了充分发展。据马斯洛估计，人群中能够自我实现者不过 1/10，原因是个人条件之外，难免受环境因素的限制。他选出美国名人中的杰斐逊、林肯、爱因斯坦等人，认为他们都是自我实现的人。马斯洛分析发现这些人具有一些共同的人格特质，包括：有良好的现实知觉，具有创造力和有较多的巅峰体验等。其中，马斯洛特别强调巅峰体验（peak experience）的概念。巅峰体验是指自我实现者在人生历程中曾有过体验到欣喜感、完美感及幸福感的经验。巅峰体验多在人生领悟、苦尽甘来或宗教悟道等情境下产生，是人生难得的经验，只有实际经历过的人才会有此体验。巅峰体验是人类的共同感受，每个正常人都可能在生活中得到这种体验。自我实现者的巅峰体验频率较高且程度较深。

马斯洛的观点使激励理论超越了科学管理及行为主义者的简单模式，给予人们对于人类动机和人类潜能更为积极的认识框架。从 1943 年该理论首次公布直至 1970 年他去世，马斯洛主宰着整个激励理论的研究。他的理论成为这一学科许多后续研究的起点，后来很多的激励理论都受其直接影响，包括麦格雷戈、赫茨伯格和阿尔德弗等人的理论。当然，马斯洛的需要层次理论也存在着不足。例如，虽然已经得到满足的需要的确不再起激励作用，但怎样才算满足，界定不够明确；而且，他没有找到一种公认的方法来预测一种需要得到满足以后，另一种更高级的需要发展起来以前的时间间隔。

（二）双因素理论

美国心理学家弗雷德里克·赫茨伯格（Frederick Herzberg，1923—2000）在管理学界的巨大声望源于他提出了著名的“激励与保健因素理论”，即双因素理论。双因素理论是他最主要的成就。在工作丰富化方面，他也进行了开创性的研究。赫茨伯格在《工作的激励因素》（1959）等著作中提出其观点及相关原理。

赫茨伯格称：“人类在工作中有两类性质不同的需要，即作为动物避开和免除痛苦的需要，及作为人类在精神上不断发展、成长的需要。”为了验证这两种需要的假设，赫茨伯格与同伴在号称“世界钢都”的工业城市匹兹堡选取了 11 个组织展开调查，主要对象是 200 多名来自各行各业的工程师和会计师。此后，他们又对各种专业性和非专业性的工业组织进行了多次调查，被调查对象扩大到低级监督人员、军官、工程师、科学家、教师、牧师、会计师、外籍员工、家庭主妇等。根据调查结果，赫茨伯格将人的需要分成两类：一类是维持或保健因素（hygiene factors）；另一类是与工作本身或工作内容有关的激励因素（motivation factors）。

赫茨伯格将人们觉得不满意的因素，同时也是能够防止不满的因素称为保健因素。保健因素包括公司政策和行政管理、监督、与上级的关系、工作条件、薪酬、同事关系、个人生活、与下级的关系、地位和安全保障等。当这些因素恶化到低于人们可以接受的水平时，就会产生对工作的不满意。但是，当人们认为这些因素很好时，它只是消除了不满意，并不会导致积极的态度，这就形成了某种既不是满意又不是不满意的中性状态。

赫茨伯格将人们觉得满意的因素，同时也就是能够给人们带来满足的因素称为激励因素。激励因素包括成就、工作得到认可、工作本身、责任感、晋升和成长等，这些因素能满足个人自我实现的需要。如果这些因素具备了，就能对人们产生更大的激励（见图 4 - 3）。

赫茨伯格认为保健因素不能直接起激励员工的作用，但能防止员工产生不满情绪。当保健因素得到改善后，员工的不满情绪会消失，但并不能导致积极的后果；而激励因素得到改善后，却能激励员工的积极性，提高生产率，如同人们锻炼身体、改变身体素质以增进人体健康一样。激励因素是影响人们的工作效率，促使人们不断进取的内在因素。

赫茨伯格的双因素理论认为，不能通过使工作合理化来提高效率，只能通过丰富工作内容才能有效地利用人力资源。这种方式实际上是用调整激励因素的方法来激励员工，从而取代之前流行的“工作扩大化”。工作扩大化是通过增加工作的范围和责任等保健因素来增加员工满意度的一种激励方式。工作丰富化则集中体现激励因素的作用，即通过让员工负责挑战性的工作、取得更大的成就、得到人们的承认、有更多的晋升机会等来提高工作效率，增加员工满意度的一种激励方式。前者重视的只是"量"的增加，后者则重视对"质"的挖掘。

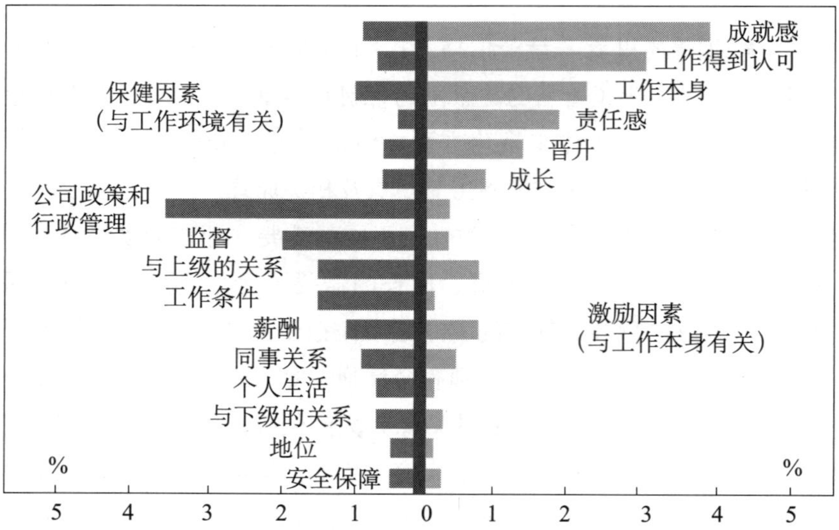

图 4-3 双因素理论

在《再论如何激励员工》（1968）一书中，赫茨伯格认为，实现工作丰富化的条件包括以下几个方面：（1）增加员工责任；（2）赋予员工一定的工作自主权和自由度，给员工充分表现自己的机会；（3）反馈；（4）考核；（5）培训；（6）成就。

赫茨伯格的双因素理论同马斯洛的需要层次理论有相似之处。他提出的保健因素相当于马斯洛提出的生理需要、安全需要、归属和爱的需要等较低级的需要；激励因素则相当于尊重需要、自我实现的需要等较高级的需要。当然，他们的具体分析和解释是不同的。但是，双因素理论与需要层次理论一样也没有把"个人需要的满足"同"组织目标的达到"这两点联系起来。

（三）成就激励理论

美国著名心理学家戴维·麦克利兰（David C. McClelland，1917—1998）提出了成就激励理论。此外，由于麦克利兰在20世纪50年代开始主持美国外交官胜任素质模型构建与实施项目，在此基础上他提出了胜任素质理论。关于胜任素质理论的介绍，参见第六章第五节相关内容。

麦克利兰和其他心理学家经过20多年的研究得出结论：人的社会性需要不是先天的，而是后天的，得自环境、经历和培养教育；特别是在特定行为得到报偿后，会强化该种行为模式，形成需要倾向。他认为，马斯洛需要理论提到的所谓"自我完成"和"自我实现"的标准也不同；马斯洛的理论过分强调个人的自我意识、内省和内在价值，忽视来自社会的影响，失之偏颇。他应用了莫瑞编制的主题统觉测验等心理学方法进行定量及定性分析，提出著名的成就需要理论。该理论认为：在人类生理需要基本满足的前提下，人类有三大类社会性需要，即权力需要、归属需要和成就需要。

（1）权力需要：影响或控制他人且不受他人控制的需要。不同人对权力的渴望程度有所不同。权力需要较高的人喜欢支配、影响他人，喜欢对别人发号施令，注重争取地位和影响力。他们喜欢具有竞争性和能体现较高地位的场合或情境，他们也会追求出色的成绩，但他们这样做并不像高成就需要的人那样是为了个人的成就感，而是为了获得的权力和地位与自己已具有的权力和地位相称。权力需要是管理成功的基本要素之一。

（2）归属需要：建立友好亲密的人际关系的需要，即寻求被他人喜爱和接纳的一种愿望。高归属需要的人更倾向于与他人进行交往，至少是为他人着想，这种交往会给他带来愉快。高归属需要者渴望友谊，喜欢合作而不是竞争的工作环境，希望彼此之间的沟通与理解，他们对环境中的人际关系更为敏感。有时，归属需要也表现为对失去某些亲密关系的恐惧和对人际冲突的回避。归属需要是保持社会交往和人际关系和谐的重要条件。

（3）成就需要：争取成功，希望做得最好的需要。麦克利兰认为，具有强烈的成就需要的人渴望将事情做得更为完美，提高工作效率，获得更大的成功，他们追求的是在争取成功的过程中克服困难、解决难题、努力奋斗的乐趣，以及成功之后的个人的成就感，他们并不看重成功所带来的物质奖励。高成就需要者事业心强，有进取心，敢冒一定的风险，比较实际，大多是进取的现实主义者。

麦克利兰提出的成就激励理论具有以下基本观点：（1）具有高成就需要的人更喜欢具有个人责任、能够获得工作反馈和适度冒险性的环境，当具备了这些特征时，高成就需要者的激励水平就高。（2）具有高成就需要的人不一定是优秀的管理者，尤其在一个大型组织中，因为他感兴趣的是如何做好自己的工作，而不是如何去影响他人做好。（3）归属和权力需要与管理者的成功密切相关，最优秀的管理者有高权力需要和低归属需要。

（四）人性假设理论

美国行为科学家道格拉斯·麦格雷戈（Douglas M. McGregor，1906—1964）提出了人性假设理论。他在 1957 年 11 月号的美国《管理评论》杂志上发表了《企业的人性方面》一文，提出了有名的“X-Y 理论”，该文于 1960 年以书的形式出版，进而奠定了他在管理学领域的地位。麦格雷戈认为，有关人的性质和人的行为的假设对于决定管理人员的工作方式来讲是极为重要的；各种管理人员以他们对人的性质的假设为依据，可用不同的方式来组织、控制和激励人们。

1. X 理论

麦格雷戈把传统的管理观点叫做 X 理论，其主要内容是：

（1）大多数人是懒惰的，他们尽可能地逃避工作。

（2）大多数人都没有什么雄心壮志，也不喜欢负责任，而宁可让别人领导。

（3）大多数人的个人目标与组织目标都是矛盾的，为了达到组织目标必须靠外力严加管制。

（4）大多数人都是缺乏理智的，不能克制自己，很容易受别人影响。

（5）大多数人都是为了满足基本的生理需要和安全需要，所以他们将选择那些在经济上获利最大的事去做。

（6）人群大致分为两类，多数人符合上述假设，少数人能克制自己，这部分人应当负起管理的责任。

X 理论假设人对于工作的基本评价是负面的，即从本质上来说，人都是不喜欢工作的，并且一有可能就逃避工作；一般人都愿意被人指挥并且希望逃避责任。基于上述假设，X 理论得出这样一个结论，即管理人员的职责和相应的管理方式是：

（1）管理人员关心的是如何提高劳动生产率、完成任务，他的主要职能是计划、组织、经营、指引、监督。

（2）管理人员主要是应用职权，发号施令，使对方服从，让人适应工作和组织的要求，而不考虑在情感上和道义上如何给人以尊重。

（3）强调严密的组织和制定具体的规范与工作制度，如工时定额、技术规程等。

（4）应以金钱报酬来收买员工的效力和服从。

由此可见，此种管理方式是“胡萝卜加大棒”的方法，一方面靠金钱的收买与刺激，另一方面通过严密的控制、监督和惩罚迫使对方为组织目标努力。麦格雷戈发现当时企业中对人的管理工作以及传统的组织结构、管理政策、实践和规划都是以 X 理论为依据的。

2. Y 理论

麦格雷戈认为，由于 X 理论存在诸多弊端及其他许多原因，需要有一个关于人员管理工作的新理论，把它建立在对人的特性和人的行为动机的更为恰当的认识基础上，于是他提出了 Y 理论，其主要内容是：

（1）一般人并不是天生就不喜欢工作，工作中体力和脑力的消耗就像游戏与休息一样自然。对他们而言，工作可能是一种满足，因而自愿去执行；工作也可能是一种处罚，因而只要可能就想逃避。到底怎样，要看环境而定。

（2）外来的控制和惩罚，并不是促使人们为实现组织的目标而努力的唯一方法。它甚至对人是一种威胁和阻碍，并放慢了人成熟的脚步。人们愿意实行自我管理和自我控制来完成应当完成的目标。

（3）人的自我实现的要求和组织要求的行为之间是没有矛盾的。如果给人提供适当的机会，就能将个人目标和组织目标统一起来。

（4）一般人在适当条件下，不仅学会了接受职责，还学会了谋求职责。逃避责任、缺乏抱负以及强调安全感，通常是经验的结果，而不是人的本性。

（5）大多数人，而不是少数人，在解决组织的困难问题时，都能发挥较高的想象力、聪明才智和创造性。

(6) 在现代工业生活的条件下，一般人的智慧潜能只是部分地得到了发挥。

根据以上假设，相应的管理措施为：

(1) 管理职能的重点。在 Y 理论的假设下，管理者的重要任务是创造一个使人得以发挥才能的工作环境，发挥出员工的潜力，并使员工在为实现组织目标贡献力量时也能达到自己的目标。此时的管理者已不是指挥者、调节者或监督者，而是起辅助者的作用，能给员工以支持和帮助。

(2) 激励方式。根据 Y 理论，对人的激励主要是给予来自工作本身的内在激励，让他担当具有挑战性的工作，担负更多的责任，促使其工作做出成绩，满足其自我实现的需要。

(3) 在管理制度上给予工人更多的自主权，实行自我控制，让工人参与管理和决策，并共同分享权力。

麦格雷戈认为 Y 理论能使组织的成员在努力实现组织目标的同时，最好地实现个人目标。所以，关键不在于在采用“强硬的”方法和“温和的”方法之间进行选择，而在于要在管理的指导思想上变 X 理论为 Y 理论。这两种理论的差别在于，是把人们当做小孩看待，还是把他们当做成熟的成年人看待。由于 X 理论已经流传了好几个世代，所以不可能指望在短期内就使所有的企业都转而采用 Y 理论。不过，他坚持认为，Y 理论的实现前景是很美好的，有助于人类向“美好社会”前进。

泰勒的科学管理、福特的大规模生产、斯隆的组织管理等都没有关注是“人”在工作！到 20 世纪中叶，从麦格雷戈开始，管理学对“人”的关注进入了一个新时代。X-Y 理论正是在管理实践中对人性认识提炼的结晶。X-Y 理论批判了传统管理模式以“经济人”作为管理的前提，视人为物，忽视人的精神需要，压抑人的积极性创造，所提出的新理论发现人性具有积极上进的另一面。这在当时普遍遵循“经济人”假设、采用“胡萝卜加大棒”管理的情况下，可以说是管理理论的一次创新，是管理领域的一次重要变革。X-Y 理论的提出不仅在当时产生了轰动，而且对现代管理理论和实践都具有很大的促进作用，特别为后来的“Z 理论”“超 Y 理论”“复杂人理论”等管理理论的产生和发展提供了直接的理论基础与启示。同时，Y 理论对人性的另一面的发现，体现着人本主义的管理思想，促进了管理思想向人本主义的转变，代表了管理学发展的趋势。麦格雷戈毫不讳言他对 Y 理论的偏爱，坚信人性的本质是蓬勃向上的，在参与式管理、员工成长、经理人培养等方面都提出了极具启发性的观点。正是对 Y 理论的深邃洞见，奠定了麦格雷戈的行为科学家和管理教育家地位。如同沃伦·本尼斯所言：“麦格雷戈的书，如果说没有对管理实践产生直接影响，那么它至少推动了相关领域的一系列发展。”随着时间的推移，麦格雷戈在管理学界引发的思想震撼依然不减当年。半个世纪以来，管理学界有关人的各种研究都同麦格雷戈紧密相关。

不过，X 理论和 Y 理论的人性假设都过于武断，忽视了人的个性的可塑性。组织成员良莠不齐，有的人积极，有的人消极，领导者若只是认同 X 理论或 Y 理论，必定解决不了管理中存在的问题，也达不到预期的管理效果。管理实质上是对人的管理，人是千差万别的，不能对所有的人实施千篇一律的管理模式，而且管理是种复杂工作，对人的认识也是一个不断深化的过程，因此，管理者必须不断摸索，根据不同的具体情况实施相应的管理。

（五）强化理论

美国行为主义心理学家、操作学习理论创始人伯尔霍斯·弗雷德里克·斯金纳（Burrhus Frederic Skinner，1904—1990）提出了强化理论。斯金纳在心理学研究领域成就卓著：他发展了巴甫洛夫和桑代克的研究，揭示了操作性条件反射的规律；设计的用来研究操作性条件反射的实验装置“斯金纳箱”，被世界各国心理学家和生物学家广泛采用；在哈佛大学创建的鸽子实验室名垂青史；根据对操作性条件反射和强化作用的研究发明了“教学机器”，并设计了“程序教学”方案，对美国教育产生过深刻影响，他也被誉为“教学机器之父”。

1. 操作性条件反射

操作性条件反射（operant conditioning）这一概念，是斯金纳新行为主义学习理论的核心。斯金纳把行为分成两类：一类是应答性行为，这是由已知的刺激引起的反应；另一类是操作性行为，这是有机体自身产生的反应，与任何已知刺激物无关。与这两类行为相应，斯金纳把条件反射也分为两类：与应答性行为相应的是应答性反射，称为 S（刺激）型（S 型名称来自英文 stimulation）；与操作性行为相应的是操作性反射，称为 R（反应）型（R 型名称来自英文 reaction）。S 型条件反射是强化与刺激直接关联，R 型条件反射是强化与反应直接关联。斯金纳认为，人类行为主要是由操作性反射构成的操作性行为，操作性行为是作用于环境而产生结果的行为。在学习情境中，操作性行为更有代表性。斯金纳很重视 R 型条件反射，因为这种反射可以塑造新行为，在学习过程中尤为重要。

斯金纳关于操作性条件反射作用的实验，是在他设计的一种动物学习实验自动记录装置，即著名的“斯金纳箱”中进行的。它是大约 0.3 米见方的箱子，内有杠杆和与食物储存器相连接的食物盘。箱内放进一只白鼠或鸽子，并设一杠杆或键，箱子的构造尽可能排除一切外部刺激。动物在箱内可自由活动，当它压杠杆或啄键时，就会有一团食物掉进箱子下方的盘中，动物就能吃到食物。箱外有一装置记录动物的动作。若干次后，就形成白鼠或鸽子通过压杠杆或啄键取得食物的条件反射，斯金纳称此为操作性条件反射。

2. 强化理论

强化理论是指人们用正强化和负强化的办法来影响行为的后果，从而修正行为。它是以学习的强化原则为基础的关于理解和修正人的行为的一种学说。

强化是学习理论中的核心概念。所谓强化，从其最基本的形式来讲，指的是对一种行为的肯定或否定的后果（报酬或惩罚），它至少在一定程度上会决定这种行为在今后是否会重复发生。强化的主要功能，就是按照人的心理过程和行为的规律，对人的行为予以导向，并加以规范、修正、限制和改造。它对人的行为的影响，是通过行为的后果反馈给行为主体这种间接方式来实现的。人们可根据反馈的信息，主动适应环境刺激，不断地调整自己的行为。强化包括正强化、负强化、惩罚和自然消退四种形式。

第一种：正强化（positive reinforcement），又称积极强化。当人们采取某种行为时，能从他人那里得到某种令其感到愉快的结果，这种结果反过来又成为推进人们趋向或重复此种行为的力量。例如，企业用某种具有吸引力的结果（如奖金、休假、晋级、认可、表扬等），以表示对员工努力进行安全生产的行为的肯定，从而增强员工进一步遵守安全规程进行安全生产的行为。

第二种：负强化（negative reinforcement）。又称消极强化。它是指通过某种不符合要求的行为所引起的不愉快的后果，对该行为予以否定。负强化包括批评、处分、降级等，有时不给予奖励或少给奖励也是一种负强化。若员工能按所要求的方式行动，就可减少或消除令人不愉快的处境，从而也增大了员工符合要求的行为重复出现的可能性。例如，企业安全管理人员告知工人不遵守安全规程，就要受到批评，甚至得不到安全奖励，于是工人为了避免此种不期望的结果，而认真按操作规程进行安全作业。

第三种：惩罚（punishment）。惩罚是负强化的一种典型方式。它是在消极行为发生后，以某种带有强制性、威慑性的手段（如批评、行政处分、经济处罚等）给人带来不愉快的结果，或者取消现有的令人愉快和满意的条件，以表示对某种不符合要求的行为的否定。

第四种：自然消退（extinction），又称衰减。它是指对原先可接受的某种行为强化的撤销。由于在一定时间内不予强化，此行为将自然减少并逐渐消退。例如，企业曾对员工加班加点完成生产定额给予奖酬，后经研究认为这样不利于员工的身体健康和企业的长远利益，因此不再发给奖酬，从而使加班加点的员工逐渐减少。

正强化是用于加强所期望的个人行为；负强化和自然消退的目的是为了减少和消除不期望发生的行为。这四种形式的强化相互联系、相互补充，构成了强化的体系，并成为一种制约或影响人的行为的特殊环境因素。

二、领导理论

美国两位著名管理学家罗伯特·坦南鲍姆（Robert Tannenbaum，1915—2003）、沃伦·施密特（Warren H. Schmidt）在领导者行为理论方面作出了重大贡献，是20世纪50年代领导理论的主要代表人物。1958年，他们合作出版了《如何选择领导模式》一书，按照领导者运用职权的程度和下属享有自主权的程度（自由度），提出了著名的领导行为连续体理论。

他们认为，把领导模式看做一个连续体，以专权、严密控制为其左端，以高度放手、间接控制为其右端。当然，这两个极端也不是绝对的，二者都有一定的限度。即使是专权的领导，也不能不让下属保留一点自由度（见图 4-4）。

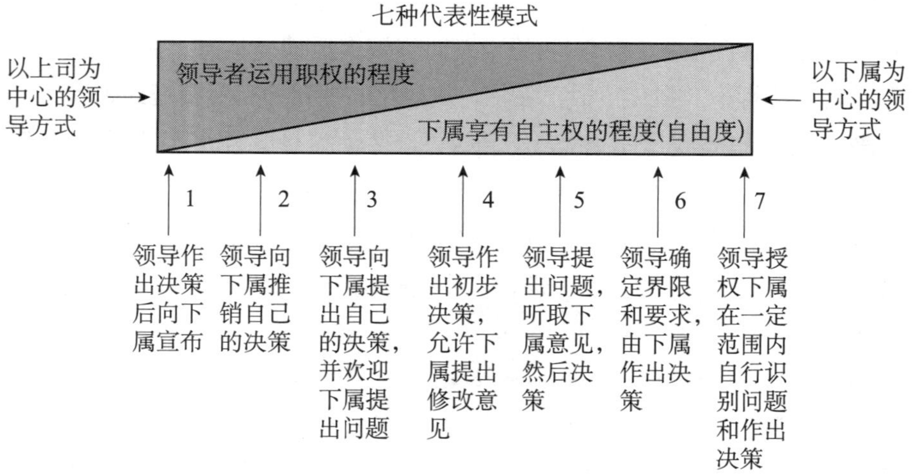

图 4-4　领导行为连续体模型

从专权的左端到高度放手的右端，具有七种代表性的典型领导模式：

（1）领导作出决策后向下属宣布。这种领导方式的特点是由上司识别和确认问题或任务，设想出各种可供选择的方案，并择定其中之一，然后向下属宣布自己的决定，以便实施。

（2）领导向下属推销自己的决策。同前一种模式类似，这种模式仍由领导者确定工作任务（问题）和作出决策，但是领导者不是用强迫命令的方法而是用说服的办法让下属接受其决定。这样做的原因是，一项决策往往牵涉到许多人和许多方面，其中有些人可能持反对态度，应当尽量减少这种阻力。

（3）领导向下属提出自己的决策，并欢迎下属提出问题。这种领导模式仍然是由领导作出决策，但他们希望下属充分理解自己的思想和意图，所以邀请下属提出问题，由自己加以解释，以利于大家接受。在这一过程中，领导者还可以与下属一起深入探讨某项决策的作用和影响。

（4）领导作出初步决策，允许下属提出修改意见。这种领导方式允许下级人员对决策产生一些影响，但识别和判定问题的主动权仍在上级手里。

（5）领导提出问题，听取下属意见，然后决策。与上述四种模式不同，这里是领导者在作出决策前先请大家提意见。领导者的责任是识别问题、确定任务。

（6）领导确定界限和要求，由下属作出决策。领导模式演变到这里，决策权已由领导个人手中转移到下属手中了。但是，待解决问题的范围及决策的原则、先决条件和限度等须由领导者事先明确给定。

（7）领导授权下属在一定范围内自行识别问题和作出决策。这是一种最大限度的群体自由，在正式的组织里很少遇到这种情形，但是科研单位常常采用这种模式。

坦南鲍姆和施密特认为，采用何种领导模式以及何种领导模式可行，可考虑以下因素：(1) 领导者方面的影响因素；(2) 下属方面的影响因素；(3) 环境方面的影响因素。他们进而得出以下结论：

第一，一个成功的领导者必须敏锐地认识到在某一特定时刻影响其行动的种种因素，准确地理解自己、每一位下属、组织及其社会环境。

第二，一个成功的领导者必须根据上述理解和认识，确定自己的行为方式。

后来，经过 10 多年的实践验证，坦南鲍姆和施密特于 1973 年对之前的理论进行了修正和发展，进而得到如图 4－5 所示的模型。

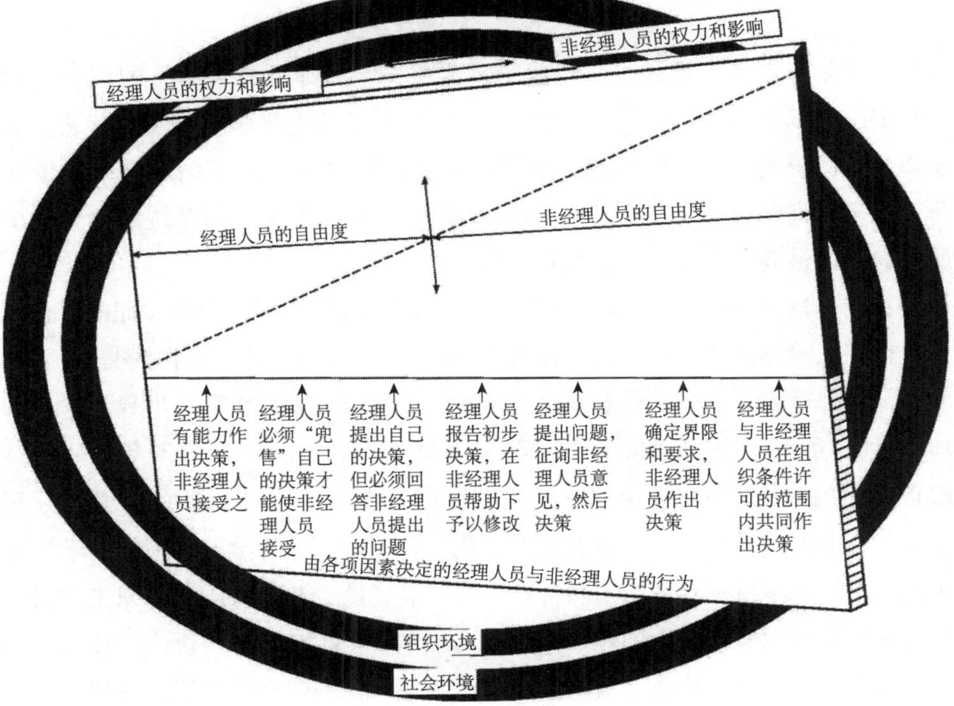

图 4－5　经理人员-非经理人员领导行为连续体

图 4－5 无疑比图 4－4 更复杂，因为组织和社会环境都变得比过去复杂了。图 4－5 所示的领导模式连续体里有一个矩形方框，其边界是给定的，即由外部力量所界定，这反映了封闭系统的观点。实际上，经理人员可以通过对外界力量作出反应，主动改变这些边界条件。以前，经理人员似乎是主要甚至是唯一的角色，他们提出和确定下属群体的作用及任务，承担责权和实施控制。尽管权力和权力运用在过去和现在都是相当重要的管理要素，但合作、共同目标、责任感、相互信任和相互关心正在发挥越来越显著的作用，其结果必然是权力的分享。在以前的讨论中，与“经理人员”相对的概念是“下属”，但“下属”一词含有附属于别人的轻蔑意味，正确的词汇应是“经理人员”与

"非经理人员"。二者的区别在于职务分工的不同，而不在于地位的高低。所有这些新的思考可以表现为一种新的图示模型，即"经理人员-非经理人员领导行为连续体"。

第二节 经验主义学派

经验主义学派以向大企业的总经理提供管理企业的成功经验和科学方法为目标。该学派认为，古典管理理论和行为科学理论都不能充分适应企业发展的实际需要，有关企业管理的科学应该从企业管理的实际出发，以大企业的管理经验为主要研究对象，以便在一定的情况下，把这些经验传授给企业管理实际工作者和研究工作者，便于提出实际建议。

现代管理学开创者，被誉为"现代管理之父""大师中的大师"的彼得·德鲁克（Peter F. Drucker，1909—2005）是20世纪50年代经验主义学派的主要代表人物。他出生于奥匈帝国统治下的维也纳的一个贵族家庭，1943年加入美国国籍；1945年创办了德鲁克管理咨询公司并任董事长；2002年7月9日接受了美国总统布什颁发的美国公民所能获得的最高荣誉——"总统自由勋章"。

德鲁克在长达60多年的职业生涯中，共撰写了超过30部管理学方面的著作、数百篇文章，仅在《哈佛商业评论》上就发表30多篇文章，多次获"麦肯锡奖"，是获该奖项的最高纪录保持者。这些著作和论文已经被翻译成30多种文字在世界各地出版、传播。1954年出版《管理的实践》一书，奠定其管理大师的地位；1966年出版的《卓有成效的管理者》一书成为高级管理者必读的经典之作；1973年出版的巨著《管理：任务，责任，实践》则是给企业经营者的系统化管理手册，是为学习管理学的学生提供的系统化教科书。他是目标管理、团队合作、客户满意度、知识工作和知识工作者、扁平组织等许多经典管理概念的原创者；比其他人早10年或20年开始讨论管理学中那些广为人知的主题，比如竞争策略、组织设计、企业家精神和管理信息等。他从时代、社会和组织所处的外部环境来透视管理，强调管理的人性和实践性。在半个多世纪的管理文献中，德鲁克是这个领域内被引用最多的作者之一，迄今为止德鲁克也是世界公认的最权威的管理学大师之一。

一、现代管理学诞生

20世纪40年代初，德鲁克受聘为当时世界上最大的企业之一——通用汽车公司的顾问，对公司的内部管理结构进行研究，并于1946年将研究心得及成果写成《公司的概念》一书，此项研究成果已经成为西方管理学界的经典之作。德鲁克声称，他已经"发现了正待被发现的管理实践"。德鲁克在该书中首次将企业作为社会机构进行全面研究，从而开始了其辉煌的管理学生涯。

他提出，管理是一门学科。这首先就意味着，管理人员付诸实践的是管理学而不是经济学，不是计量方法，也不是行为科学。无论是经济学、计量方法还是行为科学，都只是管理人员的工具。管理人员付诸实践的不是经济学，正像一个医生付诸实践的并不是验血那样。管理人员付诸实践的也不是行为科学，正像一位生物学家付诸实践的并不是显微镜那样。管理人员付诸实践的也不是计量方法，正像一位律师付诸实践的并不是判例那样。管理人员付诸实践的是管理学。

什么是企业？德鲁克认为通常给出的回答——一个赚取利润的组织——不仅是错误的，而且是离题的。赚取利润不是制定管理决策的起因，而是对管理有效性的检验。问题必须从它的使命开始，这只能从企业的外部去找，从社会上找，因为企业是社会的一个器官。“企业的使命在于‘创造顾客’”——它很快成了德鲁克最广为人知的一句名言。

什么是管理？管理做什么？德鲁克从医学借来隐喻：管理不仅是“企业管理”，管理还是组织的器官，只能通过它的职能来界定。作为工商企业的器官，管理的第一个职能是管理企业，第二个职能是管理管理者，第三个职能是管理工人与工作。这样广义地提出管理职能与一般西方管理学的管理职能分类是迥然不同的。他认为，管理更是一种实践。管理学缺少了管理实践，就成了空中楼阁；管理实践缺少了管理学的理论阐释，也只不过是一个个故事而已。建立在管理实践基础上的德鲁克管理学，是管理实践与理论阐释交相辉映的管理学，是真正的概念化、理论化和充满时代精神的管理学。

在德鲁克看来，管理要解决的问题有 90%是共同的。管理在不同的组织里会有一些差异，因为使命决定愿景，愿景决定结构。管理沃尔玛和管理罗马天主教堂当然有所不同，其差异在于，各组织所使用的名词（语言）有所不同。其他的差异主要是在应用上，而不是在原则上。所有组织的管理者，都要面对决策，要做人事决策，而人的问题几乎是一样的。所有组织的管理者都面对沟通问题，管理者要花大量的时间与上司和下属进行沟通。在所有组织中，90%左右的问题是共同的，不同的只有 10%。只有这 10%需要适应这个组织特定的使命、特定的文化和特定的语言。换言之，一个成功的企业领导人同样能领导好一家非营利机构。

二、德鲁克管理思想及影响

德鲁克的管理思想博大精深，这里主要分析他的有关目标管理、经理人员的任务和工作、有效管理者、事业理论、绩效精神、创新与企业家精神、知识管理等思想。

1. 目标管理

1954 年，德鲁克在《管理的实践》一书中提出了目标管理（management by objectives，MBO）——一个划时代意义的概念。在管理思想发展史上，古典管理理论偏重以工作为中心，忽视人的因素；行为科学理论偏重以人为中心，忽视与工作的结合。而目标管理则是一种综合了以工作为中心和以人为中心的管理技能与管理制度，在实现企业经营目标的同时，不仅提高了员工的满意度，也满足了工作需要和人的需求。目标管理的核心是员工参与，适用于高成就需要的员工和中高层管理者，它的主要优势是：能够将管理者的工作由控制下属转变为与下属一起设定目标；依靠员工的积极性去完成工作，变“我想做”为“我要做”；强调员工参与与自我评价，而不是由他人来评价和控制。

目标管理的步骤分为：第一步，设定目标。先由员工自己设置目标，再由管理者审查并与员工沟通协商，最后确定目标。第二步，实施目标。管理者充分授权，由员工自主实施目标。第三步，评价目标。先由员工进行自我评价，再由管理者根据员工自我评价结果及目标实现情况作出评价。

目标管理必须具备的条件有：（1）高层管理人员参加；（2）下级人员必须积极参加目标的制定和实现；（3）有充分的情报资料，以制定合理的目标；（4）对实现目标的手段有控制权；（5）对由于实现目标管理而冒风险的人，要予以激励；（6）对员工要有信心。

2. 经理人员的两大任务和五项工作

德鲁克认为仅将经理人员定义为“对他人的工作负有责任的人”是不够的，经理人员应该是“对企业的绩效负有责任的人”。他们肩负着建立团队、权衡利益两大任务：必须建立一支单一有机体的团队，创造出一个大于其各组成部分总和的真正的、富有活力的整体；所做的一切必须既有利于当前，又有利于根本的长期目标和原则，生活与活动于当前和未来的两度时间之中，并要对整个企业及其各个组成部分的绩效负责。

经理人员还必须承担制定目标、组织、激励与沟通、衡量、培养人（包括自己）等五项工作。第一，在制定目标方面，经理人员首先要决定目标应该是什么，为了实现这些目标应该做些什么，这些目标在每一领域中的具体目标是什么。第二，在组织方面，经理人员分析所需的各项活动、决策和各种关系，对工作进行分类，把工作划分成各项可以管理的活动，又进一步把这些活动划分成各项可以管理的作业，把这些单位和作业组合成为一个组织结构，选择人员来管理这些单位并执行这些作业。第三，在激励与沟通方面，经理人员要培训员工，为他们提供有挑战性和有趣味的工作，激励他们在工作中追求优异；沟通有四个基本法则，即沟通是一种感知，沟通是一种期待，沟通应该产生要求，信息不是沟通。第四，在衡量方面，经理人员要为每一个人确定一种衡量标准。第五，在培养人（包括自己）方面，经理人员最重要的工作就是培养人。这种培养的方向决定着人——既作为人，又作为一种资源——能否变得更富活力或最终完全失去活力。这一点不仅适用于被管理的人，而且适用于经理人员自身。

3. 有效的管理者

德鲁克关于有效的管理者研究，在很多组织中被广为宣传和推广，在实践中起到了很重要的作用。他认为，管理者的效率往往是决定组织工作效率的最关键因素；并不是只有高级管理人员才是管理者，所有的负责行动和决策而又有助于提高机构的工作效能的人，都应该像管理者一样工作和思考。他对管理者工作中面临的现实问题的描述更是成为经典，被人们广泛引用：（1）管理者的时间一般容易“属于别人”；（2）管理者除非采取积极行动去改变他们所生活和工作的现实，否则他们只好继续这样“工作”下去；（3）只有当别人利用管理者贡献出来的东西时，管理者才具有有效性；（4）管理者在组织之内，但是他如果要有效工作，还必须努力认识组织以外的情况。他说：“这四个现实问题，是管理者所无法改变的。它们是管理者存在的必要条件。但是，管理者因此必须要设想到，如果他不经特殊努力学会有效性，他将成为无效的管理者。”

德鲁克通过自己的研究和观察，提出了管理者要做到有效性所需要的条件，他认为要成为有效的管理者，必须养成五种思维习惯：（1）知道把时间用在什么地方；（2）有效的管理者要注重外部作用，把力量用在获取成果上，而不是工作本身；（3）有效的管理者把工作建立在优势上——他们自己的优势，他们的上级、同事和下级的优势，以及形势的优势，也就是建立在他们能做什么的基础上；（4）有效的管理者把精力集中于少数主要领域；（5）有效的管理者做有效的决策。

4. 事业理论

德鲁克早在 1954 年就提出事业理论。每一个组织，无论其是否为商业性的，都会形成自己的事业理论。应该说，一个具有清晰、一致和目标集中的特点的有效理论能够产生巨大的能量。他经常问企业家和管理者的问题是“我们的业务是什么”“我们的客户是谁”“客户的认知价值是什么”，领导者和管理者对这些问题的理解准确与否，在很大程度上影响甚至决定着企业的兴衰成败。这些问题包括如何看待市场、如何鉴别顾客和竞争者以及他们的价值与行为，包括对技术及其发展的态度、对本公司的优势和弱点的认识等。

事业理论由三个部分构成：第一，有关组织外部环境的假设，包括社会及其结构、市场、客户和技术等，这决定了利润的来源；第二，有关组织使命的假设，这决定了什么样的结果对组织有意义；第三，为完成企业使命所必需的核心竞争力假设，这决定了组织能否生存到远景目标达到的时候。

有效的事业理论至少应该具有以下四个特点：第一，环境、使命和核心竞争力的假设都必须是符合现实的；第二，三个方面的假设必须相互协调；第三，事业理论必须为整个组织内的成员所知晓和理解；第四，事业理论必须具有自我革新的能力，能够不断地经受检验。

5. 绩效精神

德鲁克认为，组织的目的是使平凡的人做出不平凡的事。任何组织都不能依赖天才，因为天才总是稀缺的。对组织的考验，就是要使平凡的人取得更杰出的绩效——比他们看起来所能够取得的绩效更杰出，要使其成员的长处都发挥出来，并利用每个成员的长处来帮助所有成员取得杰出绩效，就是所谓的绩效精神。

绩效精神要求每个人都能够充分发挥自己的长处，重点必须放在一个人的长处上——放在他擅长做什么而不是他不能做什么上。组织中的士气，并不意味着“人们在一起相处得很好，即和睦相处”，检验的标准应该是绩效，而不是互相迁就。如果人际关系不是以“在工作中取得杰出绩效而感到满足”为依据，那么实际上就是不良的人际关系，并会导致委靡的精神。组织弱点的最大暴露，就是其中杰出人物的长处和能力成为对团体的一种威胁，而其绩效则成为困难、挫折和其他人失望的根源。一个企业要想培养绩效精神，应在以下四方面付诸实践：（1）组织的重点必须放在高标准的绩效上；（2）组织的重点必须放在机会上，而不是放在问题上；（3）有关人的各项决定，如工作岗位、工资报酬、提升、降职和离职等，都必须表明组织的价值观和信念，它们是组织的真正的控制手段；（4）在有关人的各项决定中，管理层必须表明正直是一个经理人所应具备的唯一的绝对条件，同时，管理层也应表明对自己也同样地提出了公正这个要求。

6. 创新与企业家精神

德鲁克首次将创新与企业家精神视为企业需要加以组织、系统化的实务与训练内容，也视为管理者的工作与责任。他认为，创新的机会有七大来源，其中前四者来自企业或产业内部，后三者来自企业或产业外部：（1）意料之外的事件；（2）不一致的状况；（3）基于程序需要的创新；（4）产业结构或市场结构的改变；（5）人口统计特性（人口的变动）；（6）认知、情绪以及意义上的改变；（7）新知识。此外，还包括四大创业型策略，包括孤注一掷、打击对方弱点、占据一个生存利基以及改变产品价值与特性等。

7. 知识管理

德鲁克指出，在 20 世纪，管理最重要、最独特的贡献，就是在制造业中将体力工作者的生产率提高了 50 倍之多；在 21 世纪，知识是组织和社会的重要资源，管理的最大挑战莫过于如何提高知识工作者的生产力。在知识型社会里，管理者必须整合不同的知识领域，使之成为一个有机的整体。反过来，这也意味着，尽管知识工作者的任务必须由自己来明确，但管理者必须将它们捏合成一个整体。

科技革命和经济社会发展促进了新型组织的深刻变革与管理模式的变革。新型的知识型组织逐步建立了自己的管理理念，那就是“知识管理”，即“提供知识以找出应用现有知识创造效益的最佳方法”。新型组织的管理理念伴随着信息技术革命而问世，主要有：（1）所有现代组织，不论大组织、小组织，都需要管理；（2）管理是对知识的应用和对成绩的负责；（3）知识型组织需要一个共同目标——信息，以指导每个“知识人”进行协调行动，每个相关人员要充分承担信息责任；（4）管理的职能在于管理知识信息、管理管理者、管理工作三方面。

无论是智力密集型行业，还是资本密集型行业，知识的创造、传播、共享和利用都是企业保持持续竞争优势的关键。有才华的知识工作者具有很大的生产率潜力，但同时也具有很高的知识成本。知识工作者面临着种种挑战，首先是如何管理自己：他们必须自己管理自己，学会如何挖掘自己的特长，认识自己的工作风格，明确如何作出最大贡献，处理好与他人的工作关系，为自己的后半生创造机遇等。德鲁克作为知识管理的倡导者，认为不同的时代具有不同的管理重点，而 21 世纪是知识管理的世纪。

德鲁克的可贵在于，他从一个宽广的外部视角来考察管理，研究管理任务的范围及其各方面的必要条件，然后才转而讨论组织的工作和管理的技巧，并讨论高层管理、其任务、其结构及战略。在这样的思路下，德鲁克才能开风气之先，为管理学正名，大力推动管理学的发展。

在管理技术层面，德鲁克也形成了自己的方法，比如管理者的时间管理、决策、沟通等。但是，单纯技术层面的建树不足以成就他的宗师地位。

德鲁克管理思想的有效性已经被各国企业领导者的实践所验证。无论是英特尔公司创始人安迪·格鲁夫、微软董事长比尔·盖茨，还是通用电气公司前首席执行官杰克·韦尔奇，他们都曾提出在管理思想和管理实践方面受到了德鲁克的启发和影响。格鲁夫说："德鲁克是我心中的英雄。他的著作和思想非常清晰，在那些狂热追求时髦思想的人群中独树一帜。"盖茨认为："在所有的管理学书籍中，德鲁克的著作对我影响最深。"韦尔奇说："全世界的管理者都应该感谢这个人，因为他贡献了毕生的精力，来理清我们社会中人的角色和组织机构的角色，我认为彼得·德鲁克比任何其他人都更有效地做到了这一点。"《哈佛商业评论》评价道："只要一提到彼得·德鲁克的名字，在企业的丛林中就会有无数双耳朵竖起来听。"虽然德鲁克自称是"旁观者"，但正是这个"旁观者"，在过去大半个世纪里，提出了很多超前的理论，这些理论不仅向人们展示了他非凡的预见力，更犹如一座灯塔，照亮了众多学者和管理者前进的道路。

第三节 决策理论学派

第二次世界大战之后，科学技术和生产力的飞速发展，生产的集中和垄断的高度发展，国际市场竞争的日益激烈，使资本主义企业在国内外政治经济环境剧烈变动形势下的生存与发展风险增大。在这种背景下，美国著名管理学家、政治学家赫伯特·西蒙（Herbert A. Simon，1916—2001）和他的合作者詹姆斯·马奇（James G. March，1928—2018）创立了决策理论学派，形成了一门有关决策过程、准则、类型及方法的较完整的理论体系。

西蒙学识渊博、兴趣广泛，被认为是 20 世纪科学界奇特的通才与罕见的博学杂家，是很多重要学术领域的创始人之一，包括人工智能、信息处理、决策制定、复杂系统等。1978 年，西蒙因在《管理行为》（1947）一书中对组织决策程序的开创性研究而获得诺贝尔经济学奖，是到目前为止世界上以管理学家身份获得诺贝尔奖的唯一一人。

西蒙所倡导的决策理论是在巴纳德社会协作系统理论的基础上发展起来的一种管理

理论。该理论吸收和运用了第二次世界大战后发展起来的行为科学、系统学、运筹学、计算机科学等理论与方法，将之综合运用于管理决策问题，形成了关于决策和决策方法的完整理论体系。西蒙认为，决策贯穿管理的全过程，管理就是决策；组织是由作为决策者的个人所组成的系统。他对决策的过程、决策的准则和标准、程序化决策和非程序化决策、组织机构的建立同决策的联系等作了分析。主要观点如下：

1. 决策是管理的核心

西蒙认为，组织就是由作为决策的个人所组成的系统。决策贯穿管理的全过程，管理就是决策。决策是一个复杂的、循环往复的过程，组织的全部管理活动的中心就是决策。制定计划是决策；在两个以上的备选方案中选一个，也是决策。组织的设计，决策权限的分配等，是组织上的决策问题；实际成绩同计划的比较，控制手段的选择等，是控制上的决策问题。要了解一个组织的结构和职能，就必须分析其成员的决策行为及其受组织的影响，以及研究影响人群行为的复杂的决策网状结构。管理人员应该有效地利用各种形式的外部影响力来塑造员工的性格。

2. 决策的过程

西蒙认为，决策是一个复杂的过程，不是一蹴而就的，应该分成四个阶段。

第一，收集情报阶段。收集组织所处环境中有关经济、技术、社会等方面的情报和组织内部的有关情报，加以分析，为拟订和选择计划提供依据。

第二，拟订计划阶段。以组织所需解决的问题为目标，依据第一阶段所收集到的情报，拟订出各种可能的备选方案。

第三，选定计划阶段。根据当时的情况和对未来发展的预测，从各个备选方案中选定一个。

第四，审查活动阶段。对已进行的抉择进行评价。

需要强调的是，上述四个阶段中的每一个阶段本身都是一个复杂的决策过程。例如，在第一阶段，面对大量的情报，就要加以分析，决定取舍，其中就有决策。在第二阶段，决策的性质更为明显。所以绝不能认为只有第三阶段才是决策，同时也不要忽略第四个阶段，因为对抉择的评价的完成才能最终断定决策的正确与否，才能构成一个完整的决策过程。一旦选定方案，管理者就要对其承担责任，冒一定的风险。

3. 决策过程中的信息问题

在决策过程中，西蒙等人特别强调信息联系的作用。在决策的每一个阶段都有一个信息的收集、加工、传递和反馈的过程。信息联系是一种双向过程，是向上、向下并水平地贯穿于整个组织的。决策对信息的要求主要包括准确、及时、适用和经济等。

信息传递途径可分为正式渠道和非正式渠道两种：正式渠道包括等级线路（直线信息联系）和职能线路（水平或参谋信息联系），如通知、指示、会议传达布置和各种交流，以及情报组织搜集；非正式渠道的信息联系虽然是正式渠道的信息联系的补充，但却有其特殊的机能。事实上，决策时利用的情报大部分是由非正式渠道的信息联系传递的。在信息联系的整个过程（包括信息的设计、传递和接收）中，存在着各种各样的障碍因素。比如：决策专门化产生的错误和偏见，阶层地位的差异造成的伪装和歪曲，地理位置上的差距带来的联系上的困难，对情报的偏向性产生的自我庇护，其他工作的压力造成的推延，等等。为了克服这些障碍因素，西蒙等人主张在组织中成立一个特别的“信息联系服务中心”，以收集、传递和存储各种情报，而这主要应该借助于计算机。

4. 决策的准则和标准

西蒙认为，传统决策的“最优化准则”是一种超乎现实的理想境界，进而主张用“令人满意的准则”去代替传统的“最优化准则”。由于组织处于不断变动的外界环境影响之下，收集到决策所需要的全部资料是困难的，而要列出所有可能的行动方案就更加困难，况且人的知识和能力也是有限的，所以在制定决策时，很难求得最佳方案，出于经济方面的考虑，人们也往往不去追求它，而是根据令人满意的准则进行决策。具体地说，就是制定出一套令人满意的标准，只要达到或超过了这个标准，就是可行方案。西蒙对古典决策理论的假设和前提进行反思，提出了“有限理性”和“决策人”的基本命题，进而提出了震撼经济学领域的“满意标准”和“有限理性标准”，得出了“满意解”的结论，从而开创了决策研究的新领域。

5. 程序化决策与非程序化决策的划分

西蒙把一个组织的全部活动分为两类：一类是例行活动；另一类是非例行活动。根据这两种活动的特点，将决策区分为性质相反的两种形式：一种是程序化决策（programmed decisions），即结构良好的决策；另一种是非程序化决策（nonprogrammed decisions），即结构不良的决策。区分它们的主要依据是这两种决策所采用的技术是不同的。制定常规性程序化决策的传统方式由于运筹学和数据处理等新的数字技术的研制与广泛应用而发生了革命；而制定非程序化决策的传统方式，包括大量的人工判断、洞察和直觉观察，还未经历过任何较大的革命，但在某些基础研究方面正在形成某种革命，如探索式解决问题、人类思维的模拟等。自动化方面的进步和人类决策方面的进步会把组织中人的部分和电子的部分结合起来构成一种先进的人-机系统。此外，决策理论还从决策性质的角度出发，划分出确定型决策、风险型决策、非确定型决策。决策理论关于决策类型的划分为研究决策技术和方法奠定了基础。

6. 决策与组织结构的联系

西蒙等人认为，一个企业组织结构的设置必须同决策过程联系起来考察，所以他们反对传统管理理论提出的部门化原则，指出一个组织划分为各个单位，必须以所要作出的决策类型为依据，而评价组织中一个机构的主要标准就是它对决策行为的影响。他们将一个组织的机构分为三层：高层机构从事非程序化决策，包括组织的设计与再设计，确定组织目标和目的；中层机构一般从事程序化决策，如管理生产系统和分配系统日常工作，但也不排除从事非程序化决策；基层机构则直接从事程序化决策，如取得原料制造产品和储存运输等日常工作。至于实际生活中产生的问题应由哪一管理层决策，则要视问题的性质、发生频率及确定性程序来决定。决策过程中电子计算机技术等先进技术的运用并不会改变上述三层机构的划分，而只会使之更加明确清晰。所以，未来的组织结构仍将是等级制的，虽然其具体形态可能同现在的组织结构有重大差别。

西蒙还认为，一个组织中集权和分权的问题也不能脱离决策过程而孤立地存在。有关整个组织的决策必须是集权的。鉴于个人的认识、情报来源、能力、知识、经验等方面的限制，下级人员可能不如高层领导那样能够作出更适合整个系统的决策。各级管理人员的决策要同他们的情报来源和职能相适应。同时，由于一个组织内决策过程本身的性质以及个人的认识能力的局限，在作出重大决策时，必须实行适当的分权，即由各个单位和各个等级的经理人员来参与决策，特别是在对各种不同方案进行比较时更应如此。

从西方管理理论发展脉络来看，西蒙的决策理论可以说是对巴纳德组织理论的直接继承和发展。他提出了“管理就是决策”的命题，因此决策理论不仅适用于企业组织，也适用于其他各种组织管理，具有普遍适用性。他对于决策过程的理论研究工作是开创性的，目前该理论已经渗透到管理学的不同分支，成为现代管理理论的基石之一。

在西蒙以前，古典经济学理论的基本命题是完全理性与最优化准则。西蒙的决策理论，纠正了此前理性选择设计的完美性偏差，从而拉近了理性选择预设条件与现实生活理性局限之间的距离，提供了对于某些管理领域的理解和预测更可行的方法。而且，西蒙从生理学及心理学层面对“管理人”进行了科学而精细的分析，对信息处理的有关论述具有十分重要的意义，其眼光远大，见解深刻，对当代大量信息的处理提出了指导性建议。然而，西蒙只是作为管理学者看待决策的有限理性，没有过多考虑政治因素在决策尤其是公共决策中的重要程度。他追求的是决策的通用模式而不是特殊模式，因此对非理性没有足够的关注。非理性不同于有限理性，却是影响决策的一个重要因素。尤其在公共决策或政治决策中，非理性的作用更加明显。对此，公共行政学领域的代表人物之一林德布洛姆进一步指出，政策制定不是用理性标准来判断的解决方案，而是达成某种和解、调停和协议，并在此基础上提出了渐进决策理论。这样，决策理论的研究就有可能把非理性因素纳入其中。

第四节　其他管理思想及发展

一、管理过程学派发展

20 世纪 50 年代，管理过程学派得到了重要的新发展。美国管理学家哈罗德·孔茨（Harold Koontz，1908—1984）发展了法约尔等人提出的管理要素和管理职能学说，是 50 年代以后公认的管理过程学派代表人物。此外，孔茨还首次提出“管理理论的丛林”

说法，对管理理论及管理学派进行了系统的分类研究，在管理思想史研究上具有里程碑的意义。关于孔茨管理理论的丛林学说，参见第五章第八节相关内容。

孔茨把管理解释为“通过别人使事情做成的各项职能”。他强调管理的概念、理论、原则和方法，认为管理工作是一种艺术，其基本理论和方法可应用于任何一种现实情况。至于管理职能，被他划分为计划、组织、人事、指挥和控制五项。他指出，有人认为这些职能是顺序执行的，但事实上管理人员是同时执行这些职能的；这些职能中的每一项都对组织的协调有所贡献，但协调本身并不是一种独立的职能，而是有效地应用了这五种管理职能的结果。

第一，计划职能是五项管理职能中最基本的职能，是指从各个方案中选取未来最适宜的行动方针。它要在未来的各种行为过程中作出抉择，而其他职能都必须反映计划的要求。计划的种类很多，包括目的和任务、策略、政策、程序、规则、规划、预算等。计划工作的步骤主要包括：估量机会；拟订目标；确定前提（企业内部和外部的情况）；确定备选方案；根据所要达到的目标对各种备选方案进行比较；选定方案；制定辅助计划；通过编制预算使计划数字化。

第二，组织职能的目的是设计和维持一种职务结构，使人们能为实现组织目标而有效地工作。组织结构必须反映企业的目标和计划、管理人员可利用的职权、企业所处的环境条件（经济、技术、政治、社会以及伦理条件），同时必须为组织配备恰当的人员。组织中的部门是指企业中某些管理人员为了完成规定任务而有权管辖的一个特殊的领域、部分或者分支，如生产分公司、地域分公司、销售部、市场研究部等。

第三，人事职能包括对员工的选择、雇用、考评、储备、培养和其他一些有关员工的工作。常用的员工测验方法包括智力测验、熟练和适应性测验、职业测验和性格测验四类。

第四，指挥就是引导下级人员有效地领会和出色地实现企业的既定目标。因此，要理解指挥与领导的性质，就要先考察企业目标及人的性质。企业目标是生产某种产品或劳务。为了实现企业目标，就要把生产中的各种因素（土地、资本、人员等）组织起来，其中最重要的是人的因素。

第五，控制职能就是按照计划标准衡量计划的完成情况并纠正计划执行中的偏差，以确保计划目标的实现。在某些情况下，控制职能可能导致确立新的目标、提出新的计划、改变组织结构、改变人员配备或在指挥和领导方法上做出重大的改变。控制职能在很大程度上使管理工作成为一个闭环系统。

孔茨作为管理过程学派的主要代表人物之一，汲取了法约尔管理职能理论的精华，同时又对其他人的观点进行总结提炼，建立了管理过程理论的范式。该学派对后世影响很大，许多管理学教材的内容都是按照该学派的理论架构编排的，而且该学派确定的管理职能和管理原则，为训练管理人员提供了基础。

二、帕金森定律

20 世纪 50 年代末期，美国的人际关系学说大行其道，管理思想家也对与大规模生产相伴壮大的官僚主义提出疑问。马克斯·韦伯倡导的官僚“机器”已经过度成熟，一层一层的行政管理机构逐渐堵塞了组织的动脉血管。正是在这种背景下，英国著名的政治家、历史学家诺斯科特·帕金森（C. Northcote Parkinson，1909—1993）于 1958 年出版了《帕金森定律》一书，系统阐述了“帕金森定律”（Parkinson's Law），一举成名。该书主要以 20 世纪 50 年代的英国为背景，通过对政治制度、政府机构、人员配置以及机关企业的工作制度和工作方法的描述，深刻地揭示了行政权力扩张引发人浮于事、效率低下的“官场传染病”，无情地鞭笞了当时盛行的官僚主义与腐朽庸俗作风。书中提出的多个令人发笑而又发人深省的观点，其实质是用另一种眼光看管理，对现实中的种种不合理现象提出与学院派管理学家截然不同的新解释，不能不说是深含睿智，耐人寻味。帕金森定律的主要观点是：

（一）机构膨胀定律

帕金森通过研究发现，一个人做一件事所耗费的时间差别如此之大：他可以在 10 分钟内看完一份报纸，也可以看半天；一个忙人花 20 分钟可以寄出一叠明信片，但一个无所事事的老太太为了给远方的外甥女寄张明信片，可以足足花一整天——找明信片一个钟头，寻眼镜一个钟头，查地址半个钟头，写问候的话一个钟头零一刻钟……特别是在工作中，工作会自动地膨胀，占满一个人所有可用的时间，如果时间充裕，他就会放慢工作节奏或是增添其他项目以便用掉所有的时间。由此他得出结论：在行政管理中，行政机构会像金字塔一样不断增多，行政人员会不断膨胀，每个人都很忙，但组织效率越来越低下。这条定律又被称为“金字塔上升”现象。

他在阐述英国官僚机构人员膨胀现象时，揭示了这样一个原理：对于一个不称职的官员，他可能有三条出路，一是申请退职，将位子让给能干的人；二是让一位能干的人来协助自己工作；三是任用两名水平低的助手。对于这位不称职的官员来说，第一条路是走不得的，因为那样他会失去许多利益；第二条路同样也不能走，因为那样会使自己多出一个有力的竞争对手；看来只有选择第三条路最为适宜。于是，两个平庸的助手分担了他的工作，而他自己则能高高在上发号施令，同时也没有人成为他晋级的障碍，而下级既然能力不济，他们又会上行下效，为自己找两个更加无能的助手……如此恶性循环，就会形成机构重叠、人浮于事、扯皮推诿、效率低下的行政管理体系。所以最后的结果是：其一，当官的人需要补充的是下属而不是对手。其二，当官的人彼此之间是会制造出工作来做的。显然，第一条产生出庸人管理，自上而下，一级比一级庸人多；第二条产生出机构臃肿的庞大管理机构。

帕金森结合英国政府的实际情况，对自己的定律作了说明。从 1914—1928 年，英国海军官员人数从 2 000 人增加到 3 569 人，以每年 5.6％的速度递增。而在此期间，由于相关条约的限制，海军规模在减小，1928 年的海军士兵人数是 1914 年的 2/3，军舰数是 1914 年的 1/3。从 1935—1954 年，这种状况还在持续。这一期间，英国海军部的人员从 8 118 人上升到 33 788 人，而此段时间英国海军的地位在不断下降，殖民部从 372 人增加到 1 661 人，而这正是大英帝国殖民地迅速减少的夕阳残照时期。据此，帕金森认为，无论政府工作量是增还是减，甚或是消失，雇员数量都受帕金森定律的支配而增长。他通过多年的资料对比，在撇开一些细节的情况下，仅仅计算行政人员的增长数量，得到的年增长率为 5.75％。

（二）组织瘫痪定律

帕金森认为，一旦公司的管理机制鼓励低水平领导人，那么，就会表现出组织瘫痪定律。他把组织瘫痪的过程分为三个阶段。在第一阶段，管理层出现了水平低下、嫉妒心强的领导人。人总是有缺陷的，如果仅仅是水平低下却没有嫉妒心理，或者嫉妒心强却能力高超，那么问题一般不大。但是，这两个缺陷凑到一块，这个领导人就是“无可救药”者，组织就会滑向瘫痪。到第二阶段，这种无可救药的领导人掌握了最高领导权，那么，他只会使用比他更差的中层经理。如果总经理的水平是二流的，那么部门经理肯定是三流的。在这种组织中，才能出众者肯定会遭到排挤，导致聪明人也会韬光养晦，他们不是变成真的呆子，就是开路走人。到第三阶段，整个公司素质恶化，从高层经理到最基层的员工，没有人愿意展示才华，上下全部是混日子的。这时，公司已经名存实亡，即便它还能撑 20 年，也不过是苟延残喘而已。

（三）琐事定律

帕金森指出，在管理活动中越是小事越认真。开会时间长短，与议题的重要与否成反比。领导们一旦要讨论自己不熟悉的领域（比如大项目），可能既不想倾听别人的意见，又不愿显示自己的无知，所以保持沉默为妙。但是每项事情都不发言，就会使自己显得无能。所以，他们会对自己熟悉的领域发表看法，尤其在讨论涉及自身生活的项目时，更会斤斤计较，争个不停。只有这样，才能证明他们存在的价值。而这种运行机制的结果，则是抓住芝麻、丢掉西瓜，越是小事越认真，越是大事越草率。因为小事大家都懂，而且关系不大，于是发言空前热烈；而大事或因为不懂，或由于关系重大，为了免于负责，大家都噤若寒蝉。

（四）办公楼定律

帕金森的书中有句话很值得玩味：完美意味着定局，定局又意味着终结。他根据大量历史资料断言：某个组织的办公大楼设计得越完美，装潢得越豪华，该组织解体的日子就越近。他把这种现象称为办公楼定律。例如，英国陆军部在一个十分简陋的办公室里策划了滑铁卢战役，而搬进豪华气派的办公楼后则导演了达达尼尔战役的惨败；美国在战争业绩最辉煌的第二次世界大战时期，国防部拥挤不堪，而直到第二次世界大战快结束时，五角大楼才完工，但自从进了五角大楼，美国国防部似乎就连连失误；随着阿房宫和长城的修建，秦王朝灭亡的日子也就不远了；圆明园建成之后，见证了清王朝一步步走向坟墓。帕金森所谓的办公楼定律，实际上也就是中国的一句老话：生于忧患，死于安乐。一个行政机关内部日益腐败，外部建筑却日趋华丽，所以，一看到华丽的建筑，便可推断该机关内部也正在走向腐败。

除上述定律，帕金森还提出了其他定律，包括：无效率系数定律、预算定律、会议定律、人才选拔定律、鸡尾酒会定律、成功定律、退休定律等。帕金森最擅长的是描述谦卑的行政管理者。他对那些别无选择的行政管理人员也表示了深深的同情，正是这一点使《帕金森定律》没有被人淡忘。他在描述行政人员 A 离开办公室的情景时，这样写道："在重重暮色中，关上办公室的最后一盏灯。A 松弛了双肩，苦笑着想到，如同灰白的头发，迟迟归家也是成功的代价。"

总之，帕金森定律可概括为："凡当官之人，因工作而需增加人员时，总是给自己增添下属而不愿增加和自己地位相当的能力强的人，以免造成职位的竞争；开会时，花费时间的长短与所讨论的问题的重要性成反比；组织的年代愈久远，其人员质量愈低劣，年老的迟迟不肯让位，年青一代受到压抑；机构腐败时，其建筑和用品则奢华到顶点。"在他看来，无论是公司职员还是政府官员，几乎所有人都陷入了"帕金森定律"的陷阱。但是，帕金森却没有提出解决问题的建议，他认为"除去野草可不是植物学家的活儿。他能告诉我们这些草长得有多快，就已经做得很够了"。"帕金森定律"对行政机关人浮于事、机构臃肿、效率低下作出了最为透彻的解释，虽然它看上去玩世不恭、幽默风趣，却富含敏锐的洞察力并具有重要的实践借鉴意义。

三、组织理论发展

20 世纪 50 年代，组织理论得到发展。1957 年，美国管理学家、组织学习理论的主要代表人物之一克里斯·阿吉里斯（Chris Argyris，1923—2013）在《个性与组织》一书中提出了"不成熟-成熟"理论。该理论主要研究人性与组织的关系问题，以及组织需要和个人需要之间的吻合问题，认为人的个性发展有一个从不成熟到成熟的连续发展过程，所以组织应改善设计，为员工制定更有挑战性的目标，帮助其成长。此外，阿吉里斯还在组织防卫与双环学习研究方面颇有建树，参见第七章第五节相关内容。

阿吉里斯的"不成熟-成熟"理论指出，组织行为是由两个要素——个体和正式组织相互融合而成的，组织中的个体都有其独立的特性，他们既有作为组织成员的一面，又有作为独立的个人的一面。人的个性是由能量、需要、能力等各个部分构成的整体，必须通过同其他人的社会接触与相互作用才能建立起来，而不是单凭个体自身来完成的，因而每个人都需要同环境建立适当的联系，并保持二者之间的平衡。所谓个性的成长，就是个性的构成部分扩大了，并同个性原已存在的部分统一起来。阿吉里斯认为，这种个性成长的倾向包含多方面的内容，如同婴儿长大一样，是一个从不成熟到成熟的过程。一个人处在这个成长过程中的阶段不同，标志着他个性的成熟程度不同，也体现出他自我实现的程度不同。他进一步指出，一个人从不成熟到成熟的转变过程是通过以下七个方面体现出来的：（1）从婴儿有限的行为方式发展为成人的多种多样的行为方式；（2）从婴儿时期只顾及当前发展到成人时期拥有长远的打算；（3）从婴儿行为的被动状态发展到成人行为的主动状态；（4）从婴儿的依赖他人发展为成人的相对独立发展；（5）从婴儿时期经常变化和肤浅且短暂的兴趣发展为成人相对持久、专一的兴趣；（6）从婴儿时期在家庭或社会上处于从属地位发展为成年人与周围的人处于基本平等的地位甚至支配他人的地位；（7）从婴儿时期的缺乏自觉发展为成人的自觉自制。

每个人都有其自身的需求，一个人如果在获取需求的过程中遇到了挑战，他就会竭尽全力迎接挑战。个性在经历了上述发展后，那种富有进取性的心理能力就有了充分发挥的可能。阿吉里斯认为，正式组织的基本性质使得个人会长期保持在“不成熟”阶段并妨碍其自我实现，主要原因有以下几点：一是劳动分工限制了个人的主动性，窒息了个人的自我表现，要求个人只使用其一小部分能力；二是领导者处于高层，重视通过明确的权力等级系列来控制整个组织，直至最底层，导致个人依附于领导者而处于被动状态，个人对工作环境缺乏自主权和控制权，以至目光短浅；三是统一指挥原则意味着由领导者来指挥和控制通向组织目标的道路，而当组织目标并不包容员工个人目标时，会不许员工按其内在需要来表达他们自己的意愿，问题就会愈来愈多；四是控制幅度的概念使得在最基层的个人的自我控制范围变小，所看到前景的时间幅度缩短。

为了应对组织对个人的压抑感，员工可能会采取下列防御措施来适应或作出反应：一是离开组织；二是爬到组织的上层，以便得到更多的自主权；三是陷于幻想，采取攻击态度，努力表现自己；四是采取冷淡或不介入态度；五是创建和形成非正式组织，使自己所采取的冷淡、不感兴趣、限制产量、攻击行为等得到同情和支持。阿吉里斯认为，协调个性和组织之间的办法有：（1）扩大员工的工作范围，增加员工在工作流程中所担负工作的种类，或延长完成一件工作的时间周期；（2）采用参与式的、以员工为中心的领导方式；（3）使员工有从事多种工作的经验，扩大其技术领域和知识面；（4）加重员工的责任，激发其责任心和创造性；（5）更多地依靠员工的自我指挥和自我控制。通过对员工行为与组织设计的了解，领导者可以改进领导方式，从而在健康的组织之中培养出健康的个人，并使两者都实现其目标和需要。

小结

20 世纪 50 年代管理思想的主要特点是：行为科学日渐盛行；管理思想兼容并蓄。

这一时期，行为科学盛行，出现了许多重要的激励理论和领导理论。“人本主义心理学之父”马斯洛构建了需要层次理论；赫茨伯格提出了双因素理论，还在工作丰富化方面进行了开创性研究；麦克利兰提出了成就激励理论；麦格雷戈提出了X理论和Y理论；斯金纳提出了强化理论；坦南鲍姆与施密特提出了领导行为连续体理论，从专权的左端到高度放手的右端，划分出七种具有代表性的典型领导模式。

“现代管理之父”德鲁克是50年代出现的一位重量级大师。1954年，他出版了《管理的实践》一书，标志着现代管理学的诞生。作为经验主义学派的主要代表人物之一，德鲁克重点分析了成功管理者实际管理的经验，并概括、总结出他们成功经验中的共性内容，兼容并蓄，使之系统化、合理化，并据此向管理人员提供实践建议。西蒙与合作者在吸收了行为科学、系统论、运筹学和计算机科学等理论的基础上，提出了管理的决策理论。

此外，管理过程学派得到进一步发展。孔茨认为管理职能包括计划、组织、人事、指挥和控制。而帕金森提出了机构膨胀定律、组织瘫痪定律、琐事定律、办公楼定律等“帕金森定律”，发人深省，耐人寻味，具有重要的现实意义。此外，组织理论得到发展，阿吉里斯提出了“不成熟-成熟”理论，认为人的个性发展有一个从不成熟到成熟的连续发展过程，组织应改善设计，使员工与组织共同成长。

思考题

1. 马斯洛的需要层次理论的主要观点是什么？
2. 赫茨伯格的双因素理论的主要观点是什么？
3. 麦克利兰的成就激励理论的主要观点是什么？
4. 麦格雷戈的人性假设理论的主要观点是什么？
5. 斯金纳的强化理论的主要观点是什么？
6. 坦南鲍姆和施密特的领导行为连续体理论的主要观点是什么？
7. 德鲁克的主要思想及贡献是什么？
8. 西蒙的决策理论学派的主要观点是什么？
9. 孔茨对管理过程学派的主要贡献是什么？
10. “帕金森定律”的主要观点是什么？
11. 阿吉里斯的“不成熟-成熟”理论的主要观点是什么？

第五章

20 世纪 60 年代管理思想

20 世纪 60 年代是资本主义经济高速发展的黄金时期。美国、德国、日本等西方国家以科学技术革命为先导大力推进工业生产的自动化和半自动化，经济面貌发生了巨大变化。然而，就企业生存环境而言，国内外市场竞争更趋残酷，企业联合与兼并的浪潮接踵而至，生产和资本呈现出既高度集中又迅速流动的特点。为了适应形势的变化，更好地帮助企业规划未来、赢取市场、监控和评估自身运营状况，一些新生学派登上了管理的历史舞台；既有学派也应形势变化，推陈出新，各自的理论体系不断得以完善。

战略管理学派应运而生。伊戈尔·安索夫认为战略行为是企业对外部环境的适应以及由此而导致的企业内部结构化的过程，他界定了公司战略、战略管理、竞争优势等概念，并提出了成功战略的范式、评价环境的 PEST 分析框架、进行战略规划决策的理想模型以及安索夫矩阵等理论和工具。阿尔弗雷德·钱德勒认为战略就是制定企业宗旨和长期目标，为实现目标选择行动方案，调配必要的资源；企业应该先制定最佳的战略，然后再选择与战略搭配最合适的组织结构。肯尼斯·安德鲁斯提出并系统论述了 SWOT 分析法，把公司战略提升为管理咨询业中的一个专业领域。

营销管理学派开始兴起，发动了一场从生产导向到市场导向的经营观念革命。西奥多·列维特最早提出了市场营销概念，对销售和营销进行了划分。他认为企业的核心是满足消费者，而不是简单地生产商品，公司应该注重市场导向而不是生产导向，应该由首席执行官和高层管理部门领导营销部门。菲利普·科特勒将市场营销看作经济活动的中心环节。他对推销和营销进行了区别，认为营销术以顾客为中心，而推销术是以产品为中心，并定义了“大量营销”“逆向营销”“社会营销”等词汇，对市场营销产生了深远影响。

权变理论学派在经验主义学派基础上进一步发展起来。杰伊·洛希和保罗·劳伦斯认为，组织管理要根据组织所处的外部环境和内部条件的发展变化而随机应变，没有一成不变、普遍适用的管理理论和方法；他们在比较各种组织结构理论的基础上，提出了以权变理论为基础的组织结构理论，认为组织架构的差异性与经营管理人员有关，也与外部环境的稳定性有关。

系统管理学派登上了管理的历史舞台。弗里蒙特·卡斯特和詹姆斯·罗森茨韦克认为，组织是一个由相互联系的若干要素组成、为环境所影响并反过来影响环境的开放的社会技术系统，包含目标、价值、结构、技术、社会心理和管理等五个分系统；他们主张要以整个组织系统为研究管理的出发点，研究一切主要的分系统及其相互关系。

管理科学学派的理论与科学管理理论实际上是属于同一思想体系，但其研究范围已远远不是泰勒时代的“操作方法”和“作业研究”，它运用更多的数学模型，研究的问题也更为广泛和复杂。埃尔伍德·斯潘塞·伯法使用先进的数理方法及管理手段，使生产力得到最为合理的组织，以获得最佳的经济效益。

组织理论继续发展。沃伦·本尼斯在对传统组织结构和官僚制组织结构进行批判的基础上，提出了组织发展理论，列举了影响未来组织结构的各种因素，分析了“有机性-适应型”组织结构所具有的特点，并认为它将逐步取代官僚组织体制。琼·伍德沃德进一步提出了技术决定结构的思想，认为组织的架构因技术而变化，组织的管理因组织目标而变化。阿尔弗雷德·斯隆设计出事业部制这一组织模式，并通过他本人的成功实践使人们看到这一组织模式在有效平衡集权和分权上的良好表现。斯坦利·西肖尔将衡量企业组织效能的各种评价标准及其相互关系组合成一个金字塔形的层次结构，从而使原先处于完全混乱状态的集合体有了逻辑性和秩序，形成了组织绩效理论。

行为科学学派在这一时期继续发展。在激励理论方面，维克多·弗鲁姆提出了著名的期望理论，斯塔西·亚当斯提出了公平理论，莱曼·波特和爱德华·劳勒提出了波特-劳勒综合激励模型，以探寻影响员工工作绩效和满意度的原因。这些激励理论较为真实地还原了有效激励的本质过程，为管理者充分调动员工的积极性提供了极具针对性的理论指导。在领导理论方面，伦西斯·利克特提出了领导风格理论，罗伯特·布莱克和简·默顿提出了管理方格理论，弗雷德·菲德勒建构了第一个综合性权变领导模型，保罗·赫塞和肯·布兰查德创立了领导情境理论。尽管这些领导理论的研究假设和建构模式互有区别，但是它们的目的却是一致的，即提高领导的有效性。

在管理思想史研究领域，哈罗德·孔茨对管理理论进行了系统梳理，划分出管理过程学派、社会系统学派、决策理论学派等六个主要的学术派别，对管理理论的发展和管理学教育来说意义非凡。

经验主义学派在这一时期也得到了进一步发展。欧内斯特·戴尔认为不存在任何有关组织与管理的普遍原则，强调管理知识的真正源泉就是大公司中“伟大的组织者”的经验，主张用比较方法对企业管理进行研究。

除此之外，劳伦斯·彼得提出了著名的彼得原理，哈罗德·凯利提出了可以把人的行为归结为内部原因或外部原因的三个标准。总之，在管理思想日趋“丛林化”的 20 世纪 60 年代，各派理论异彩纷呈、百家争鸣，共同推动管理思想不断向前发展。

第一节　战略管理学派

从 20 世纪 60 年代开始，美国经济内遭石油危机，外遇崛起的日本及欧洲的挑战，科技竞争愈演愈烈。管理学界开始重点研究如何适应充满危机和动荡、不断变化的国际经济环境，谋求企业的生存发展，并获取竞争优势的课题。较为突出的是，来自战争的词汇——"战略"开始被引入管理学界，战略管理研究领域一时间大师辈出，主要代表人物是伊戈尔·安索夫、阿尔弗雷德·钱德勒与肯尼斯·安德鲁斯。

一、安索夫矩阵

伊戈尔·安索夫（H. Igor Ansoff，1918—2002）是战略管理的鼻祖。他出生于俄罗斯符拉迪沃斯托克市，父亲是美国驻苏联的外交官，母亲是苏联人。1924 年他随家庭搬到莫斯科；1936 年全家移民到了美国纽约。安索夫在战略管理中的特殊地位最主要表现在对战略管理的开创性研究上，他的开创性研究使他成为这门学科的一代宗师。1965 年，安索夫出版了他的成名作《公司战略》；1972 年在论文《战略管理思想》中，他正式提出了"战略管理"的概念。1979 年，他出版了《战略管理论》，这本书与 1965 年出版的《公司战略》和 1976 年出版的《从战略计划到战略管理》，是公认的战略管理开山之作。安索夫首次提出公司战略概念、战略管理概念、战略规划的系统理论、企业竞争优势概念以及把战略管理与混乱环境联系起来的权变理论。因此，安索夫被尊称为"战略管理之父"。

1. 战略管理- PEST 分析框架

安索夫认为，战略管理与以往经营管理的不同之处在于：战略管理是面向未来的，动态地、连续地完成从决策到实现的过程。他把经营战略定义为：企业为了适应外部环境，对目前从事的和将来要从事的经营活动进行的战略决策。然而，企业生存是由环境、战略和组织三者构成的，只有当这三者协调一致、相互适应时，才能有效地提高企业的效益。战略行为是企业对外部环境的适应以及由此而导致的企业内部结构化的过程。因此，企业制定战略首先是评价外部环境，主要是采用 PEST（political，economical，social，technological）分析框架，评估政治、经济、社会、技术对企业的影响，辨识企业长期的变化驱动力及外部各环境要素对企业的不同作用，从而确定关键环境因素，并以此制定企业战略，调整组织结构，使企业与环境相适应。

2. 协同与战略决策模型

安索夫首次将协同（synergy）的理念引入企业管理领域，协同理论成为企业采取多元化战略的理论基础和重要依据。安索夫在《公司战略》一书中，把协同作为企业战略的四要素（即经营范围、成长方向、竞争优势和协同）之一，分析了基于协同理念的战略如何可以像纽带一样把企业多元化的业务有机联系起来，从而使企业可以更有效地利用现有的资源和优势开拓新的发展空间。多元化战略的协同效应主要表现为：通过人力、设备、资金、知识、技能、关系、品牌等资源的共享来降低成本，分散市场风险以及实现规模效益。

3. 安索夫矩阵

安索夫矩阵是以 2×2 的矩阵代表企业企图使收入或获利成长的四种选择，其主要的逻辑是企业可以选择四种不同的成长战略来达到增收目的（见图 5-1）。

	现有产品	新产品
现有市场	市场渗透	产品开发
新市场	市场开发	多元化经营

图 5-1　安索夫矩阵

（1）市场渗透（market penetration）。以现有的产品面对现有的顾客，以其目前的产品市场组合为发展焦点，力求增大产品的市场占有率。采取市场渗透的策略，借由促销或提升服务品质等方式来说服消费者改用不同品牌的产品，或是说服消费者改变使用习惯、增加购买量。

（2）市场开发（market development）。以现有产品开拓新市场，企业必须在不同的市场上找到具有相同产品需求的使用者顾客。通常，产品定位和销售方法会有所调整，但产品本身的核心技术则不必改变。

（3）产品开发（product development）。推出新产品给现有顾客，采取产品延伸的策略，利用现有的顾客关系来借力使力。通常是以扩大现有产品的深度和广度，推出新一代或是相关的产品给现有的顾客，提高该产品厂商在消费者钱包中的占有率。

（4）多元化经营（diversification）。提供新产品给新市场，此处由于企业的既有专业知识能力可能派不上用场，因此是最冒险的多角化策略。其中成功的企业多半能在销售、渠道或产品技术等方面取得某种综合效果，否则多角化的失败概率很高。

从学术的角度来看战略管理学的兴起和发展，安索夫的贡献在于开创和奠基。他的伟大不仅在于首先提出了战略管理的理论和方法，还在于成功地把理论带入了实践领域。安索夫通过战略管理将时断时续的变革、动荡和不确定性等革命性观念转化成能够帮助组织成功与繁荣的工具。他在历史上第一次提出了适用的语言和程序，使得现代工业企业能明确地界定公司战略中的深层次问题：如何成长，如何寻求合作，以及如何借用外力等。

二、钱德勒的战略决定论

美国著名企业史学家阿尔弗雷德·钱德勒（Alfred D. Chandler，1918—2007）出生于特拉华州威明顿一个企业世家，曾外祖父亨利·瓦农·普尔是管理学史上十分著名的

《美国铁路杂志》主编，当年钱德勒进行企业史研究所依赖的第一手原始资料，就是普尔的遗产。钱德勒以企业史的研究而著称。在很大程度上，企业史（美国人称之为商业史）这一研究领域就是他开创的。他的三部巨著——《战略与结构》(1962)、《看得见的手》(1977)、《规模与范围：工业资本主义的原动力》(1990)，被学界誉为经典。

1. 结构跟随战略

在《战略与结构》一书中，钱德勒以杜邦、通用汽车、新泽西标准石油和零售商业的西尔斯四家公司为主要案例，详细考察了 20 世纪前期美国大企业从直线职能结构向多部门结构转变的过程，并提出“结构跟随战略”的主题，即企业扩张战略必须有相应的结构变化跟随。

钱德勒将战略定义为：“企业长期目标的决定，以及为实现这些目标所必须采取的一系列行动和资源分配。”关于企业战略，有着众多的人物和学派，其中影响较大的“设计学派”和“计划学派”在理论本质上同钱德勒的思想一致。企业战略的出发点是要适应环境，其实质是组织对相关环境的适应过程，以及由此产生的组织内部结构变化的过程，因此，企业的组织结构必须与企业战略相对应。

企业在多样化扩张战略的引导下，规模逐步扩大，当积累一定资源后，会开始向不同地区或者向不同产品市场发展。由于经营业务增加，高层经理的工作也日益复杂，决策的多样性和复杂性都会加大，管理人员很容易淹没在这些复杂的决策里，从而忽略真正重要的东西。因此，多部门结构的出现，可以将高层管理人员从日常的经营活动中解脱出来，使他们有时间和精力去关注真正与企业命运攸关的长期计划与决策。具体运营则由各个事业部的经理人员负责，他们处理日常管理事务，承担管理责任，享有一定权威。在这种模式下，公司总部更多地偏重于战略决策，分部经理更多地偏重于具体管理决策。多部门结构可以更有效地协调大规模的生产和分配，适应越来越多样化并复杂化的企业活动。否则，当企业的经营扩大、新的战略制定后，没有进行相应的结构调整时，组织面临的只能是无效率。要想避免这种无效率，无论企业怎样扩大经营业务，根据业务制定出怎样的决策，组织都必定要做出相应调整与变化。这一观点，被人们称为钱德勒命题。

2. 企业的管理革命

钱德勒在《看得见的手》一书中，讨论了美国企业发展过程中出现的管理革命。他认为，现代工商企业在协调经济活动和分配资源方面已取代了亚当·斯密的所谓市场力量的无形的手，而且由于获得了原先为市场所执行的功能，现代工商企业已成为美国经济中最强大的机构，经理人员则已成为最有影响力的经济决策者集团。在钱德勒看来，管理协调这只“看得见的手”，相比市场协调这只“看不见的手”而言，能够带来巨大的生产力和丰厚的利润，能够提高资本的竞争力，由此管理的变革会引发生产和消费的显著提高。这也就是钱德勒所谓的“企业的管理革命”。20 世纪 70 年代后，钱德勒把视野扩展到全球。经过十余年的潜心研究，他终于在 1990 年完成了恢宏巨著《规模与范围：工业资本主义的原动力》。该书通过美国、英国和德国资本主义制度的对比，详细分析了三个国家的制度差别及其各自的成长过程，进而发现三个国家的资本主义具有共同之处，这就是：凡是具备并维持了组织能力的企业或国家，在国内外市场的竞争中就会成功，否则就会被淘汰。因此，企业发展的“第一推动力”来自企业作为一个整体的组织能力。组织能力是指公司与竞争对手投入相同的情况下，将其各要素投入转化为产品或服务，并具有更高生产或服务效率和质量的能力。

三、安德鲁斯的 SWOT 分析

在哈佛商学院工作 40 多年的肯尼斯·安德鲁斯（Kenneth R. Andrews，1916—2005）是战略管理领域的先驱者之一。他的突出贡献是提出并系统论述了 SWOT 分析法，把公司战略提升为管理咨询业中的一个专业领域。

安德鲁斯提出，“战略是目标、意图或目的，以及为达到这些目的而制定的主要方针和计划的一种模式。这种模式界定企业正在从事的或者应该从事的经营业务，以及界定企业所属的或应该属于的经营类型”。他认为，战略形成过程实际上是把企业内部优势和劣势与外部机会和威胁进行匹配的过程。对内部的优势和劣势的分析与评估，可以确定企业的独特能力；对外部环境的机会与威胁的分析，可以确定企业潜在的成功因素。这两种分析构成了战略规划的基础。安德鲁斯据此建立了著名的 SWOT（strength，weakness，opportunity，and threat）战略分析模型。SWOT 分析法提供了结构化的分析思路，明确指出应从环境与公司实力两方面寻找战略过程的线索，此后的战略管理学家主要是按照这一分析框架来开展研究的。

SWOT 分析的主要目的在于对企业的综合情况进行客观公正的评价，以识别各种优势、劣势、机会和威胁因素，从而开拓思路，正确地制定企业战略。表 5－1 列出的是在 SWOT 分析中一般所需要考虑的因素。

表 5－1　SWOT 的分析因素

	潜在内部优势（S）	潜在内部劣势（W）
内部能力	● 产权技术 ● 成本优势 ● 竞争优势 ● 特殊能力 ● 产品创新 ● 具有规模经济 ● 良好的财务来源 ● 高素质的管理人员 ● 公认的行业领先者 ● 买主的良好印象 ● 适应力强的经营战略 ● 其他	● 竞争劣势 ● 设备老化 ● 战略方向不同 ● 竞争地位恶化 ● 产品线范围太窄 ● 技术开发滞后 ● 营销水平低于同行业其他企业 ● 管理不善 ● 战略实施的历史记录不佳 ● 不明原因导致的利润率下降 ● 资金拮据 ● 相对于竞争对手的高成本 ● 其他

续表

	潜在外部机会（O）	潜在外部威胁（T）
外部环境	● 纵向一体化 ● 市场增长迅速 ● 可以增加互补产品 ● 能争取到新的用户群 ● 有进入新市场的可能 ● 有能力进入更好的企业集团 ● 在同行业中竞争业绩优良 ● 扩展产品线满足用户需要 ● 其他	● 市场增长较缓 ● 竞争压力增大 ● 不利的政府政策 ● 新的竞争者进入行业 ● 替代产品销售额正在逐步上升 ● 用户讨价还价能力增强 ● 用户需要与偏好逐步转变 ● 通货膨胀递增 ● 其他

SWOT 方法的基本点就是企业战略的制定必须使其内部能力（优势和劣势）与外部环境（机会和威胁）相适应，以获取经营的成功。SWOT 分析提供了四种战略方案，即：优势-机会（SO）战略、劣势-机会（WO）战略、优势-威胁（ST）战略和劣势-威胁（WT）战略（见表 5-2）。

表 5-2 SWOT 矩阵

	优势——S 列出优势	劣势——W 列出劣势
机会——O 列出机会	SO 战略 发挥优势，利用机会	WO 战略 利用机会，克服劣势
威胁——T 列出威胁	ST 战略 利用优势，回避威胁	WT 战略 减小劣势，回避威胁

SO 战略是一种发挥企业内部优势而且利用企业外部机会的战略；WO 战略的目标是通过利用外部机会来弥补内部弱点；ST 战略旨在利用本企业的优势，回避或减少外部威胁的影响；WT 战略是一种旨在减少内部劣势，同时回避外部环境威胁的防御性技术。值得注意的是，进行以上匹配的目的在于产生可行的备选战略方案，而不是选择或确定最佳战略，也并不是所有在 SWOT 矩阵中得出的战略方案都应该实施。

第二节 营销管理学派

20 世纪 60 年代是一个充满机会的时代。整个世界都等待着企业的销售；企业开始系统考虑如何更精确地与市场进行联系与对接。营销管理学派应运而生，主要代表人物是西奥多·列维特和菲利普·科特勒。

一、列维特的营销短视论

100 年来，企业的经营观念先后经历了生产观念、产品观念、推销观念、市场营销观念四个阶段，表现为经营思想从“生产导向”到“市场导向”的重大转变。发动这场“经营观念革命”的，正是哈佛商学院资深教授、现代营销学奠基人之一的列维特。

西奥多·列维特（Theodove Levitt，1925—2006）出生于德国法兰克福附近的一个小镇，为躲避纳粹迫害，十岁时随全家移居美国俄亥俄州。1986—1990 年担任《哈佛商业评论》杂志第八任主编。他是第一位强调营销重要性的管理学者，也是一位以一篇论文奠定其地位的管理大师。1960 年，他在《哈佛商业评论》上发表的《营销短视症》一文中，最早提出了市场营销（marketing）概念。《营销短视症》获得了出乎意料的成功，引起了广泛的关注，使他职业生涯的早期名声无可动摇，奠定了他在营销领域的地位。

1. 顾客导向

在《营销短视症》一文中，他提出了一个极具开创性的观点：顾客导向。他认为，那些一度是增长型的行业，如铁路业、电影业、石油业、食品杂货店业等之所以被衰退的阴影所笼罩，是因为它们是产品导向，而不是顾客导向。以产品为导向的企业由于“关心产品甚于关心顾客需求”，不可避免地都患上了“营销短视症”，从而无法获得持续的增长。一个企业要想基业长青或“体面地生存”，应该以顾客需求为导向，以顾客满意为追求，才能唤起大批热情而忠实的追随者——顾客。顾客导向体现了市场营销观念的思想核心和最高境界。

2. 主导公司的是营销而不是产品

列维特指出，企业优先考虑的中心应是满足顾客，而不应是简单的生产商品，主导公司的应是营销而不是产品。公司必须开阔视野，对自身经营的本质取得更广泛的认识，否则将会很快忘掉自己的顾客。人们在产品主导公司的思想的左右下不可避免地成为井底之蛙，公司必须开阔视野，对自身经营的本质取得更广泛的认识。

3. 营销与推销的区别

列维特提出，营销与推销是两回事，“推销讲究的是如何让顾客掏出钱来买你的东西，是一些技巧或花招，而营销则坚持整个企业活动就是发现、创造、唤起并满足顾客需求的整体努力”。推销重视的是卖方的需求，而营销重视的是买方的需求；推销员耿耿于怀的是如何让他的产品很快地变成现金，而营销者念念不忘的是如何以产品和相关的产销活动来满足顾客的需求。真正营销导向的公司提供给顾客的，不仅仅是产品或服务本身，还包括产品提供的方式、过程、价格与条件。“最重要的是，该企业所提供的产品或服务，不是决定于企业自己，而是决定于顾客……总之，产品是销售活动的结果，而不是起点。”

作为市场营销领域里程碑式的人物，列维特的营销思想构筑了现代营销理念的基础。《营销短视症》与其说是一篇学术论文，不如说是一个宣言，经受住了时间和实践的检验。另外，凭借出色的预见力，列维特预测到了今天的全球化趋势。列维特是一个真正的营销哲学家，正如当代营销大师菲利普·科特勒所说的，“列维特就是营销的代名词”。

二、科特勒的现代营销学

菲利普·科特勒（Philip Kotler，1931— ）是现代市场营销理论的集大成者，被誉为“现代营销学之父”。他出生于美国芝加哥，先后在芝加哥大学师从米尔顿·弗里德曼，在麻省理工学院师从保罗·萨缪尔森。这两位诺贝尔经济学奖的得主对科特勒的学术起步阶段产生了重大影响。但是，他并没有沿着这两位名师的经济学研究道路走下去，而是转向了营销研究。科特勒致力于营销战略与规划、营销组织、国际市场营销及社会营销的研究，其最新研究领域包括高科技市场营销和城市、地区及国家竞争优势研究等。他的《营销管理》（1967）一书成为现代营销学的奠基之作，更被奉为营销学的“圣经”。他创造的一些管理理念，如“水平营销”和“社会营销”等，被人们广泛应用和实践。

1. 营销管理的界定及意义

科特勒认为，营销管理是指为了实现各种组织目标，创造、建立和保持与目标市场之间的有益交换及联系而设计的方案的分析、计划、执行和控制。营销者的基本技巧就在于影响对某个产品、服务、组织、场所、人物或创意的需求水平、时机和构成。科特勒的一个重要贡献，就是把管理学乃至整个社会科学引入营销研究。由营销战略到营销决策，由营销战术到产品组合，由公共关系到营销沟通，由组织与流程到营销控制，科特勒以营销为主线，把管理学与营销学融为一体。在一定意义上，由于营销更侧重于市场分析，所以，科特勒的思路有可能是把管理学和经济学组合起来的一种新路径。

2. 营销战略与战术

营销战略可具体为：新产品的营销战略、产品在生命周期不同阶段的营销战略、经营战略不同情况下的营销战略、经济环境不同情况下的营销战略。采用何种营销战略取决于公司是市场领先者、挑战者、追随者或补缺者中的哪一个。营销战术包括：产品决策、品牌决策、包装决策、服务决策、价格决策、营销渠道决策、零售和批发决策、营销沟通和促销决策、广告决策、公共宣传决策、销售人员管理决策、推销决策。

3. 营销创新

营销创新思想包括：第一，重视顾客观念导向，包括从大众营销到个性化营销、从吸引顾客到挽留顾客以及开发顾客使用价值。第二，全方位营销，通过与顾客的沟通和对话，探索、创造和传递顾客所需要的价值，从顾客导向的起点开始，重新设计企业架构和营运体系，开展新型的营销活动，向顾客提供与众不同的产品和服务，用营销观念把企业、客户和中间商联结起来，形成一个完整的互动体系。第三，水平营销，重组已有的信息，从中发现新的商机，以全新的产品和服务开拓新的市场，从微观过渡到宏观。第四，重视“4C”，顾客在考虑购买一项产品或服务时，不会站在卖方的立场。顾客关心的是客户价值（customer value），尽可能低的客户成本（customer cost），另外是购物的便利性（convenience），还想要跟营销人员更好地交流（communication），而且是双向的交流，即从厂方观念转变为顾客观念。第五，社会营销。市场营销不仅适用于营利性组织，同样也适用于非营利组织。从“变革公共行为的方略”入手，探求“改善生活质量之道”，运用商业营销手段，推进社会公共利益。

科特勒作为学者，能够以旁观者的冷静视角来理性考察营销活动；作为专家，他又能够以局内人的豁达姿态来透视评析新的营销实践。科特勒还不断提出新的营销概念，如社会营销、大市场营销、定制营销、网络营销等。这些概念本身包含了丰富的哲学式思考，如用关系营销取代交易营销，用客户终生价值取代客户现有价值，用服务和体验取代产品本身。他的这些思考，制造着一波又一波的营销理念巅峰，不断为营销理论注入新的活力，设立新的路标。

第三节　权变理论学派

杰伊·洛希（Jay W. Lorsch，1932—　）和保罗·劳伦斯（Paul R. Lawrence，1922—2011）是20世纪60年代权变理论学派著名代表人物。他们在1967年合作出版的《组织与环境：差异化与整合管理》一书中，最早明确使用“权变理论”这一概念。此后，洛希与美国管理心理学家约翰·莫尔斯根据“复杂人”假设，提出了一种新的管理理论——超Y理论。洛希和劳伦斯权变理论学派的主要观点如下：

1. 基于权变理论的组织结构设计

洛希与劳伦斯比较了各种组织结构理论，高度概括地阐述了以权变理论为基础的组织结构理论。权变理论学派是在系统观点的基础上来看问题的，权变就是权宜应变的意思。他们认为，一个企业的组织结构绝不是一成不变的东西，相反，它是一个复杂的变量。在这方面，经营管理人员的作用和影响是举足轻重的。他们提出的关于组织结构设计的构想包含两个基本概念：一是“差异”或“差异化”，二是“综合”或“整体化”。这里所说的“差异”，指的是企业内部不同部门的经理人员具有不同的认识水平和思想情绪，这些部门在正式组织结构方面也存在差异。另一个基本概念“综合”指的是面对外部环境的压力、挑战和要求，企业内部不同部门进行合作和协调的能力与水平。

他们详细分析了如何把“差异”和“综合”的概念具体运用于组织结构设计的实践中。

第一步是按任务划分单位。根据差异和综合的概念，首先是要把任务雷同的那些单位合并在一起，这既有助于消除差异，又可以简化协调和综合的任务。其次是把那些经常需要协调的单位合并在一起，这样在一个统一的领导下，易于通过经营管理层协调企业的生产活动。

第二步是设计综合手段，以有效地组织企业的生产活动。例如，在企业内部设立专职的综合部门或跨部门的综合机构。

第三步是设计好各个下属部门，重点是建立好运行机制。不仅要考虑各部门内部的运行机制，还要考虑服务于整个企业的大运行机制；既要建立鼓励差异化的运行机制，也要建立促进综合和协调即整体化的运行机制。而且，还必须考虑到企业基本结构和运行机制的设计对于解决企业内部矛盾与冲突可能发挥的重要作用。

2. 超 Y 理论

麦格雷戈提出的 X-Y 理论认为，Y 理论能把组织目标和组织成员的个人目标最好地结合起来，提高生产效率，所以较 X 理论优越。但是，后世的研究表明，应用 X 理论进行管理的单位也有效率高的，应用 Y 理论进行管理的单位也有效率低的，并不是 Y 理论在任何情况下都比 X 理论优越。那么，影响所应用的管理思想和效率高低的因素是什么呢？在什么情况下应该采用哪种管理指导思想呢？洛希与他的合作者莫尔斯通过研究，提出了“超 Y 理论”，认为管理指导思想和管理方式要视工作性质、环境特点、成员素质等而定，不可一概而论。

首先，人们是怀着不同的需要加入工作组织的，有着不同的需求类型。有的人需要更正规化的组织结构和条例规章，而不需要参与决策和承担责任；有的人却需要更多的自治、权力和发挥个人创造力的机会。每个人最需要的是获得成就感。

其次，不同的人对管理方式的要求也是不同的。有些人欢迎以 X 理论为指导的管理方式；有些人则欢迎以 Y 理论为指导的管理方式。

再次，组织的目标、工作的性质、员工的素质等对组织结构和管理方式有很大的影响。凡是组织结构和管理层次的划分、员工的培训和工作的分配、工资报酬和控制程度的安排等适合工作性质和员工素质的，其效率就高；不适合的则效率就低。也就是说，不同的情境应采用不同的管理方式。

最后，当一个目标达成以后，可以继续激起员工的成就感，使之为达成新的更高的目标而努力。

总之，应根据不同的具体情境来选择或综合运用 X 理论和 Y 理论。超 Y 理论中体现了权宜应变的管理思想，这也使得该理论成为权变管理理论的理论基础。

权变管理理论自形成之日起就备受西方管理理论界和实际管理者的重视。该学派被认为在混乱的学派“丛林战”中遥遥领先，一度风靡全美。它在理论上具有对各种管理学派理论较强的综合性。劳伦斯所倡导的权宜应变的思想，适应了社会、经济、科技、政治等复杂多变的组织环境对管理的要求，因此，与其他学派相比，它对管理实践具有较强的指导意义。洛希与劳伦斯的组织结构理论突破了古典管理理论关于组织结构的思想观点，提出了以权变理论为基础的组织结构理论，并具体给出设计组织结构的指导思想和操作要点，因此更适合现代社会的组织。但是该理论在管理实践中的应用也不断暴露出其令人不满意的一面，主要体现为过分强调管理的具体情境，即过分强调管理的特殊性，而否认管理的普遍性和规律性。有些学者认为，这种将特殊和普遍、具体和一般相对立的局面发展下去，甚至会产生取消管理理论、取消管理这门学科的危险趋势。

此外，洛希等提出的超Y理论，用权变的观点看待人性假设问题，有效地解决了X-Y理论中X理论和Y理论相互对立的问题，进而提出没有一成不变的、普遍适用的最佳的管理方式，必须根据组织内外部环境自变量和管理思想及管理技术等因变量之间的函数关系，灵活地采取相应的管理措施，管理方式要适合工作性质、成员素质等。超Y理论是一种主张权宜应变的经营管理理论，实质上是要求将工作、组织、个人、环境等因素作最佳的配合；动态团队的出现意味着企业必须打破其固有的组织界限，将企业的触角伸向各处，以整合各种能够促进企业发展的资源。

第四节　系统管理学派

美国西雅图华盛顿大学的两位教授弗里蒙特·卡斯特（Fremont E. Kast，1926—　）和詹姆斯·罗森茨韦克（James E. Rosenzweig，1929—　）是20世纪60年代系统管理学派主要代表人物。他们先后合作出版了《系统理论和管理》《组织与管理——系统方法与权变方法》两本书，比较全面地论述了系统管理理论。

1. 组织与管理的背景

卡斯特和罗森茨韦克认为，人是具有组织和管理自己活动趋向的社会性动物，是在一个日益复杂而变幻莫测的环境中生活。许多门类的学科都在对作为知识的综合体的组织理论产生着影响，而组织理论是管理实践的基础。管理应该包括为实现目标而从事的对人与物质资源的协调活动。

他们强调组织理论和管理实践在特殊环境中的相互关系。管理者根据组织各个子系统的构成，以及在具体环境中对各种因素相互作用的了解，按照实际情况来进行组织设计与管理实践；不能仅仅着眼于组织内部的各个子系统，而忽视了组织与外界环境的关系。组织是一个开放系统，是在与环境的不断交互作用中获得发展的。因而，只有在开放系统的模式下，才能很好地确定组织内外各种变量之间的确切关系。实际上，由于组织各种因素之间相互关系的动态特性，不可能存在一种能够适用于任何组织的管理方法和模式。所以，系统管理学派又提出了权变观点。权变观点是根据关键变化因素与组织各子系统之间的相互关系的整体知识和研究任务而建立起来的。

管理的理论和实践都受到管理价值观的影响，而价值系统不仅由组织内部决定，还由社会文化规范决定，组织是更广大社会文化环境中的一个子系统。当今的社会是个伦理多元化的社会，管理者被置于互相冲突的价值观之中。越来越明显的是，企业界都愿意承认他们进行的变革所产生的社会效果，并愿意配合找出某些缓和消极影响的办法。

2. 系统观念和权变观念

卡斯特和罗森茨韦克考察了组织与管理思想发展过程的三个时期：传统的组织管理

理论；行为科学和管理科学的革命；现代观点——系统观念和权变观念。现代观点是他们主张的观点。

（1）系统观念。系统观念为现代组织理论和管理实践提供了完整的基础。传统理论只是奉行封闭系统的思想，现代理论则转向把组织作为与环境相互作用的开放系统来研究。卡斯特和罗森茨韦克将组织系统分为五个子系统：目标与价值子系统；技术子系统；结构子系统；社会心理子系统；管理子系统。在复杂组织的管理子系统中，有三个分层系统或者层次：作业子系统；协调子系统；战略子系统。作业子系统负责实际工作任务的完成，战略子系统将组织的活动和组织的环境联系起来，而协调子系统负责纵向（战略与作业）和横向（在同级的不同职能之间）的协作与协调。组织是一个社会技术系统的观点，为管理者规定了不同的任务，管理者必须把各个子系统及其在具体环境中的活动结合起来加以平衡。

（2）权变观念。权变观念更为具体，重点研究各个子系统中的具体特征和相互关系模式。其基本设想是在组织及其环境之间都应有一致性。组织与其环境以及内部设计之间的和谐将能够提高效能、效率和参与者的满足感。不同类型的组织都有适当的关系模式，而且我们能够加深对这些有关变量相互作用情况的认识。

3. 环境超系统

卡斯特和罗森茨韦克认为，每个组织在资源投入和产出方面都依赖它的环境超系统。组织是由可渗透的界限将它与环境分割开来的。界限可以过滤投入与产出，为组织提供了一定程度的自主权与独立性，使它不受外界影响干扰。组织则利用跨越界限的组成部分来应对具体的环境影响力量。这些跨越界限的组成部分经常处于紧张状态并受到冲突性压力。他们从两个方面研究环境：一是社会环境或一般环境，它影响特定社会里的所有组织；二是任务环境或具体环境，它更直接地影响个别组织。二者的界限并不总是很清楚，而是处于不断变化和相互转化中。

4. 管理系统

管理系统是联络各子系统并把朝向有关目标的组织活动结合起来的工具。管理任务涉及制定战略、确立目标、组织技术与结构子系统，涉及决策-信息系统、塑造影响系统。管理者起着三种基本作用：人际的、信息的和决策的。

（1）管理决策-信息系统。管理系统在组织内借助于决策-信息系统发生作用。信息是决策过程的原料，它包括对一个特定决策问题有意义的、经过加工的资料。决策-信息系统是管理部门赖以实现其在各层次日常职能的手段。

（2）计算的决策方法。数学模型是管理科学解决问题的一种主要工具。现实世界的问题有时不能归入明确的类别，因此基本模型必须丰富化，以把任何特定问题的独特方面包括进去。

（3）决策的行为方面。相对开放系统中的判断决策承认组织内部气氛和外部环境的复杂性。个人是决策过程的一个组成部分，而且根据其思想倾向可以使任何一个境况变得相对开放或相对封闭。而大多数的个人决策和组织决策都是在相对开放系统中进行的。

（4）管理计划。管理计划是对付未来不确定性的一种手段，促使企业适应环境并勇于革新。卡斯特和罗森茨韦克区分了作业层计划与战略层计划，并认为管理者花在计划上的时间和比例随组织层级上升而增加。目标管理和成果管理是促进决策、计划与监控并把三者结合起来的一个系统过程。

（5）组织控制。卡斯特和罗森茨韦克主要是把控制论与信息论的原则应用到管理当中。所有的控制系统都有四个基本要素，即一个可以衡量的特征、传感器、比较器、效应器。他们区分了闭环系统和开环系统的不同，区分了事后控制、适时控制、事前控制的优劣。

5. 比较分析与权变观

正式的比较分析或研究可以沿各种不同的方向来进行，比如组织内跨职能、跨层次或跨子系统和组织间跨机构或跨文化的比较分析。比较分析可以帮助我们了解复杂事物普遍存在的活动规律。而分类是比较分析中具有代表性的步骤。跨文化的比较分析是用来调查各种不同社会的差异性和共同性的。

系统方法有助于了解各种情况下的复杂组织现象。我们可以根据组织的环境超系统及其内部子系统（目标、价值、技术、组织结构、社会心理、管理子系统）来对组织进行比较。系统观促进了组织理论的发展，因为它集中关注有重要意义的组织特点或有关方面。权变观的概念模型通过对环境超系统和组织内部各子系统的分析，以及对组织类型的描述，为研究和比较分析提供基础。

6. 组织变革

卡斯特和罗森茨韦克认为，组织必须在稳定性、持续性、适应性、革新性之间保持一个动态平衡。环境超系统通过技术的、经济的、法律的、政治的、人口的、生态的和文化的因素对组织产生明显的影响。组织的变革同样也来源于组织内部子系统的因素。有计划的变革努力重点关注效益、效率和成员满意度问题。为了改进组织而进行的有计划的变革焦点可以是作业分析、个体、群体和有关整个组织的问题。实施有计划的变革，必须具有明确的克服变革阻力的步骤。确定变革驱动力和制约力的分析技术，将有助于了解存在的问题和确定适宜的行动步骤。参与，特别是那些负责实施人员的参与，是非常重要的。组织是否倾向于变革，受组织对待差异的方式影响，而组织对待差异的方式包括不允许和遮掩、接受和容忍、理解和尊重。另一个重要的因素就是解决冲突的方法。

7. 未来的组织与管理

卡斯特和罗森茨韦克对未来的管理做了展望，认为未来的组织将面临不断的变化，必须不断进行改变和调整；未来的组织规模将日益庞大，结构将日益复杂，部门的划分将会更细，各部门的专业化程度也将更高，会有较高的独立性和自主权，并将会作为一个独立的单位对外开放；未来组织的层次将会有所减少。由于人们科学文化水平的提高，先进技术的应用，特别是智能电子计算机的应用可代替部分手工劳动和脑力劳动，组织中的沟通及组织与外界的沟通将远比目前方便、快捷和有效，可减少大量的信息中转工作，因而不但组织的层次将会有所减少，中层主管人员的数量也会有一定的减少，组织将逐步从金字塔结构向蜂腰形的结构转变。此外，未来组织中的各类成员的比例将会发生重大的改变，管理人员和业务专家的比例会大大提高，他们对组织的影响力也必将增强。

卡斯特和罗森茨韦克将企业看做若干子系统相互作用构成的整体，认为在企业管理中要根据企业所处的内外环境和条件随机应变，不存在一成不变、普遍适用或最好的管理理论和方法。他们从系统论的整体观念出发，把组织分为目标与价值、技术、结构、社会心理、管理五个子系统，从子系统之间的关系以及系统与环境的相互作用来探讨管理问题；他们对管理学的解释是一种宏观的、整合的思想，在管理学界曾经得到高度重视；他们关于组织发展趋势的论断，被学界广泛引用。

卡斯特和罗森茨韦克在系统理论的基础上整合了权变观念，形成一个内容丰富的完整的体系，系统观念日益成为管理学研究的思考起点和原则。因此，他们的《组织与管理——系统方法与权变方法》一书成为管理学史上的一部经典之作，对于管理学学科的发展起了很大的作用。尽管系统管理学派存在着某些不足，其对于管理思想的影响却是深远的，已经在管理学发展历程中留下了不可磨灭的痕迹。

第五节　管理科学学派

埃尔伍德·斯潘塞·伯法（Elwood Spencer Buffa，1923—2005）是 20 世纪 60 年代管理科学学派（数量学派）的主要代表人物。伯法的代表作是《现代生产管理》(1961)。在这本书里可以看到大量的图表和数学公式，正是这些科学的计量方法，使得管理问题的研究由定性走向定量，进而开拓了管理学的又一个广阔的研究领域，管理科学学派因此成为管理学中一个不可忽视的重要分支。

1. 生产系统决策

伯法认为，生产系统中所产生的问题要求两种主要类型的决策：一种是长期决策，它关系到生产系统的设计，例如产品的选择和设计、设备和生产过程的选择、加工对象的生产设计、作业设计、生产系统的选址、设备平面布置等；另一种是短期决策，它关系到生产系统的运行和控制，例如库存和生产控制、生产系统的维修和可靠性、质量控制、劳动控制、成本控制等。无论是长期决策还是短期决策，都会涉及财务计划、销售、人事安排，以及作业和生产方面，这些决策还经常相互交错地同时涉及相关职能系统。因而，如何运用科学和数学工具，根据现实世界建立起决策的逻辑结构，从而做出合理的决定，是生产管理理论的重要内容。

决策理论中的决策分类应该按照可选方案发生概率的现有信息量来划分，进而把决策分为四类：一是确定型决策，即信息量最充分的决策；二是风险型决策，即信息量不够充分，但决策者掌握了最基本的信息；三是非确定型决策，即信息量最少，决策制约条件不明，只能“摸着石头过河”；四是博弈型决策，即竞争型决策。伯法的这种决策分类，已经成为现代决策研究中的通用类型。此外，伯法关于生产决策的另一大贡献，是对生产成本的分类研究。变动成本、增量成本、机会成本等概念，随着他的研究而广泛传播。

2. 生产管理系统

伯法阐述了系统的概念，认为系统是指由一群相互作用或者相互依存的要素形成的一个统一的整体，这些组成要素为着某种共同目标而统一起来，形成一个统一体；一个系统的各个组成部分都对“输入-转换-产出”有所贡献。系统分为开放系统和封闭系统两类。系统概念对管理学的巨大贡献主要表现在两个方面：一个是帮助管理者了解那些本来很复杂的情况，使其具有秩序和组织形式，并能简化为一个框图，用来表示影响这个系统的各种要素的相互关系和相互作用；另一个是用来求得问题的答案并评价其后果，设计出可供选择的各种系统。管理人员把系统的概念运用于日常工作中，能够加深自己对管理任务更全面的理解。

3. 生产管理分析方法

伯法认为，生产系统分析和设计，应当根据实际情况、实际条件寻求适当的系统分析方法，也就是强调方法的实用性。他列举了成本分析、线性规划、等待线或排队模型、模拟模型、统计分析、网络计划模型、启发式模型、计算机模拟和图解分析等，并指出这些方法在生产系统的各个方面都有其相应的用途。当然，运用模型构造系统结构是最基本的思路。所有运用数量方法研究生产问题的模型，都可以概括为一个公式：

$$E=f(x_i,\ y_j)$$

式中，E 为效率；f 为函数关系；x 为可控变量；y 为非可控变量。

可控变量是指那些可以在很大程度上按照管理者的意愿操纵调节的因素；非可控变量是指那些管理者不能控制，至少是不在所限定的问题范围内的因素。这个公式的含义为：E（效率）可以表示为那些限定该系统的变量的函数。模型建立起来后，就可以用 E 作为衡量生产行动中各种可供选择方案效率的尺度，并在分析的基础上产生出可供选择的各种方案，并对这些方案做出评价。

4. 生产系统设计

伯法对生产设计中的人-机系统进行了开创性研究。他指出，计算机和自动化的不断发展，使人在生产系统中的作用出现了观念性的变化。人和机器在完成工作中的基本功能是相似的，但在各自能胜任的工作的性质上存在明显的差异。人在人-机系统中的作用，根据手工系统、半自动系统、全自动系统的不同而变化。在手工系统中，人是手工操作的动力源泉和控制者，工具和辅助机械有助于增加人的力量；在半自动系统中，人是控制者；在全自动系统中，人只是监控者，一切感觉、信息处理、决策和行动等功能全由机器来做。因此，只有找到一种高效的人与设备的组合，才能充分发挥系统的作用。在进行这种系统设计时，应该尽可能考虑对所有异常情况的充分感知和灵敏反应。

5. 生产计划与控制

伯法认为，在生产系统设计完成后，接下来的任务就是要对系统的具体问题进行考察，把重点放在生产的计划和控制方面。这需要建立生产系统运行所必需的信息系统和控制程序。伯法主张对生产系统运行中的信息、原料、能源、现金、人员、资本设备六个关键流程进行计划和控制。只有控制好这六个关键流程，才能切实达到增效、节约的目的。对这六个关键流程的计划和控制，主要反映在库存管理控制、生产进度计划和控制、数量质量和成本控制等方面。

随着企业间竞争的加剧，人们对管理提出了更高的要求。定性的管理很大程度上取决于管理者的主观分析、经验判断。如何通过量化的数学模型，并利用电子计算机的信息处理功能加强对企业的管理，减少管理者在管理方面的失误，提高管理者在计划、控制、决策方面的效率，是管理学亟待探索和解决的问题。在这种情况下，伯法的《现代生产管理》出版了，随后就被美国各大学作为管理学教材。这本书全面阐述了管理科学的思想，主张用数学控制、程序化系统方法来解决管理学科的主观性，实现管理的科学化。

总之，管理科学学派的理论贡献是：倡导管理科学理论，主张管理应借助数学模型与程序来表现计划、组织、控制和决策等活动，以求得最佳解决方案，实现企业经营目标。不过，管理科学学派把一切问题都程序化和公式化的做法也遭到了一些管理学家的批评。

第六节　组织理论发展

20 世纪 60 年代，组织理论继续发展。四位著名管理学家：沃伦·本尼斯、琼·伍德沃德、阿尔弗雷德·斯隆和斯坦利·西肖尔为这一时期组织理论的发展作出了重要贡献。

一、本尼斯的组织发展理论

沃伦·本尼斯（Warren G. Bennis，1925—2014）是美国当代著名组织理论和领导理论大师、组织发展理论创始人。他曾担任纽约州立大学布法罗分校副校长、辛辛那提大学校长，曾是四任美国总统的顾问团成员，被《福布斯》杂志称为“领导学大师们的院长”，被英国《金融时报》赞为“使领导学成为一门学科，为领导学建立学术规则的大师”。本尼斯在组织理论方面有着丰硕成果：通过对官僚组织的批判，提出了以科学精神为主导的临时组织，很早就引领着组织理论向有机模式转变。

1. 对官僚制的批判

谈到本尼斯的组织理论，不得不先谈谈他对官僚制的批判。他承认官僚制在工业革命时期发挥了极为重要的作用，但是从最基本的层面看，官僚制存在着“内适应”和“外适应”的明显缺陷。官僚制在刚刚兴起时，否定了专制主义、主观武断和感情用事，以组织等级取代了社会等级，以制度依附解除了人身依附。然而，随着工业社会的发展，官僚制暴露出了诸多缺点。本尼斯用小说语言，形象地批判了“该死的官僚制度”在现实中造成的两种怪异组织类型：

第一，“墨迹式组织”。个人在组织中没有意义感，找不到前进的动力；没有确定感，找不到自己的位置；个人的感觉很像“寄蜉蝣于天地，渺沧海之一粟”。此时的个人，感受到的是无形的压力，越来越焦虑、多疑。似乎是在等待命令，但是所等待的命令却迟迟不下达。此类个人的形象在卡夫卡的《城堡》中有具体的描述。在强大、蛮横的官僚制金字塔结构面前，个人确实显得渺小，如同巨大机器里某个偏僻角落的小螺丝钉，被固定在那里，却不知道自己的用处。

第二，“老大式组织”。个人在组织中被严密控制，一举一动甚至一个表情、瞬间反应都暴露在“老大哥”监视下。私人空间完全被侵蚀，个人生活完全控制在“老大哥”的手中，此类形象集中反映在奥威尔的《1984》中。每个人都面对个人空间和参与组织之间的纠结。说得可怕一点，个人笼罩在组织的阴影里，在官僚制结构面前暴露无遗，显得无助和无自主性，还不得不依赖于它。

旧的官僚制如影子般跟随着人们，乃至形成一种思维模式。本尼斯把它的特征概括为：控制、命令、可预测性。他进而从现实主义的角度分析提出，官僚制难以适应多变的环境，难以灵活面对新问题、迅速接受新创意。因此，本尼斯在20世纪60年代就预言：官僚制气数已尽。

2. 组织发展理论

本尼斯认为，在管理理论的发展中，一直存在着由官僚体系与个人发展的冲突造成的二元对立，比如个人与组织、人际关系与科学管理、外向与内向、关心人与关心生产等。新的组织理论应当从这种二元对立中走出来。组织发展变化的着眼点要放在“外适应”上，可从以下五个方面入手：（1）整合，即将个人需求与组织目标统一起来。在重视个人的前提下实现组织的发展，是个体和组织难以回避的问题。（2）社会影响，即群体关系问题，核心是权力及其分配。集权式管理变得不切实际，授权与发扬自主性显得日益重要。（3）协作，主要是应对和解决组织内部冲突问题。在官僚制结构下，组织过于庞大和复杂，离心力越来越明显，难以笼络组织成员的人心，不易维持和增加他们的工作投入度。在承认差异的前提下实现合作，是组织面对的一大难题。（4）适应，即组织如何面对动荡的、不可预测的环境。硕大、臃肿的官僚制显然不够敏捷。（5）复兴，即组织重获力量、完成自新的过程，事关组织的发展或衰落。这几类问题决定着组织的成败。官僚制拙于应对这几类问题，一种新型组织形态呼之欲出。

本尼斯在预测未来组织的基础上，提出了组织发展理论。他认为就未来组织形态而言，绝对不是自上而下的金字塔式组织，而可能是网络、集群、跨职能团队、临时系统、专门工作组、模块、矩阵等。未来组织将更加精简，它的层级将会更少，基于共同目标而建立，能够参与跨国的合作和联盟。本尼斯用一个关键词来描述未来组织：临时的。它意指反应迅速、适应力强的临时系统。本尼斯进而将这类组织称为“有机适应型组织”。它具有如下特征：具有很强的灵活性，易于适应变化的环境；一般围绕待解决的问题而成立，以任务为中心；由具有不同专业技能的人组成，重视团体协作，共同解决问题；按有机模式而非机械模式管理，避免官僚病；领导力属于有能力解决问题的人，而非论资排辈。未来组织不再是威严的、冷冰冰的金字塔，而是一个随环境变化可重新组合的有机体。

本尼斯对传统的官僚制组织体系进行的批判较为深刻，对个人需要与组织目标之间的矛盾的看法客观且中肯。他提出的组织发展理论，为组织理论的研究提供了思想基础。但是，他只对未来组织进行描述，却没有提出一套可实际操作的组织结构设计方法，因此他的理论很难被直接用来指导组织的管理。这些都是他后期放弃组织发展研究，并认为它“不会有任何结果”的重要原因。

二、伍德沃德的组织设计权变理论

琼·伍德沃德（Joan Woodward，1916—1971）是英国著名女管理学家。1950—1959 年，她带领调研小组对英国艾塞克斯郡南部的多家制造业公司展开广泛的对照性实证研究，关注技术和生产系统与组织结构、组织结构与绩效之间的关系，进而首次得出“组织结构因技术而变化”的研究结论，开创了公司生产过程类型的技术型模式。

伍德沃德根据制造程序的技术复杂度发展一个厂商的分类尺度。技术复杂度表示制造过程机械化程度；高技术复杂度表示大部分工作由机器执行，低技术复杂度则表示生产过程中，工人仍然扮演重要的角色。她进而将公司技术分成三大基本技术群：第一类，小批量与单位生产方式（unit production），由进行定制产品（如定制服装或特定设备等）生产的单位或小批生产者组成；第二类，大批量生产方式（mass production），包括大批和大量生产的制造商，它们提供诸如冰箱和汽车之类的产品；第三类，也是技术最为复杂的一类，是流程生产或者说是连续生产（process production），生产过程具有长期、连续产出的特点，如炼油厂和化工厂这类具有连续流程的生产者。

研究发现，在这些技术类型与其相对应的公司结构之间存在着明显的相关性；技术与组织结构之间的适应度，同组织的绩效密切相关。具体表述如下：

（1）小批量与连续生产的成功组织，倾向于相似的机构——更为粗略地界定任务，更关注授权。而那些涉及大批量生产技术的成功企业，如自动化与装配线工厂，似乎是对工人实行较严格的监督，并保持一个控制生产系统的具有支配地位的行政领导。

（2）不存在普遍适用的组织结构。有效的组织结构取决于企业生产的目的、方法以及生产系统的技术复杂程度。三种类型的企业中，较成功的企业都具有高度的适应性组织特征，即具有与其工艺技术水平相适应的组织结构；对多数大批量生产企业来说，适宜的组织结构与古典管理原则相符合；而对单件小批量生产企业和连续流水生产企业而言，适宜的管理方式是采用利克特的民主参与型管理。

（3）使用同样技术方法的公司有同样的组织结构；不同的技术对人员和组织有不同的要求，二者要求通过合理的组织形式来实现。技术的发展与对管理的改进是紧密联系的：新的工具改变了企业的任务，进而改变了组织的结构和衡量成功的标准。

伍德沃德的研究发现，组织绩效固然与组织结构有关，但必须同时将组织使用的技术列为考虑因素。她首次提出了技术决定结构的思想，挑战了传统管理理论——存在一种普遍适用的有效的组织形式。但是，伍德沃德的技术分类法的一个主要缺陷是仅限于制造业组织，而制造业当时只代表不到半数的组织，如果要使技术与结构之间的关系适用于所有组织，就必须以一种更一般化的方式对技术进行分类。幸运的是，查尔斯·佩罗打破了只在制造业内研究技术与组织结构之间关系的局限性，把注意力从生产技术转向知识技术，一定程度上弥补了伍德沃德关于技术分类的不足。

三、斯隆的事业部制组织模式

通用汽车公司前总裁阿尔弗雷德·斯隆（Alfred P. Sloan，1875—1966）在1963年出版了自传《我在通用汽车的岁月》，堪称管理学的一个里程碑，书中对通用汽车公司的计划和战略、持续经营、财务成长以及领导等企业管理政策和战略概念的早期创新与发展进行了详细描述，这些宝贵的理论和实战经验对现代管理理论的形成与发展产生了直接影响。

斯隆最大的贡献在于设计出了一种组织模式——事业部制（联邦分权制结构的典型形式），使集权和分权在一定条件下得到了较好的平衡，并付诸实践。斯隆的事业部制体现了两条原则：（1）每一作业单位的主要经理人员的职责应该不受限制。由主要经理人员领导的每一个这种组织应具有完备的必要职能，能充分发挥主动性并得到合理的发展（作业单位的分权化）。（2）某些中央组织职能对公司的合理发展和恰当协调是绝对必要的。

斯隆将企业活动在组织上划分为两大类：重大控制和经营控制。重大控制被看作从股东经过董事会到董事会选出的两个委员会的一种权力路线，两个委员会即财务委员会和经营委员会。经营控制则由总经理在重大控制规定的范围内行使，总经理领导各个作业事业部。总经理还有一个由一些助理和一个拨款委员会组成的个人参谋部。拨款委员会就各个作业事业部提出的资产改进和采购的可行性进行调查，它可以从综合顾问部那里获得技术资料和建议。还有一个财务和会计综合参谋部，负责整个公司的财务和会计活动，通过总经理来协调各个事业部的财务与会计活动。

在分权制的原则下，总部和各个单位（事业部）都有真正的职权：企业的最高领导决定企业的主要目标，组织人力资源，选拔、训练和考核未来的领导人员，制定对工作效率进行评价的标准等。而总部下属的各个单位本身也是一个自治性的事业单位，其负责人要对本单位的生产、工程、销售、采购、会计、人事等方面负责。企业最高领导的决策同各个自治单位领导人在其本身业务范围内的决策有密切的关系，他们在基本政策的制定上应该经常讨论。

斯隆构建的事业部制，在通用汽车公司运转良好，同时也给其他面临组织管理问题的大公司提供了可贵的经验。斯隆为通用汽车公司设计的以“集中政策，分散经营”为管理原则的组织结构被称为“斯隆模型”，斯隆本人也被誉为“事业部制的鼻祖”，钱德勒和德鲁克称赞其为管理英雄。

四、西肖尔的组织效能评价理论

美国著名社会心理学家斯坦利·西肖尔（Stanley E. Seashore，1915—1999）在1965年发表了《组织效能评价标准》一文，提出了组织有效性评价标准，在企业管理领域引起了极大重视，进而奠定了他的管理学大师级地位。

西肖尔认为，组织的目标是多种多样且相互矛盾的，它们的重要性也是不同的。但是，不可能同时使所有这些目标值都达到最大，因为有些目标是相互冲突的，所以必须权衡众多目标的价值。将各种衡量标准以什么样的方式综合起来才能形成对经营状况的全面评价，需要一种特定的、可操作的模式。西肖尔将衡量企业组织效能的各种评价标准及其相互关系组合成一个金字塔式的层次结构，从而使原先处于完全混乱状态的集合体有了逻辑性和秩序。

1. 评价标准的分类

西肖尔认为，要评价各种评价标准的相关性，首先应该对不同的标准及用途加以区分，主要包括以下几个方面：

（1）目的与手段。有些衡量标准代表的是经营活动的结果或目标（例如高额利润），可根据自身的实现程度予以评价；而另外一些标准之所以具有价值，主要是因为它们是达到该组织主要目的的必不可少的手段或条件（例如经理人员的责任心）。

（2）时间范围。一些标准考察的是过去，另一些标准则涉及现在的状况，当然，还有一些标准是预期未来的。无论这些标准涉及何种时间范围，在对过去或将来的情况，以及对发展变化趋势做出推论时都可能要用到。

（3）长期与短期。有些标准归属于一个比较短的时期，另一些标准则属于一个较长的时期。它们可能适用于衡量比较稳定的经营活动，也可能适用于衡量不稳定的经营活动。

（4）硬指标与软指标。有些衡量标准是根据实物和事件的特点、数量或发生的频率来计量的，可以称为硬指标；还有些标准则是根据对行为的定性观察或进行民意测验的结果来衡量的，可以称为软指标。

（5）价值判断。有的变量呈线性变化趋势（越多越好），另一些变量则呈曲线变化趋势（期望某种最优解）。由此，判断这些变量指标孰优孰劣时，就应该与其各自变化的规律和特性相适应。

2. 指标层次体系

西肖尔提出，衡量组织经营活动的标准可以组成一个金字塔式的层次系统：（1）位于塔顶的是最终标准，反映了有效地运用环境资源与机会以达到长期和正式目标的程度；（2）位于金字塔中部的是一些中间标准，是较短期的经营效益影响要素或参数，其内容不超出最终标准的范围，可以称作结果性标准；（3）位于塔底的是对组织当前的活动进行评价的标准，是经过理论分析或实践经验确定下来的，大体上反映了顺利和充分实现上述各项中间标准所必需的前提条件。

3. 行为学标准的特征

西肖尔指出，行为学标准即指那些描述组织成员（此处所谓的组织成员包括顾客和客户）及其价值观、态度、相互关系和行为的标准，大都位于评价标准网络系统的较低位置，与那些评价组织效能的最终目标相去甚远，或者只是间接相关。一般来说，大多数经营性组织更宜于采用那些硬性的、非行为学方面的标准，因为这些标准与组织的正式目标关系更为密切。然而，行为学方面的标准与许多非行为学标准之间具有某种稳定的关系，这种关系对各个不同的组织来说，具有相似性，在某种程度上对于所有或相当多的组织都是共同的、普遍适用的。

西肖尔提出的组织多重目标体系、对组织效能进行综合评价的金字塔式层次系统以及评价过程中要有行为学指标等思想一直是正确的绩效管理及评价思路，对现在及未来的组织管理具有重要的实际意义。

第七节　行为科学发展

20 世纪 60 年代，行为科学仍处于快速发展时期，涌现出许多新的激励理论和领导理论：维克多·弗鲁姆的期望理论、约翰·斯塔西·亚当斯的公平理论、莱曼·波特和爱德华·劳勒的综合激励理论，还有伦西斯·利克特的领导风格理论、罗伯特·布莱克和简·默顿的管理方格理论、弗雷德·菲德勒的领导权变理论以及保罗·赫塞和肯·布兰查德的领导情境理论。

一、激励理论

（一）期望理论

美国著名行为科学家维克多·弗鲁姆（Victor H. Vroom，1932—　）1964 年出版的《工作与激励》系统地提出了期望理论模型。

期望理论的基础是：人之所以能够从事某项工作并达成组织目标，是因为这些工作和组织目标会帮助他们达成自己的目标，满足自己某方面的需要。目标在尚未实现时，表现为一种期望，这时目标反过来对个人的动机又是一种激发的力量，而这个激发力量的大小，取决于目标价值（效价）和期望概率（期望值）的乘积。用公式表示为：

$$M=V\times E$$

M 代表激励力（motivational force），是直接推动人们采取某一行动的内驱力，它反映了调动一个人的积极性、激发其潜力的强度。

V 代表目标效价（valence），这是一个心理学概念，是指目标达到后，对个人有何价值及其大小的主观估计。同一目标，由于每个人所处的环境不同、需求不同，其需要的目标价值也就不同。同一个目标对每个人可能有三种效价：正、零、负。效价越高，激励力量就越大。

E 代表期望值（expectancy），这是一个概率值，是指达到目标的可能性大小，以及目标达到后兑现个人要求可能性大小的主观估计。

效价和期望值这两种主观估计在实践过程中会不断修正与变化，发生所谓“感情调整”。管理者的任务就是要使这种调整有利于产生最大的激励力。因此，期望理论是过程型激励理论。弗鲁姆的这个理论，被认为是管理领域的里程碑。

根据上述期望公式，只有当人们对某一行动成果的效价和期望值同时处于较高水平时，才有可能产生强大的激励力。但是，如果其中有一个变量为零，激励力就等于零，所以某些非常有吸引力的目标，因无实现可能而无人问津。期望公式还可进一步发展为：

$$M=V\times E\times I$$

式中，I 代表工具性，是指能帮助个人实现目标的非个人因素，如环境、任务工具等。例如，战争环境下，效价和期望值再高，也无法正常提高人的动机性；又如，外资企业良好的办公环境、设备、文化制度，都是吸引人才的重要因素。

期望理论包含三项变量或三种关系，即个人努力与个人绩效的关系、个人绩效与组织奖励的关系、组织奖励与个人目标的关系（见图 5－2）。

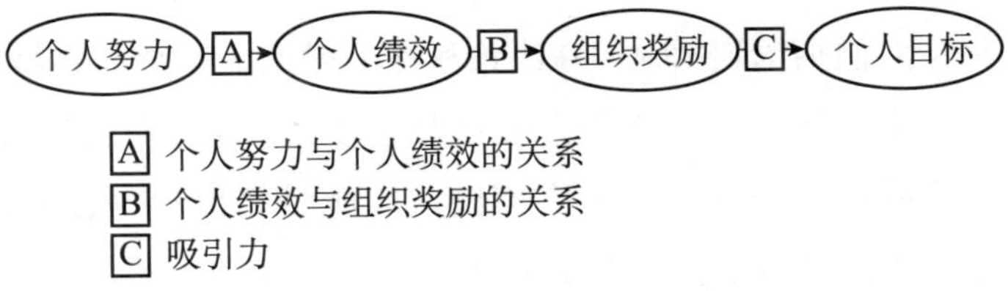

图 5－2 简化的期望理论模型

其中，个人努力与个人绩效的关系是指个人认为通过一定的努力会带来一定绩效的可能；个人绩效与组织奖励的关系是指个人相信一定水平的绩效会带来奖励结果的程度；组织奖励与个人目标的关系是指组织奖励满足个人目标或需要的程度以及这些潜在的奖励对个人的吸引力。

从期望公式可以看出，激励力促使行动，行动取得成果（目标达成），通过成果，员工感到满意或不满意，又反馈到激励力的形成，影响到下一次的激励力和行动（见图5-3）。所以，为了激励员工，管理者应该一方面使员工了解某项活动成果的吸引力，并尽可能加大这种吸引力；另一方面要采取措施帮助员工实现其期望，提高其期望概率，以便提高激励力。

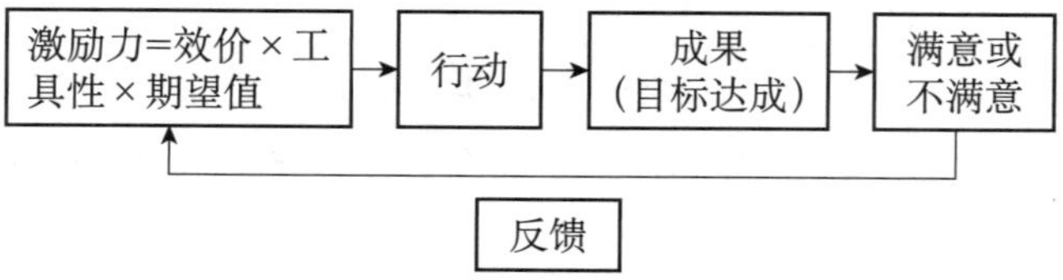

图5-3　期望激励过程

作为一种权变模型，期望理论提示管理者：不存在一种普遍原则能够解释所有人的激励机制；而且，一个人希望获得满足的需要并不意味着高绩效必然带来这些需要的满足。该理论深受管理学者和实践者的推崇。尽管也有少量的批评，但更多的研究与实践支持了该理论。

（二）公平理论

美国行为科学家约翰·斯塔西·亚当斯（John Stacey Adams，1925—　）于1965年提出了公平理论。该理论的基本要点是：人的工作积极性不仅与个人实际报酬多少有关，而且与人们对报酬的分配是否感到公平更为密切。人们总会自觉或不自觉地将自己付出的劳动代价及其所得到的报酬与他人进行比较，并对公平与否做出判断。公平感直接影响员工的工作动机和行为。因此，从某种意义上讲，动机的激发过程实际上是人与人进行比较，做出公平与否的判断，并据以指导行为的过程。

在公平理论中，公平感是个体的主观心理感受。公平感按照不同的标准可以区分为不同的类型。一种标准是按照比较的对象来区分，可将公平感区分为分配公平和程序公平。所谓分配公平，是指一个人在他的收入或工作结果上感觉到的得到公平对待的程度；而程序公平是指人们感觉到的他们在决策程序上得到平等对待的程度。另外一种标准是按照比较的标准来区分，可将公平感区分为绝对公平和相对公平。所谓绝对公平，是指人们将工作的实际所得与自己认为应该获得的所得相比较，感觉到是否公平的程度；而相对公平是指人们将自己工作的实际所得与别人在同一情境下的所得进行比较，感觉到是否公平的程度。

根据公平理论，每个人都会在工作投入与产出之间寻找平衡感。亚当斯把这种投入与产出称为输入和输出（见表5-3）。

表 5-3 典型的工作输入和输出

典型的工作输入		典型的工作输出
努力、忠诚、勤奋工作、承诺、技能、能力、适应性、灵活性、容忍、决心、精神与情感、热情、对老板与上级的信任、对同事与下属的支持、个人牺牲等	人们需要在输入与输出之间找到平衡感	经济奖励：工资、薪水、报销、补贴、津贴、退休金、红利和佣金等 精神奖励：认可、名誉、表扬、感谢、兴趣、责任、激励、出差、培训、得到发展、成就感和先进感、晋升等

如果我们感觉到“输入”得到公平、全面的报偿（公平的判断准则是主观地从市场标准与可比的参考对象的比较中得到的），那么我们会乐于工作，并会继续在工作中投入同等的“输入”。

如果我们感觉到“输入”高于“输出”，就会有不平衡感。人们对这种不平衡感有多种反应：总的来说，负激励的程度与输入和预期输出之间的不平衡程度成比例。有的人会降低努力和专注程度，在心理上变得沮丧，或者在行为上表现出难以相处、叛逆甚至具有破坏和分裂倾向。另一些人会通过抱怨、要求更多回报或者换工作来提高“输出”。

员工所选择的与自己进行比较的参照对象一般有三种：他人、制度和自我。他人包括同一组织中从事相似工作的其他个体，还包括朋友、邻居及同行。制度指组织中的薪金政策与程序以及这种制度的运作。自我指的是员工自己。因此，员工会进行种种比较来确定自己所获报酬是否合理，比较的结果将直接影响他今后工作的积极性。

1. 与他人进行比较

这是一种横向比较，即他要将自己获得的报偿（包括金钱、工作安排以及获得的赏识等）与自己的投入（包括受教育程度、所作努力、用于工作的时间、精力和其他无形损耗等）的比值同组织内其他人作社会比较，只有相等时，他才认为公平，如下式所示：

$$O_p/I_p=O_c/I_c$$

式中，O_p 代表自己对所获报酬的感觉；O_c 代表自己对他人所获报酬的感觉；I_p 代表自己对个人所做投入的感觉；I_c 代表自己对他人所做投入的感觉。当上式为不等式时，可能出现以下两种情况：

（1）$O_p/I_p<O_c/I_c$

在这种情况下，他可能要求增加自己的收入或减少自己今后的努力程度，以便使左方增大，趋于相等；他可能要求组织减少比较对象的收入或者让其今后增加努力程度，以便使右方减小，趋于相等；他还可能另外找人作为比较对象，以达到心理上的平衡。

（2）$O_p/I_p>O_c/I_c$

在这种情况下，他可能要求减少自己的报酬或自动多做些工作，但久而久之，他会重新估计自己的技术和工作情况，最后觉得他确实应当得到那么高的待遇，于是产量便又会回到过去的水平。

2. 与自我进行比较

除了横向比较之外，人们也经常做纵向比较，即把自己目前投入的努力与目前所获得报偿的比值，同自己过去投入的努力与过去所获报偿的比值进行比较。只有相等时他们才认为公平，如下式所示：

$$O_p/I_p=O_h/I_h$$

式中，O_p 代表自己对现在所获报酬的感觉；O_h 代表自己对过去所获报酬的感觉；I_p 代表自己对个人现在投入的感觉；I_h 代表自己对个人过去投入的感觉。

当上式为不等式时，也可能出现以下两种情况：

（1）$O_p/I_p<O_h/I_h$。

当出现这种情况时，人也会有不公平的感觉，这可能导致工作积极性下降。

（2）$O_p/I_p>O_h/I_h$。

当出现这种情况时，人不会因此产生不公平的感觉，但也不会觉得自己多拿了报偿而主动多做些工作。

除分配公平外，程序公平也成为近年来管理者和研究者重视的新领域。研究发现：在整个组织内部，明文规定的制度和不成文的规定，都会影响到员工的行为。如果这些制度和规定是不公平的，或者是非理性的，员工对组织的忠诚度就会受到非常大的影响，因此管理者都期望使用标准程序来形成政策和决定，避免让员工产生不公平感。但是当员工觉得某个决策对他不利，或者某个规定制约了他的发展时，他依然会觉得不公平。尽管公平理论并非尽善尽美，但还是为我们认识员工激励提供了重要的分析框架。

（三）综合激励理论

美国行为科学家莱曼·波特（Lyman W. Porter）和爱德华·劳勒（Edward E. Lawler，1938—　）1967 年在合作发表的《工作绩效对工作满意度的影响》一文中对弗鲁姆的期望理论进行了扩展，提出了一种绩效对满意度影响的理论模型（见图 5－4）。

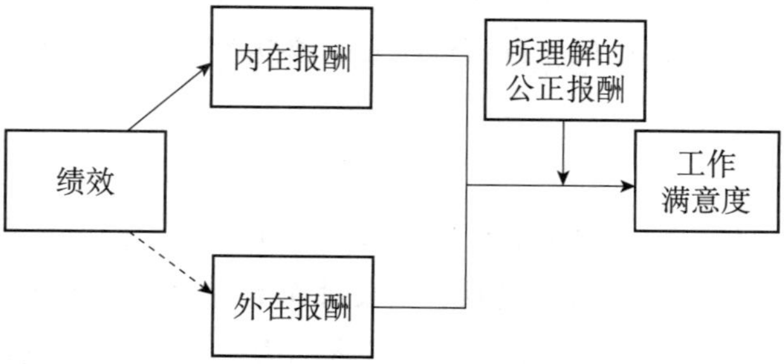

图 5－4　绩效对满意度影响模型

这个模型的具体内容是，一个人在干出成绩后，得到两类报酬：一是外在报酬，包括工资、地位、晋升、安全感等；另一种是内在报酬，即一个人由于工作业绩良好而给予自己的报酬，如感到对社会作出了贡献，对自我存在意义及能力的肯定，等等。

1968 年，波特和劳勒在《管理态度与工作绩效》一书中系统地提出了著名的波特-劳勒综合激励模型，来探寻影响员工工作绩效和满意度的原因（见图 5－5）。

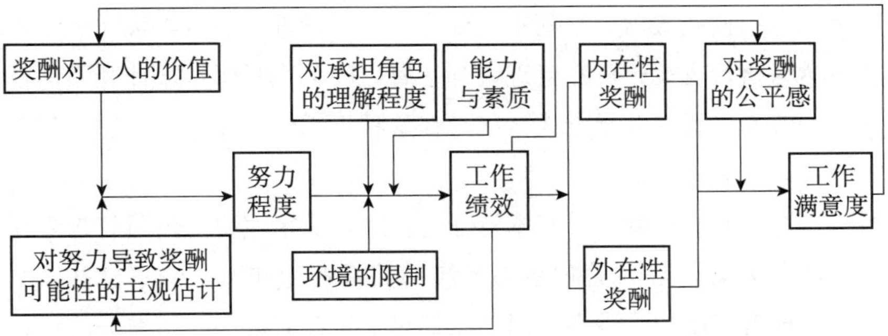

图 5－5 波特-劳勒综合激励模型

这个模型说明的是：（1）激励导致一个人是否努力及其努力的程度；（2）工作的实际绩效取决于能力的大小、努力程度以及对所需完成任务理解的深度；（3）奖励要以绩效为前提，不是先有奖励后有绩效，而是必须先完成组织任务才能导致精神的或物质的奖励；（4）奖惩措施是否会产生满意，取决于被激励者认为获得的报偿是否公正。

波特-劳勒的综合激励理论是从激励并不等于满足或绩效这一假定出发。它作为一种过程型的激励理论比内容型的激励理论更完整，对管理实践的意义主要体现在：第一，奖酬能产生不同程度的对工作的满足感。对于想要提高部下对工作满足感的管理人员来说，付出的奖酬是否恰当是十分重要的。也就是说，奖酬与个人的需要或希望之间必须有一致性。第二，管理人员应该注意到，个人之间对奖酬的想法往往是有显著差别的。同样的奖酬对不同的人的激励是不同的。

二、领导理论

（一）领导风格理论

密歇根大学社会研究所第一任主任、美国著名行为科学家伦西斯·利克特（Rensis Likert，1903—1981）以密歇根大学社会研究所自 1947 年以来进行的数十项研究成果为依据，总结了美国企业经营环境的变化趋势和部分成绩出众的管理特点，提出了一种新型管理系统，详细、系统地阐述了支持关系理论和以工作集体为基本单元的新型组织机构。在此基础上，他于 1967 年提出了领导风格理论。

利克特将领导风格划分为四种类型，或者说四种系统：专制权威式、温和专制式、民主协商式以及民主参与式。最后一种民主参与式就是著名的“第四系统”（见表 5－4）。

表5-4 利克特领导风格系统

第一系统	第二系统	第三系统	第四系统
专制权威式	温和专制式	民主协商式	民主参与式

第一系统，专制权威式领导。基本特征为：（1）管理层自行决策并经常采取威胁和强制性措施下达与执行决策；（2）管理者与下属之间关系紧张，彼此互不信任；（3）这是一种僵化的、效率最低的领导方式；（4）在这种组织中，非正式组织一般都反对正式组织的目标。

第二系统，温和专制式领导。基本特征为：（1）决策主要由高层管理者作出，部分由较低层的管理者决策；（2）管理者与下属的关系较为和谐，但不自然，类似主仆关系；（3）虽然管理者态度较为谦和，但下属仍对上司存有戒心，不充分信任；（4）在这种组织中，非正式组织未必反对正式组织的目标。

第三系统，民主协商式领导。基本特征为：（1）允许较低层管理者以及下属参与对一些具体问题的决策；（2）管理者与下属的关系和谐，彼此有较高的信任；（3）在这种组织中，非正式组织将支持正式组织的目标或只存在微弱的对抗。

第四系统，民主参与式领导。基本特征为：（1）实行高度分权决策；（2）管理者与其下属的关系和谐、自然，彼此充分信任；（3）组织内信息沟通畅顺，鼓励下属参与管理；（4）在这样的组织中，非正式组织的目标同正式组织的目标基本一致。

通过对四种系统的分析，利克特认为只有第四系统才能实现真正有效的领导，才能正确地设定组织目标和有效地实现目标。

此外，利克特在读博士期间，简化了瑟斯顿量表，发展出一种简便而可靠的量表——利克特量表（Likert scale）。这是一种在现代调查研究中普遍采用的态度测量表，它的基本形式是给出一组陈述，这些陈述都与某人对某个单独事物的态度有关。要求调查对象表明他们是“强烈赞同”“赞同”“反对”“强烈反对”还是“不确定”。当然，根据需要词语表述可略有不同。标准的利克特量表共分5个等级，也可以根据需要简化或增加等级。利克特量表有积极式陈述和消极式陈述两种类型的陈述方式。如果答案选项为“完全同意”“同意”“不一定”“不同意”“完全不同意”，则为积极式陈述。选择“完全同意”的得5分，“同意”的得4分……消极式陈述评分则相反，即选择“完全不同意”的得5分。被试作答后，把分数相加就可得出总分。因此，利克特量表有时也称求和量表。

利克特量表设计简便且易操作，大大简化了态度分级方法，成为应用极为广泛的一种调查量表形式。

（二）管理方格理论

美国行为科学家罗伯特·布莱克（Robert R. Blake，1918—2004）和他的学生简·

默顿（Jane S. Mouton，1930—1987）在 1964 年合作出版的《管理方格》一书中，提出了管理方格理论（也称为领导方格理论）。这是一种研究企业领导风格及其有效性的理论。

管理方格理论认为，在企业领导工作中往往出现一些极端的方式，或者以生产为中心，或者以人为中心，或者以 X 理论为依据而强调靠监督，或者以 Y 理论为依据而强调相信人。为避免极端，克服以往各种领导方式理论中非此即彼的绝对化观点，管理方格理论指出：在对生产关心的领导方式和对人关心的领导方式之间，可以有使二者在不同程度上互相结合的多种领导方式。为此，管理方格理论使用一张纵轴和横轴各 9 等分的方格图，纵轴和横轴分别表示企业领导者对人和对生产的关心程度。第 1 格表示关心程度最低，第 9 格表示关心程度最高。全图总共 81 个小方格，分别表示“关心生产”和“关心人”这两个基本因素以不同比例结合的领导方式。如图 5-6 所示，布莱克和默顿把领导风格分成五种基本类型。

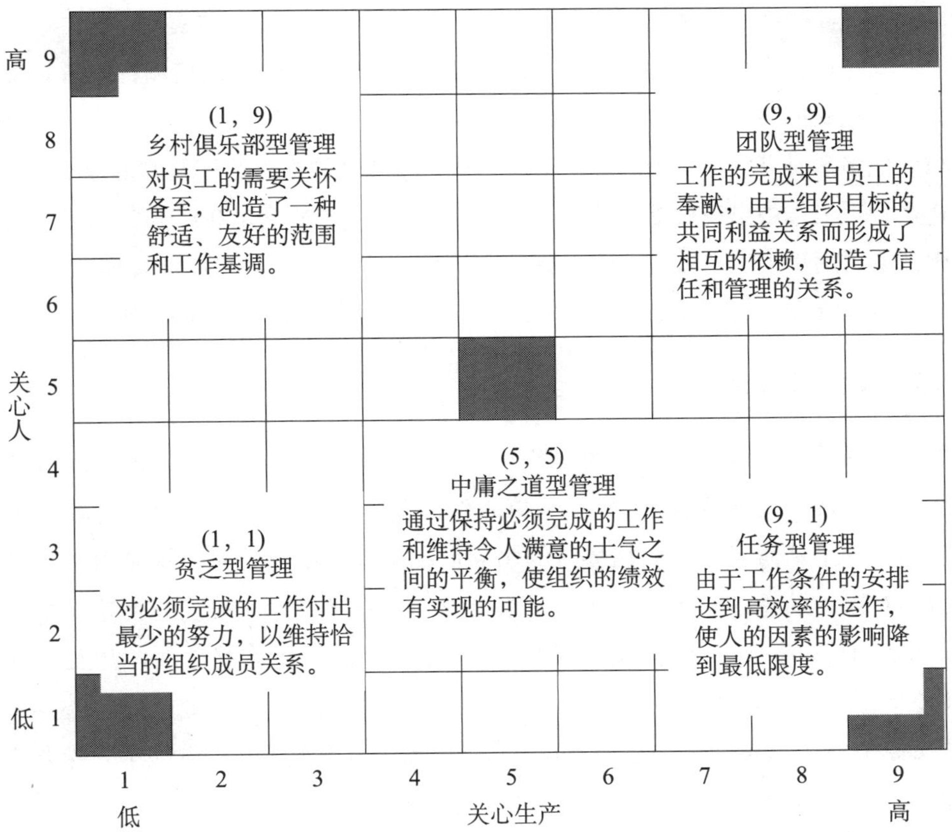

图 5-6 管理方格模型

(1)（1，1）型管理，或称贫乏型管理。这样的管理人员对生产和人员均表现为漠不关心，对工作进度不强求，这样做是为了维持组织成员的关系。

(2)（1，9）型管理，或称乡村俱乐部型管理。这种管理人员对人员的关心体贴周到，上下级之间形成良好的人际关系，从而产生舒适而友好的组织气氛，进而实现较高的工作绩效。

(3)（5，5）型管理，或称中庸之道型管理。这种管理人员对生产和人员都不算最关心，但能平衡二者的关心度。在保证工作完成的同时，也注意将士气保持在适当水平，二者的必要平衡可能达成较好的组织绩效。

(4)（9，1）型管理，或称任务型管理。这种管理人员对生产高度关心，努力创造和安排最佳的工作条件，把人的干扰减至最低程度，以提高作业效率。

(5)（9，9）型管理，或称团队型管理。这种管理人员对人员和生产都极度关心，管理者使承担任务的人员明了与组织目标的共同利害关系，因而建立互相信任和尊重的人际关系，协调地完成工作。

布莱克和默顿认为（9，9）的管理方式是一种最理想的管理方式，而且可以实现。企业的领导者应该客观地分析企业内外的情况，把自己的管理方式改造成（9，9）风格，以求得最高效率。改造的步骤可分成以下六步：第一，学习与实习；第二，加强团队建设；第三，开发群体间的关系；第四，设计理想的战略组织模型；第五，贯彻开发；第六，巩固成果。

与其他多数研究领导行为的理论不同，布莱克和默顿提出的管理方格理论，可以避免在企业管理工作中出现极端的方式，提倡走X理论和Y理论相结合的道路。它已在实践中证明可用于培养有效的经理。许多公司利用这一理论重新培训管理人员，例如，使（1，9）型管理人员更关心生产，而使（9，1）型管理人员更关心下属。

（三）领导权变理论

美国著名管理学家弗雷德·菲德勒（Fred E. Fiedler，1922—　）从管理心理学和实证环境分析两方面研究领导学，于1967年首次提出领导权变理论，开启了西方领导学理论的一个新阶段，使以往盛行的领导形态学理论研究转向了领导动态学研究的新轨道，对以后的管理思想发展产生了重要影响。菲德勒因此被视为领导权变理论创始人。此后于1987年，菲德勒和他的助手在先前理论的研究基础上，开发出认知资源理论。

菲德勒认为，任何形式的领导方式都可能有效，其有效性完全取决于领导方式与环境是否适应。要确定有效的领导方式，可以通过以下三个步骤：

第一步，确定个体属于哪种领导风格。

菲德勒把领导风格分成两种：一种是关系取向型，即以人为导向；另一种是任务取向型，即以工作为导向。菲德勒认为人的领导风格一般是不变的。为了确定某一个体（领导）是属于任务取向型还是属于关系取向型，他开发了最难共事者问卷（least-preferred coworker questionnaire，LPC）这种测量工具（见表5-5）。

表 5－5 菲德勒的最难共事者问卷（LPC）

快 乐	—	8	7	6	5	4	3	2	1	—	不快乐
友 善	—	8	7	6	5	4	3	2	1	—	不友善
拒 绝	—	1	2	3	4	5	6	7	8	—	接 纳
有 益	—	8	7	6	5	4	3	2	1	—	无 益
不热情	—	1	2	3	4	5	6	7	8	—	热 情
紧 张	—	1	2	3	4	5	6	7	8	—	轻 松
疏 远	—	1	2	3	4	5	6	7	8	—	亲 密
冷 漠	—	1	2	3	4	5	6	7	8	—	热 心
合 作	—	8	7	6	5	4	3	2	1	—	不合作
助 人	—	8	7	6	5	4	3	2	1	—	敌 意
无 聊	—	1	2	3	4	5	6	7	8	—	有 趣
好 争	—	1	2	3	4	5	6	7	8	—	融 洽
自 信	—	8	7	6	5	4	3	2	1	—	犹 豫
高 效	—	8	7	6	5	4	3	2	1	—	低 效
郁 闷	—	1	2	3	4	5	6	7	8	—	开 朗
开 放	—	8	7	6	5	4	3	2	1	—	防 备

该表共有 16 项，每个项目有两个相反方面，分为 8 个等级，得分分别为 1～8 分。答卷时要求领导者对其过去和现在的同事中最不喜欢的一位做相关方面的描述。例如：根据和他相处的快乐程度，在快乐-不快乐这一项的 8 个等级中选择最合适的一个等级，等级数就是该项的分数。把这 16 项的分数加起来再除以 16，就得出所谓“相反方面类似点”的分数。如果平均分数在 4.1～5.7 之间，那就算分数很高，即用表示赞许的词句评价他最不喜欢的同事的人，他就是关系取向的，关心的是建立良好的人际关系。在 1.2～2.2 之间，是低分，即用嫌弃的词句评价他最不喜欢的同事的人，他就是任务取向的，关心的是工作任务的完成。

第二步，确定情境。

菲德勒认为决定领导方式有效性的环境因素有三个：（1）领导者-成员关系，即领导者受爱戴、尊敬和信任以及追随的程度；（2）任务结构，即工作任务规定的明确程度、程序化程度；（3）职位权力，即所处职位能提供的权力和权威程度。

领导者-成员的关系好或差，任务结构高或低，职位权力强或弱，对领导方式的选择影响很大。领导者-成员的关系越好，任务的结构化程度越高，职位权力越强，则领导者拥有的控制和影响力也越高。比如，一个非常有利的情境（即领导者的控制力很高）可能包括：下属对管理者十分尊重和信任（领导者-成员的关系好），管理者所从事的工作（如填写报表）具体明确（任务结构高），工作也给管理者提供了充分的自由来奖励或惩罚下属（职位权力强）。三种权变变量经过不同组合，会得到 8 种不同的情境类型，每个领导者都可以从中找到自己的位置。

第三步，使领导者与情境匹配。

菲德勒认为领导风格是与生俱来的——你不可能改变你的风格去适应变化的情境。因此，提高领导者的有效性实际上只有两条途径：

第一，替换领导者以适应环境。比如，如果群体所处的情境被评估为十分不利，而目前又是一个关系取向的管理者进行领导，那么替换一个任务取向的管理者则能提高群体绩效。

第二，改变情境以适应领导者。菲德勒提出了一些改善领导者-成员关系、任务结构和职位权力的建议。领导者与下属之间的关系可以通过改组下属组成加以改善，使下属的经历、技术专长和文化水平更为合适；任务结构可以通过详细布置工作内容而使其更加定性化，也可以对工作只做一般性指示而使其非程序化；领导的职位权力可以通过变更职位、充分授权或明确宣布职权而增加其权威性。

菲德勒模型如图 5-7 所示。

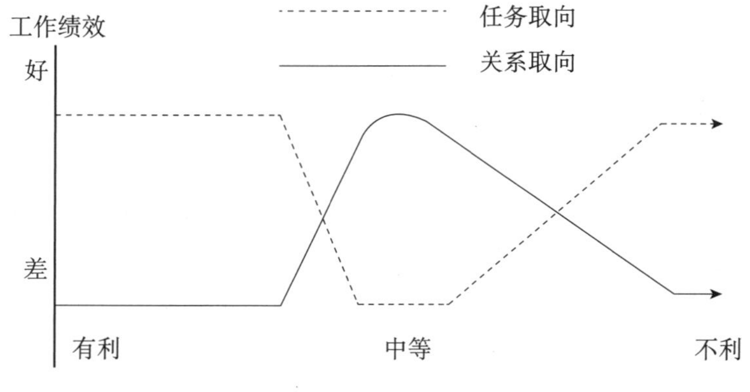

有效的领导方式	任务取向			关系取向			任务取向	
领导所处的环境	有利			中等			不利	
情境类型	1	2	3	4	5	6	7	8
领导者-成员关系	好	好	好	好	差	差	差	差
任务结构	高	高	低	低	高	高	低	低
职位权力	强	弱	强	弱	强	弱	强	弱

图 5-7　菲德勒模型

经过调查研究发现，任务取向的领导者在非常有利的情境和非常不利的情境下工作更有效。也就是说，当面对第 1，2，3，7，8 型的情境时，任务取向的领导者干得好。而关系取向型的领导则在中等有利的情境，即第 4，5，6 型的情境下干得更好。

根据以上分析，菲德勒得出结论：

（1）在高控制和低控制的情境中，以工作为中心的领导方式效率较高；在中等控制的情境中，以人际关系为中心的领导方式更为有效。所以，不能说哪种领导方式最好或不好，而必须把环境、领导者和下属的关系、工作类型等方面的因素综合起来考虑。不同的情况适合采用不同的领导方式。

（2）要提高领导效率，可以从决定领导效率高低的两个方面着手。一方面通过改变领导者的个性和领导方式，改变“相反方面类似点”分数，即“换将”。另一方面是改变情境，这又可从三个方面着手：改变领导者同下属的关系；改变工作任务结构化程度；改变领导者的地位与权力。

菲德勒模型启示我们，为了提高领导有效性，需要采取什么样的领导行为应充分考虑情境，而不是从领导者的素质出发思考应当具有什么样的行为。这就为领导理论的研究开辟了新方向。该模型同时表明，并不存在一种绝对的最好的领导风格，领导者必须具有适应力，自行适应变化的情境；管理层必须根据实际情况选用合适的领导者。应该说，从对菲德勒模型的大量研究的总体效度进行考察，已得出十分积极的结论。换言之，有相当多的证据支持这一模型。而且，这一理论能够有效地指导管理实践，在管理理论与实践之间成功地架起了一座桥梁。

（四）领导情境理论

全球领导力大师保罗·赫塞（Paul Hersey，1931—2012）和美国著名商业领袖、管理寓言的鼻祖肯·布兰查德（Ken Blanchard，1939—　）创立了领导情境理论。这是一种影响较大的领导权变理论。该理论的基本观点是：领导者通过不同侧重和不同量级的任务行为与关系行为影响下属，表现出不同的领导风格。任务行为与关系行为的组合，构成一个关于领导风格的二维模型。通过高低组合，可以把领导风格简化为四种模式：第一种是高任务、低关系；第二种是高任务、高关系；第三种是低任务、高关系；第四种是低任务、低关系。

领导风格的选择应视下属的成熟度而定。所谓成熟度，是指个体对自己的行为负责任的能力与意愿。成熟度包括两方面的内容：一是工作成熟度；二是心理成熟度。领导情境理论指出，对于不同成熟类型的员工，应采取不同形式的领导风格，以求得最佳绩效。随着下属成熟度的提高，领导者的工作行为与支持行为都相应减少，既不用过多指导，也不必太注重关系，因为这时员工可凭高能力自觉地工作。赫塞与布兰查德使用图 5－8 来说明领导风格随下属成长过程的变化。

在图 5－8 中，基本领导风格用四个标记表示：S1 表示高任务、低关系型的领导风格；S2 表示高任务、高关系型的领导风格；S3 表示低任务、高关系型的领导风格；S4 表示低任务、低关系型的领导风格。方格下部的连续带表示下属的成熟过程：R1 表示低度成熟，这些人对于执行某任务既无能力也不愿意。他们既不胜任工作，又不能被信任。R2 表示低至中度成熟，这些人缺乏能力，却愿意从事必要的工作任务。他们有积极性，但尚缺乏足够的技能。R3 表示中至高度成熟，这些人有能力却不愿意干领导者希望他们做的工作。R4 表示高度成熟。这些人既有能力又愿意干他们做的工作。

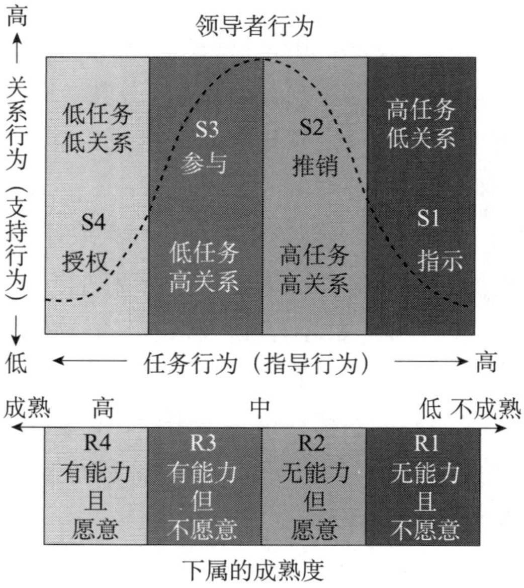

图 5-8　领导情境模型

他们综合领导的四种风格和下属的成熟过程，形成领导的生命周期理论，其核心内容是领导风格必须与下属成熟过程相匹配。S1 被视作“指示”型领导风格，应当用于做事无能力也不愿意负责的下属。由于他们不成熟，领导者应当指导他们做什么、如何去做。S2 被视作“推销”型领导风格，应当用于那些无能力却愿意做领导者吩咐的工作的下属。此种情形下的领导者应提供指导性和支持性行为，加强下属的意愿及工作热情，而且，领导者应提供有关工作方面的帮助和指导。S3 被视为“参与”型领导风格，适用于那些有能力做领导者交给的工作，但又不愿意服从其指令的下属。这种情形下的领导者应当采取鼓励下属参与管理的态度，才能使下属信任领导者。S4 被视作“授权”型领导风格，适用于那些既愿意负责又有能力的下属，他们不需要领导者的指导就可以独立地、成功地完成工作。在这种情形下的领导者应当采取低度关系和低度任务导向的领导风格。

赫塞与布兰查德提出的领导情境模型简单而且具有吸引力，在实际运用上具有独到的贡献，尤其是在对员工的重视程度上。这一理论被广大管理者所推崇，常常作为主要的培训手段。但就目前的研究资料来看，学界对来自这一理论的结论比较谨慎，尚缺乏广泛认可的研究基础。尽管存在这些局限性，该理论仍被广泛使用，时时提醒管理者以权变的方法看待领导风格。

第八节 其他管理思想及发展

20 世纪 60 年代，管理思想史、经验主义学派得到进一步发展；此外，著名管理学家劳伦斯·彼得提出了彼得原理，哈罗德·凯利提出了归因理论。

一、管理思想史的发展

1961 年，哈罗德·孔茨发表了《管理理论的丛林》一文，对管理学的不同学派进行了梳理和评析，成为人们对管理学理论进行归类概括的经典。他认为，在西方直到 20 世纪，特别是到了 20 世纪 40 年代，人们才对管理进行了系统的研究。最早的一批著作都是由一些富有实际经验的管理人员写出来的，如泰勒、法约尔、穆尼、布朗、谢尔登、厄威克等人。到 60 年代初期，管理方面的学术论著却雨后春笋般地出现，带来了众说纷纭、莫衷一是的乱局。泰勒对车间一级管理所进行的有条理的分析和法约尔从一般管理观点出发对管理经验进行的深刻总结等，到 60 年代初期已过于滋蔓，成了各种管理理论和学派盘根错节的一片丛林。于是，他认为应该对管理学理论进行清理，进而提出 6 个主要学派：管理过程学派；经验学派；人类行为学派；社会系统学派；决策理论学派；数学学派。这篇文章一问世，就引起了广泛的关注和讨论，并引发了 1962 年的一次管理学研讨会的争辩。孔茨的“丛林”学说成为这次会议的焦点。

1980 年，孔茨又发表了《再论管理理论的丛林》一文，指出管理理论经过 20 年的发展，丛林不仅没有消失，反而更加茂密。他对管理学派重新梳理，进一步划分为 11 个学派：管理过程学派；经验主义学派；人际关系学派；群体行为学派；社会协作系统学派；社会技术系统学派；系统学派；决策理论学派；数学学派或管理科学学派；权变理论学派；经理角色学派。孔茨预测管理学派还会进一步增多，“走向统一的管理学”是不可能实现的理想。

以孔茨的两篇论文为标志，全世界的管理学家都开始关注并讨论管理学的丛林现象，而孔茨本人也赢得了“穿梭在管理理论丛林的先行者”这一声望。孔茨列举出的 11 个管理学派的主要观点如下：

1. 管理过程学派

这是孔茨最重视且基本上是全面褒扬的一个学派。在孔茨眼里，这一学派才是管理理论的主旋律。之所以称其为管理过程学派，是因为它把管理看做一种由组织进行的完成工作的过程。这一学派的鼻祖是法约尔，学派发展历经了三代人的传承。第一代即是法约尔，以五大要素和 14 项原则的基本框架奠定了这个学派的根基。第二代以厄威克和古利克等人为代表，他们在法约尔的基础上进一步梳理和分析管理活动，提出了不少新的学说，比如古利克的 POSDCORB 七职能说和部门分工准则，厄威克对管理经验的深入发掘和对管理原则的不断扩充，使法约尔的理论得到了新的发展。但是，在1949年法约尔的著作没有翻译为英文之前，他的理论在企业经营的实际活动中影响有限，泰勒掩盖了法约尔的光芒，第二代对这一学派的探索，主要还是一种学界的思考。1950年以后，这一学派的影响迅速扩大，无论是企业还是政府，都开始以法约尔理论来指导并衡量自己的管理工作，使这一学派成为在管理领域影响最大的学派，涉足其中的学者也越来越多。而孔茨自己则当仁不让地以倡导和弘扬这一学派作为自己的使命。所以，人们一般把孔茨看做这一学派的第三代代表。

2. 经验主义学派

这一学派距离管理过程学派最近，通过分析经验（常常是案例）来研究管理。其依据是：管理学者和实际管理工作者通过研究各式各样的成功或失败的管理案例，就能理解管理问题，自然地学会有效地进行管理。孔茨把戴尔作为这一学派的代表。经验主义学派主张通过分析经验来研究管理，其基本立足点是比较。戴尔反对管理学中的“普遍原则”，认为那种试图建立起管理学普遍原理的著作忽视了具体个别的实际情况，严重脱离了实际，其荒谬之处就像中世纪的经院哲学家讨论一个针尖上能容纳多少个天使跳舞一样；他不认为管理是科学，而强调管理是一门艺术，但是人们能从行为的类似性角度，从别人的经验中进行学习。美国MBA教育中的案例教学法，同经验主义的影响紧密相关。

3. 人际关系学派

这一学派是从孔茨于20世纪60年代提出的人类行为学派分化来的。这一学派的代表人物，毫无疑问属于主持霍桑实验的梅奥。这个学派注重管理中“人”的因素，认为人们在为实现其目标而结成团体一起工作时应该互相了解；既然管理是通过别人或同别人一起去完成工作，那么对管理学的研究就必须围绕人际关系这个核心来进行。这个学派主要采用心理学和社会心理学的方法来研究人与人之间及人群内部的各种现象，从个人的品性动态一直到文化关系等，无所不涉及；非常注重个人的心理反应和行为激励，因此在人际关系、领导艺术和激励等方面成果累累，颇有建树。

4. 群体行为学派

这一学派是从人类行为学派分化出来的另一学派，因此同人际关系学派关系密切，甚至易于混同。但他们关心的主要是群体中人的行为，而不是人际关系，着重研究各种群体行为方式。从小群体的文化和行为方式，到大群体的行为特点，都在其研究之列，因此也常称作“组织行为学”。“组织”一词在这里可以表示公司、政府机构、医院或其他任何一种事业中一组群体关系的体系和类型。在这一学派的代表人物中，麦格雷戈是承继了梅奥传统而又有创造性发展的后起之秀。如果说人际关系学派以心理学为基础，那么群体行为学派则以社会学为基础。所以，群体行为学派更偏重于组织，也更接近于管理。二者的重合，主要表现在社会心理学方面。组织行为学的迅猛发展，显示了群体行为学派对管理的贡献。不过，即便它有着极为重要的影响和极为显赫的地位，我们也不能把组织行为学同管理学画上等号。

5. 社会协作系统学派

社会协作系统学派是以组织理论为研究重点，从社会学的角度来研究组织。这一学派的创始人是巴纳德，后来西蒙等人又扩展了这一学派的领域。在一定意义上，孔茨所说的社会协作系统学派，是指“巴纳德-西蒙理论”。这个学派的贡献主要表现在关于协作系统的创见。孔茨认为，巴纳德的思想实质是社会学的，他把所有的合作群体都叫做“组织”，并力图弄清组织内的文化关系以及这种关系网络的系统性质。这一组织概念同管理学中其他学者所说的组织概念很不一样。西蒙则在理性阐释和行为解读方面对这一学派进一步展开。按照这一学派的解释，管理等于人类的社会协作。当然，这个学派的观点还有内部的细微差异，比如，西蒙和马奇强调正式组织，而其他学者则扩及人类协作关系的所有方面。

6. 社会技术系统学派

这一学派是孔茨在 20 世纪 80 年代新增的。孔茨认为，英国学者特里斯特以及由他所在的塔维斯托克研究所创立了这一学派。他们既重视人的社会关系，也重视技术对人员的影响。他们通过对英国煤矿中的班组作业和自动掘进机作业的比较研究，讨论技术因素的重要性。根据他们的研究，企业中的技术系统会对社会系统产生很大的影响，个体态度和群体行为都会受到技术系统的限制。但是，他们并不是技术至上者，而是给予人员的社会关系以同等重视，强调技术系统与社会系统的互动关系。孔茨强调，这一学派主张企业应该把技术系统与社会系统综合考虑，做到二者的协调发展。这个学派不仅在英国，而且在印度、瑞典等地有着广泛的研究项目。他们的研究对后来的工作团队建设有着重大影响。英国的女管理学家伍德沃德也可以归入这一学派，她在英国东南埃塞克斯学院任教时，对当地的上百家公司进行了广泛的调查研究，论证了企业的技术系统与组织系统的相互关系。

7. 系统学派

这一学派也是孔茨在 20 世纪 80 年代新增补的。系统论尽管早在 20 世纪 30 年代就出现了，但直到 50 年代时，其影响还未渗透到管理学领域。70 年代以后，系统论成为显学，管理学中的系统观点也成了热门。人们一般认为，管理学中的系统学派，来自贝塔朗菲一般系统理论的哲学影响。这一学派人物众多，以卡斯特、罗森茨韦克、约翰逊等人为代表。但孔茨认为，系统学派来自巴纳德社会系统理论的分化。系统学派主张对管理进行系统分析，不是注重某个局部或者某个要素，而是注重整体以及整体之间的相互关系。这一学派在强调系统之中的作用机制方面，以及在强调系统的等级层次划分方面，还有系统与环境的相互影响方面，都有其优势。孔茨也承认，系统学派的研究，可以提高管理者对内外部环境影响的洞察力，但他同时尖锐地指出，系统研究方法虽然看起来很新，但仔细琢磨就会发现，它并不是一种新的科学思想方法。许多经理听到系统论的观点都会惊讶，因为这本来就是他们所熟知的东西。

8. 决策理论学派

决策理论学派的人物众多，西蒙可以说是代表人物之一。孔茨指出，决策理论学派源自边沁的功利主义，来自经济学的效益计算。这个学派的典型特征之一是其代表人物基本都是学者，而且多数是经济学家。他们重视理性，集中精力于合理决策的选择方法，部分学者的关注点扩展到了心理、社会、决策环境和决策者等方面，而主要分析方法是理性选择工具，所以，他们相当热衷于构建模型和数学分析，动辄使用效益最大化、边际效应、帕累托改进、相关系数和曲线、风险倾向等经济学术语。

9. 数学学派或管理科学学派

这个学派有一支庞大的队伍，基本特征是使用数学模型和程序。他们同决策理论学派的差别在于：数学学派更务实，集中于生产研究。在运筹学与生产管理方面，伯法可以看作一个代表。他们被称为运筹学家、系统分析家，他们自己则往往颇为自负地称自己为“管理科学家”。他们有一个信念，就是任何知识都可以用数学关系和数学符号来表示，管理学也不例外。数学方法在管理中确实相当有用，能够为解决复杂的管理问题提供明确简洁的路径，尤其是对于那种想避免管理的复杂性和不确定性的人来说，具有极大的吸引力。但是，孔茨也毫不客气地批评说，数学只是工具，严格来说，数学学派并不能构成一个学派，因为他们不能提出通用的普遍性理论。在这里，孔茨继承了法约尔对数学在管理中所起作用的质疑。他把数学学派列为管理学派之一，并不是对这一学派的承认，而是对现实的一种迁就。

10. 权变理论学派

这是20世纪70年代以后新出现的学派，代表人物之一是卢桑斯，他在1976年出版的著作《管理导论：一种权变方法》中，提出了权变理论的基本思路。孔茨重视卢桑斯，可能是因为他的另一篇论文《权变管理理论：走出丛林的道路》直接回应了孔茨的丛林学说，而且卢桑斯试图实现管理学统一的愿望与孔茨不谋而合。权变理论主张研究情境与管理的对应关系，他们强调管理者的行为取决于相应的环境条件。当然，管理者并不只是消极地顺应环境，还会积极地改变环境。权变管理最一般的表述是：“如果……那么……”，“如果情况是A，那么对应的管理是a；如果情况是B，那么对应的管理是b”。用汉语表达，权变理论强调的是因地因时因人因事而制宜。孔茨对权变学派基本上持肯定态度，他自己也多次表示“没有一种到处适用的最佳管理方法”。不过他认为，管理情境过于复杂，要想找出环境与管理之间的对应变量关系十分困难。

11. 经理角色学派

这个学派主要通过观察经理人的实际活动来明确经理角色的内容。对经理（从总经理到领班）实际工作进行研究的人早就有，但把这种研究发展成为一个众所周知的学派的却是明茨伯格。明茨伯格系统地研究了不同组织中五位总经理的活动，从经理实际在做什么出发，提出总经理并不按人们通常认为的那种职能分工行事，即只从事计划、组织、协调和控制工作，而是还进行许多别的工作，进而归纳出了可以分为三类的十种经理角色，把经理工作界定在人际关系、信息沟通、决策三个方面。孔茨对明茨伯格的工作是赞扬的，他认为明茨伯格回归了早期管理学那种观察实际工作的优良传统，但也指出，这一学派的创建初期样本量过小，只有五个观察对象。有些经理活动不属于管理范围，而有一些重要的管理活动却没有纳入观测内容，或者没有进行很好的分析。所以，这一学派还有待完善。

管理学领域的学派分析方式，毫无疑问是由孔茨的《管理理论的丛林》一文所创立的。面对众多的学术争论，如何在一派乱象中理出头绪，孔茨作出了表率。当然，他的管理理论丛林学说并非无可指责，但是，这篇文章采用的学派分类方法和分类标准却得到了管理学界最大程度的响应，而且孔茨所划分的学派类型也得到了广泛的承认。所以，无论是支持他的学者，还是反对他的学者，毫无例外地都采用了他创立的学派分析术语，沿袭了他命名的学派名称，这正是学术范式成立的标志。如果说管理职能研究范式尚不属于创新，而仅仅是一种调整式发展的话，那么管理学派分析范式的创始人非孔茨莫属，实至名归。

二、经验主义学派的发展

20 世纪 60 年代，美国著名管理学家欧内斯特·戴尔（Ernest Dale，1917—1996）对经验主义学派的发展作出了重要贡献。戴尔于 1960 年出版了他的两本成名作：《伟大的组织者》和《组织中的参谋工作》。《伟大的组织者》一书耗费了戴尔十年时间，渗透着他的真知灼见。该书的出版，使得经验学派的影响力大增，戴尔也一跃成为经验学派最有名的人物。

1. 比较方法

作为经验主义学派的重要代表人物，戴尔主张用比较方法对企业管理进行研究，而不是从一般原则出发。他坚决反对存在着任何有关组织与管理的“普遍原则”，认为要掌握成功企业和“伟大的组织者”的经验，就要用比较的方法来研究组织，发现并描述各种不同组织结构的“基本类似点”。把这些“基本类似点”搜集起来并予以分析，就可以得出某些一般结论，应用于其他类似或可比较的情况，作为一种对发展趋势作预测的手段。比较方法的价值在于它试图确定一般结论可以适用的领域。通过比较得出一般结论的方法可以采用演绎法（从假设出发，到实际情况中去检验），也可以采用归纳法（从具体情况的观察入手，得出一般性结论），或把这两种方法结合起来。

2. 大型企业的管理准则

运用比较法，戴尔对杜邦公司、通用汽车公司、国民钢铁公司和西屋电气公司的主要领导人的管理实践进行了研究。虽然这四家公司分属于不同的行业，但都是美国甚至全球的著名企业。杜邦公司是化学、化工领域的知名公司，历经两个多世纪（杜邦公司创立于 1802 年）的风雨依然活力充沛；通用汽车公司则在很长一段时间内占据着美国乃至世界企业排行榜的头把交椅，成为美国自由企业制度成功的重要象征；国民钢铁公司则是当年美国数一数二的钢铁企业，在1929年的经济大萧条中逆流而上，奇迹般地不断发展壮大；至于西屋电气公司，则是少数几家能够同通用电气展开百年抗争的美国公司。在20世纪，这四家公司都取得了重大成功，所以，研究它们成功的经验具有重要意义。诚然，导致上述四家公司成功的因素很多，但是在戴尔的研究中，他更多地归因于公司领导人的个人因素以及系统管理的及时建立。通过对这些公司的比较，戴尔总结出了大型企业的几条管理准则：第一，通过责任会计制可以达到有盈利的控制；第二，使作业分权化，并在控制上进行协调，也许能提供一种利用大企业和小企业两者长处的手段；第三，由集团控制代替一人控制，在集团成员见解相同、能力不等、地位平等时能取得最好的效果；第四，所有者与经营者的制衡，有助于发挥股东的“抗辩权”，作出更好的决策；第五，为企业制定一个长远的发展规划。

3. “伟大的组织者”的共性

对于这些企业的“伟大的组织者”有什么共同表现，戴尔也通过比较做出了归纳。可以概括为以下几点：第一，他们都有经过概略衡量的目标；第二，分工只是一种手段，而且不是事先就能计划确定的；第三，组织和管理工作是一种艺术，而不是科学。戴尔认为，企业中所有者同经营者之间有效的权力制衡，是这些伟大企业成功的共性因素。正是企业所有者同经营者之间潜在的或者现实的利益冲突，使企业的经营决策和运行能够实现利益均衡。然而，企业发展的实际趋势是经营管理者的权力日益增大，企业所有者逐渐淡出，对企业的影响日微。这将对企业的发展带来巨大影响。

戴尔主张用比较方法对企业管理进行研究，而不是从一般原则出发，所以他的思想都是以大企业的管理经验为主要研究对象提出来的。他的咨询经历为管理学界带来了丰富的实践经验，同时发展了某些调查研究技术，在为各种大公司提供咨询方面提供了方法。

三、彼得原理

美国教育学家、心理学家劳伦斯·彼得（Laurence J. Peter，1919—1990）在1965年以独特的讽刺手法完成了《彼得原理》一书。该书一面世，便引起全美轰动。彼得认为，《彼得原理》的推出使他“无意间”创设了一门新的科学——层级组织学。

1. 彼得原理

彼得发展了层级组织的概念，认为人类具有组织阶层化的本能，即人类非常习惯于将自己划分为各种阶层。层级组织一词起初用于形容宗教的阶层制度（牧师分成各种等级），彼得将其意义延伸到任何具有等级制度的组织，认为它适用于任何公共或私人组织的管理，而彼得原理也因而适用于任何层级组织。

彼得看到一种普遍现象的存在，即不称职现象在各类层级组织——政治、法律、教育、工业的每一个阶层都存在。在对数百个不称职的案例作了分析之后，彼得逐渐总结出了彼得原理：在一个层级组织中，如果有足够的时间而且组织有足够的级别，每位雇员都倾向于晋升到他不称职的层级，并一直待在这个位置上。彼得认为每个人的晋升都是从一个能够胜任的职位升向另一个更高职位，而在新的职位上的胜任又使他们有资格再次被提升，这样称职的人不断得到晋升，直至他变得不称职为止。每个人最后的晋升都是从称职的级别升向不称职的级别。因此，彼得认为层级制组织当中的工作是由尚未达到其不称职级的雇员完成的，而每一个职位最终都会由对工作不胜任的员工把持。彼得进一步指出，每一个员工最终都将达到“彼得高地”，在该处他的提升商数为零。至于如何加速提升到这个高地，有两种方法：其一，是上面的“拉动”，即依靠裙带关系和熟人等从上面拉；其二，是自我的“推动”，即自我训练和进步等。前者被普遍采用。

2. 彼得原理的例外

在阐述了彼得原理之后，彼得还提出了一些表面上不受彼得原理支配的例外情况，即明升暗降、平调增衔、彼得倒置、层级组织的淘汰者、裙带式安插等五个表面上的例外。

（1）明升暗降，这是一种假晋升，是将已不称职的人员以提高官职（名义上而不是实质上的提升）的方式调离现职位，而彼得原理中所指的真正的晋升则是从一个称职的位置向上晋升。

（2）平调增衔，这也是一种假晋升，这种晋升不提高官职，有时甚至不增加工资，只是给不称职的雇员以一大串新头衔。层级组织越大，就越容易实行平调增衔。

（3）彼得倒置，指内在的固守陈规被看得比有效的工作更有价值的情况。一个职业教条主义者也可以叫做彼得倒置者，因为他颠倒了手段和目的之间的关系。彼得倒置者或职业教条主义者没有一点独立的判断能力，他们总是遵从规定，从不擅作主张，这从层级制组织的角度来看是称职的（尽管局外人看来他并不称职，但称职与否在层级制组织中是由他的上级决定的），所以彼得倒置者是有资格晋升的，而且还能不断地晋升，直至他不幸被放到一个需要他作出决断的位置上——这时他将发现自己不称职。

（4）层级组织的淘汰者，指因为过于称职和过于不称职（彼得称之为超胜任者和超不胜任者）而被层级组织所淘汰的人。在层级组织中一般的不称职通常不会导致被解雇，而过于称职和过于不称职往往会导致被解雇，因为它们扰乱了层级组织，因而违反了层级组织赖以存在的第一戒律：等级制度必须保全。

（5）裙带式安插，指将与企业内管理者具有裙带关系的人员安插在组织当中的情况。

彼得分别阐述了关系和个人奋斗与晋升的联系。他将关系定义为在层级组织中雇员与位居其上的人的血缘、婚姻或熟识等方面的联系。他还提出了五条建议给那些想被提携的人，这五条建议包括：寻找靠山、利用靠山、弃暗投明、灵活善变、获取多方庇护。彼得认为在层级组织中资历因素的向下压力抵消了个人奋斗的向上推力；受人提携强于个人奋斗；依靠提携常常可以克服资历因素的影响，而个人奋斗却很少能够这样。

3. 不称职的类型和表现

彼得提出了四种不称职的类型，即身体状况所能承受的限度、社会经验所能承受的限度、心理成熟度所能承受的限度、才能所能承受的限度。彼得认为在消除高层职位上的不称职方面，即使是诚心诚意地努力，也只会造成更多的不称职。在这种情况下，机构臃肿是不可避免的。每一次机构变化都环绕着“彼得螺旋”，不称职者逐渐增多，而效率仍没有一点提高。

彼得认为没有任何依据可以表明，最后一次晋升会把以前勤劳的雇员变成懒汉。在大多数情况下，这些雇员仍然想工作和安排许多活动，有时也自认为在工作，然而实际上没有做一点有用的事情。这些雇员迟早会意识到他们的寄生状态，并会因此而深感苦恼。在此，彼得提出不称职综合征的概念，认为胃溃疡、高血压、心律不齐等 26 种疾病常见于事业成功（在层级组织学家来看，事业成功即是完成了最后一次晋升，从而达到不称职职级）的病人中。许多患有不称职综合征的病人之所以忧心忡忡，是因为他们清楚地认识到他们所做的有用之事太少了。

有的雇员能清醒地认识到自己已经赢得了最后一次晋升，达到了自己的不称职职级，承担了许多自己力所难及的工作。能够认识到这个事实的雇员，倾向于将不称职和懒惰等同起来，认为自己工作不够努力，故此深感内疚；如果工作再努力一些，他就会克服初任新职所面临的困难而变得胜任起来，因此开始废寝忘食、任劳任怨地忘我工作，很快就成了不称职综合征的受害者。但有许多雇员从未意识到他们已经达到了不称职职级，他们还时刻不停地忙碌着，从不失去对晋升的期待，因此一直很快乐。他们是怎么做到这一点的呢？彼得认为他们的诀窍就是做好其他一些游刃有余的事情，替代完成分内的工作，主要有六种方式：（1）不断地准备。面对一件重要的工作，称职的雇员一心一意地苦干，而替代者则更愿意忙于准备工作。这些准备工作包括明确行动的必要性、研究备选方案、听取专家意见、物质准备第一。（2）次要问题特殊化。次要问题专家的格言是专注于小事，大事自会迎刃而解。（3）描述代替行动。（4）毫不相干法。毫不相干法不像上述几种方法那样制造做工作的假象，而是把精力和时间全部投入到毫不相干的事情上。（5）短期为官学。（6）聚焦法，即不理会大部分职责，而把注意力和精力集中于一件细小的工作上。

4. 彼得处方

针对《彼得原理》所总结出的不称职现象，努力去改善的人们提出了两大类问题：（1）如何才能避免“终点职位症候群”？（2）身为经理级主管，如何才能知人善任？“彼得处方”对此开出了彼得定位法、彼得和平原则、彼得美食谱等 66 条法则，以对症下药。彼得认为，66 条法则的最高目标是帮助人们完成个人生涯规划，以追求更有价值的生活，让读者可以透过自我表现或发挥本身最大的潜能，不断向前追求更美好的生活，而非向上攀缘，升到无法胜任的职位，终致过上一种自己全然无法控制的生活。也就是说，将漫不经心的向上升迁方式予以淘汰，而以注重生活品质的积极态度取而代之，借此摆脱彼得原理的“终点职位”陷阱。

四、归因理论

美国社会心理学家哈罗德·凯利（Harold H. Kelley，1921—2003）1967 年发表了《社会心理学的归因理论》，提出三维归因理论。此外，他还发展了社会交换理论和人际互倚理论。

人们在知觉人的行为时，总是试图进行推断和解释。所谓归因，就是指观察者为了预测和评价人们的行为并对环境和行为加以控制而对他人或自己的行为过程所进行的因果解释与推论。凯利将归因现象区分为两类：一类是能够在多次观察同类行为或事件的情况下的归因，称为多线索归因；另一类则是依据一次观察就做出归因的情况，称为单线索归因。凯利认为，人们对行为的归因总是涉及三个方面的因素：（1）客观刺激物；（2）行动者；（3）所处关系或情境。其中，行动者的因素属于内部原因，客观刺激物和所处的关系或情境属于外部原因。至于到底归结为内部原因还是外部原因，要依据以下三个标准来决定。对上述三个因素的任何一个因素的归因都取决于下列三种行为信息（见图 5－9）。

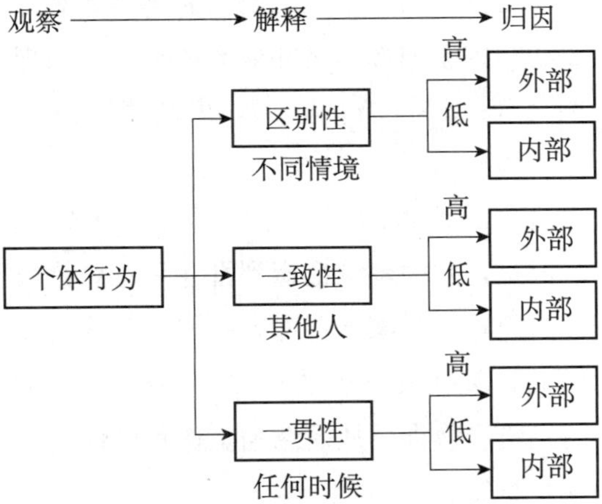

图 5－9　归因的三个标准

（1）区别性，指行动者是否对同类其他刺激做出相同的反应，是在众多场合下都表现出这种行为，还是仅在某一特定情境下表现出这一行为。例如，一名今天迟到的员工是否经常表现得自由散漫、违反规章纪律。如果行为的区别性低，则观察者可能会对行为作内部归因；如果行为的区别性高，则活动原因可能会被归于外部。

（2）一致性，指其他人对同一刺激物是否也做出与行为者相同方式的反应。如果每个人面对相似的情境都有相同的反应，那么我们说该行为表现出一致性。比如，所有走相同路线上班的员工都迟到了，则迟到行为的一致性就高。从归因的观点看，如果一致性高，那么我们对迟到行为进行外部归因。如果走相同路线的其他员工都准时到达了，则应认为该员工的迟到行为的原因来自于内部。

（3）一贯性，指行动者是否在任何情境下和任何时候都对同一刺激物做相同的反应，即行为是否稳定而持久。例如，一名员工上班迟到，如果她有 7 个月从未迟到过，则表明这是一个特例，行为的一贯性较低；而如果她每周都迟到两三次，则说明这种行为的一贯性高。行为的一贯性越高，观察者越倾向于对其作内部归因。

例如，某个工人（知觉者）反对某项规定（知觉对象）。这究竟应该归结为内部原因（该工人本身）还是外部原因（该规定本身或该规定对工人发生作用时的情境），可依据上述三个标准来决定：首先，要看这个工人是一贯地反对这项规定，还是偶然的心情变化的结果。其次，要看大多数工人是否都反对这项规定。最后，要看这个工人是否对其他规定都持反对态度。如果这个工人对所有的规定都持反对态度，而其他大多数工人并不反对这项规定，那就很可能要归结为内部原因（该工人本身）；如果该工人对有的规定持赞成态度，而这项规定又引起大多数工人的反对，那么很可能要归结为外部原因（该规定本身或当时所处的情境）。

凯利还研究了归因中的错误或偏见。尽管我们在评价他人的行为时有充分的证据支持，但我们总是倾向于低估外部因素的影响而高估内部或个人因素的影响，这称为基本归因错误（fundamental attribution error）。它可以解释下面这种情况：当销售代表的业绩不佳时，销售经理倾向于将其归因于下属的懒惰而不是客观外界条件的影响。个体还有一种倾向是把自己的成功归因于内部因素如能力或努力，而把失败归因于外部因素如运气，这称为自我服务偏见（self-serving bias）。由此表明，对员工的绩效评估可能会受到归因偏见的影响。

凯利提出了一个归因过程的严密的逻辑分析模式，对人们的归因过程做了比较细致、合理的分析和解释。但是，归因理论也遭到批评，主要是被指过分强调归因的逻辑性，使之成为一个理想化的模式，脱离了普通人归因活动的实际。无论如何，归因理论有助于了解人们的归因倾向，掌握其归因的规律，并有助于指导和训练正确的归因倾向，正确地总结工作中的经验和教训，从而调动工作积极性，提高工作效率。所以，归因理论仍然具有理论和现实意义。

小结

20 世纪 60 年代管理思想的主要特点是：战略学派因需而生；管理思想竞相争鸣。

这是一个战略的年代。“战略管理之父”安索夫首次提出公司战略概念、战略管理概念，并将协同的理念引入企业管理领域，他构建了战略管理- PEST 分析框架和安索夫矩阵；著名企业史学家钱德勒考察了 20 世纪前期美国大企业从直线职能结构向多部门结构转变的过程，提出“结构跟随战略”的主题；安德鲁斯则提出并系统论述了 SWOT 分析法，把公司战略提升为管理咨询业中的一个专业领域。

这个时期还新出现了营销管理学派、权变理论学派、系统管理学派、管理科学学派。列维特最早提出了市场营销概念，认为公司应该注重市场导向而不是生产导向；“现代营销学之父”科特勒认为营销术以顾客为中心，而推销术是以产品为中心。权变理论学派代表人物洛希和劳伦斯认为，管理组织要根据组织所处的环境和内部条件的发展变化随机应变，没有什么一成不变、普遍适用的管理理论和方法。系统管理理论的代表人物卡斯特和罗森茨韦克将组织看做若干子系统相互作用构成的整体。管理科学学派代表人物伯法则认为管理应借助数学模型与程序来表现计划、组织、控制和决策等活动，以求得最佳解决方案，实现企业经营目的。与此同时，组织理论、行为科学、管理思想史、经验主义等既有学派和理论也在这一时期得到了进一步的发展和完善。

这个时期还必须提到管理学家彼得和凯利。彼得提出了著名的彼得原理，凯利则提出了著名的归因理论。

思考题

1. 20 世纪 60 年代战略管理学派的主要代表人物及其思想是什么？
2. 20 世纪 60 年代营销管理学派的主要代表人物及其思想是什么？
3. 洛希和劳伦斯的权变理论学派的主要观点是什么？
4. 卡斯特和罗森茨韦克的系统管理学派的主要观点是什么？
5. 伯法的管理科学学派的主要观点是什么？
6. 20 世纪 60 年代的组织理论取得了哪些发展？
7. 弗鲁姆的期望理论的主要观点是什么？
8. 亚当斯的公平理论的主要观点是什么？
9. 波特和劳勒的综合激励理论的主要观点是什么？
10. 利克特的领导风格理论的主要观点是什么？
11. 布莱克和默顿的管理方格理论的主要观点是什么？
12. 菲德勒的领导权变理论的主要观点是什么？
13. 孔茨管理理论丛林学说的具体内容是什么？
14. 20 世纪 60 年代经验主义学派取得了哪些发展？
15. 彼得原理的主要观点是什么？
16. 归因理论的主要观点是什么？

第六章

20 世纪 70 年代管理思想

20 世纪 70 年代，西方国家进入了一个不寻常的经济社会繁荣时期。然而，盛世之下危机四伏。一方面，资本和生产更加集中，企业规模日益扩大，企业内部的组织结构也愈加复杂，如何从企业整体的要求出发，处理好组织内部各个单位或部门之间的相互关系，保证组织整体的有效运转成为亟待解决的问题；另一方面，企业经营活动范围进一步扩大，多元化与国际化程度不断提高，如何使企业组织适应外部环境的变化也变成了管理学家研究的热点。在这种背景下，管理学研究适时地进行理论创新，以满足管理实践的迫切需求。

这一时期，经理角色学派开始登上历史舞台。亨利·明茨伯格通过对经理所担任角色的分析来考察经理的职务和工作，以求提高管理效率。明茨伯格认为不论哪种类型的经理，其工作都具有工作量大、步调紧张、活动短暂、多样而琐碎等特点；经理一般担任人际关系、信息传递和决策 3 类共 10 种角色；影响经理职务的有环境、职务、个人和情境等方面的因素。

组织理论在这一时期也得到了丰富和发展。埃里奥特·杰奎斯提出“必要组织理论”，系统分析了组织中六种不公平现象，并突破传统的仅以部属人数为标准确定管理幅度的做法，提出以责任时间幅度作为管理幅度和组织层级设计标准的思想。罗伯特·汤赛德揭露了现代组织的臃肿，发现了企业的惰性，提倡授权和参与式管理。

这一时期同样是行为科学的多产时期，激励理论和领导理论继续发展。在激励理论方面，克莱顿·阿尔德弗修正和发展了马斯洛的需要层次理论，将其压缩为生存（E）、关系（R）和成长（G）三种需要，并指出人的需要虽有层次，但不一定严格地按照由低级向高级发展的顺序；在任何时间里，多种层次的需要都可能发生激励作用。理查德·哈克曼与格雷格·奥尔德汉姆确定了五种工作特征，分析了它们之间的关系以及对员工生产率、工作动力和满足感的影响。阿尔伯特·班杜拉提出了社会学习理论，强调观察学习、榜样、自我调节以及奖励等在人的行为习得中的作用。

在领导理论方面，罗伯特·豪斯和特伦斯·米切尔提出并完善了路径-目标理论，认为领导者应当考虑任务结构、工作群体等环境因素，选择最适合下属特征和工作需要的领导风格，帮助下属通过一定的路径来实现目标。维克多·弗鲁姆和菲利普·耶顿提出了领导者-参与模型，根据员工参与决策程度的不同，把领导风格（决策方式）分为三类五种，并设计了通过决策环境描述来筛选一个或若干个可行决策的判断选择模型。伯恩斯将领导理论研究的关注点从领导特质论、行为论转向领导交互论、利益论，提出交易型领导理论和变革型领导理论。亚伯拉罕·扎莱兹尼克从"人性"的角度出发，在对目标的态度、工作的概念、与他人的关系、自我意识及领导者的培育等方面详细区分了领导者和管理者之间的区别。

战略管理学派在这一时期继续发展。布鲁斯·亨德森开发了波士顿矩阵，通过测量企业产品的市场增长率和市场份额来分析和评估公司的投资组合，帮助管理者以前瞻性的眼光观察企业各项业务活动的联系；亨德森还提出了经验曲线，阐明企业经验的获得可以使生产累积增长，进而使单位成本下降这一重要规律；他还开发了三四规则矩阵，用以分析一个成熟市场中的企业的竞争地位。

管理思想史领域在这一时期出现了两位影响深远的人物。罗伯特·卡茨对管理思想史上的各种理论加以搜集整理，编写成《哈佛管理论文集》，对后来的管理学研究具有积极的意义；丹尼尔·雷恩在《管理思想的演变》中按照时间顺序对有重大贡献的管理学者的活动背景、思想和影响进行了详细阐述，为后人把握管理学提供了极大便利。

经过长达十年的沉寂，管理过程学派在这一时期重新活跃在管理世界中。小埃弗里尔·亚当和罗纳德·埃伯特对传统生产制造系统的管理工作做了精辟的阐述，并把生产管理的原理和方法推广应用于服务部门，用"经营管理"代替了"生产管理"。

这一时期的营销管理学派侧重于品牌的定位。杰克·特劳特强调企业一定要切实地厘清自己的区隔，按照分析行业环境、寻找区隔概念、找到支持点、传播与应用这四个步骤来建立自己的品牌定位；指出品牌定位的目的就是要借助持续、简单的信息使企业在顾客心智中立足。这种"将产品置位于消费者心中"的观念自特劳特提出后在世界上风靡一时。

权变理论学派的杰出代表人物弗雷德·卢桑斯强调管理与环境的妥善结合，强调管理理论贴近管理实践。他提出如果某种环境存在或发生，就要采取与其对应的管理思想、管理方法和管理技术，以有效地实现组织目标。

此外，麦克利兰提出了素质冰山模型，将素质划分为表象的技能、知识和潜在的社会角色、自我概念、特质、动机等，并指出越是深层次的素质越重要，越难发现和培养。该模型为人力资源管理的创新与发展提供了一种新思路。

概括起来，进入 20 世纪 70 年代，既有学派致力于理论创新，提出了一系列崭新的思想、方法和模型；新兴学派以系统和权变的观点来考察组织内部各要素之间的相互联系及其与外部环境的相互协调，使管理研究修正了以往所存在的顾此失彼的缺陷。尽管有些观点在经受实践检验之后尚显得不够成熟，还有待于进一步完善，但是这些新旧学派在20世纪70年代的学术成就对日后的管理思想及实践产生了重要影响。

第一节 经理角色学派

经理角色学派是在组织理论基础上发展起来的，在经营权与所有权分离以后，经理成为一种职业。该学派不仅对理解经理人的角色、工作性质、职能和培养具有重要意义，还对如何提高经理工作的效率，尤其是对改革传统的经营管理体制具有重要的意义。

加拿大管理学家亨利·明茨伯格（Henry Mintzberg，1939— ）1973年出版了《经理工作的性质》一书，这是经理角色学派最早的经典著作。该书是以他1968年完成的博士学位论文《工作中的经理——由有结构的观察确定的经理的活动、角色和程序》以及有关文献为基础完成的。该书的出版过程，在一定程度上是他的思想因“出格”而不被接受的一个范例。当时这本书稿先后寄给了15家出版社，但都被退回，后来经他再次修改重新寄出，才最终得到一家出版社负责人的青睐。然而，正是这本书使明茨伯格一举成名，奠定了他“经理人角色”理论巨匠的地位。这一点，恐怕不仅是出版商，就连明茨伯格本人也始料未及。

明茨伯格所讲的“经理”，是指一个正式组织或组织单位的主要负责人，拥有正式的权力和职位。而且，“角色这一概念是行为科学从舞台术语中借用到管理学里来的，角色就是属于一定职责或地位的一套有条理的行为”。他认为，演员、经理和其他人的角色都是事先规定好的，虽然各人可能以不同的方式来解释这些角色。《经理工作的性质》一书在介绍和评价当代关于经理职务的八个主要学派——古典学派、伟人学派、企业家学派、决策理论学派、领导者效率学派、领导者权力学派、领导者行为学派和工作活动学派——的主要观点的基础上，全面阐述了经理角色理论。

（一）经理工作的共同特点

经理工作的共同特点包括：（1）大量的工作，永不松懈的步调，空闲时间极少；（2）工作活动具有简短性、多样性和琐碎性；（3）倾向于将工作更活跃的部分——现实的、具体的、明确的、非例行的活动放在优先地位；（4）在口头的（电话、会晤）、书面的（文件）和观察性的（视察）几种联系工具中，偏好用口头交谈方式；（5）处于他的组织与外界接触的网络之间，与顾客、供应商、业务伙伴、同级人员以及其他人的外部联系要消耗经理联系时间的1/3～1/2，与下属的联系要占1/3～1/2的时间，而与其上级的联系时间通常只占10%；（6）经理的职务反映了责任与权力的混合。经理对许多工作的初步决定负责，它们又规定了他的许多长期义务；但经理可以通过获取信息、行使领导职务等许多方式从这些义务中取得好处。

（二）经理的角色

经理一般担任 10 种角色，这 10 种角色可分为三类：第一，人际关系方面的角色，包括挂名首脑、联络者和领导者的角色；第二，信息方面的角色，包括监听者、传播者和发言人的角色；第三，决策方面的角色，包括企业家、混乱驾驭者、资源分配者和谈判者的角色。

这 10 种角色是一个相互联系、密不可分的整体。人际关系方面的角色产生于经理在组织中的正式权威和地位，这又产生出信息方面的三个角色，使他成为某种特别的组织内部信息的重要神经中枢；而获得信息的独特地位又使经理在组织作出重大决策（战略性决策）中处于中心地位，使其得以担任决策方面的四个角色。这 10 种角色表明，经理从组织的角色来看是一位全面负责的人，事实上却要承担一系列的专业化工作，既是通才又是专家。10 种角色还表明经理有六项基本的目标：保证组织有效率地生产出某些产品和服务；设计并维持组织业务的稳定性；使组织以一种可控制的方式适应变动中的环境；保证组织实施控制它的那些人的目的；担任组织和其环境之间的关键的信息环节；使组织的等级制度运转。

（三）提高经理工作效率的要点

提高经理工作效率包括几个方面的要点：与下属共享信息；自觉克服工作中的表面性；在共享信息的基础上，由两三个人分担经理的职务；尽可能利用各种职责为组织目标服务；摆脱非必要的工作，腾出时间规划未来；以适应当时具体情况的角色为重点；既要掌握具体情境，又要有全局观念；充分认识自己在组织中的影响。

明茨伯格是一位从管理实践出发，挑战传统管理理念的斗士。作为管理学的一个著名流派——经理角色学派的创立者，他的思想极为独特，按当时的常规思路往往难以被学界接受。在正统的学院派眼中，明茨伯格无疑是一个“异端”。他时常独辟蹊径，提出一些抨击管理学界主流观点的独到见解。他的见解，颇有几分“语不惊人死不休”的气概，他也被人们誉为“管理领域伟大的离经叛道者”。在思想史上，深刻和偏激往往孪生，没有偏激就会失去深刻，面面俱到往往是平庸俗套的同义语。所以，汤姆·彼得斯给予明茨伯格这样的赞语——“亨利可能是我们过去 30 年、40 年、50 年内唯一一位真正深刻的管理思想家”。哈默尔则说：“我喜欢亨利·明茨伯格的理由有五条：他是世界级的偶像终结者；他喜欢纷繁复杂的活生生的公司世界；他是讲故事的大师；他既提出了概念性的理论，又讲究实用；他不相信容易的答案。”

第二节　组织理论发展

20 世纪 70 年代，组织理论平稳发展。加拿大裔工业心理学家埃里奥特·杰奎斯和美国著名管理实践者罗伯特·汤赛德为该时期组织理论的发展作出了贡献。

一、杰奎斯的组织理论

埃里奥特·杰奎斯（Elliott Jaques，1917—2003）提出了著名的“必要组织理论”及责任时间幅度思想。

（一）必要组织理论

必要组织（requisite organization）是杰奎斯提出的一个关于组织发展的概念，它是一整套有利于实施有效管理的领导力系统模型。必要组织理论的一些关键思想如下：

（1）几乎所有组织的功能障碍都可以归因于不良的结构和系统，而非有缺陷的员工。

（2）组织发展干预必须关注组织修复而不是员工调整，组织修复（比如完善结构、角色关系、政策、工作系统、管理实务等）能够促使员工释放最大的潜力，努力地工作以提高效率、效果和满意度。

（3）组织修复可以通过以下科学的方法：1）促使员工能力与工作复杂性相匹配；2）合理并同时提高员工与管理者两者的能力，以强化领导力和沟通；3）确保组织每个层级都具有恰当的职位数；4）明确界定管理权力和责任；5）明确界定管理和领导程序；6）明确界定跨职能或部门的工作关系；7）促使薪酬与工作复杂性相匹配（让员工从心理上感受到薪酬的公平）。

杰奎斯较为全面地定义了不公平，很好地概括了企业内员工感到不公平的六种情况：（1）个人工作能力与工作所需能力相符，但因为工资过低，使个人感到不公平，这将使基层经理牢骚满腹，工作情绪受到较大的影响；（2）个人工作能力与工作所需能力相符，但企业付给的工资过高，这时候获得超过自己能力薪酬的基层经理人的反应很耐人寻味，他们会试图说服老板给其他人加薪，以掩饰企业的错误，保住自己的薪酬；（3）企业要求的工作所需能力与薪酬相符合，但个人能力太高，工作职位安排太低，员工有怀才不遇的感觉；（4）企业要求的工作能力与薪酬相符合，但是个人能力太低，工作职位太高，员工不能胜任，其他员工感到不公平，自己处于忐忑不安的精神状态；（5）个人工作能力与薪酬相符，但岗位要求工作能力过低，员工感到工作没有成就感；（6）个人工作能力与薪酬相符，但岗位要求工作能力太高，员工感到自己再怎么努力也无法达到要求，有极大的挫折感。

（二）责任时间幅度

杰奎斯提出应该以责任时间幅度（responsibility time span）作为组织层级设计的标准，而不是过去的以管理幅度为标准。所谓责任时间幅度，是一个工作从规划到执行完成所必须花费的时间长度。例如，一个工厂的生产组长所预估的生产排程可能只是一季 3 个月，他不必担心 1 年以后的事，因此，这位组长的责任时间幅度为 3 个月。但是，工厂的厂长则可能要考虑 1 年以后的生产效能是否能够提升，因此，这位厂长的责任时间幅度为 1 年。许多大公司的总裁必须思考公司 20 年以后的发展，因此，他们的责任时间幅度为 20 年。至于基层员工的责任时间幅度通常只有 1 天。换句话说，基层员工只要“今日事，今日毕”就算尽了工作责任，高层主管则必须未雨绸缪。

杰奎斯认为，管理层级的设立与否，应由责任时间幅度而定；而管理工作的难易并不在于管理人数的多寡，而在于责任时间幅度的长短。很显然，职位愈高，其责任时间幅度也愈长。举例来说，某集团企业共有七个层级，分别是总裁、副总裁、总经理、副总经理、部门总监、组长以及基层员工。根据责任时间幅度理论，总裁必须思考规划该集团 20 年之后的策略与业务，子公司总经理则要思考 10 年以后的业务，而副总经理、部门总监、组长的责任时间幅度分别以 5 年、2 年、1 年为宜。

此外，杰奎斯在冰川金属公司的实验中对工人管理当局的研究涉及了广泛的领域，其一系列深入的调查研究及其成果在管理思想方面的影响甚至可以与梅奥等人主持的霍桑实验相媲美，尽管不如霍桑实验那么有名，但其独到之处仍引起人们的关注和研究。在过去，大部分企业以管理幅度作为组织层级设计的标准，而到了当今这个信息科技发达的时代，这在很大程度上已经显得不合时宜。而杰奎斯适时提出以责任时间幅度作为组织层级设计的标准，可以说是一种比较理想的组织设计方法，这对于调和机械式组织结构和有机式组织结构之间的矛盾以及完善与发展现代组织结构而言，无疑是一种富有创新性的思路。

二、汤赛德的组织理论

罗伯特·汤赛德（Robert Townsend，1920—1998）于 1970 年出版了《提升组织》一书，令他以畅销书作者的崭新形象出现。作为愤世嫉俗、好批评和注重实际的人。他的主要思想是：

（一）批判现代组织的弊病

汤赛德的天才表现在他揭露了现代组织的臃肿、愚蠢和荒唐。他敏锐地发现了企业的惰性。“在普通公司里，管收发的小伙子、总裁、副总裁和速记小姐有三个地方完全相同：他们都很驯良、厌倦和无聊，他们深深地陷在组织结构图的框架里，沦为私人和公共等级制度的奴隶。因为这些制度无人可以改变，所以他们将永远没有感情地运转下去。”

他提出，“我们的国家没有什么根本性的错误，除非所有组织的领导者都工作在错误的前提下”，“我们处在一片混乱之中，这是因为在过去的两百年之中，我们已经习惯了依据天主教堂和恺撒大军的模式来建立我们的新组织，直至最近的四五十年我们才发觉了这一问题。普通的士兵、教徒和工人是没有受过什么教育的，他们只听从上天的指引。当权者对这一现象负有极大的责任，因为不服从他们就是死罪”。

（二）倡导授权和参与式管理

汤赛德提倡授权和参与式管理，主张不要盲目迷信高层管理者，要让员工参与企业管理。他认为，“高层管理者（董事会）就像是蹲在树上的猫头鹰——当经理们在树林里面走错路的时候，他们就会大声鼓噪。不过，我相信他们根本不知道树林在哪里”。他是一个彻底的无神论者，认为那些掌握权力或者自以为掌握权力的人是危险的家伙。他警告说：“傲慢导致过失是必然的，接下来就会有报应。”他对于总经理办公室的豪华装修不屑一顾，认为以下做法也不可取：专用停车位；为老板等高级员工特制文具；优雅的餐间音乐；按铃和蜂鸣器；公司的心理医师；公司专用飞机。其实，在宣扬授权和参与式管理方面，他领先了他的时代整整 20 年。

（三）批评哈佛商学院与咨询顾问

汤赛德对哈佛商学院作出了激进的评论——“不要雇用哈佛商学院的毕业生”。他认为，这些精英缺乏成功者的 10 项基本要素：谦卑；尊重那些工作在一线的工人；深入地了解商业并懂得自娱自乐；遵从行业习惯；有胆识；勤奋；忠诚；有判断力；公正；在压力下能保持诚实。

同时，他对咨询顾问进行了嘲弄——“他们就是那些借走你的手表，告诉你现在几点钟之后，堂而皇之地戴着表走掉的人”。在他看来，管理顾问应该充当教练而不是医生。当教练和当医生这两者的差别就在于后者有责任的约束。企业借助外力提升自身组织能力固然可行，但不可依赖过度；借外脑，切忌不动脑。

管理学作者一直排斥幽默的文风，专业化的精密结构总是比机智的遣词造句获得更高的评价。但似乎每个时代都会出现一本用幽默风趣的语言将许多管理神话和阳春白雪的严肃理论浅白道来的畅销书，比如 20 世纪 50 年代的《帕金森定律》和 70 年代的《提升组织》。

第三节　行为科学发展

20 世纪 70 年代的行为科学虽然不像 60 年代那样“枝繁叶茂”，但仍得到一定发展：新出现的激励理论有克莱顿·阿尔德弗的 ERG 理论，阿尔伯特·班杜拉的社会学习理论，以及理查德·哈克曼与格雷格·奥尔德汉姆的工作特征模型等；新出现的领导理论有罗伯特·豪斯和特伦斯·米切尔的路径-目标理论、维克多·弗鲁姆的领导者-参与模型、伯恩斯的交易型领导理论与变革型领导理论以及亚伯拉罕·扎莱兹尼克的领导理论。

一、激励理论

（一）ERG 理论

美国行为科学家克莱顿·阿尔德弗（Clayton P. Alderfer，1940—　）1969 年在《关于人类需要的一种新理论的实证研究》一文中修正了马斯洛的观点，将需要层次压缩为三种人类需要，即生存需要（existence needs）、关系需要（relatedness needs）以及发展的需要（growth needs），因此其理论称作 ERG 理论。

（1）生存需要，指的是全部的生理需要和物质需要，包括人的衣、食、住、在组织中的报酬、对工作环境和条件的要求等方面的基本需要。这类需要大体上与马斯洛需要层次理论中的生理需要、部分安全需要相对应。只有这项最基本的需要得到满足以后，才能谈到其他需要。

（2）关系需要，指与其他人（同级、上级或下级）和睦相处、建立友谊和有所归属的需要。这一需要类似于马斯洛需要层次中的部分安全需要、全部归属和爱的需要以及部分尊重需要。

（3）发展的需要，指一种要求得到提高和发展的内在欲望。不仅要求充分发挥个人的潜能以有所作为和成就，而且还包含开发新能力的需要。这一需要与马斯洛的需要层次中的部分尊重需要和整个自我实现需要相对应。

ERG 理论的特点是：第一，当某一需要仅得到了较少满足时，一般会产生更强烈的需要，要得到更多的满足；第二，较低层次需要满足得越充分，对较高层次的需要往往就会越强烈；第三，较高层次的需要满足得越少，也往往会导致较低层次的需要更为强烈地凸显出来。

阿尔德弗认为，ERG 理论所指出的三种需要并不完全都是生来就有的，有的需要是通过后天学习才形成的，如关系需要和发展的需要。虽然他也同意人类需要有层次的观点，但在他看来，人的需要不一定严格地按照由低级向高级发展的顺序。为此，他提出了有名的“挫折-倒退原理”（frustration-regression principle），即一种需要得到满足后，则出现满足更高层次需要的愿望，但如果更高层的需要受挫而难以实现，就应当倒退到原来的这一层需要上去，而且要把原来这一层需要看得比以往更加重要。

阿尔德弗还认为，人的需要还可以越级出现。例如，人可以在关系方面的需要没有得到充分满足的情况下产生发展方面的需要。管理人员应该了解每个员工的真实需要，然后采取适当措施来满足员工的不同需要，以便激励和控制员工的行为，实现组织和员工的目标。

（二）工作特征模型

20 世纪 70 年代，哈佛大学教授理查德·哈克曼（Richard Hackman）和伊利诺伊大学教授格雷格·奥尔德汉姆（Greg Oldham）提出通过工作丰富化来加强员工激励，因此提出了工作特征模型（job characteristics model，JCM）。工作特征模型也称作五因子工作特征理论，认为可以把一个工作按照它与核心维度的相似性或者差异性来描述，于是按照模型中的实施方法丰富化了的工作就具有高水平的核心维度，并可由此创造出高水平的心理状态和工作成果。工作特征模型提供了这样一种框架：它确定了五种工作特征，分析了它们之间的关系以及对员工生产率、工作动力和满足感的影响，如图 6－1 所示。

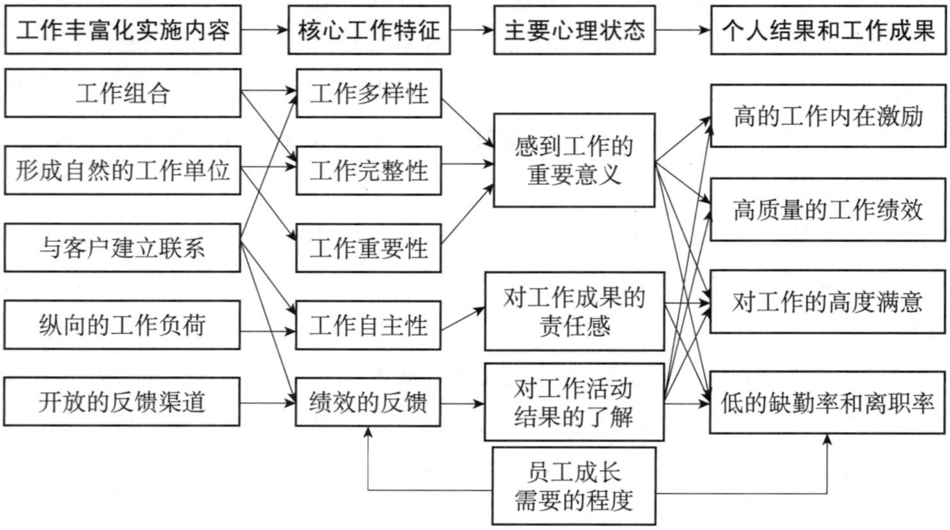

图 6－1　工作特征模型

任何工作都可以从几个核心维度进行描述，称为核心工作特征。它们分别是：工作多样性，指工作中要求员工使用各种技术和才能从事多种不同活动的程度；工作完整性，指工作中要求完成一项完整的和具有同一性的任务的程度；工作重要性，指工作要求完成的具有重要意义的任务的程度；工作自主性，指工作给予任职者在安排工作进度和决定从事工作所使用的方法方面，提供实质性自由、独立和自主的程度；绩效的反馈，指个人为从事职务所要求的工作活动所需要获得的关于其绩效信息的直接和清晰的程度。

其中，前三个维度（工作多样性、工作完整性和工作重要性）共同创造出有意义的工作。拥有自主性的工作则会给任职者带来一种对工作结果的个人责任感，而如果能提供绩效反馈，员工就会知道他所进行的工作效果如何。核心工作特征可以综合为一项单一的指标——激励潜力得分（MPS），其计算公式为：

$$\text{激励潜力得分（MPS）}=\frac{\text{工作多样性}+\text{工作完整性}+\text{工作重要性}}{3}\times\text{工作自主性}\times\text{绩效的反馈}$$

工作特征模型指出，工作越是具备多样性、完整性和重要性这三个条件，员工的动机、绩效和满意感就越强，而旷工和辞职的可能性就越小。同时，核心工作特征与结果度量之间的关系，会受到个人成长需要强度（员工对自尊和自我实现的需要强度）的中和与调整。具有高度成长需要的员工，面对核心维度特征高的工作，会比那些低度成长需要的员工作出更为积极的反应。

工作特征模型为管理者从事工作设计提供了具体的指导，可以推导出如下建议，说明工作设计中的一些变化可能导致这五个核心工作特征的改善。

（1）工作组合。管理者应将现有的过细分割的任务组合起来，形成一项新的、内容广泛的工作，这将使技能多样性和任务同一性得到提高。

（2）建立自然的工作单元。管理者应当将任务设计成完整的、具有同一性的、有意义的工作，这可以使员工产生这项工作"归属于我"的感觉，鼓励员工将他们的工作视为意义重大，而不是无关紧要甚至是令人生厌的。

（3）建立起客户联系。客户是员工所作出的业务或服务的使用者，如果可能，管理者应当建立起员工与他们的客户之间的直接联系，这可以增加员工的技能多样性、自主性和绩效反馈。

（4）纵向的工作负荷。纵向扩展工作可使员工产生责任感，并掌握以往保留在管理者手中的控制权，它将使一项工作的"作业"与"控制"两方面间的分离得以部分地结合，从而增大员工的自主性。

（5）开放的反馈渠道。通过增进反馈，员工不仅能了解他们所从事的工作做得如何，还能知道他们的绩效是改善了、降低了还是保持在一定水平上。

（三）社会学习理论

美国著名心理学家、"认知理论之父"阿尔伯特·班杜拉（Albert Bandura，1925— ）于 1971 年提出了社会学习理论，并于 1976 年出版了《社会学习理论》一书，系统论述了社会学习理论，奠定了他在西方心理学界较高的声望，他也因此成为社会学习理论的创始人。

所谓社会学习理论，就是探讨个人的认知、行为与环境因素三者及其交互作用对人类行为的影响。它着眼于观察学习和自我调节在引发人的行为中的作用，重视人的行为和环境的相互作用。按照班杜拉的观点，以往的学习理论家一般都忽视了社会变量对人类行为的制约作用，他们通常是用物理的方法对动物进行实验，并以此来建构他们的理论体系，这对于研究生活于社会之中的人的行为来说，似乎不具有科学的说服力。由于人总是生活在一定的社会条件下，所以要在自然的社会情境中而不是在实验室里研究人的行为。

1. 关于行为的习得过程

班杜拉认为，人的行为，特别是人的复杂行为主要是后天习得的。行为习得有两种不同的过程：一种是通过直接经验获得行为反应模式的过程，即直接经验的学习；另一种是通过观察示范者的行为而习得行为的过程，即间接经验的学习。社会学习理论所强调的是这种观察学习或模仿学习。在观察学习的过程中，人们获得了示范活动的象征性表象，并引导适当的操作。观察学习的全过程由四个阶段（或四个子过程）构成：（1）注意过程，这是观察学习的起始环节；（2）保持过程，示范者虽然不再出现，但他的行为仍给观察者以影响；（3）行为再现过程，即再现以前所观察到的示范行为；（4）动机过程，人们如果直接体验到、观察到或自我评价某种行为的结果是有价值的，他们将积极地把习得的行为展现出来。

2. 交互决定论

班杜拉还详细论述了决定人类行为的诸种因素，并将这些决定人类行为的因素概括为两大类：决定行为的先行因素和决定行为的结果因素。决定行为的先行因素包括学习的遗传机制、以环境刺激信息为基础的对行为的预期、社会的预兆性线索等；决定行为的结果因素包括替代性强化（观察者看到榜样或他人受到强化，从而使自己也倾向于做出榜样的行为）和自我强化（当人们达到了自己制定的标准时，他们以自己能够控制的奖赏来加强和维持自己行动的过程）。

班杜拉对环境决定论和个人决定论提出了批判，并提出了自己的交互决定论，即强调在社会学习过程中行为、认知和环境三者的交互作用。环境决定论认为行为（B）是由作用于有机体的环境刺激（E）决定的，即 $B=f(E)$；个人决定论认为环境取决于个体如何对其发生作用，即 $E=f(B)$；班杜拉则认为行为、环境与个体的认知（P）之间的影响是相互的，但他同时反驳了“单向的相互作用”（即行为是个体变量与环境变量的函数），即 $B=f(P, E)$，认为行为本身是个体认知与环境相互作用的一种副产品，即 $B=f(P\times E)$。他指出，行为、个体（主要指认知和其他个人的因素）和环境是“你中有我，我中有你”，不能把某个因素放在比其他因素更重要的位置，尽管在有些情境中，某个因素可能起支配作用。

3. 自我效能理论

自我效能（self-efficacy）是指个体对自己能否在一定水平上完成某一活动所具有的能力判断、信念或主体自我把握与感受，也就是个体在面临某一任务活动时的胜任感及其自信、自尊等方面的感受。自我效能也可称作“自我效能感”“自我信念”“自我效能期待”等。班杜拉对自我效能的形成条件及其对行为的影响进行了大量的研究，指出自我效能的形成主要受五种因素的影响：第一，行为的成败经验，指经由操作所获得的信息或直接经验。成功的经验可以提高自我效能感，使个体对自己的能力充满信心；反之，多次的失败会降低个体对自己能力的评估，使人丧失信心。第二，替代性经验，指个体能够通过观察他人的行为获得关于自我可能性的认识。第三，言语劝说，包括他人的暗示、说服性告诫、建议、劝告以及自我规劝。第四，情绪和生理状态也影响自我效能的形成。在充满紧张、危险的场合或负荷较大的情况下，情绪易于唤起，高度的情绪唤起和紧张的生理状态会降低个体对成功的预期水准。第五，情境条件对自我效能的形成也有一定的影响，某些情境比其他情境更难以适应与控制。当个体进入一个陌生而易引起焦虑的情境中时，会降低自我效能的水平与强度。

班杜拉的社会学习理论是勒温的场论和斯金纳强化理论的发展。该理论的要点是：强调观察学习在人的行为获得中的作用；重视榜样的作用；强调自我调节的作用；主张奖励较高的自信心。它的实践意义在于，在管理活动中，管理者不能单纯依赖外部控制对行为进行引导和修正，还应重视自我强化的作用，而且应将这两种强化结合起来，实施双向强化，即在激励人们的行为时，应特别注意通过提高人们的内心世界的满足来激发人们行为的动机。

二、领导理论

（一）路径-目标理论

美国著名组织行为学家罗伯特·豪斯（Robert House，1936— ）于 1971 年在《行政科学季刊》上发表了《有关领导效率的路径-目标理论》一文，最先提出领导方式的路径-目标理论；后来，他又与特伦斯·米切尔（Terence R. Mitchell）合作，于 1974 年发表了《关于领导方式的路径-目标理论》一文。这两篇文章在管理学界产生了巨大影响。20 世纪 90 年代中期，豪斯又对这一理论进行了补充和完善。

路径-目标理论的基础是俄亥俄州立大学领导行为研究和激励理论中的期望理论。其理论假设是：领导者如果能够弥补下属或工作环境方面的不足，则会提高下属的工作绩效和满意度。该理论同以前的各种领导理论的最大区别在于，它立足于下属，而不是立足于领导者。该理论还认为领导者的主要任务是：帮助下属实现他们的目标，并提供必要的指导和支持；确保下属的目标与群体或组织的总体目标相一致。有效的领导者应该通过明确指引道路来帮助下属实现工作目标，并为下属清除在实现目标过程中出现的各种障碍。

路径-目标理论认为，领导者所选择的措施应适合下属的需求和下属工作的环境。通过选择恰当的领导风格，领导者可以提高下属对成功的期望和满意度。不同类型的领导行为对下属的动机有不同的影响。某一领导行为对下属是否有激励作用，取决于下属特征和环境因素，如图 6-2 所示。

1. 四种领导行为

路径-目标理论提出了四种不同类型的领导行为：

（1）指导型领导（directive leadership）。领导者让下属明确工作目标以及完成目标的时间安排，并对完成工作给予具体指导。

（2）支持型领导（supportive leadership）。领导者对下属态度是友好的、可接近的，他们关注下属的福利和需求，平等地对待下属，尊重下属的地位。

（3）参与型领导（participative leadership）。领导者邀请下属一起参与决策；同下

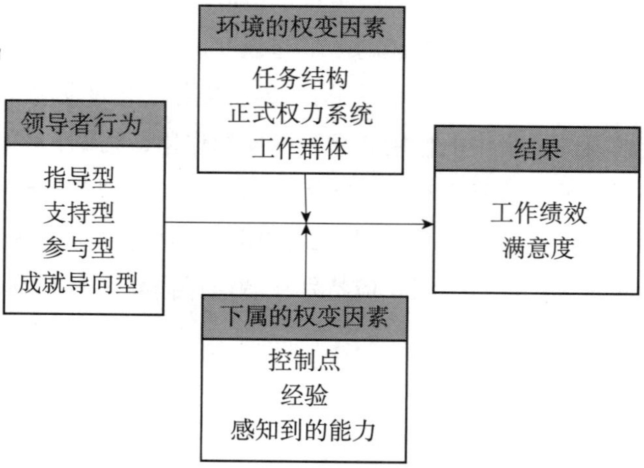

图 6-2　路径-目标理论

属进行探讨，征求他们的想法和意见，将他们的建议融入团体或组织将要执行的那些决策。

（4）成就导向型领导（achievement-oriented leadership）。领导者对下属期望很高，为下属制定很高的工作标准，寻求不断改进工作的方法；同时，信任下属有能力制定并完成具有挑战性的目标。

和菲德勒不同，豪斯与米切尔主张领导方式的可变性。他们认为，领导方式是有弹性的，这四种领导方式可能在同一个领导者身上出现，因为领导者可以根据不同的情况斟酌选择，在实践中采用最适合下属特征和工作需要的领导风格。他们强调，领导者的责任就是根据不同的环境因素来选择不同的领导方式。如果强行用某一种领导方式在所有环境条件下实施领导行为，必然会导致领导活动的失败。

2. 两类权变因素

路径-目标理论提出了两类权变因素：

（1）下属控制范围之外的环境因素。包括任务结构、正式权力系统、工作群体等。

（2）下属的权变因素。包括控制点、经验、能力等。下属个性可分为内外控制两个维度，下属对控制的需求在路径-目标理论研究中受到特别的注意。内在控制型下属相信自己控制着生活中发生的事情，而外在控制型下属相信机会、命运或者外在的力量是生活事件的决定因素。

3. 主要结论

路径-目标理论具有以下结论：

第一，与高度结构化和安排完好的任务相比，当任务不明或压力过大时，指导型领导会带来更高的满意度。

第二，当下属执行结构化任务时，支持型领导会带来高绩效和高满意度。

第三，当任务结构不清时，成就指向型领导将会提高下属的期待水平，使他们坚信努力必会带来良好的工作绩效。

第四，组织中的正式权力关系越明确、越官僚化，领导者越应表现出支持型行为，降低指导型行为。

第五，当工作群体内部存在激烈的冲突时，指导型领导会带来更高的员工满意度。

第六，内在控制型下属对参与型领导更满意。

第七，外在控制型下属对指导型领导更满意。

第八，对于能力强或经验丰富的下属，指导型的领导可能被认为累赘多余。

4. 路径-目标理论的发展

随着时代的发展，豪斯没有固守路径-目标理论原有的思想而止步不前。20 世纪 90 年代中期，他和同事们根据多年的实证研究，在路径-目标理论的基础上，综合了领导特质理论、领导行为理论以及领导权变理论的特点，以组织愿景替换并充实原来的“路径-目标”，围绕价值这个核心概念，阐述了什么样的行为能有效地帮助领导者形成组织的共同价值，以及这些行为的实施条件，提出了以价值为基础的领导理论。

以价值为基础的领导理论认为，被领导者对领导者所信奉并已融入企业文化中的价值的共享和认同程度越高，领导行为就越有效。也就是说，持有明确价值观的领导者，通过明确表达愿景，向组织和工作注入自己的价值观，使之与被领导者所持有的价值观和情感发生共鸣，从而唤起被领导者对集体目标和愿景的认同，并导致被领导者自我价值的提高，进而更好地提高领导行为的有效性。大量的实证研究表明，领导者采用以价值为基础的领导行为，将会对下属产生巨大的影响和积极的效果。当下属对领导者所信奉和倡导的价值观达到认同后，这种认同会逐渐内化成为下属自身价值的一部分，成为其为人处世的相关原则。

学界普遍认为，在各种领导理论中，豪斯与米切尔的路径-目标理论的学理性是较强的，影响也是较大的。在目前众多的管理理论中，路径-目标理论独树一帜，无论是理论本身还是理论引申出来的假设，都在实践中得到不同程度的验证。

豪斯与米切尔的路径-目标理论与利克特的支持关系理论有一定的相似之处。二者的区别是，利克特单纯强调领导与部下的关系，而豪斯的关注范围更为广泛，考虑到了领导活动的各种情境因素。从坚持权变观点的角度看，豪斯与菲德勒也有一定程度的理论重合。但是，菲德勒把注意力集中于情境因素的权变，而豪斯则强调领导者本身的权变。可以说，由于豪斯的理论推出较晚，所以，有可能也有条件吸取前人的大量成果。而豪斯本人基于共同价值和愿景对自己的理论进行调整，也显示了这一理论不断发展的容量和前景。

（二）领导者-参与模型及其发展

1973 年，维克多·弗鲁姆（Victor H. Vroom）与合作者菲利普·耶顿（Phillip Yetton）共同提出了一种较新的领导权变理论，即领导者-参与模型，该模型将领导方式即决策方式同（员工）参与决策程度联系起来。其前提假设是管理者能够并且愿意调整领导风格，以适应不同的环境；领导者可以通过改变下属参与决策的程度来体现自己的领导风格。该模型是规范化的——它提供了根据不同的情境类型而遵循的一系列的规则，以确定参与决策的类型和程度。这一复杂的决策树模型包含 7 项权变因素（可通过“是”或“否”选项进行判定）和 5 种可供选择的领导风格。

根据员工参与决策程度的不同，把领导风格（决策方式）分为 3 类 5 种：独裁专制型 2 种，协商型 2 种，群体决策型 1 种。有效的领导者应根据不同的环境来选择最为合适的领导风格（见表 6－1）。

表 6－1　领导风格（决策方式）分类

类型	领导风格（决策方式）	参与程度	代码
独裁专制型（A）	领导者运用手头现有的资料，自行解决问题，作出决策。	最低	AⅠ
	领导者向下级获取必要的资料，然后自行决定解决问题的方法；向下级索要资料时，可以说明情况，也可以不说明；在决策过程中，下级只向领导提供必要的资料，而不提供或评价解决问题的方案。	较低	AⅡ
协商型（C）	以个别接触的方式，让有关下级了解问题，听取他们的意见和建议，然后由领导者作出决策，决策可以反映下级意见，也可以不反映。	中等	CⅠ
	让下级集体了解问题，并听取集体的意见和建议，然后由领导作出决策；决策可以反映下级意见，也可以不反映。	较高	CⅡ
群体决策型（G）	让下级集体了解问题，并且与领导者共同提出和评价可供选择的决策方案，努力就决策方案的选择达成一致；讨论过程中领导者仅作为组织者而不用自己的思想去影响群体，并愿意接受和落实任何一个集体支持的方案。	最高	GⅡ

注：A 代表专权；C 代表协商；G 代表群体。英文字母后面的罗马数字代表该种类型的各种变形。

弗鲁姆认为各种类型决策最终的有效性取决于决策者对决策质量、决策的可接受性以及决策耗时等因素的重视程度，同时也取决于采用不同的决策方法所获得最终结果的差别程度，因为决策方法本身是不会随环境变化的。不存在对任何环境都适用的领导（决策）方式。管理者在进行决策时，应当将精力集中在对环境特征性质的认识上，以便更好地针对环境要求选择领导方式和制定决策。

为了进一步将构成领导者-参与模型的基本环境和问题的特征分清，使领导者能够正确地根据自己的条件认识所处的环境特性，有效地使用该模型选择决策方式，弗鲁姆对决策环境的描述用两类 7 个问题加以概括。这两类问题分别与决策质量和决策者掌握的决策所需信息有关。决策者通过对这 7 个问题逐个做出“是”或“否”的回答，用决策树的方法，按照选择法则的逻辑程序，筛选出一个或若干个可行的决策方式。用来确定决策方式的 7 个问题和决策树见图 6－3。

1	2	3	4	5	6	7
决策是否有质量要求？是否存在某一解决办法比另一种更合理？	是否有足够的信息作出高质量的决策？	决策的问题是否结构清楚？	下属对解决办法的接受程度是否会严重影响决策的有效实施？	如果领导者独自作决策，下属肯定会接受？	下属是否赞同这种解决办法所要达到的组织目标？	准备选用的解决办法是否会在下属中引起冲突？

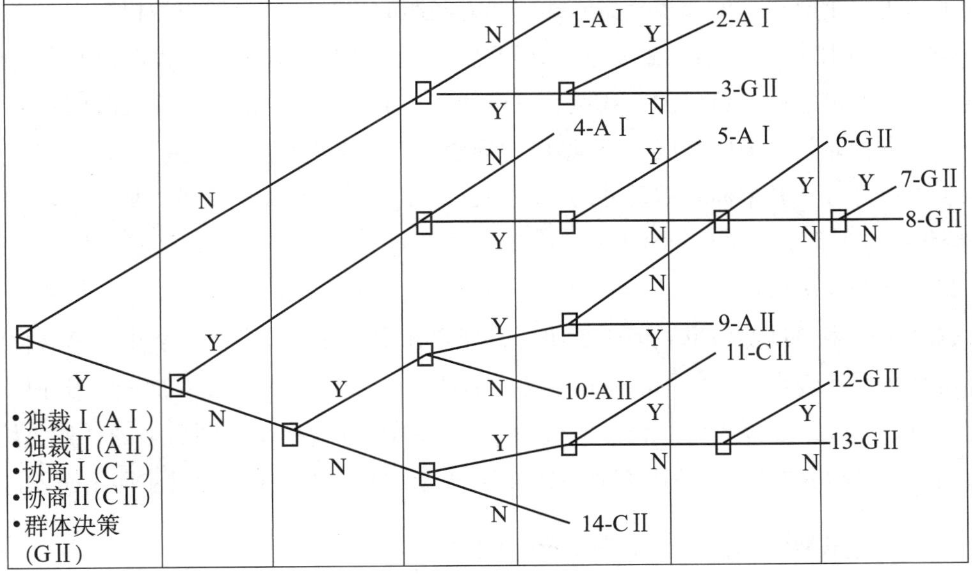

图 6-3　确定决策方式的 7 个问题和决策树

弗鲁姆还提出了 7 项基本法则来保证决策质量和决策的可接受性：

（1）信息法则。如果决策的质量很重要，而领导者又没有足够的信息或单独解决问题的专门知识，就不要采用 AⅠ方式。

（2）目标合适法则。如果决策的质量很重要，而下属又不将组织目标当做大家的共同目标，就不要采用 GⅡ方式。

（3）非结构性工作问题法则。如果决策的质量是重要的，但领导者缺乏足够的信息和专门知识用以独立地解决问题，而工作问题又是非结构性的，就排除采用 AⅠ，AⅡ，CⅠ这三种方式。

（4）接受性法则。如果下属对决策的接受是有效执行决策的关键，而由领导者单独作出的决策不一定能得到下属接受的话，就不要采取 AⅠ，AⅡ方式。

（5）冲突法则。如果决策的可接受性很重要，而领导者的个人决策不一定被下属接受，下属对于何种方案更适合可能抱有互相冲突的看法时，就不要采取 AⅠ，AⅡ，CⅠ方式。

（6）公平合理法则。决策的质量并不重要，决策的可接受性是关键，这种情况下最好采用 GⅡ方式。

（7）可接受性优先法则。如果决策的可接受性是关键，而专制决策又保证不了可接受性，并且如果下属是值得信赖的，应采用GⅡ方式。

对某个特定的工作问题，如果应用这些基本法则进行选择，决策者可以得到一组可行的决策方式。这恰恰是弗鲁姆的领导理论与其他领导理论相比的优势所在：更接近实际，更具有实用价值。

1988年，弗鲁姆与合作者加戈出版了《新领导：组织中的管理参与》一书，对原来的模型进行了改进，增加了相关因素和回答问题的相对性。模型中的权变因素由原来的7个增加到12个（包括质量要求、认可程度、领导人的信息掌握程度、问题结构化程度、认可的可能性、目标的一致性、下属冲突、下属的信息掌握程度、时间制约、地理分布、激励时间、激励发展）。模型中的问题回答不再是绝对的“是”与“否”，而是增添了档次划分，其中涉及重要性的4个问题，回答从“不重要”到“非常重要”分为5个等级；涉及可能性的6个问题，回答从“完全否定”到“完全肯定”分为5个等级；最后2个问题保留了“是”或“否”的开关式选择。

这个新模型通过实验也被证明更切合管理实际。不过，模型在复杂化、完善化的同时，也加大了管理者实际应用的难度。为了解决这一矛盾，弗鲁姆和加戈利用计算机程序化运行，简化了实际操作过程。从最初的“弗鲁姆-耶顿模型”到后来的“弗鲁姆-加戈模型”，弗鲁姆的领导理论随着时代的发展、认识的深入、技术的进步而不断改进。

（三）交易型领导理论与变革型领导理论

美国著名历史学家与政治学家、领导学研究权威专家詹姆斯·麦格雷戈·伯恩斯（James MacGregor Burns，1918—2014）将领导定义为：具有特定动机和目的的人们在与他人的竞争和冲突中，调动各种制度的、政治的、心理的和其他资源，去激发、吸引和满足追随者的动机的过程。伯恩斯将领导理论研究的关注点从领导特质论、行为论转向了领导交互论、利益论，同时对领导进行了概念化。他在定性分类研究的基础上，将领导者分为了变革型领导（transformational leadership）和交易型领导（transactional leadership）两种类型，并阐述了二者的联系与区别。

1. 领导的概念与产生根源

伯恩斯认为，权力的本质是一种关系，人们在这种关系中运用自身所拥有的不同资源激发各自与对方的动机。所以，天才领导人会不断察觉下属价值观念与动机的变化，并根据其变化采取不同的诱导方式。对于领导者，尤其是政治领导者如何产生，伯恩斯认为有以下几点根源：

（1）家庭。对于儿童来说，父母是自己接触时间最久的人，所以父母行为与人格的示范作用对孩子的影响最为强烈。在孩子成长的过程中，父母要培养他们解决各种危急性的任务，来渐渐地摆脱父母影响力的束缚，从而使他们的角色由原先被动的追随者变为可以掌握主动权的领导者。

（2）学校。在孩童的成长时期，学校的教育被视为影响他们形成自身价值观和行为的主要方式。在不同的学校中，存在着不同的师资力量、课程设置方式、学习传统和学校文化，而这些区别会着重影响到孩童对社会阶级中所存在差别的感知，以及对争议性问题的理解。通常来说，在学校过早表现出领导潜质的孩童，有很大可能在日后成为一个出色的领导者，并对他人施加影响。

（3）社会角色。在成人以后，人们需要承担社会角色赋予的各种义务，学习社会角色需要其学习的各种能力，以保持其自尊心不被伤害。而保护自尊心的完整，也正是人类不断追求权力的潜在要求。伯恩斯将“领袖角色”分为三种：第一种角色是对组织精神的缔造、诠释和演绎；第二种角色是对组织的内部控制；第三种角色是行使某种特殊的权力。

与很多人所想的不同，对于许多领导人来说，他们的领导才能不光是在进入社会以后才形成的，而是在很大程度上受孩童时期的经历所影响。所以在培养领导人或分析领导人特质时，以上几点根源都应该成为考虑的对象。

2. 交易型领导与变革型领导

（1）交易型领导。伯恩斯认为，传统的领导可以被称为一种交易型领导，即在一定的体制和制度框架内，领导者和被领导者总是进行着不断的交换。在交换的过程中，以领导者的资源奖励（包括有形资源奖励和无形资源奖励）和被领导者对领导者的服从作为交换的条件，双方在一种“默契契约”的约束下完成获得满足的过程。整个过程类似于一场交易，所以传统领导也被称为交易型领导。交易型领导鼓励追随者追求他们的自我利益，但是交换的过程以追随者对领导者的顺从为前提，并没有在追随者内心产生一种积极的热情，其工作的内在动力也是有限的。因此，交易型领导不能使组织获得更大的进步。

（2）变革型领导。与交易型领导不同，变革型领导者是能够激发追随者的积极性，从而更好地实现领导者和追随者目标的领导者。伯恩斯以马斯洛的需要层次理论为基础，对变革型领导的概念予以界定，认为“变革型领导是领导者与成员相互提升道德及动机到较高层次的过程”。领导者在该过程中的主要表现是：重视提升成员内在动机，希望将下属的需要层次提升到自我实现的境界，从而超越原先的工作期望，而不仅仅局限在利益的交换上面；通过提出更高的理想和价值，如自由、正义、公平及人道主义等，唤起下属的自觉，进而协助他们满足较高层次的内在需要，使下属能由“平凡自我”（everyday selves）提升到“更佳自我”（better selves），从而愿意为团队、组织和更大的政治利益牺牲个人利益。

变革型领导的最大特点是有能力带来巨大的变革，领导者通过让员工意识到所承担任务的重要意义和责任，激发下属的高层次需要或扩展下属的需要和愿望，使下属能更多地考虑到团队、组织的利益，而不是个人的利益。这种领导方式是一种未来的发展趋势，其可以激发追随者理解并包容一种新的可能性的愿景型领导模式。根据伯恩斯理论，变革型领导由个人魅力、智力激励以及个人化考虑三个因素构成。

（3）交易型领导与变革型领导的联系与区别。传统的交易型领导重在形式上的“交换”，变革型领导则重在内在的“转变”。在从“交换”到“转变”的过程中，领导者首先要勾勒出一幅有吸引力的组织愿景来进行积极的宣传，同时向被领导者灌输共同的理想和价值观，不断发展他们的知识和技能，并让他们承担更多的责任，使其对工作的重要性更为敏感，从而进一步增强对组织的认同。通过个人魅力和个性化关怀，领导可以鼓励下属为了组织利益而超越自我利益，而下属也对领导者充满了信任与尊敬，从而使组织不断向更高层次的目标发展。

需要注意的是，交易型领导与变革型领导并非采取截然对立的方法处理问题。变革型领导是在交易型领导的基础上形成的，它导致下属努力的水平和绩效水平比单纯的交易型要好得多。变革型领导也更具领袖魅力，他们试图逐步培养下属的能力，使他们不但能解决那些由观念产生的问题，而且完全能解决那些由被领导者提出的问题。交易型领导往往用“低级需要”来满足下属，而变革型领导强调如何变革，如何创新以及如何铸造一种新的时代精神，用“高级需要”来调动下属的积极性。概括起来，两种领导行为的区别如表 6-2 所示：

表 6-2　交易型领导与变革型领导的区别

交易型领导	变革型领导
● 重视计划	● 重视使命和愿景
● 分配责任	● 传递愿景
● 控制和问题解决	● 引起动机和激发鼓励
● 强调例行事项和均衡	● 创造变革和革新
● 权力维持、创造顺从	● 赋予成员自主力
● 强调契约性责任	● 重视个人承诺
● 重视理性和人身依附	● 对成员感兴趣并依靠直觉
● 重视回应环境	● 重视对环境有前瞻性的预见和改变

伯恩斯的领导理论加深了人们对领导过程的理解，扩展了领导学研究的领域，并已成为领导理论研究的新范式。他认为变革型领导和交易型领导这两种领导行为是同一连续体的两个极端，但就领导实践而言，变革型领导已然在企业界成为领导形态的一个主流。所以，组织应重视领导者的变革型领导行为，并采取有针对性的措施来进行领导者行为的训练。

（四）扎莱兹尼克领导理论

哈佛商学院“松下幸之助领导学”终身荣誉教授亚伯拉罕·扎莱兹尼克（Abraham Zaleznik，1924—2011）在 1977 年发表的《管理者与领导者：二者有什么不同?》一文获得了麦肯锡奖。这篇文章从特征、对目标的态度、工作的概念、与他人的关系、自我意识等方面，阐述了领导者和管理者的区别，进而阐述了领导者的重要性（见表 6-3）。

表 6-3 领导者与管理者的区别

维度	领导者	管理者
特征	● 领导文化强调能量的瞬间爆发 ● 管理者是问题的提出者 ● 积极地提出设想、提出问题 ● 个人化的、积极的态度	● 管理文化强调理性及控制 ● 管理者是问题的解决者 ● 被动地回应设想、解决问题 ● 非个人化的、相对消极的态度
对目标的态度	● 目标源于欲望而非需要 ● 寻求潜在的机会及回报 ● 以自身的魅力激励下属、激发创新 ● 与雇员及合作者的关系紧张 ● 工作环境混乱，缺少结构性 ● 以冒险和开辟新途径的方式做事	● 目标源于需要而非欲望 ● 缓解个人及部门间的矛盾 ● 抚慰组织内的方方面面 ● 确保日常工作的顺畅运行 ● 工作环境有秩序、稳定 ● 以试验过或已经证明过的方法做事
工作的概念	● 对待长期性问题力图拓展新的思路，并开启人们新的选择空间 ● 主动追求有风险甚至危险的工作，工作具有高度的冒险性 ● 能够容忍混乱 ● 视平凡的工作为一大苦差事	● 倾向于将工作视为一种授权的过程 ● 常常需要调节和平衡各自完全相反的意见 ● 谋求自下而上的本能压倒了其对风险追求的欲望 ● 管理者拥有容忍平庸、琐碎工作的能力
与他人的关系	● 关心某些想法，他们以一种直觉的和更富有情感的方式与人交往 ● 极富情感特征，爱憎分明 ● 关心某些想法，以直觉的情感移入方式与人交往 ● 关心事情以及决策对参加者而言意味着什么 ● 倾向于零和博弈 ● 注重决策是否达到自己的目标 ● 人际关系动荡、紧张	● 管理者依据自己在事件或决策制定中的角色来与人交往 ● 乐于与他人一起工作 ● 缺乏情感移入，缺乏凭直觉感受他人情感或思想的能力 ● 关心事情应该怎样继续下去 ● 倾向于双赢博弈 ● 注重决策的过程人人满意 ● 人际关系稳定、有秩序
自我意识	● 表现为“再生”的性格 ● 自身与环境相隔离 ● 在某一组织工作，却从未真正属于这一组织 ● 自我意识的存在不依赖于组织 ● 通过个人奋斗谋求发展	● 表现为“一生”的性格 ● 现存秩序的保护者和规范者 ● 在组织中实现自身价值并获得物质利益 ● 自我意识的存在依赖于组织 ● 借助社会谋求发展
观点	● 东西还没有破碎之时，可能恰是你能够修补它的唯一机会	● 如果东西不破，就不要去修补它

总之，管理者和领导者是有区别的两类人。领导者像艺术家，他们能力发挥情况的波动极大，甚至可能完全失去某种能力。同时，对于管理者和领导者而言，其发展模式还涉及在孩提时代特殊人物对他们的影响。即使拥有超群的禀赋，如果培养不当，也难以塑造出伟大的领导者。有天分的人需要与良师建立一对一的指导关系。艾森豪威尔有幸遇到了康纳将军，卡内基则得到了托马斯·斯科特的指点。

20 世纪 70 年代的美国企业正受到日本企业的严峻挑战，迫切需要具有创业和改革精神的领导者。但此时商界却处于对管理者的膜拜之中，在崇尚集体领导的管理者统治下的大公司，到处弥漫着保守的气氛和官僚主义，创业精神、想象力和创造力明显受到抑制。在商学院，大多数教授还是科学管理、时间与动作、组织图之类理论和实践的忠实信徒。扎莱兹尼克的文章无疑是一颗振聋发聩的重磅炸弹。他指出，管理研究和实践缺少了“有抱负、愿景以及人的种种动机和欲望的另一半”。从此以后，领导职能研究开始包含丰富的人性内容。领导的内涵从简单的权力应用，扩展到激励、沟通和解决冲突等人文领域，实现了从重“物”的管理思想向重“人”的管理思想的转变。

第四节　战略管理学派发展

波士顿咨询集团公司创始人布鲁斯·亨德森（Bruce Henderson，1915—1992）是 20 世纪 70 年代战略管理学派发展中的杰出贡献者。1963 年，他从波士顿平安储蓄信托公司的首席执行官那里接受了一项任务，着手建立一支为银行业提供咨询的队伍，这就是波士顿咨询集团公司（Boston Consulting Group，BCG）的前身。亨德森是波士顿矩阵、经验曲线、三四规则矩阵的原创者。

（一）波士顿矩阵

波士顿咨询集团公司在 20 世纪 70 年代初开发了波士顿矩阵。如果一个组织拥有多个事业部或者多种业务或产品，就要考虑如何管理多个事业部或多种业务，也就是要考虑组织拥有的资源如何在各种业务或事业部中进行有效分配的问题。波士顿矩阵中的纵坐标“业务增长率”表示该业务销售量或销售额的年增长率，用数字 0～20%表示，并认为市场增长率超过 10%就是高速增长。横坐标“市场份额”表示该业务相对于最大竞争对手的市场份额，用于衡量企业在相关市场上的实力。波士顿矩阵区分出四种业务组合（见图 6-4）。

（1）现金牛产品。这是市场占有率高但增长率低的产品，可以产生大量的现金，以供厂商发展新产品，并将之培养成明日之星，可以说是厂商的“金库”。

（2）瘦狗产品，也称衰退类产品。它是市场占有率低、增长率也低的产品。瘦狗产品在账面上也能产生利润，但是这个利润必须要用来向这些产品再投资以维持其市场占

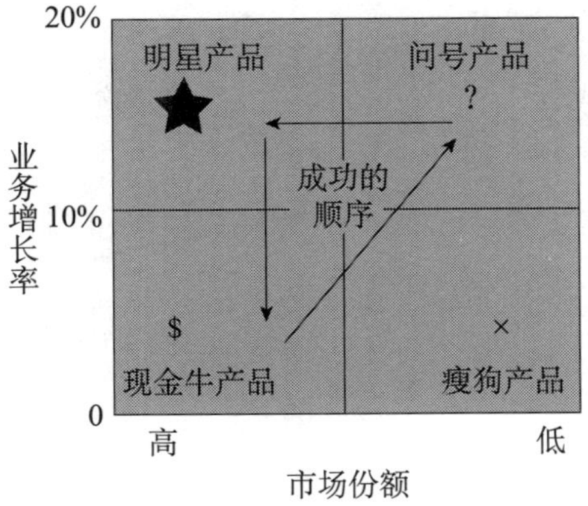

图 6-4　波士顿矩阵

有率。营销人员必须认清真相，不要因为感情因素，而将资金继续浪费在没有明天的产品上，"壮士断腕"才是上策。所有的产品要么转变成现金牛产品，要么转变成瘦狗产品，一个产品的价值在于能否在其增长减缓之前就得到该产品的主要份额。

（3）问号产品。它是市场占有率低、增长率高的产品。这类产品需要比它们所产生的多得多的资金来进行投资。如果没有再投入资金，问号产品就会逐渐失去竞争力直至消失。因此管理者应该仔细考虑，是否要花费更多的资金来提高市场占有率，或是缩小经营规模，甚至完全退出市场。

（4）明星产品。它是指市场占有率高、增长率也高的产品，需要加大投资以支持其迅速发展。明星产品最终也将变成现金牛产品，它能带来高占有率、高利润，有着良好的稳定性及安全性，能产生大量的资金，可以再投资到其他产品上去。

管理者应尽可能从"现金牛"获得现金，对"明星"和"问号"领域的业务进行支持。对"明星"业务的支持有助于这些业务的增长和保持较高的市场份额。但"问号"的发展方向不确定，具有风险性，需要谨慎决策。"瘦狗"业务是应该被出售或者清算的业务。

（二）经验曲线

经验曲线又称经验学习曲线、改善曲线。经验曲线是一种表示生产单位时间与连续生产单位之间的关系的曲线。经验曲线效应表明了经验与效率之间的关系。当个体或组织在一项任务中习得更多的经验时，他们会变得效率更高。这两个概念出自谚语"实践出真知"。经验曲线如图 6-5 所示。

亨德森将这一模型应用在战略中，发现它仍然可以作为一个有用的实践工具而起作用。当总体所积累的经验扩大一倍时，在排除通货膨胀的前提下，新增价值的成本每次将会显著地下降 25%～30%，下降的原因在于学习、专业分工、投资、规模等。根据这种观点，在其他条件相同的情况下，第一个进入新市场的企业能够以迅速扩大产量来得到优于其竞争对手的成本优势。

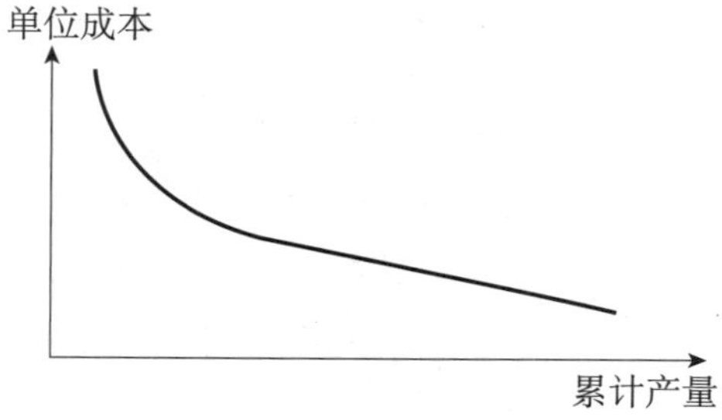

图 6－5 经验曲线

（三）三四规则矩阵

三四规则矩阵可用以分析一个成熟市场中的企业的竞争地位。该矩阵如图 6－6 所示。

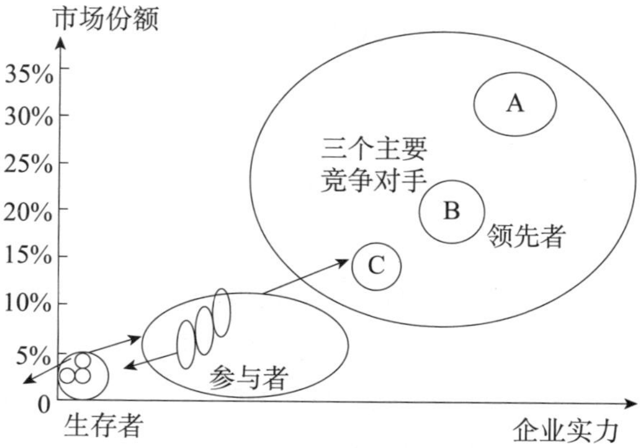

图 6－6 三四规则矩阵

在一个稳定的竞争市场中，市场竞争的参与者一般分为三类：领先者、参与者、生存者。领先者一般是指市场占有率在 15%以上，可以对市场变化产生重大影响的企业，如在价格、产量等方面；参与者一般是指市场占有率介于 5%～15%之间的企业，这些企业虽然不能对市场产生重大的影响，但是它们是市场竞争的有效参与者；生存者一般是局部细分市场的填补者，这些企业的市场份额都非常低，通常小于 5%。

该理论认为，在有影响力的领先者之中，企业的数量绝对不会超过三个，而在这三个企业之中，最有实力的竞争者的市场份额又不会超过最小者的四倍。这个模型是由下面两个条件决定的：（1）在任何两个竞争者之间，2∶1的市场份额似乎是一个均衡点。在这个均衡点上，无论哪个竞争者要增加或减少市场份额，都显得不切实际而且得不偿失。这是一个通过观察得到的经验性结论。（2）市场份额小于最大竞争者的 1/2，就不可能有效参与竞争。这也是经验性结论，但是不难从经验曲线的关系中推断出来。通常，这两个条件最终导致这样的市场份额序列：每个竞争者的市场份额都是紧随其后的竞争者的 1.5 倍，而最小的竞争者的市场份额不会小于最大者的 1/4。

三四规则矩阵只是从经验中得出的一种假设，它并没有经过严格的证明。但是，这个规则有非常重要的意义，那就是：在经验曲线的效应下，成本是市场份额的函数。倘若两个竞争者拥有几乎相同的市场份额，谁能提高相对市场份额，谁就能同时取得在产量和成本两个方面的增长，与所付出的代价相比，得到的可能会更多。但是，对市场竞争的领先者而言，可能得到的好处却反而少了。然而在任何主要竞争者的激烈争夺情况下，最有可能受到伤害的却是市场中最弱小的生存者。

亨德森的行为充满反叛，他喜欢唱反调，热衷于改变。他创建的公司战略学举世闻名，给当时一味扩张、一味凭经验前行的麦肯锡公司以沉重的一击，使得麦肯锡公司不得不重新审视自己，做出战略调整。所以说，虽然大家公认麦肯锡公司是战略咨询领域的霸主，但事实上，波士顿咨询集团才是第一家真正意义上的战略咨询公司。

第五节 其他管理思想及发展

20 世纪 70 年代，管理思想史、管理过程学派、营销管理学派、权变理论学派等既有学派和理论得到了进一步的发展。而且，麦克利兰提出的胜任素质理论，极大地丰富了该时期的管理思想内容。

一、管理思想史发展

美国管理学家罗伯特·卡茨（Robert L. Katz，1926— ）作为一名管理实践者，在许多公司担任过管理者，有着丰富的管理经验，同时作为一名管理理论家，对管理学的发展历史尤为精通，他知道什么是好的管理模式，在不同条件下应该选用哪些管理模式。他根据自己的经验和理论水平对别的管理学专家的理论进行了评价，并将自己认为好的论文集中起来编写了《哈佛管理论文集》一书。该书的所有论文都是从《哈佛商业评论》中挑选出来的，这些论文的作者无论是在经验上还是在理论上都有一定的造诣，其中大多数都是当时管理学界的知名人士。卡茨通过对管理科学的分类和整理，对纷繁复杂的管理学理论进行清晰的梳理，对后来的管理学研究具有重大而深远的意义。

更为重要的是，美国管理学家和管理史学家丹尼尔·雷恩（Daniel A. Wren，1935— ）于 1979 年出版了《管理思想的演变》一书，该书是至今管理学界最为系统和详细的管理史学著作，研究方法和视角都非常独特。该书为各个学派及其演进的分析提供了宏大的历史背景，使管理思想更加清晰可读；把管理的各个学派及其来龙去脉梳理得非常清楚，为后人把握管理学提供了极大便利。该书对有重大贡献的管理学者的活动背景、思想和影响加以研究，以此来说明管理思想从最早的非正规时代起，一直到当代的发展演变过程。该书一共分为四个部分，始终都按照时间顺序叙述，以便证明管理的理论和实践都是发展演变的，同时也是为了表明人们和各种有关组织的设想是如何随着经济、社会和政治哲学及政治体制的变化而发生变化。

（一）早期管理思想

1. 历史的序幕

雷恩认为，管理活动古已有之。人们发挥管理的某些职能，以便有效地获取、分配和利用人力与物质资源来实现某个目标。从本质上看，人们具有经济、社会和政治方面的需求，要通过有组织的努力去满足，而管理是在人们谋求通过集体的行动来满足其需求时所产生的一种必不可少的活动，它有助于实现个人和集体的目标。因此，管理思想就是关于管理活动及其职能、目的、范围的知识体系，它既是文化环境的一个过程，也是文化环境的产物，由于管理思想具有这些开放系统的特点，所以必须在文化的范围内对它进行研究。

2. 工业化之前的管理

在工业化之前，人类的组织主要是家庭、部落、教会、军队以及政府这几种。早期主流的管理思想反对商业，反对获取成就，尤其是反人道的文化价值准则。组织可以靠君权神授、教义对虔诚教徒的号召力以及军队的严格纪律来进行管理。在这种尚未工业化的环境中，很少或者完全没有创立正式的管理思想体系的需要。工业化的新时代是由新教伦理、自由伦理和市场伦理三种力量的相互作用而产生的。文化的重生可以为工业化创造先决条件，因而需要建立一个合理的、正式的、系统的知识管理体系。

3. 工业革命：问题与展望

工业革命最先发生在英国。工业革命涉及的物质要素是煤、铁、运输、机器、动力和工厂；而人的要素则是热心于创新和获取利润的企业家以及一支主要从事工业生产的劳动大军。工业革命创造了一种新的文化环境，也产生了一批与以前不同的管理问题。在人们努力使自己更适应城市和工厂的新的严格的生活的过程中，他们的需求越来越复杂；由于大量资本的投入、劳动分工和获得经济成果的需要，组织本身也在发生改变。组织必须在市场中竞争和创新，于是管理成为生产的第四种要素，并把其他三种要素（即土地、劳动力和资本）结合起来。工厂规模的扩大，更使管理成为迫切的问题。

4. 早期工厂中的管理先驱

对早期大规模工业组织存在的多方面问题提出解决办法的有四位管理先驱。

（1）罗伯特·欧文，英国企业主。他试图在人的因素和机器时代之间建立新的协调社会（如新和谐公社试验），有人称他为“人际关系主义的先驱”。

（2）查尔斯·巴贝奇，英国的发明天才。他发明了世界上第一台实用的机械计算机，并分析了工业的操作。巴贝奇在泰勒之前就把科学方法应用于管理活动，应被视为科学管理的鼻祖。

（3）安德鲁·尤尔，英国管理教育领域的先驱。他主要针对当时工厂制度下的管理进行培训。

（4）查尔斯·杜宾，法国工业教育的先驱。他向尤尔学习，在法国开设了管理课程。

5. 早期的美国管理

美国工业革命期间，铁路是第一大行业，铁路公司是美国管理的先锋。最早倡导系统性管理思想的人都同铁路公司有关。纽约-伊利铁路公司是美国系统化管理的先驱。丹尼尔·麦卡伦，曾长期担任纽约-伊利铁路公司的总监。他将系统管理引入铁路公司，其管理原则是：适当地划分职责；对下属充分授权，以便下属能够履行其责任；掌握能够帮助了解下属是否切实承担起责任的手段；迅速报告一切玩忽职守的情况并立即予以纠正；通过每日报告和检查制度了解情况。此外，长期担任《美国铁路杂志》主编的亨利·普尔一直关注铁路行业的制度化，认识到组织和方法层面与人的层面之间的互动，他从麦卡伦的管理经验中发现了三项基本原则：组织原则；沟通交往原则；信息原则。

（二）科学管理时代

1. 科学管理的出现及效率主义传播者

科学管理的创始人是弗雷德里克·泰勒，在他的那个时代和我们的这个时代都留下了不可磨灭的印记。科学管理运动初期，除泰勒外，还有六位著名人物：卡尔·巴思，亨利·甘特，吉尔布雷思夫妇，哈林顿·埃默森，莫里斯·库克。他们是泰勒的继承者和追随者，也是科学管理的传播者。

2. 人的因素：开辟道路

工业心理学是科学管理的产物，是科学管理倡导的科学方法在工业心理学领域应用的产物。在这方面，雨果·孟斯特伯格的贡献最大，正是他奠定了工业心理学的基础。他提出的“心理学与工业效率”和泰勒的思想是密切相关的。后来出现的人际关系运动实际上植根于较早的社会学理论。维尔弗雷多·帕累托是社会系统概念的奠基人，他说的社会系统是指社会在某一特定时刻以及在一个时期内接连经历的改变中所处的状态。帕累托的理论为梅奥和霍桑研究组的成员所了解，成为“社会人”假设的理论基础之一。

3. 管理和组织理论的出现

管理和组织理论以两种形式出现指的是法约尔贡献的管理原则和管理要素，以及韦伯为了保证组织效率而探索的一种理性化的组织结构蓝图。法约尔和韦伯从不同的背景与视角，尝试提出管理大型组织的计划。法约尔强调了管理方面的教育，而不是技术培训，还强调了计划、组织、指挥、协调和控制的重要性；韦伯设法摆脱以传统权力和超凡权力作为基础领导与组织，试图为权力建立一种法定基础，并且为人员的选拔和管理提供有序的安排。

4. 科学管理的理论与实践

科学管理的出现，不仅有力地推动了全球范围内对管理理论和组织理论的正式研究，促进了商业政策和经营哲学的形成，还极大地促进了美国、英国、欧洲大陆、日本和苏联的管理实践，并为将科学管理运动从车间管理扩展到其他领域准备了条件。泰勒及其追随者提供了一种推动力，促使科学管理的影响不断扩大。虽然在实践中，科学管理并不总是能够真正实现它的理想，比如遭受工会的抵制与理解上的偏差，但这些却并不意味着它的失败。由于系统化企业行为的需要，科学管理为有效率和理性提供了一种声音，既有实践的目标，也有理论的内容。它培养了众多才华横溢的人，他们一直在对科学管理进行论述、研究和实践。科学管理反映了它所在时代的精神，并且为后来的发展铺平了道路。

（三）社会人时代

1. 霍桑实验

从调查工厂照明与工人产量之间的关系开始，梅奥等人在西屋电器公司霍桑工厂进行的霍桑实验逐渐发展成为一系列试图解释与照明无关的产量增加的尝试。研究结果表明，绩效的提高并不是因为休息时间或茶点，而是在一定程度上与工资激励计划和管理者的风格有关；人际关系型的思维方式强调人与人之间的关系、倾听、交流和管理者与领导者之间的社交技能；人际关系导向的管理者能够克服失范的不利影响并恢复集体团结，从而既能满足个人的社会需要，又能满足组织的经济需要。霍桑实验的结果为人际关系学说和行为科学奠定了基础。“社会人”假设正是基于此而提出的。

2. 寻求组织整合

霍桑实验推动了有关社会行为和社会系统的研究。福莱特和巴纳德两位管理学大师在以下方面作出了巨大贡献：有关权力性质的新概念的发展；协作努力的必要性；冲突的解决；能为协作努力提供最大机会的组织的设计。可以说，福莱特和巴纳德是科学管理与社会人这两个时代之间的桥梁。两个人都关心的“人”，不是作为个人本身，而是通过共同协作的群体努力获得成就的个体；他们都试图重新塑造过去有关权威的观念，都强调协调和统一。

3. 人与组织

梅奥和罗特利斯伯格等人的“霍桑实验”打开了在工业中研究人际关系的大门，而其他人则使它结出果实。管理思想演变中的“人与组织”可分为两个层面：第一，在微观层面上研究社会测量、群体动力、决策参与、领导以及对群体成员的激励。在这方面作出贡献的有雅戈布·莫雷诺、库尔特·勒温、亚伯拉罕·马斯洛、约瑟夫·斯坎伦以及俄亥俄州立大学企业研究所的斯托格迪尔和沙特尔等人。第二，在宏观层面上寻找分析工具和模型概念，以解释组织中的正式方面与非正式方面的互动。在这方面作出贡献的有：威廉·怀特对餐馆所作的有关人的地位的研究；怀特·巴基有关公司同工会如何在一种复杂的社会系统中结合在一起的研究；赫伯特·西蒙有关决策理论的研究等。

4. 组织与人

梅奥主义者试图以建立社会团结和合作为基础，获得更高的生产力和满意度，而另一些人则更关注各种活动和关系的合理结构，以实现本质上相同的目标。穆尼和赖利从历史中找出了组织的一些原则；丹尼森致力于建立能使人们在工作中感到更满意的灵活的整体结构；古利克、厄威克、格雷库纳斯等人也倾向于使关系形式化，从而减少混乱并增强确定性和可预测性，厄威克又试图将其综合成一种管理理论；戴维斯则通过其有机职能观点来体现管理思想从车间管理和作业管理向最高层管理的转变；科斯和康芒斯的著作讨论了交易成本经济学的根源。

5. 人际关系理论、实践及评价

霍桑等人的研究对于推动组织改进人际关系这一行为是很重要的一步。人际关系并不是新东西，只不过是人文主义思想的一种复兴，它凭借哈佛大学和麻省理工学院的声望，进入管理的课堂和实践。虽然梅奥的名字与霍桑实验及人际关系的推广紧密联系在一起，但他只是使得霍桑实验进行下去的众多人物之一。一些批评家对人际关系-社会人的理论和实践的许多方面提出了疑问。这些疑问集中在关于人际关系的前提、方法论和对工业人结论的攻击中。霍桑实验虽然存在许多局限性，但它标志着管理思想上的一个新方向。

（四）现代

1. 管理理论与实践

第二次世界大战以后的管理又重新回归一般管理理论。市场的扩大，工艺技术的进步以及组织的持续增长，要求管理人员在更健全的理论基础上来经营企业。管理已不只是生产管理，也不只是业务管理或是简单地完成有限数量的活动。正是在这种背景下，管理学者和实际工作者企图通过管理过程学派提供管理的原则与理论框架。如果把法约尔、古利克、戴维斯等人看做管理过程学派的第一代，20 世纪 50 年代的威廉·纽曼等人则是第二代。20 世纪 50 年代早期，在管理术语特别是关于指挥或领导上有很大的分歧，第二代开始对法约尔提出的管理职能进行修订，以便适应现代组织。此时，其他学科领域的思想也开始渗入管理过程理论之中，如数学模型、行为科学的发现以及控制论；同时，出现了孔茨所说的管理理论的丛林，20 世纪 60 年代的特征就是试图把出现的各种新观点结合到传统的职能之中，对统一性的探求通过系统方法和比较管理研究而继续着。在管理实践中，管理者试图在卓越的组织中找到实践经验。但这些做法并没有给他们提供期望中的灵丹妙药，同时也表明“卓越”并不是那么容易测量和实施。孔茨“重访”管理理论的丛林后，发现管理出现了更多的学派；德鲁克也强调提高管理实践的需要，并对常见的缺乏创造性的学术研究成果提出了严厉批评。

2. 组织行为与理论

组织人文主义的哲学思想具有心理健康的意味，它提倡对组织进行重新设计以促进

个体的成熟，并认为管理者对人的假设决定了其管理风格。工作设计试图提供更高的员工参与程度，而目标设置理论提供了一种奖励方法来促进自我效能。人事管理演变成人力资源管理，而它与产业关系之间的某些联系也被提到。领导理论完成了这样的循环过程：从个人特征到权变理论，再返回领导者风格和领导者-成员关系（交易型、变革型、领袖魅力型），以及领导者-成员交换理论。在这些方面，马斯洛、麦格雷戈、赫茨伯格、赫塞、利克特、布莱克和默顿等人在各自的领域作出了不朽的贡献。

3. 管理的科学与系统

现今的时代要求管理者改进他们的决策方法，扩大他们的概念框架，为物质资源和人力资源的分配与应用寻找更好的方法。运筹学研究被视为早期科学问题的解决方法的一种现代版本，同样也是管理者设法提高其解释、预测和控制事件的能力的现代版本。然而，在一段时期里，对生产质量的关注却被多种经营、行为科学和市场多元化遮掩了。随着其他国家从美国学会了如何高效生产高质量的产品，它们在工业生产率增长方面超过了美国。探寻秩序与系统的另一部分原因来自微型电路和更强大的计算机的发展。计算机的硬件和软件使得我们从科学的数据处理演变到更迅速的信息收集与使用方法，为管理者制定决策提供了帮助。

4. 责任与机遇

伦理，即道德行为模式，是一直被人们思考的问题。作为个体，我们努力尝试制定正确的决策，但由于受到组织中其他人的影响，这种努力受到了干扰。社会责任，即企业在其所处环境中的道德行为，也随着时间的推移而发生改变。管理者先前被视为股东的受托人，但是随着利益相关者概念的引入，管理者的角色变得更加复杂。对于企业的生存而言，经济绩效是不可或缺的，企业也必须遵守法律，但是除此之外，可以选择如何响应社会环境的需求。

5. 作为未来研究序幕的过去

雷恩认为，管理思想的演变是一个漫长的过程，但目前还只是处于开始阶段，即还处于序幕阶段。管理既是环境变化的产物，又是环境变化中的一个过程。从内部来说，管理思想经历了几个阶段：强调生产的技术方面；强调工作场所中的行为以及对人类固有需求的满足；强调领导对目标明确的组织的引导作用；强调组织作为获得更大利益的工具价值；强调管理问题的组织和方法层面。从外部来说，管理思想一直受不断发展的技术，不断变化的经济、社会和政治的价值观以及环境挑战和国际挑战的影响。人们仍然在探求更好的管理理论和管理实践，正是这种探求使得对管理的研究成为一种最有价值的智力和实践活动。

他还认为，今天不同于昨天，明天又将不同于今天。今天是我们所有昨天的一种合力的结果，而且明天也将会一样。对于管理学者来说，历史中存在许多教训，而其中最重要的一个就是：过去仅仅是开始，将过去的研究作为未来的序幕。

二、管理过程学派发展

美国著名管理学家小埃弗伦特·亚当（Everent E. Adam，Jr.，1934— ）和罗纳德·埃伯特（Ronald J. Ebert，1930— ）是事业上的一对搭档，都属于管理过程学派的代表人物，对管理过程中的各个环节都进行了详细的研究，认为这样才有助于对管理科学的真正掌握。他们的主要贡献在于使管理研究的范围不再局限于生产制造，而是超出传统的生产领域，扩展到医院、图书馆等服务部门，从而用“经营管理”代替了“生产管理”。

美国 20 世纪 70 年代指导生产和经营管理的相关论著不多，而且基本都是艰深晦涩的理论著作，普通读者很难接受。亚当和埃伯特根据这种情况，在总结实践教学经验的基础上写成了《生产与经营管理》一书。这本书是一部生产与经营管理的导论性教材，按照管理过程（计划、组织、控制）体系，把生产制造系统中的各种要素转变为产品和服务的过程，同实现这一过程所必需的模式化和行为技术结合起来，使之成为一个整体；对传统生产制造系统的管理工作做了精辟的阐述，包括完整的理论体系、管理的过程阐述、各种生产资源的转化以及各种概念、模型和行为等。他们指出，计划、组织和控制是管理的核心内容，在生产中分别发挥着重要作用；这三者是相互影响、相互渗透、不可割裂的。

（一）管理理论和管理方法的变迁

亚当和埃伯特认为产业布局的变化使得管理理论与管理方法经历了变迁和发展。管理从最初的制造管理发展到后来的生产管理，最终发展为现在的经营管理。这种动态的过程主要是与当时的经济、技术变革等紧密联系在一起的。制造管理的出现主要和当时的制造业在国民经济中占主导地位有关，此种情况下强调劳动分工和专业化成为管理的一种趋向；生产管理立足于工业化社会服务产品的生产。

随着产业结构的变迁，生产要素在产业中得以重新分配，第三产业逐渐占有越来越重要的地位，因此经营管理的原理和方法可以跨行业广泛运用，即生产管理可以推广到服务行业，“生产管理”会逐渐被“生产经营”或“经营管理”所取代。经营管理强调利用核算和控制、计划等手段，结合计算机等技术对管理进行全新变革，注重管理的艺术性和创新性。

（二）生产制造系统理论

生产制造系统执行着把投入要素转化为某种产品或服务这个过程的任务，计划、组织和控制便是在其中发挥着重要管理职能的活动，实现了这个过程所必需的模式化和行为技术的结合。按照这一管理过程体系，亚当和埃伯特对生产制造系统中的管理问题进行了系统讨论，集中论述了计划、组织、控制在生产制造系统中的作用。

在论述计划工作时，亚当和埃伯特采取与以往做法不同的方法，把计划工作分为两部分：生产制造系统的计划工作和运用生产制造系统的计划工作。生产制造系统的计划工作就是拟订为获得生产制造过程中必需的各种设施而采取的行动方案，它主要是围绕着设计进行的，内容包括生产能力的计划工作、生产设施的地区分布、生产过程的计划工作、厂内布置的计划工作、产品计划工作等。运用生产制造系统的计划工作就是拟订在现有生产设施条件下把资源实际地转化为产品和服务而采取的行动，它主要针对计划建立以后如何利用的问题，内容包括预测、总产量的生产计划工作、加工订货生产的进度计划工作、生产控制、工程项目的计划工作和进度计划工作、人事计划工作和生产政策等。他们对每种计划工作的内容进行了较为系统深入的剖析。

组织工作就是把个体的员工、设备和设施三者进行组合，使之成为一个有效的系统机构，在生产和管理中发挥整体功效，达到预期目标。组织工作的方法基本有五种：（1）按产品的组织工作，立足点是产品和服务；（2）按客户的组织工作，将公司机构按所服务的客户类别组织起来；（3）按地区的组织工作，根据地理位置的具体情况来组织生产经营，设立经营机构；（4）按职能的组织工作，所采取的方法可以是以人们在其工作单位所从事的工作职能为依据；（5）按规划项目的组织工作，实际上这是融合产品和职能组织形成的一种变通方法，能更灵活地适应市场变化。

好的计划和组织工作必须有良好的控制工作相辅，才能顺利实现既定目标。控制活动是实施计划的有效保证，它能够及时纠正计划实施过程中的偏差，并根据实际情况调整目标和生产活动。在生产制造系统的控制活动上，重点在于库存控制和质量控制。在库存控制中，强调成本在控制过程中的作用，使得该过程可以采用定量的分析方法，利用数学、运筹学等工具进行模式化的研究，而定性分析方法则应用较少。质量控制活动则要综合采用定性和定量的分析方法，利用抽样调查、统计分析方法以及行为研究分析方法，完善、加强产品的质量。

三、营销管理学派发展

全球最顶尖的营销战略家杰克·特劳特（Jack Trout）提出了人类历史上最具革命性的营销观念——定位，因此被誉为“定位之父”。他于1969年发表了《定位：同质化时代的竞争之道》一文，首次提出了商业中的“定位”（positioning）观念；1972年发表《定位时代》一文，开创了定位理论；1981年出版学术专著《定位》，被誉为有史以来最富影响力的营销学与广告学的著作；1985年出版了《营销战》一书，书中所设计的营销战略模型被全世界的商学院作为主要教材之一沿用至今。

商业中的战略概念源自军事领域，本义是“驱动军队抵达决战地点”。特劳特根据军事中“选择决战地点”的概念提出了定位观念，用以界定企业经营要创造的外部成果，企业内部运营规划相应成为“如何驱动军队抵达”去创建定位。具体而言，是指企业必须在外部市场竞争中界定能被顾客心智接受的定位，回过头来引领内部运营，才能使企业产生的成果（产品和服务）被顾客接受而转化为业绩。

（一）营销定位的概念及内容

定位是指企业根据竞争者现有产品在市场上所处的位置，针对顾客对该类产品某些特征或属性的重视程度，为本企业产品塑造与众不同的、给人印象深刻的形象，并将这种形象生动地传递给顾客，从而使该产品在市场上确定适当的位置。市场定位可分为对现有产品的再定位和对潜在产品的预定位。对现有产品的再定位可能导致产品名称、价格和包装的改变，但是这些外表变化的目的是为了保证产品在潜在消费者的心目中留下值得购买的形象。对潜在产品的预定位，要求营销者必须从零开始，使产品特色确实符合所选择的目标市场。公司在进行市场定位时，一方面要了解竞争对手的产品有何特色，另一方面要研究消费者对该产品各种属性的重视程度，然后根据这两方面进行分析，再选定本公司产品的特色和独特形象。

定位包括五个基本方面：(1) 消费者定位。就是寻找消费者的特殊需求或需求差异并不断满足。影响顾客心理需求与购买动机的因素包括：消费者的价值心理；消费者的规范心理；消费者的习惯心理；消费者的身份心理；消费者的情感心理。(2) 产品定位。就是将某个产品定位在消费者心中，让消费者产生类似的需求，就会联想起这种商标的产品。一个产品应该包含五个层次：基本层次是核心产品；第二层次是形式产品；第三层次是期望产品；第四层次是附加产品；第五层次是潜在产品。产品定位是市场定位的第一步，为了取得强有力的地位，企业必须围绕其产品的五个层次做文章，务必使自己的产品与市场上其他的同类产品有所不同，它应该在五个层次上具有一个或几个特征，看上去好像是市场上“唯一”的。(3) 价格定位。价格并不是越便宜越好，价格的定位要取决于厂商的战略定位和未来产品及市场发展的方向。(4) 市场定位。就是参考目标消费群、消费力、消费特点、销售渠道、传播方式等因素，并根据这些因素进行市场推广。(5) 广告定位。好的广告定位要遵循“九字经”：对谁说（选择目标消费者）；说什么（广告内容、创意，产品诉求点）；怎么说（艺术风格及表现形式）。

（二）品牌定位四个步骤

定位，就是使品牌实现区隔。今天的消费者面临太多选择，经营者要么想办法做到差异化定位，要么就要定一个很低的价位才能生存下去。其中关键之处在于能否使品牌形成自己的区隔，在某一方面占据主导地位。企业一定要切实地厘清自己的区隔，并按照以下四个步骤来建立定位：第一步，分析行业环境。企业不能在真空中建立区隔，周围的竞争者都有着各自的概念，必须切合行业环境才行。第二步，寻找区隔概念。分析行业环境之后，就要寻找一个概念，使自己与竞争者区别开来。第三步，找到支持点。有了区隔概念，还要找到支持点，让它真实可信。第四步，传播与应用。企业要靠传播才能将概念植入消费者心中，并在应用中建立起自己的定位。

值得一提的是，特劳特与合作者出版了《营销战》《22 条商规》等畅销书后，将注意力从营销转向了战略，并总结出了战略的多条原则。在他看来，战略就是建立认知、与众不同、打败对手、选择焦点、领导方向、生存之道、实事求是和追求简单。企业获得成功，并不只是因为它拥有合适的员工、正确的态度、恰当的工具、优秀的榜样或者健康的组织。虽然这些因素都有助于企业迈向成功，但是它们无法把企业推上巅峰。企业的成功离不开一个正确的战略，因为战略为企业确定竞争方向，战略指导企业制定产品计划，战略告诉企业如何进行内外部沟通，战略告诉企业应该聚焦于什么。所以，理解战略的含义非常重要。特劳特把战略定义为“令你与众不同的东西，让顾客以及潜在顾客了解你的独特之处的最好方式”。

特劳特来自广告界，但他的理论广泛适用于企业战略。他提出的定位，就是指借助持续、简单的信息在顾客心智立足，占据一个位置。而最佳的效果，即是让企业在顾客心智中拥有一个字眼，就像沃尔沃代表“安全”，英特尔代表“微处理器”。不过，不能教条地误读定位理论。明智的企业会量体裁衣、审时度势。机械照搬只会导致错误的判断，永远无法给企业的品牌战略带来有效的指导。因此，企业要针对不同的环境，辩证地看待大师特劳特的定位理论。

四、权变理论学派发展

美国著名管理学家弗雷德·卢桑斯（Fred Luthans，1939—　）是 20 世纪 70 年代权变理论主要代表人物。此外，他还是心理资本研究的开拓者。

卢桑斯 1973 年发表的《权变管理理论：走出丛林的道路》一文与 1976 年出版的《管理导论：一种权变方法》一书，系统地介绍了权变理论，提出了用权变理论可以统一各种管理理论的观点。

他认为，过去的管理理论可分为四种，即过程学说、计量学说（或称管理科学学说）、行为学说和系统学说。这四种学说由于没有把管理和环境妥善联系起来，其管理观念和技术在理论与实践上相互脱节，所以都不能使管理有效地进行。权变理论是对上述理论的发展，重点突出了将管理与环境妥善结合起来，并使管理理论更贴近管理实践。该理论考虑到有关环境的变数同相应的管理观念和技术之间的关系，使采用的管理观念和技术能有效地达到目标。

环境变量与管理变量之间的函数关系就是权变关系，这是权变管理的核心内容。这种权变关系不是因果关系，而是“如果……那么……”的关系，即如果某种环境存在或发生，那么就要采用某种相应的管理思想、管理方法和技术，以有效地实现组织目标。环境自变量可以分为外部环境和内部环境两个方面。外部环境又可以分为两种：一般外部环境和特定外部环境。一般外部环境包括政治、经济、社会、科学技术、环境、法律等因素，而特定外部环境包括供应商、顾客、竞争者、雇员和股东等方面的因素。特定外部环境因素直接对组织发生影响，而一般外部环境因素对正式组织系统的影响是间接的。由于这两种外部环境因素都存在于组织之外，管理上难以直接控制，因此，它们作为“如果……那么……”函数关系中的自变量存在。内部环境是指企业的正式组织系统，它包括组织结构、决策程序、联系与控制、科技状况等因素。一般将内部环境变量视为“如果……那么……”函数关系中的因变量，因为它受外部环境变量的直接影响；但有些情况下，它也可以是自变量。

卢桑斯对管理因变量进行了具体解释，他分别就自己所归纳的四个理论学派来解释管理因变量的内容，认为管理过程学派（即管理程序学派）的管理因变量包括计划、组织、指挥、沟通和控制；管理科学学派的因变量包括决策模式、计量模型和计算方法等；行为科学学派的管理因变量包括学习与行为的改变、激励方式与手段、领导风格、团体动力、组织环境与发展等；系统管理学派的管理因变量包括一般系统论、系统设计与分析、管理信息系统等。上述各学派的管理因变量还可以进一步划分。比如，计划还可细分为预测、战略计划、战术计划；运筹学还可细分为线性规划、经济订货模式、等候模式、模拟模式等。卢桑斯认为，管理过程学派、管理科学学派、行为科学学派和系统管理学派的管理观念与技术都是权变管理中的管理因变量，权变管理学派与上述四个学派并不是对立的，而是对上述四个学派的发展。

此外，卢桑斯和他的同事进行了一项“管理者究竟在做什么事情”的研究。他们把绩效最佳的管理者称为有效的管理者，以工作绩效的数量和质量以及下级对其满意和承诺的程度作为衡量指标；而提升最快的管理者被称为成功的管理者，用其在组织中晋升的速度作为衡量指标。通过研究 450 多位管理者后发现，管理者都从事下列四类管理活动：

（1）传统的管理：决策、计划和控制。

（2）沟通与交流：交流日常信息和处理文书工作。

（3）人力资源管理：人员配备、培训、激励、惩戒和调节冲突。

（4）社交网络联系：社交活动、政治活动及与外界的交往。

表 6 - 4 就是卢桑斯与合作者研究的不同类型管理者在各类管理活动中的时间分配比例。

表 6 - 4　不同类型管理者在各类管理活动中的时间分配比例

管理活动	成功的管理者	有效的管理者	一般的管理者
传统的管理	13%	19%	32%
沟通与交流	28%	44%	29%
人力资源管理	11%	26%	20%
社交网络联系	48%	11%	19%

研究表明，成功的管理者最强调维护社交网络联系的活动，最不强调人力资源管理活动；而有效的管理者最强调沟通与交流，最不强调维护社交网络联系。这个结果表

明：社交和政治技巧对于在组织中晋升是重要的。

五、胜任素质理论

在总结美国国务院外交官选拔项目研究及实践成果的基础上，麦克利兰博士于1973年在《美国心理学家》（*American Psychologist*）杂志上发表了《测量胜任素质而非智力》（Testing for Competency Rather Than Intelligence）一文，指出滥用智力测验来判断个人能力的不合理性。他强调离开被实践证明无法成立的理论假设和主观判断，回归现实，从第一手材料入手，直接挖掘那些能真正影响工作业绩的个人条件和行为特征，为提高组织效率和促进个人事业成功作出实质性的贡献。他把直接影响工作业绩的个人条件和行为特征称为胜任素质（competency）。这篇论文的发表，标志着胜任素质运动的开端。麦克利兰博士成为国际上公认的胜任素质方法的创始人，被称为“胜任素质之父”。

麦克利兰提出著名的素质冰山模型（the iceberg model），该模型将素质划分为表象的和潜在的素质，表象部分是技能与知识，潜在部分是社会角色、自我概念、特质和动机等因素。在冰山模型中，越往深层次的素质越重要，越难发现和培养。决定一个人成功的关键素质往往隐含在水面下而不是显现在水面上。如图6－7所示。

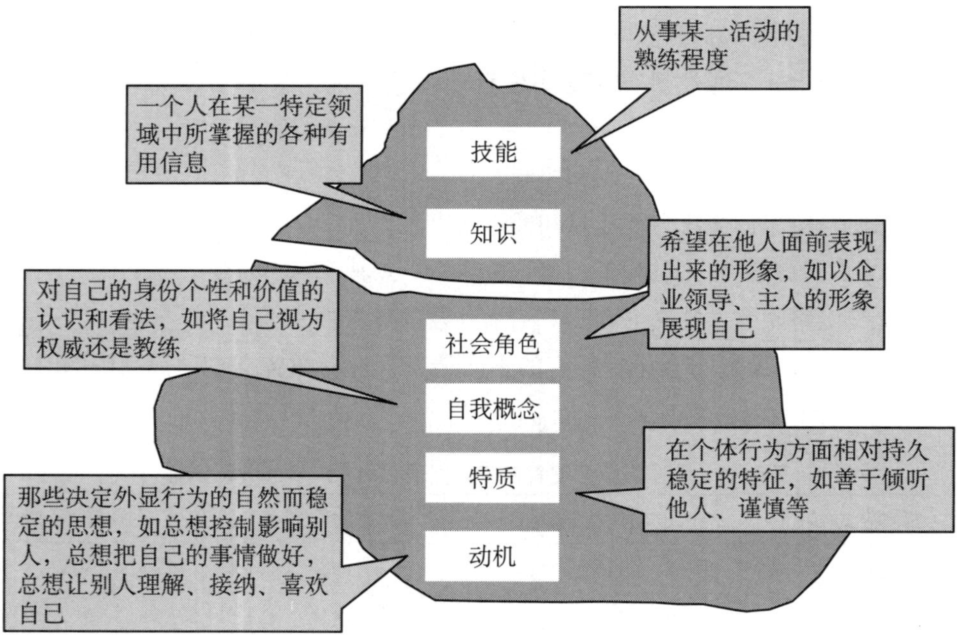

图6－7 素质冰山模型

麦克利兰认为，知识、技能、社会角色、自我概念、特质和动机六个方面的内容形成了一个有机的层次体系。知识和技能是胜任素质的最表层内容，社会角色、自我概念、特质和动机则是胜任素质中比较深层的内容。各种素质的含义分别是：

（1）知识（knowledge）是指某一特定领域的有用信息。

（2）技能（skill）是指从事某一活动的熟练程度。

（3）社会角色（social role）是指希望在他人面前表现出来的形象，例如以企业领导、主人的形象展现自己。

（4）自我概念（self-image）是指对自己的身份、个性和价值的认识和看法，例如将自己视为权威还是教练。

（5）特质（trait）是指在个体行为方面相对持久稳定的特征，例如善于倾听他人、谨慎等。

（6）动机（motive）则是指那些决定外显行为的自然而稳定的思想，例如总想把自己的事情做好，总想控制影响别人，总想让别人理解、接纳、喜欢自己。

胜任素质理论的提出，促进了“人”与“事”的有机结合，为人力资源管理的创新与发展提供了一种新思路。由此，人力资源管理专业人士不仅强化传统的基于工作分析的人力资源管理，也不断探索基于胜任素质的人力资源管理。

小结

20 世纪 70 年代管理思想的主要特点是：经理角色学派适时而生；管理思想平稳发展。

明茨伯格创建了经理角色学派，这也是该时期出现的一个新学派。他认为，不论哪种类型的经理，其工作都具有工作量大、步调紧张、活动短暂、多样而琐碎等六大特点；提出经理一般担任人际关系、信息传递和决策 3 类共 10 种角色；还提出提高经理工作效率的要点。

此外，组织理论、行为科学、战略管理学派、管理思想史、管理过程学派、营销管理学派与权变理论学派等既有学派和理论也得到了进一步的发展和完善。

在行为科学领域，阿尔德弗发展了赫茨伯格和马斯洛的理论，将马斯洛的需要层次压缩为三种需要，即生存（E）、关系（R）和成长（G）需要；哈克曼、奥尔德汉姆提出了工作特征模型；班杜拉在斯金纳强化理论的基础上，提出了社会学习理论；豪斯和米切尔提出并完善了路径-目标理论；弗鲁姆提出了领导者-参与模型；伯恩斯提出了交易型领导理论与变革型领导理论；扎莱兹尼克从“人性”的角度出发，从对目标的态度、工作的概念、与他人的关系、自我意识等方面提出了领导者和管理者之间的区别。在战略管理学派发展方面，波士顿咨询集团公司创始人亨德森开发了波士顿矩阵、经验曲线、三四规则矩阵，为战略咨询领域奠定了智力基础。

此外，在管理过程学派发展上，亚当和埃伯特将制造业中产生的生产管理理论推广到医院、图书馆等服务业中，提出用“经营管理”代替“生产管理”。在营销管理学派发展上，特劳特开创了定位理论，因此被誉为“定位之父”。在权变理论学派发展上，卢桑斯的管理理论强调管理与环境的妥善结合，他认为如果某种环境存在或发生，那么就要采取某种对应的管理思想、管理方法和管理技术，以有效地实现组织目标。

麦克利兰提出了素质冰山模型，推动了人力资源管理的创新与发展。

思考题

1. 明茨伯格的经理角色学派的主要观点是什么？
2. 20 世纪 70 年代组织理论取得了哪些发展？
3. ERG 理论的主要观点是什么？
4. 工作特征模型的主要观点是什么？
5. 社会学习理论的主要观点是什么？
6. 路径-目标理论的主要观点是什么？
7. 领导者-参与模型的主要观点是什么？
8. 伯恩斯提出的交易型领导与变革型领导存在哪些区别？
9. 扎莱兹尼克认为领导者和管理者存在哪些区别？
10. 亨德森的主要战略管理思想及贡献是什么？
11. 雷恩的管理思想史的主要观点是什么？
12. 亚当和埃伯特的主要管理思想是什么？
13. 特劳特关于营销定位的主要思想是什么？
14. 卢桑斯的权变理论的主要观点是什么？
15. 素质冰山模型的主要思想是什么？

第七章

20世纪80年代管理思想

20世纪80年代，旧的世界格局轰然瓦解，新的秩序尚未建立起来，整个世界处于极度动荡之中。政治上，冷战思维重新笼罩东西方社会，国际政治形势风起云涌；经济上，随着科学技术日新月异，世界经济变幻莫测，市场竞争日趋白热化；文化上，全球化进程明显加快，各种文化相互渗透、相互融合。人类社会进入了一个全新的历史阶段，管理理论的发展也充分地体现了这一时代特点。许多学者被经济全球化带给管理实践的挑战和机会深深吸引，纷纷致力于管理学研究，从而使这一时期的管理思想呈现出明显的多元化发展趋势。

对于组织文化的高度关注是这一时期管理思想发展的重要特点。埃德加·沙因提出了组织文化理论，他将文化定义为一个特定组织在处理外部适应和内部整合问题的过程中所学习到的，由组织自身发明、创造并且发展起来的一些基本假设。特伦斯·迪尔和阿伦·肯尼迪分析了企业文化的核心和要素，并就企业文化的类型和重塑进行了探讨。威廉·大内通过对日美两国企业进行的比较分析，从具有日本式管理特点的美国企业的管理方式中归纳出Z型组织的特点，并描述了建设Z型组织的实施步骤。帕斯卡尔与阿索斯提出7S结构模型，揭示了日本企业成功的主要原因——日本的管理者重视软性的4S，即技能、人员、共享价值观和作风。此外，由于跨国企业在管理不同民族文化背景的员工时遇到了挑战，跨文化研究顺势产生。荷兰学者吉尔特·霍夫斯泰德论述了衡量国家或民族文化差异的五维度模型。

品质管理思想在此时也引起了人们的广泛关注。在该领域，出现了两位造诣颇深的大师级人物——爱德华兹·戴明和约瑟夫·朱兰。戴明学说的核心在于全面质量管理的重要性，他针对美国企业提出了十四条质量管理要点，并最早提出了PDCA循环的概念，即著名的"戴明循环圈"，被很多企业奉为圭臬。朱兰最早提出和阐释了质量成本和质量环的概念，最早把帕累托原理引入质量管理领域，并提出了"二八法则"和"朱兰三部曲"，这些质量管理思想至今仍影响着世界。

动荡的世界促使未来学派的兴起。托夫勒将人类文明划分为三个阶段，即农业、工业和超工业社会阶段，并指出在第三个阶段中，客户化生产将取代大规模生产，消费者和生产者的界限将模糊不清，公司的结构、目标和责任将发生根本的改变。奈斯比特提出了改组理论，预言未来将实现的十大改组，并指明为应对未来变化所应该做的事情，对于人们把握机遇、规避风险具有重要价值。

随着全球化趋势日益加深，很多学者的研究视野超越本国投向世界。英国学者约翰·邓宁在吸收传统国际贸易和投资理论精髓的基础上提出国际生产折中论，将直接投资、国际贸易、区位选择等综合起来加以考虑，一定程度上弥补了发展中国家对外直接投资理论上的不足。

这一时期是组织理论硕果累累的多产时期。汤姆·彼得斯极为关注美国的成功企业，指出优秀企业具有贵在行动、接近顾客、固守本业、精兵简政等八大特点。伊查克·爱迪斯首创了企业生命周期理论，分析了企业发展将会经历的两大阶段和十个时期，并对组织体系在演变过程中所展现的行为模式以及管理者应扮演的角色进行了阐述。查尔斯·汉迪对组织变革的研究主要集中在组织理论和工作结构方面，他提出了三叶草组织、联邦组织以及3I组织等新型组织形式。罗莎贝丝·坎特呼吁大公司改革，并将社会学的因素揉进组织变革和组织创新中。阿吉里斯的组织防卫与双环学习理论问世，最早提出“学习型组织”的概念。

战略管理学派的研究工作在这一时期取得突破性进展。“竞争战略之父”迈克尔·波特的理论成果主要体现在三个方面：第一，对企业、产业和国家层次的竞争优势进行分析，建立了有说服力的“五力模型”，并阐释了三种基本竞争战略思想；第二，使用价值链分析手段，教导企业如何赢得竞争优势；第三，形成了用于分析一个国家的某种产业为什么会在国际上有较强竞争力的钻石理论。日本学者大前研一另辟蹊径，认为战略的意义在于其创造性，提出了四种新的战略方法，并首创了“战略三角”（战略3C）的概念。

此外，这一时期的领导理论、管理过程学派等蓬勃发展；管理实践者的思想也成为该时期管理思想发展的重要组成部分。在领导理论方面，约翰·科特进一步解释了领导者与管理者的区别，总结出了组织变革中的八个步骤与两条重要经验；本尼斯在研究90位领导者特点的基础上，归纳了优秀领导的共同点，为领导人才的甄选和培养提供了理论依据。管理过程学派的代表人物斯蒂芬·罗宾斯以管理过程为研究主线，详尽地阐述了管理的计划、组织、领导和控制职能，并通过大量的研究材料和案例客观地展现了自己在管理者角色和作用、企业的社会责任、组织结构设计、管理变革、作业管理等方面的观点。在实践领域，松下公司的董事长松下幸之助重视客户服务，提倡“水坝式经营”与专业化经营；索尼公司的董事长盛田昭夫在企业内部提倡家庭化意识，实行内部晋升，树立品牌第一的理念；通用电气的CEO杰克·韦尔奇强力推行的六西格玛管理，将通用电气推向了财富神坛；而国际电话电报公司的创始人哈罗德·吉宁基于推理的决策、分散化经营以及严格的过程控制思想，为企业并购及发展提供了许多宝贵的经验与教训。

概括起来，20 世纪 80 年代的世界政治和经济处于深刻的改革与变动过程中，管理思想也随着形势的变化发生了重大的调整，主要体现为从过程管理向战略管理转变，从产品的市场管理向价值管理转变，从行为管理向文化管理转变。管理研究者在丰富和发展既有理论的同时不断开辟新的研究领域，采用新的研究方法和手段，使得管理理论和学术流派的多元化态势更加明显，现代管理理论的丛林更加茂盛。

第一节　组织文化学派

组织文化学派创建于 20 世纪 80 年代的美国。在这一时期，日本由二战中的战败国崛起成为经济总量超越美国的世界第一大国。这一现象引起了美国商界的不安，同时也引起了美国各界对日本企业的兴趣。通过对美日企业的对比，人们发现组织文化也是影响组织绩效的重要因素，进而迅速对这一领域开展了研究。这一时期组织文化学派的代表人物有埃德加·沙因、特伦斯·迪尔、阿伦·肯尼迪、威廉·大内、理查德·帕斯卡尔、吉尔特·霍夫斯泰德等。

一、沙因的组织文化理论

埃德加·沙因（Edgar H. Schein，1928—　），麻省理工学院斯隆商学院教授、美国社会心理学家、职业指导专家。在他的贡献下，企业文化、复杂人假设、职业锚等成为当今管理界众所周知的概念和理论。《组织心理学》（1965）、《组织文化和领导力》（1985）等代表著作被美国许多知名大学列为 MBA 重要参考书目，对实际管理工作具有很强的指导意义。

沙因率先提出了关于文化本质的概念，对于文化的构成因素进行了分析，并对文化的形成、文化的同化过程提出了独创的见解，在组织发展领域针对组织系统所面临的变革课题开发了组织咨询的概念和方法。

（一）组织文化的定义与结构

20 世纪 80 年代，随着日本企业竞争力的快速增强，很多学者开始对日本企业的管理进行研究，发现日本企业文化的特征是促使企业发展的重要因素。当时，组织文化的定义见仁见智。沙因将组织文化定义为：一种基本假设的模型——由特定群体文化在处理外部适应与内部聚合问题的过程中发明、发现或发展出来的——由于运作效果好而被认可，并传授给组织新成员以作为理解、思考和感受相关问题的正确方式。他进而将组织文化分为三个层次，也就是所谓的“睡莲模型”（见图 7-1）。

第一个层次如同睡莲浮在水面上的花朵和枝叶。它是组织文化的外在表露形式，是

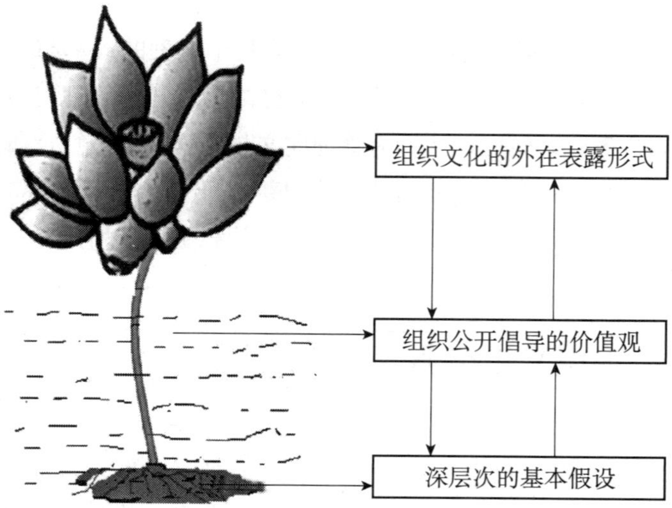

图 7-1　组织文化结构的睡莲模型

人们所能接触和感知到的组织文化，包括组织的结构和各种制度、程序等；通过组织成员的书面或口头表达的语言、公开的行为、物品摆放等直观的信息交流表现出来，人们可以通过它们形成对组织最直观的认识。

第二个层次是睡莲垂直生长在水中的枝和梗。它是组织公开倡导的价值观，这些价值观渗透在组织的使命、愿景、行为规范中，并把“是什么”和“应当是什么”区分开来。它是组织成员在生产经营活动、人际交往活动中产生的文化，是组织文化的中间连接层次，人们或许可以透过“水面”看见这一层次，但它始终是模糊的，也是容易被忽视的部分。它的健康程度直接关系到上一层次和下一层次之间的传递。

第三个层次是睡莲扎在土壤中的根系。它包括各种被视为当然的、下意识的信念、观念和知觉，是对某一特定情境中适宜行为与反应的无意识的基本假设。它是最深层次的，虽然不为人们所关注，却是组织文化中最重要的基础。这种潜在的、实际上对人的行为起指导作用的假设，指导群体成员怎样观察、思考和感受事物。作为“根系”，它为组织文化提供了源源不断的营养和牢固的支持。

如同花、叶、枝、梗和根构成睡莲这一有机体一样，这三个层次的要素经过整合，形成了有机统一的组织文化。

（二）组织文化的五个维度

沙因在综合前人对文化研究成果的基础上，将组织文化分成五个维度。

（1）人与自然的关系。组织的中心人物如何看待组织和环境之间的关系，包括认为是可支配关系还是从属关系，或者是协调关系等。组织持有什么样的假定毫无疑问会影响到组织的战略方向，而且组织的健全性要求组织对于当初的组织、环境假定的适当与否具有能够随着环境的变化进行检查的能力。有些组织认为它们是自己命运的主人，另外一些则比较温顺，愿意接受外部环境的支配。

（2）现实和真实的本质。沙因指出，现实层面包括客观的现实、社会的现实和个人的现实。在判断真实时，可以采用道德主义和现实主义的尺度；在如何获得可被接受的组织事实方面，不同的组织和经理所采用的方法也大不相同。

（3）人性的本质。人们对人性本质的看法各不相同。有些人追随 X 理论，认为人们只要躲得过去，就会不工作。另一些人对于人性的看法则要更加肯定，他们努力帮助人们挖掘潜能，认为这样对双方都会有好处。

（4）人类活动的本质。包括人的行为是主动还是被动的，人是由自由意志所支配的还是被命运所支配的，什么是工作，什么是娱乐等一系列假定。在西方，传统上强调任务和完成情况，而忽略了工作中也有需要冷静接受失败的一面。

（5）人际关系的本质。包含什么是权威的基础，权力的正确分配方法是什么，人与人之间关系的应有态度等假定。一些鼓励社会交往，另一些则将之视为不必要的精力分散。

以上五个方面不是相互排斥的，而是始终处于一种发展和波动状态，文化不是一个静止的事物。创造和发展组织文化的关键在于该组织所推崇的价值观。

（三）组织文化的三个阶段

沙因将组织文化的发展过程分为三个阶段：第一阶段是诞生和早期发展阶段，这一阶段里企业缔造者主宰企业文化的建立，文化被视为企业个性的源泉、一种保护公司对抗外部压力的凝固剂。第二阶段是组织的中年时代，这一阶段最初的文化可能被过滤了一遍，而且受到新出现文化的侵蚀，这就为重新组合和改变原始文化提供了机会。如果错过了这个机会，文化就会走向下一个阶段。第三阶段是组织成熟阶段，在这个阶段，人们从感情出发来看待文化，不愿意考虑任何的改变，这时的组织最为脆弱，文化也从竞争优势和企业个性的源泉变成了一种营销的障碍，只有保持进取，它才能生存。

值得指出的是，除了在组织文化理论方面的杰出贡献，沙因还提出了复杂人假设和职业锚理论。

沙因沿袭了行为科学的方法路径，从梅奥、马斯洛、霍桑、麦格雷戈、罗特利斯伯格处获取灵感，创造性地提出“复杂人”的人性假设。他认为，人不是单纯的“经济人”，也不是完全的“社会人”，而应该是因时、因地、因各种情况采取适当反应的“复杂人”。这种理论的主要内容包括：（1）人的需要是多种多样的，而且这些需要因人而异、因情而异、因时而异；（2）人的各种需要和动机会相互发生作用；（3）人的工作和生活条件是不断变化的，因此会产生新的需要和动机；（4）由于人的需要不同，不同的人对于不同的管理方式会有不同的反应。因此，没有适合任何时代、任何组织和任何人的普遍人性假设和管理方法。

此外，沙因还领导了一个专门研究小组，对斯隆管理学院 44 名 MBA 毕业生自愿形成的一个受测小组进行了长达12年的职业生涯研究，运用了面谈、跟踪调查、公司调查、人才测评、问卷等多种方法，最终分析总结出职业锚理论。沙因认为，职业生涯规划实际上是一个持续不断的探索过程。在此过程中，每个人都根据自己的天资、能力、动机、态度和价值观等，逐渐形成较为明晰的、与职业有关的自我概念。随着个体对自己越来越了解，就会越来越明显地形成一个占主导地位的“职业锚”（或职业定位）。所谓职业锚，就是当一个人不得不做出某些职业选择的时候，都不会放弃那种至关重要的东西或价值观。其实，职业锚就是人们选择和发展自己的职业时所围绕的中心。一个人的职业锚是在不断发展变化的，是一个不断探索而产生的动态的结果。沙因提出了八种职业锚：（1）技术或职能型职业锚；（2）管理型职业锚；（3）自主或独立型职业锚；（4）安全或稳定型职业锚；（5）创造型职业锚；（6）服务型职业锚；（7）挑战型职业锚；（8）生活型职业锚。

二、迪尔和肯尼迪的企业文化理论

特伦斯·迪尔（Terrence E. Deal），哈佛大学教授，国际知名企业文化和领导力大师，先后在哈佛大学与斯坦福大学执教，现为南加州大学罗西尔教育学院教授。阿伦·肯尼迪（Allan A. Kennedy），美国麦肯锡咨询公司高级顾问，国际知名管理学家。二者合著的《企业文化——企业生活的礼仪和仪式》与《新企业文化》是企业文化研究方面的经典著作。

（一）企业文化的五因素

迪尔和肯尼迪指出，企业文化是由企业环境、价值观、英雄人物、习俗和仪式、文化网络五个因素组成的，而这五个因素各自的作用也是不同的。

（1）企业环境。企业环境是指公司根据产品、顾客、竞争对手、工艺技术、政府形象等因素在市场中面临的现实环境，包括企业性质、经营方向、外部环境、社会形象等，是企业文化形成和发展中起关键作用的影响因素。

（2）价值观。价值观指组织的基本思想和理念，是企业文化的核心和基石，也是决定一个企业的基本特征区别于其他企业的主要依据，它为全体员工提供了对共同方向的意识和日常行为的准则，以价值观凝视员工，产生价值共享效应。具有强有力文化的公司都有一个为员工所共同信奉的价值观体系。譬如，“万能的服务”（美国电话电报公司）；“通过化学为更美好的社会提供更美好的东西”（杜邦公司）；“为人们创造最佳环境”（劳茨公司）等。这些措辞不仅仅是一个口号，更是企业核心价值观的哲理精髓。

（3）英雄人物。英雄人物可以使企业文化的价值观人格化，并集中体现组织的力量所在，是公司内部实现价值共享的文化导演者和中枢形象，为企业员工树立了效仿的楷模。特伦斯与迪尔认为，美国公司的董事会比好莱坞的票房更需要英雄人物。企业中的英雄人物分为两种：一种是天生的，如福特、洛克菲勒等个人能力超群的人；还有一种是公司造就的，即在公司中干出一番事业而获得奖章的人。这两种英雄人物并非都具有非凡的魅力，他们所关心的是公司的整套信念和价值观，并尽力把这些信念和价值观传输给周围的人，其作用主要体现在以下六个方面：一是使成功成为人人渴望的信念；二是为员工提供样板角色；三是作为公司对外部世界的象征；四是保持公司的特色；五是设定工作标准；六是激励员工。

（4）习俗和仪式。习俗和仪式是指企业日常生活的管理和常规，意在向员工表明他们所期望的行为模式，是企业文化传播的通道，为展现英雄人物的画面提供了载体。仪式具体可以分为社会仪式、工作仪式、管理仪式与表彰仪式四种，内容包括企业的各种聚会、奖励活动、娱乐活动、书写格式、演讲方式、退休晚宴等等。典礼及仪式对公司文化的发展是必要的，它能使价值观、信念和英雄人物在企业员工心中不断保持着崇高地位，对公司文化的传递起着重要的作用，如果没有了这些形式，也就没有了文化的独特性。

（5）文化网络。文化网络包括组织内部的非正式联系方式和传递渠道，是企业价值观和英雄人物事迹的"运载工具"。它可以把公司中各个团体连接起来，而不考虑他们的职位和头衔。通过这种隐蔽的渠道，管理者可以传播、强化和修饰公司价值观，实现对组织的有效管理。

企业最大的资源就是人力资源，有效的企业管理方式应以文化对人进行微妙暗示。强有力的文化是指导人的行为的有力杠杆，它可以使员工更加喜爱自己所从事的工作并且在工作中更加努力。成功的企业领导者要根据企业的内外部环境，提出明确的价值观，并通过英雄人物的模范作用加以强化和宣传，为全体员工树立一种思想意识和日常行为的准则。

（二）企业文化四类型

迪尔和肯尼迪把企业文化分为四种类型：

（1）硬汉型文化。这种企业文化提倡冒险精神，通常形成于高风险、快反馈的组织或部门，例如警察局、医院的手术室等。在这种文化中，员工可能抓住机遇一夜成名，也可能突然之间一败涂地，其注重速度而不是持久力，所以极受年轻人欢迎。

（2）努力工作、尽情玩乐型文化。这种文化提倡发现和满足顾客的需要，通常形成于风险极小、反馈极快的组织或部门，例如推销部门等。其要求员工保持高水平的积极性与创造性，看重工作数量，员工的工作风险很低，坚持不懈就能成功。

（3）赌注型文化。这种文化提倡未来投资的重要性，通常形成于风险大、反馈慢的企业，例如石油公司、建筑公司等。其特征是管理层需要充分运用技术能力、逻辑能力等来作出深思熟虑的决策，这类决策在若干年后才能体现出其正确或错误性。

（4）过程型文化。这种文化提倡严格的等级观念，通常形成于风险小、反馈慢的企业，例如保险公司、政府机构等，其特征是崇尚过程和细节。

（三）企业文化的重塑

在分析归类的基础上，迪尔和肯尼迪总结了一套识别、管理、塑造和革新企业文化的经验：

（1）判断文化，即当企业出现集中注意内部问题和短期问题的现象时，管理者应该反思企业现有文化是否适合当前的发展状况。另一方面，企业文化如果不够强有力，也会导致不同部门、不同职能工作的亚文化出现排他性，甚至凌驾于公司价值观之上。

（2）管理文化，即管理者如何克服现实的障碍，有效管理企业文化，使企业文化适应迅速变化的外部环境。对此，迪尔和肯尼迪提出了依靠“象征性经理”来进行管理的概念。象征性经理通常对于文化以及文化所起的作用方面有着敏锐的直觉，对同事寄予更高的信任，并且依靠这些文化上的同路人来保证取得成就。他们有能力区分企业中的琐事与大事，并会利用每一个机会加强或运用企业文化的核心价值观和信念。

（3）重塑文化，即当周围环境发生了根本性变化，而企业行为却仍很强烈地受到原有价值观的驱使，或是当企业迅速扩张，规模扩大时，如何对企业文化进行变革。企业文化的重塑是一种未知的艺术，对管理者有着更高的要求。迪尔和肯尼迪为管理者提出了5条有关变革的最为有效的提示：一是取得一致意见；二是相互信任；三是培养技巧；四是保持耐心；五是增强灵活性。而要使变革成功，重塑过程必须要触动到企业文化的根本特质，如英雄人物、价值观和礼仪等。

迪尔和肯尼迪认为，强有力的文化是企业持续成功的推动力，它以不成规章体系的方式规范了员工在绝大部分时间中的行事方式，激发员工对工作的热情。人力是企业的最大资源，而强有力的企业文化是指导人们行为的有力杠杆，所以管理者要针对自身组织的特殊性质，来识别、管理以及塑造组织独特的文化，提高组织整体的效率。

三、大内的Z理论

威廉·大内（又译作威廉·奥奇，William G. Ouchi，1943—　）通过数年对美国和日本的24家大型企业的研究，于1981年出版了《Z理论：美国管理如何迎接日本的挑战》一书，引起全球管理理论界和实践者的关注，之后被当做美日人力资源管理模式比较的经典著作。

大内认为，美国和日本的企业在管理方式上具有不同的特点，美国企业应该融合二者的优点。他把美国和日本的企业管理方式概括为两种组织模式，即美国模式（A型）和日本模式（Z型）。它们在七个维度上的差异如表7-1所示。

表 7-1 日本和美国企业管理的比较

日本企业	美国企业
● 终身雇佣制	● 短期雇佣制
● 缓慢的评价和晋升	● 快速的评价和晋升
● 非专业化的职业发展道路	● 专业化的职业发展道路
● 含蓄的控制	● 明确的控制
● 集体的决策过程	● 个人的决策过程
● 集体负责	● 个人负责
● 整体关系	● 局部关系

（1）基本的雇佣制度。A 型组织采用的是短期雇佣制，员工与企业之间是一种交换关系，人力资源的流动性强；Z 型组织则采用终身雇佣制，员工与企业是一种共同体关系，人员流动性相对较小。

（2）企业的决策制度。A 型组织实行的是个人决策制，通常采取由上至下的沟通方式；Z 型组织采用集体决策的方式，通常通过协商的方式进行沟通。

（3）责任制。A 型组织标榜个人主义，企业领导者既然受命挂帅，必须授以全权，并承担企业经营成败的主要责任；Z 型组织则采取企业领导集体决策、集体负责的原则，一旦企业经营出了问题，企业每位领导成员都要承担相应的责任。

（4）控制机制。A 型组织通常依靠严格系统的规章制度约束员工的行为，通过层层把关和频繁的考核来控制企业内部的绩效；Z 型组织的控制机制比较松散，企业负责人只是向下级传达一些关于企业的宗旨、目标等的软性指标。

（5）考核和晋升制度。A 型组织在考评方面的特点是考核频繁、名目繁多，考核的内容主要为工作业绩和实际工作能力，而对潜在的工作能力和工作态度很少考虑，在晋升方面，不受年限的限制，对于业绩突出的员工及时提拔；Z 型组织在考评方面除了考核员工的业绩之外，潜在能力与工作态度也是重要内容，在晋升方面是一种典型的论资排辈的方式，企业通常经过长时间的考察和缓慢的晋升来选择继任者。

（6）员工的培训及职业发展道路。A 型组织通常采取专才型培训方式，在员工的招聘过程中也表现出重视专才的倾向；Z 型组织实行通才型培训，在招聘阶段也不太注重员工的专业和专长。

（7）对员工的关怀。A 型组织不主张用情感来激励人、约束人，管理者与员工就是一种工作关系；Z 型组织采用的是一种温情式的关怀，企业就像一个大家庭，注重用情感来维系与员工之间的关系。

除了上述七个尺度上的比较之外，大内还对美日管理模式的其他方面进行了比较，如工会、办公室的格局和特点等。在此基础上，大内将产生这些差异的原因归纳为地理、历史、人文等方面，特别是从文化的层面去追溯差异的形成。他还指出了由 A 型组织转化到 Z 型组织的具体步骤，并认为这个过程要经常重复，而且需要相当长的时间。

值得一提的是，大内出版了《Z理论：美国管理如何迎接日本的挑战》一书后，一头扎进了企业、政府、社会之间三角关系的研究。《M型社会：美国团队如何夺回竞争优势》（1984）就是该研究领域的代表作。如果说《Z理论：美国管理如何迎接日本的挑战》是通过美日比较来探讨企业经营中的合作问题，那么《M型社会：美国团队如何夺回竞争优势》就是通过美日比较来探讨企业、政府、同业公会、银行、学校之间在社会发展中的合作问题。Z理论是大内开出的关于美国企业走向的药方，而M型社会则开出了美国社会走向的药方。M型社会中的“M”，就是管理学中常见的事业部制。如何把这种事业部制从企业推广到社会领域，构成了大内的研究内容。他认为，从社会来看，日本更像一个整体性的M结构，而美国在M型社会的要素之间充满了竞争、对抗和脱节。因此，在政府和企业的关系以及这种关系的构建方式上，美国也要向日本学习。他对同业公会、银行以及非政府组织的协商行为和关系的论证，具有不可替代的地位和影响。

四、帕斯卡尔的7S模型

1977年，身为麦肯锡公司顾问的汤姆·彼得斯与罗伯特·沃特曼开始了卓越公司的研究，不久，当时同为麦肯锡公司顾问的理查德·帕斯卡尔（Richard Tanner Pascale，1938— ）和合作者安东尼·阿索斯也加入了这个研究团队。在研究过程中，通过参加一系列的会议和多次沟通，他们逐渐形成了7S这一概念。1981年，帕斯卡尔与阿索斯出版了《日本管理艺术》一书，正式提出并系统阐述了著名的7S模型。这7个S是指战略（strategy）、结构（structure）、体制（systems）、技能（skill）、人员（staff）、管理风格（style）和共同的价值观（shared values）。后来的卓越公司的系列研究，都是在7S框架下进行的（见图7-2）。

（1）战略。企业经营已经进入了“战略制胜”的时代，因此战略规划应该根据企业的内外部环境，对资源进行科学配置，以适应不同发展阶段的需求。

（2）结构。战略需要健全的组织结构来保证实施，组织结构必须与战略相协调，其要素包括企业的目标、人员、职位、相互关系、信息与协同等，将这些要素进行有效的组合，以形成协同性的组织结构。

（3）体制。战略实施需要完善的体制作保证，而实际上体制又是企业精神和战略思想的具体体现。所以，在战略实施过程中，应制定与战略思想相一致的体制，防止体制的不配套与不协调，更要避免出现背离组织战略的体制及制度。

（4）技能。员工的技能是企业作为一个整体反映出来的独特竞争力，需要依靠严格、系统的培训。

（5）人员。人员是产生组织效能的源泉，也是企业战略实施的关键，因此，企业要做好充分的人力准备，并了解他们的类型。

(6) 管理风格。管理风格包括组织文化个性和领导者的管理风格,通常情况下,杰出企业都呈现出中央集权、地方分权的宽严并济的管理风格。

(7) 共同的价值观。共同的价值观是企业发展的不竭动力,也是 7S 模型的核心,包括组织对战略的理解和把握、组织的信仰与员工的态度等。

图 7-2　7S 模型

7S 模型提供了一种比较美国管理和日本管理的方法。帕斯卡尔与阿索斯认为,在企业战略制定和推进过程中,仅具有明确的战略和深思熟虑的行动计划是远远不够的,战略只是其中的一个要素,必须综合考虑这七大要素,才能起到协同效果。也就是说,这些要素互相依赖,缺少对任何一个要素的关注都会对其他要素产生不利影响,而且各要素的重要性也会随着时间的变化而发生相应的变化。其中,战略、结构、体制是企业成功的"硬件";技能、人员、管理风格和共同的价值观是企业成功的"软件",只有将硬件因素与软件因素相结合,才能使企业经营获得成功。帕斯卡尔和阿索斯进一步提到,日本企业的成功主要是因为它们重视软性的 S——技能、人员、管理风格、共同的价值观;西方则将注意力集中在硬性的 S——战略、结构、体制。

7S 模型将理性的"硬"要素与感性的"软"要素有机地结合起来,是一个非常有效的诊断工具,可以指导组织变革;更为重要的是,它为管理学的发展理清了分析研究的重点脉络,注入了新鲜血液。因此,7S 模型得到理论界和实业界的广泛赞同。该模型也提示管理者:组织的软件和硬件同样重要,并且要注意各个组成要素之间的相互平衡和相互关联。

五、霍夫斯泰德的跨文化研究

荷兰著名心理学家吉尔特·霍夫斯泰德(Geert Hofstede,1928—　)曾两次在 IBM 对 11.6 万名员工进行调查,他从大量的调查数据着手进行研究,试图找出导致大范围文化行为差异的因素，在此基础上撰写了著名的《文化的效应》（1980）一书，成为跨文化比较研究的创始人。在该书中，基于“价值观是文化的基石”这一观点，他从四个维度衡量各个国家的文化差异和特征，即不确定性规避、男性化-女性化、个人主义-集体主义、权力距离；之后，在《跨越合作的障碍——多元文化与管理》（1996）一书中又补充了第五个维度，即短期倾向-长期倾向，并在该书中罗列了包括中国在内的许多国家或地区的文化在五个文化维度上的指数值，并给出了排名（见表7-2）。

表7-2　10个国家或地区在五个不同文化维度上的得分

国家或地区	PD	ID	MA	UA	LT
美国	40L	91H	62H	46L	29L
德国	35L	67H	66H	65M	31M
日本	54M	45M	95H	92H	80H
法国	68H	71H	43M	86H	30L
荷兰	38L	80H	14L	53M	44M
中国香港	68H	25L	57H	29L	96H
印度尼西亚	78H	14L	46M	48L	25L
西非	77H	20L	46M	54M	16L
俄罗斯	95* H	50* M	40* L	90* H	10* L
中国内地	80* H	20* L	50* M	60* M	118* H

注：PD表示权力距离；ID表示个人主义；MA表示男性化；UA表示不确定性规避；LT表示长期倾向。H代表该国或地区在所有参与排名的国家或地区中位于前1/3；M代表该国或地区排位在中间的1/3；L代表该国或地区位于最后1/3（前四个维度是根据53个国家或地区的排名得到的；第五个维度是根据23个国家或地区的排名得到的）。*为预测值。

（1）不确定性规避。不确定性规避是指人们对一种模糊不清的情况和没有能力预测但将来有可能发生的事件的感受程度。研究表明，日本、葡萄牙以及希腊等国不确定性规避程度较强，而新加坡、瑞典和丹麦等国则较弱。

（2）男性化-女性化。男性化-女性化又被翻译为生活数量与生活质量。男性化表现了一个国家或地区在自信、工作、绩效、成就、竞争、物质等方面占优势的价值观；女性化则是在生活质量方面保持良好的人际关系、服务、施善和团结等。研究表明，日本和奥地利在生活数量维度上得分最高；挪威、瑞典、丹麦和芬兰则在生活质量维度上得分最高。

（3）个人主义-集体主义。个人主义是指一种松散的社会结构，在这种结构中人们只关心自己和亲属的利益，每个人都有强烈的自我意识，唯我独尊。集体主义是指一种紧密结合的社会结构，在这种结构中人们的归属感强，极其相信甚至依赖组织。研究发现，发达国家如英国、美国、荷兰等个体主义倾向比较强烈，而经济相对落后的国家如哥伦比亚、巴基斯坦等则集体主义倾向较强。同时，个人主义-集体主义还与权力距离有关。

（4）权力距离。权力距离维度所关心的是一种文化如何处理层级性权力关系尤其是权力分配的不公等问题。如果权力距离大，说明部下对上级极为尊敬，同时这类文化在与其他组织发生联系时往往强调同等级之间的沟通。这种国家的典型代表是菲律宾、委内瑞拉和印度等。而权力距离较小的国家强调减少等级差异，这类国家包括丹麦、瑞典等。

（5）短期倾向-长期倾向。麦克·邦德等人没有采用霍夫斯泰德提出的问卷调查方法，而是基于亚洲研究人员反映的儒家价值观的问题提出了一种新的调查方法。霍夫斯泰德在此基础上补充了他的学说。这一维度表示一个民族是追求短期利益还是追求长远利益。比较有代表性的就是日本，日本企业一般强调长远利益，甚至有可能牺牲利润来赢得市场占有率。而具有短期倾向的国家则注重眼前利益，美国就是这种文化维度的代表。

霍夫斯泰德的研究结果表明，过去的理论家和企业家忽视了文化与管理的关系。许多管理理论产生于美国，第二次世界大战后的所有管理文献几乎都由美国主导，可是美国由于其独特的文化，它的管理理论和经验对其他国家不完全适用。有些国家，尤其是第三世界国家不注意这一点，把引进管理与引进技术同等对待，结果造成经济和人力上的重大损失。相反，日本的管理虽然也主要来源于美国，但结合日本国情进行了改造，取得了很大的成功，例如全面质量管理小组，其观念创始于美国，但是经过改造以后就成了日本的特色，现在美国反而要向日本学习。因此，霍夫斯泰德明确指出：管理者必须具有“文化敏感性”。

第二节　品质管理理论

品质管理研究在此时也引起了人们的广泛关注。在该领域，出现了两位造诣颇深的大师级人物——美国著名统计学家和质量管理学家爱德华兹·戴明和罗马尼亚裔美籍质量管理学家约瑟夫·朱兰。

一、戴明质量管理十四要点

爱德华兹·戴明（W. Edwards Deming，1900—1993）被誉为“现代质量管理之父”。从 1950 年起，他通过日本科学家与工程师联盟开始向日本企业界传授质量管理的“福音”；他应聘去日本讲述他的统计方法，并将其报酬捐出，而后几乎每年都赴日继续指导，奠定了日本企业界良好的质量管理基础。1980 年 6 月 24 日，美国广播公司播放了电视纪录片《日本能，为什么我们不能》后，戴明一夜成名，戴明的管理理念在美国刮起了一阵质量革命的旋风，大大提高了美国的生产力与竞争地位。

戴明的“七项致命恶疾与各种障碍”“十四要点”质量管理方法改变了日本企业的

历史命运，也改变了美国企业的质量管理。他对世界质量管理发展作出的卓越贡献享誉全球，其观念不但成为日本质量管理制度的基本精神，也影响了其他质量管理大师的思想。以戴明命名的“戴明质量奖”，至今仍是日本质量管理的最高荣誉。而且，戴明的“十四要点”就是美国从1980年开始盛行至今的全面质量管理的基础。目前在美国及英国都已成立戴明学院，其所宣称的基本精神也都是全面质量管理的精神。可以说，戴明不但具有学术上的成就，而且对世界各国质量管理的推动具有不可磨灭的伟大贡献。

（一）质量管理十四要点

戴明针对美国企业领导者提出了著名的质量管理十四要点：

（1）要有一个坚定不移的提高产品质量和服务的长期目标，而不是只顾眼前利益的短期观点，为此，要投入和挖掘各种资源。

（2）要有一个新的管理思想，不允许出现交货延迟或差错和有缺陷的产品。

（3）要有一个从一开始就把质量寓于产品中的办法，而不要依靠检验去保证产品质量。

（4）要有一个最小成本的全面考虑。在原材料、标准件和零部件的采购上不要只以价格高低来决定对象。

（5）要有一个识别体系和非体系原因的措施。85％的质量问题和浪费现象是由于体系的原因，15％是由于岗位的原因。

（6）要有一种更全面、更有效的岗位培训。不只是培训现场操作者怎样干，还要告诉他们为什么要这样干。

（7）要有一种新的领导方式，不只是管，更重要的是帮。领导自己也要有种新风格。

（8）要在组织内有一个新风气，消除员工不敢提问题、提建议的恐惧心理。

（9）要在部门间有一个协作的态度。帮助从事研制开发、销售的人员多了解制造部门的问题。

（10）要有一个激励、教导员工提高质量和生产率的好办法，不能只对他们喊口号、下指标。

（11）要有一套随时检查工时定额和工作标准有效性的程序，并且要看它们是真正帮助员工干好工作，还是妨碍员工提高劳动生产率。

（12）要把重大的责任从数量上转到质量上，要使员工都能感到他们的技艺和本领受到尊重。

（13）要有一个强而有效的教育培训计划，以使员工能够跟上原材料、产品设计、加工工艺和机器设备的变化。

（14）要在领导层内建立一种结构，推动全体员工都来参与经营管理的改革。

（二）戴明环

戴明环或称 PDCA 循环、PDSA 循环，是一个质量持续改进模型，它包括持续改进与不断学习的四个循环反复的步骤，即计划（plan）、执行（do）、检查（check）、处理（act）。戴明环与生产管理中的“改善”“即时生产”紧密相关。它的意义在于：每一项工作，都是一个循环，都需要计划、实施、检查结果，并加以改进，同时进入下一个循环，只有在日积月累的渐进改善中，才可能会有质的飞跃，才可能取得完善每一项工作的成效。

四个步骤的含义是：（1）计划包括方针和目标的确定以及活动计划的制定。（2）执行就是具体运作，实现计划中的内容。（3）检查就是要总结执行计划的结果，分清哪些对了、哪些错了，明确效果，找出问题。（4）处理就是对总结检查的结果进行处理，对成功的经验加以肯定，并予以标准化，或制定作业指导书，便于以后工作时遵循；对于失败的教训也要总结，以免重现。对于没有解决的问题，应留到下一个 PDCA 循环中去解决。戴明环具有四个明显特点：周而复始；大环带小环；阶梯式上升；科学管理方法的综合应用。

以戴明的十四要点与 PDCA 循环为主所构成的戴明学说，反映了全面质量管理的全面性，说明了质量管理与改善并不是个别部门的事，而是需要由最高管理层领导和推动才可奏效。戴明学说的核心可以概括为：（1）管理高层的决心及参与；（2）群策群力的团队精神；（3）通过教育来提高质量意识；（4）质量改良的技术训练；（5）制定衡量质量的尺度标准；（6）对质量成本的分析认识；（7）不断改进运动；（8）各级员工的参与。

戴明是位“出口转内销”的质量管理大师，给美国带来了尊重人性的管理革命和体制创新，他的质量管理理论为美国不断的技术突破、持续的经济增长和迅速崛起的新经济奠定了基础。目前盛行的国际质量管理标准 ISO 9000 体系和美日地区流行的质量管理标准 TQM、TQC 等，几乎都可以在戴明的十四要点中找到类似或相同的诠释；而且，当前成功者们很多的“创新秘诀”不过是戴明管理要点的转述。戴明的创新和新奇之处在于，他的管理哲学不是从管理世界而是从数学当中得来的，而且将其与人际关系方法嫁接在了一起。

二、朱兰质量三部曲

约瑟夫・朱兰（Joseph M. Juran，1904—2008）大学毕业后到了西屋电气公司工作，刚开始对质量管理没有任何概念，在公司接受了为期一周的培训后，被指派到霍桑工厂的质检部从事有关质量控制数学方法的工作，进而拉开了他的质量生涯帷幕。1954 年，应日本科学家与工程师联盟邀请，朱兰首次到访日本，为日本的管理者和技术人员开办“全公司质量管理”的讲座。这标志着日本的质量管理活动由“最初的、单纯的技术控制性工厂管理方法”转向“全面质量管理”。在日本，朱兰是继戴明之后对质量管理影响最大的人物之一。

朱兰是举世公认的 20 世纪最伟大的质量管理大师之一，将毕生的精力投入到质量管理并取得了巨大成就，被誉为质量领域的“首席建筑师”。他是现代质量管理的领军人物，最早把帕累托原理引入质量管理，影响了日后的全面质量管理和六西格玛管理，他所倡导的质量管理理念和方法始终影响着世界以及世界质量管理的发展。由他主编的出版于 1951 年的《质量控制手册》更是集当代质量管理领域的研究和实践之大成，被誉为“质量管理领域的圣经”，是一个全球范围内的参考标准。

（一）质量管理 “二八法则”

朱兰指出，那些把产品质量问题归咎于工人素质差或不负责任的指责是不公正的。他依据大量的实际调查和统计分析指出，在所发生的质量问题中，究其原因，只有 20%来自基层操作人员，80%的质量问题是由管理责任引起的。各级主管尤其是高层主管，必须积极参与到质量改进活动中。

从质量管理出发，朱兰以及后来的学者进一步将二八法则应用到其他方面。例如，80%的利润由 20%的雇员创造，80%的成本由公司 20%的部门产生，最后，80%的销售额来自 20%的顾客。其实，这里的比例是概率性的，现实中的数据是围绕着 80/20 的百分比浮动的。朱兰只是想告诉人们一个原则——关键的少数和非关键的多数，少量的重要客户会带来大量的销售额。这些重要顾客或频繁购买，或大量购买，或两者兼备。在国际标准 ISO 9001 体系中，与领导职责相关的要素所占的重要地位，也反映出二八法则在质量管理中的普遍性。

（二）朱兰三部曲

朱兰在 82 岁高龄时发表了一篇著名论文《质量三部曲》，其副标题为“一种普遍适用的质量管理方法”。文中提出了被世界各国广为推崇的“朱兰三部曲”，即以质量计划、质量控制和质量改进这三个步骤作为从事质量管理的一般模式（见图 7－3）。

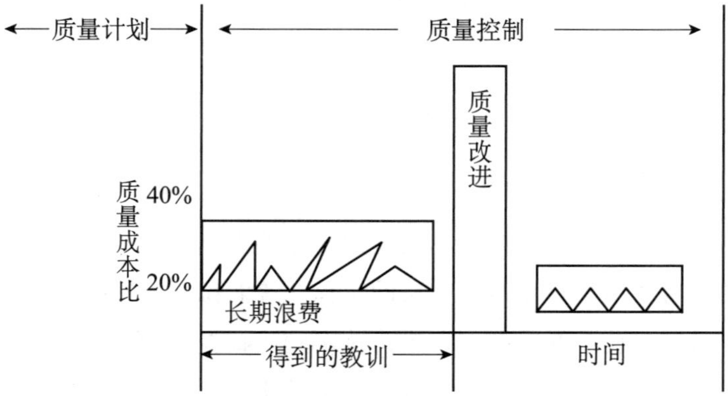

图 7－3　朱兰三部曲

1. 质量计划

质量计划从认知质量差距开始。现实中存在的质量差距主要包括理解差距、设计差距、过程差距和运作差距。为了消除上述各种类型的质量差距，并确保最终的总质量差距最小，朱兰列出了六个步骤作为质量计划的解决方案：设立项目；确定顾客；发现顾客的需要；根据顾客的需要开发产品；设计该产品的生产流程；根据工作运行情况制定控制计划以及其中的调控过程。朱兰提出的质量计划，实际上立足于整个公司各层组织领导的整体"适应性"能力。

2. 质量控制

朱兰将质量控制定义为：制定和运用一定的操作方法，以确保各项工作过程按原设计方案进行并最终达到目标。质量控制并不是优化一个过程（优化表现在质量计划和质量改进之中，如果在质量控制中需要优化，就必须回过头去调整计划，或者转入质量改进），而是对计划的执行。他列出了质量控制的七个步骤：选定控制对象——控制什么；配置测量设备；确定测量方法；建立作业标准；判断操作的正确性；分析与现行标准的差距；对差距采取行动。

3. 质量改进

质量改进是指管理者通过打破旧的平稳状态而达到新的管理水平。质量改进的七个步骤是：证实改进的必要，即争取立项；确立专门的改进项目，即设立项目组；对项目组织指导，强调领导人的参与；组织诊断，确认质量问题的产生原因；采取补救措施；在操作条件下验证补救措施的有效性；在新水平上进行控制，保持已取得的成果。

上述三个环节中，质量计划是质量控制的基础，质量控制是实现质量计划的需要，质量改进是质量计划的一种飞跃。朱兰认为，美国存在质量危机的根源之一，就是忽视了质量改进而一味强调质量控制，这样就会使公司的质量目标固定在原有的水平上。而日本却不同，他们在重视质量控制的同时更重视质量改进。立足于日复一日、年复一年的不断改进，就可以使日本人使用与美国人相同的设备、材料和同样的生产过程，却生产出了更多更好的产品。

第三节　未来学派

这一时期，还有一些学者开始关注未来，美国两位未来学大师阿尔文·托夫勒和约翰·奈斯比特是未来学派的先驱和杰出代表。他们凭借其具有远见卓识的判断力，指明了未来的方向。

一、托夫勒的第三次浪潮

阿尔文·托夫勒（Alvin Toffler，1928—2016）生平经历丰富，先后从事过汽车装配工、军人、汽车驾驶员、冲床操作工、铸造安装工、记者、编辑等职业。在记者生涯的磨砺中，他对社会问题特别是对人类向何处去的问题产生了浓厚的兴趣。托夫勒的妻子海蒂也是知名的未来学者，两人多次合作著述。他和妻子站在三个年代的交接点上，分别于1970年出版了《未来的冲击》，1980年出版了《第三次浪潮》，1990年出版了《权力的转移》，形成著名的未来学三部曲而享誉全球，成为未来学领域的巨擘，对当今社会思潮有广泛而深远的影响。这三部著作也向人们勾勒出未来的“信息社会”或者“后工业社会”的模型，特别是在《第三次浪潮》中提出的社会历史发展阶段的理论更是成为信息社会思想理论的典型代表。

（一）未来的冲击

《未来的冲击》是托夫勒的奠定声名之作，为英语世界创造了一个流行的新词“future shock”（未来的冲击）。此书的出版也标志着未来学进入美国文化的主流领域。托夫勒认为，技术变革带来社会的巨变，短暂性的资讯不断袭扰人类的感觉，新奇性的事物不断冲击人类的认知能力，多样化的选择不断搅乱人类的判断能力，这三股变革交织而来，给人类的心理和生理带来强烈的冲击。现代生活缺乏坚实的基础，熟悉和陌生事物之间的关系变得杂乱不堪，使人类健全的智力面临险境。向未来飞驰的汽车的速度有一点失控，许多人仍在为高变化率而洋洋得意，然而越来越多的人感到驶向未来的车开得有点太快了。若不学会控制个人生活以及社会生活中的变化率，将“注定毁于一场巨大的转变性崩溃”。

（二）第三次浪潮

托夫勒1980年推出的另一部力作《第三次浪潮》，再一次风行世界，被称为“20世纪最有影响力的杰作之一”，由此创造了充满睿智的术语“第三次浪潮”，促成了许多新产品、新公司，甚至新雕塑、新交响乐的诞生，影响了文化思想的各个层面。

托夫勒是第一位洞察到现代科技将深刻改变人类社会结构及生活形态的学者。他将人类发展史划分为第一次浪潮的“农业文明”、第二次浪潮的“工业文明”以及第三次浪潮的“信息社会”，给历史研究与未来思想带来了全新的视角。他认为每一次浪潮都会引起人类社会的巨变，而那些把握浪潮走向并勇于站在浪尖上的人，必将成为时代的弄潮者。

在第三次浪潮的压力下，公司的结构、目标和责任都将发生根本改变。公司不再是固有的只管赚钱生产商品的经济结构，而同时要对极其复杂的生态环境、道德标准、政治影响、种族歧视、两性地位和相关社会问题负责。以下五种力量会推动企业不断地进行变革：第一，物质世界的改变。由于经营活动可能对环境造成危害，企业将对环境负更大的责任。第二，“相同利益”的社会力量的改变。企业的行为将对许多社会组织产生更大的影响，如中小学、大学、社会团体等。第三，信息角色的改变。第四，政府组织的改变。政府实体的激增意味着工商界和政治界之间的相互作用比以往更加强烈。第五，道德观念的改变。企业的伦理观和价值观将与大众社会的观念更紧密地联系在一起。

1980 年，对于托夫勒的绝大多数读者来说，书中许多景象只能在科幻小说中出现；到了 1996 年，对于绝大多数工业化世界里的人来说，这一切都已成为事实。托夫勒还预测到了“朝九晚五工作时间制”的消亡。托夫勒提出：“机器工作的同步原理使人们必须严格按照机器的特点安排作息，因而所有社会生活将趋向一致。资本主义国家和社会主义国家在这一点上完全相同。今天，随着机器同步作用的进一步加强，人们不是被更严格地禁锢，而是逐渐获得了解放。”人们现在拥有更为灵活的工作方式，比如“弹性工作时间”和“在家工作”。

（三）权力的转移

1990 年，托夫勒的新作《权力的转移》横空出世，再度震惊学术界。在这部气势恢弘的作品中，托夫勒深入而精辟地阐述了知识经济的作用，宣告了知识力量的崛起，发表了知识经济时代的宣言。本书的主旨是讲述给我们带来无尽纷扰的变动，尤其是知识在权力转移中扮演的关键角色，提出“社会权力”的新观念，并探索了未来企业、经济、政治和世界局势的改变。

托夫勒认为，所谓“权力”，并非一般的政治学意义上的狭义的权力概念，而是文化和哲学意义上的广义的概念，意指一个国家、民族、地域甚至整个世界赖以发展的各种基本力量的总和。它包括政治、经济、社会、文化各种有形和无形的力量，既指物质力量，也指精神力量。在当代，它主要表现为暴力的权力、知识的权力和财富的权力。每个时代，权力的组成部分中总有一种起主导作用的权力。但是，随着社会的发展，权力的各组成部分会发生功能和性质的变化，其中一种权力或多种权力会突然崛起，取代或排挤另外一些权力，这就是权力的转移。权力的转移对社会的影响，就像生物进化中自然选择对物种的影响一样：适者生存，优胜劣汰。一个民族、地域、国家要生存和发展，就必须分析和认识权力转移的联系与规律，力图适应和控制权力的转移所带来的“浪潮”与“冲击”。要么加速，要么退出，这就是以信息和知识驱动的现代型经济为“权力转移”的世界描绘的未来图景。

与其说托夫勒是一位未来学家，不如称其为变革大师。他自己也曾这样给三部曲定位：《未来的冲击》着眼于变革的过程，《第三次浪潮》聚焦于变革的方向，《权力的转移》则探讨了如何控制各种变革。在所有社会进程中，托夫勒眼中的社会的变迁就像一个高速旋转着的万花筒，他竭力在这个万花筒里找出种种未来变化的端倪，探寻未来变革的可能出路。

二、奈斯比特的大趋势

约翰·奈斯比特（John Naisbitt，1929—　）早年曾涉足政坛，1963 年被美国总统肯尼迪任命为教育部助理部长，后被聘为约翰逊总统的特别助理。离开白宫后成为许多跨国大公司高层及政府高官的顾问，还是我国南京大学的客座教授。2006 年，奈斯比特中国研究院在天津财经大学成立，此后中国天津成为他与妻子的常住地。

奈斯比特 1982 年出版的《大趋势》闻名于世，与威廉·怀特的《组织的人》、阿尔文·托夫勒的《未来的冲击》并称“能够准确把握时代发展脉搏”的三大巨著。他在《大趋势》这部著作中明确了十种未来发展的大趋势。

（1）从工业社会到信息社会。我们将要进入一个以创造和分配信息为基础的社会。在这个过渡中，有五件重要的事情：第一，信息社会是经济实体，而非抽象的思想；第二，通信和电脑技术上的新发明将缩短信息的流动时间，加快变化的步伐；第三，新的信息技术将首先用来解决工业上的任务，然后逐渐产生新的活动、新的方法和新的产品；第四，我们要比以往更需要具备基本的读写技巧；第五，新信息时代的技术的成败取决于高技术与高情感的平衡。

（2）从强迫性技术向高技术与高情感相平衡的转变。新的技术应该更加人性化，否则这种技术就会遭到排斥，唯技术主义或技术决定论都是非常危险的。

（3）从一国经济向世界经济的变化。这其实就是我们现在常说的经济一体化，在这种全球化进程中任何国家都不能脱离与其他国家的联系而独立发展。

（4）从短期向长期变化。这种变化就是说看待问题的眼光要长远，不能为了短期的利益而损害长远的利益。对公司而言，为了实现长远的发展，就要具备战略远见，进行战略规划。

（5）从集中到分散。该变化是针对美国政治而言的，中央集权正在美国崩溃，人民正自下而上地把美国重新建设成为一个更强大、更平衡、更多样化的社会，各州的权力也更加独立。

（6）从向组织求助到自助。人们的医疗保健和教育更多地依靠自助，人们通过自己开办公司或企业来从事工作，以此来实现自我价值；各种互助组织也蓬勃发展，人们借此来寻找归属的需求。

（7）从代议民主制到共同参与民主制的转变。共同参与民主制的指导原则是：凡自己的生活受到某种决策影响的人，都应该参与那些决策的制定过程。共同参与民主制已渗透到人们价值观念系统的核心，政府和企业受到的影响将最大。就企业而言，有四项主要的活动：一是促进消费者利益的运动；二是争取外聘董事的参与；三是股东的积极活动；四是更大范围的工人参与管理。

（8）从等级制度到网络组织。这种变化主要指组织结构的变化，即网络型组织要兴起。

（9）从北到南。这是指美国人从东部沿海向西部和西南部迁移。

（10）从非此即彼到多种多样的选择。由于物质的丰富和服务的多样，人们的选择余地也越来越大，从一个狭窄的、选择范围有限的社会中突破出来，进入到一个自由发展的多运作方式的社会。

除了这些趋势外，奈斯比特还拥护小公司在未来创造财富中所扮演的角色。他认为小企业中权力下放到了个人，因此，可以百分之百地打击官僚主义作风的大公司，除非它们把其自身作为小公司的集合来进行重组，否则它们将只能走向被淘汰出局的命运，他认为是小公司创造了全球化的公司。

此外，奈斯比特在《中国大趋势：新社会的八大支柱》(2009) 一书中，站在全球的高度，精辟地提出了“中国新社会的八大支柱”理论：解放思想；“自上而下”与“自下而上”的结合；规划“森林”，让“树木”自由生长；摸着石头过河；艺术与学术的萌动；融入世界；自由与公平；从奥运金牌到诺贝尔奖。在此基础上，他总结出中国发展的大趋势——中国在创造一个崭新的社会、经济和政治体制，它的新型经济模式已经把中国提升到了世界经济的领导地位；而它的政治模式也许可以证明资本主义这一所谓的“历史之终结”只不过是人类历史道路的一个阶段而已。他坚信，“中国模式”将以令人难以置信的力量影响整个世界。

奈斯比特提出的未来发展十大趋势，其中的一些预言已被实践所证明。他还正确预测了全球化时代的到来，并站在“全球悖论”的观察高度上指出：世界经济越强大，其中最小的“游戏者”越有利。此外，他提出的网络化已成为当今世界最重要的潮流之一。其研究不仅仅停留在对未来的预测上，还提出为了应对未来变化，人们当下应该做的事情，这对于人们把握机遇、规避风险具有重大的实践价值。可以说，奈斯比特始终以其高瞻远瞩、洞悉一切和敏锐感知未来的能力，独领风骚于他同时代的众多学者之上。

第四节　跨国企业研究

20 世纪 80 年代的另一个显著特点就是全球化趋势日益加深。因此，很多学者的研究视野超出本国，投向世界。英国著名经济学家约翰·邓宁（John H. Dunning，1927—2009）从 20 世纪 50 年代以来，一直致力于国际直接投资和跨国公司等经济课题的研究，取得了诸多成果，被誉为跨国企业研究第一人。

（一）国际生产折中理论

1977 年，邓宁在《贸易、经济活动的区位和跨国企业：折中理论方法探索》中提出了国际生产折中理论；1981 年，他在《国际生产和跨国企业》一书中对折中理论又进行进一步阐述。他认为以往的理论只能对国际直接投资作出部分解释，并且它们无法将投资理论与贸易理论结合起来，客观上需要一种将二者折中的理论。邓宁建立的国际生产折中理论对西方经济理论中的厂商理论、区位理论、产业组织理论等进行了兼容，并吸收了国际经济学中的各派思潮，创立了一个集国际贸易、对外直接投资和非股权转让三者于一体的综合理论模型。

在这一理论模型中，邓宁给出了导致境外直接投资行为的三组基本变量：企业资产所有权优势；内部化优势；区位优势。一个企业必须同时具有这三个条件，才能从事境外直接投资。

（1）所有权优势（ownership advantages）。一个国家的海外经济活动可能有两种形式：一种是出口或进口制成品；另一种是直接在国外从事生产活动。一个国家的企业之所以能克服种种风险和附加成本而进行海外投资，是因为海外经济活动具有更多的所有权优势——它是指一国企业拥有的，其他国家企业没有或无法获得的资产及其所有权。具体包括技术优势、企业规模优势、组织管理优势、金融与货币优势以及市场销售优势等。一个国家的企业要进行海外直接投资和国际生产，首先应具备这些所有权优势，这是海外直接投资的首要条件。

（2）内部化优势（internal advantages）。内部化优势是指跨国公司通过对外直接投资将其资产或所有权内部化过程中所产生的优势，也就是企业将拥有的资产通过内部化转移给国外子公司，可以比通过交易转移给其他企业获得更多的利益。企业选择资产内部化还是资产外部化，取决于利益的比较。内部化的根源在于外部市场失灵。邓宁把市场失灵分为结构性市场失灵和交易性市场失灵两类，结构性市场失灵是指由东道国贸易壁垒所引起的市场失灵，而交易性市场失灵是指由交易渠道不畅或有关信息不易获得而导致的市场失灵。

（3）区位优势（location advantages）。区位优势是东道国拥有的优势，跨国公司只能适应和利用这项优势。它包括两个方面：一是东道国不可移动的要素禀赋所产生的优势，如自然资源丰富、地理位置方便等；二是由东道国的政治经济制度、政策法规灵活等形成的有利条件和良好的基础设施等。如果企业所有权优势与内部化优势皆有，那么对该企业而言，把这些优势与当地的区位因素结合，必然使企业有利可图。

由此可见，如果企业具备了内部化优势和区位优势而无所有权优势，则意味着企业缺乏对外直接投资的基本前提，海外扩张无法成功；如果企业只拥有所有权优势和区位优势而无内部化优势，则说明企业拥有的所有权优势难以在内部加以利用，只能将其转让给外国企业；如果企业仅有所有权优势和内部化优势，而不具备区位优势，这就意味着企业缺乏有利的海外投资场所，因此企业只能将有关优势在国内加以利用，而后依靠产品出口来供应当地市场；企业必须同时兼备所有权优势、内部化优势和区位优势，才能从事有利的海外直接投资活动。因此，外国直接投资的实现就意味着投资企业所有权优势、内部化优势和区位优势三者最佳结合的实现。

（二）投资发展周期理论

邓宁在对国际生产折中理论进行静态分析的基础上，还对其进行了动态化的研究和进一步的阐述，从而建立了投资发展周期理论。他分析了 67 个国家在 1967—1978 年间直接投资和经济发展阶段之间的联系，认为一国的国际投资规模与其经济发展水平有密切的关系，人均国民生产总值越高，其对外直接投资净额就越大。其中心命题是：发展中国家的对外直接投资倾向取决于一国的经济发展阶段和该国所拥有的所有权优势、内部化优势和区位优势。他将一国对外投资的发展划分为四个阶段：

在经济发展的第一阶段，本国几乎没有所有权特定优势，也没有内部化优势，更没有能力利用国外的区位优势。与此同时，由于国内市场不够大，商业渠道不畅通，法律制度不健全，政治环境不稳定以及运输、通信设备不完善等原因，本国的区位优势对外国投资者的吸引力也比较小，结果导致没有资本流出，资本流入也很少。

在第二阶段，随着国内市场的扩大、购买力的提高以及这些市场服务成本的下降，直接投资的流入开始增加。这时资本流入有两类：一类是“进口替代制造业的投资”，其目的是替代和补充消费品与资本品的进口；另一类是“带动出口型的投资”，即用资本的流入来开拓本国的资源，从而增加出口。在经济发展的这一阶段，吸引外资的流入是很关键的，所以国家要在这一时期积极地改善投资环境、健全法律制度、疏通商业渠道等。

在第三阶段，国内的经济发展水平有了新的提高，人均资本流入的速度开始下降，而对外直接投资发展很快，这可能是因为研究与开发使所有权优势不断发展，而原来国外投资者的优势相对消失，或者国外市场区位优势有较大的吸引力。经济发展的这个阶段标志着国际投资专业化的开始，即在那些比较区位优势较强、所有权优势较弱的地区和部门试图吸引直接投资的流入，而在那些所有权优势较强、比较区位优势较弱的地区或部门发展对外投资。

在第四阶段，国家对外直接投资的流出超过了直接投资的流入，这反映了这类国家拥有较强的所有权优势和在国外内部化开拓优势上的能力与倾向，并且试图利用其他区位的比较优势。这反映了在当代的国际竞争中，存在一种将各种比较优势结合起来的趋势。

邓宁用动态化的国际生产折中理论解释了投资的发展周期，证明了一个国家的投资总量和经济发展水平有密切的关系。

第五节 组织理论发展

20 世纪 80 年代的组织理论可谓得到“跨越式发展”，涌现出许多轰动一时的代表人物及其著作和思想。汤姆·彼得斯、伊查克·爱迪斯、查尔斯·汉迪、罗莎贝丝·坎特、克里斯·阿吉里斯等为此作出了巨大贡献。

一、彼得斯的卓越公司理论

著名管理学大师汤姆·彼得斯（Tom Peters，1942— ）在美国乃至整个西方世界被称为“商界教皇”。他于1974年加盟麦肯锡公司，1977年被指派从事后来为人们所熟知的“卓越公司”计划的工作，1981年离开麦肯锡公司，组建自己的企业——汤姆·彼得斯公司，1982年与麦肯锡公司的同事罗伯特·沃特曼根据“卓越公司”计划的研究成果，出版了《追求卓越》一书，开商业书籍荣登畅销书榜首的先河。

什么样的公司才算“卓越”？彼得斯首先设立了六个方面的指标，包括财产增长额、股票价值增长额、市场价值与账面价值的比率、投资收益、股票收益、销售净利；然后选择那些在这六个指标上领先于同领域其他企业20年以上的公司，企业的范围以《财富》500强为准，最后选择出制造、信息、服务、销售、交通和食品等行业的43家“卓越”的组织，其中包括IBM、通用电气、惠普、宝洁、强生、麦当劳、杜邦等各行业中的翘楚。经过将近四年的调查研究，彼得斯总结出卓越公司的八大特质：

第一，贵在行动——偏好行动而不是沉思。

第二，接近顾客——在产品和服务上接近顾客的需求。

第三，自主创新——有一套成熟的创新体系，包括具有实权的创新推动人、完善的创新推进体系以及合理的创新保障机制。

第四，以人为本——对员工的态度是鼓励其生产力，避免对立情绪。

第五，价值驱动——创造出特有的价值观体系来宣扬公司理念，并落实到具体的工作及员工的言行中。

第六，固守本业——“专注于自身”以保持商业优势，避免在自己力所不能及的领域与人竞争。

第七，精兵简政——组织结构简洁，人员精干。

第八，宽严并济——对目标保持松紧有度的特性，同时不抑制创新的控制系统。

彼得斯的文笔犀利，观点常常语惊四座。这位管理大师每本书都会在欧美工商业界引发一场强烈的“地震”。许多知名学者对《追求卓越》这部名著进行了评价。例如，德鲁克评论说：“《追求卓越》的价值，现在已无法衡量，我们能确定的是它推动了管理书籍的大量出现，同时在商业世界中肯定了顾客服务在形成差异和建立竞争优势的过程中所起的核心作用。”

彼得斯具有思辨色彩的管理思想和对传统挑战的精神，都成为管理思想史上无法被忽略的内容。他为美国企业管理开出了突破困境的药方，其思想影响了整整一代管理者。他引导的潮流向我们展示了商业世界急剧变化的生动图景。但事实上，在1982年称得上卓越的公司中，两年后并不都仍是卓越的。面对其著作中存在的问题甚至自相矛盾的现象，批评者很快就发现了他的缺陷——思想很少有连贯性。对此，彼得斯曾作出解释：他对自己思想进行纠正的态度，正是因为当今的管理世界处于一种动荡、混乱的状态。这个时代无论对个人还是组织都提出了更高的要求，唯有创新才是生存之路。

二、爱迪斯的企业生命周期理论

美国最有影响力的管理学家之一，企业生命周期理论创立者，组织变革和组织治疗领域公认的大师级人物伊查克·爱迪斯（Ichak Adizes，1937— ）出生于马其顿首都斯科普里，他创立了以其名字命名的对企业及其文化进行诊疗的方法，即爱迪斯法（The Adizes Methodology）。他曾用 20 多年的时间研究企业如何发展、老化和衰亡，于 1988 年出版了《企业生命周期》一书，这是世界上第一部把企业生命作为研究对象的书籍。

（一）企业生命周期

爱迪斯认为，企业组织和生命有机体一样，具有一定的生命周期，即出生、成长、老化、死亡等过程。组织体系随着生命周期不断演变的时候，将会展现出可以预测的行为模式。在迈向新的阶段时，组织体系都将面临许多问题。此时，组织若能通过程序的制定以及有效的决策来攻克难关，促成转型的成功，那组织所面临的问题均属过渡时期的正常现象；反之，如果组织只是一味地走老路，那么更多的异常问题将随之而来，而且一再重复，妨碍组织的发展。

他提出，企业的成长与老化同生物体一样，主要是通过灵活性与可控性这两大因素之间的关系来表现的。规模和时间都不是引起企业成长和老化的原因。成长意味着具备了处理更大、更复杂的问题的能力；老化意味着处理问题的能力降低了。成功管理的关键不是排除所有的问题，而是把注意力集中到企业目前的生命阶段，这样企业才能成长并成熟起来，去面对下一个生命阶段的问题（见图 7-4）。

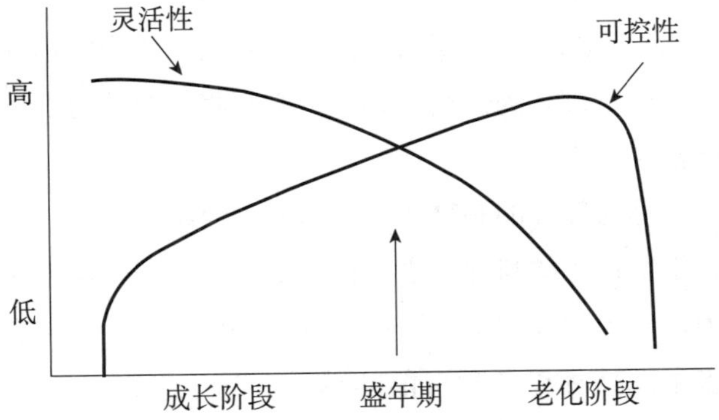

图 7-4 成长和老化的实质

在此基础上，爱迪斯认为成长阶段和老化阶段各有五个时期，一共十个时期（见图 7-5）。他对每个阶段、每个时期的特征与可能存在的陷阱进行了描述和分析，并提出了治理对策。

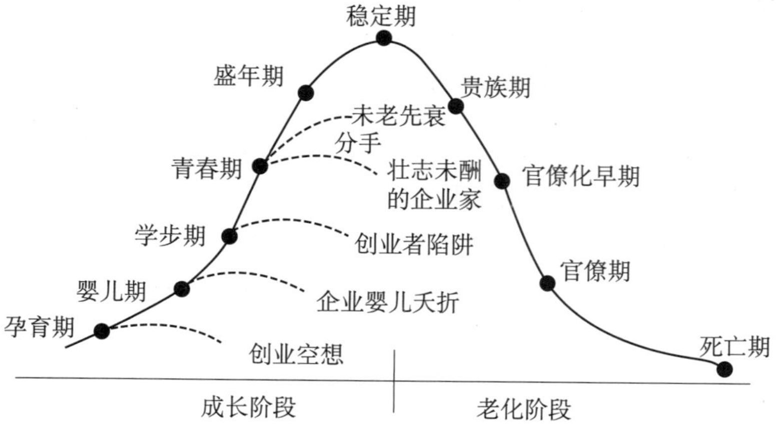

图7-5　企业生命周期图

（1）孕育期。这个阶段属于企业的梦想期。创办人应该以满足市场需求、创造价值与意义作为自我追求目标。孕育期所作出的承诺必须经过现实的检验，并且要强化客户服务及有效满足需求。

（2）婴儿期。这个时期的公司就像襁褓中的婴儿，存活关键取决于能否摄取足够的营养（营运资本）以及得到父母的照顾（创办人的承诺）。处于婴儿期的组织，在规模上不足以负荷团队合作的工作形态，应该由创办人进行所有的决策，加上每个人的尽职尽责，让婴儿期组织尽快发展出自己的制度，以利于预测、分析和获取资金。一旦创办人失去对组织的主控权，或者公司失去资金的支持，婴儿期组织将难逃夭折的命运。

（3）学步期。这个时期的公司充满活力，产品或服务开始被市场接受。但是，也正因为存在这种觉得自己无所不能的心理，某些企业会作出一些不明智的决策与承诺，甚至进入与公司主营业务不相关的领域。这一时期的企业必须学会区分事情的轻重缓急，制定政策与规则，判断什么事情该做、什么事情不该做，有所为、有所不为。

（4）青春期。进入青春期后，组织必须由人员导向调整为结构导向，组织人员必须根据组织需求找到自己的定位。为了避免异常，必须将企业活力予以制度化，并将其导入管理制度与程序的框架之内。

（5）盛年期。当管理与领导的制度成功建立后，组织便能进入生命周期曲线中最精彩的巅峰期。此时，组织在纪律与弹性之间找到平衡点，同时拥有完整的愿景与创意政策、规划与监控能力，收入与利润持续增长。然而，巅峰也意味着衰败的开始。如果企业的管理者不能积极主动地杜绝各种可能的弊端，整个组织将不可避免地走向衰败与解体。

（6）稳定期。此时的企业表现出了以下特征：对成长的期望值不高；对占领新的市场、获取新的技术的期望值降低；开始沉醉于昔日的辉煌而对构筑愿景失去了兴趣；对变革产生了疑惑；工作中肯听话的人受到表扬；对人际关系的兴趣超过了对创新的兴趣。

（7）贵族期。贵族期的企业主要体现出以下特征：钱被花在控制系统、福利措施和一般设备上；强调的是做事的方式，而不是做事的内容和原因；越来越注重形式，并拘泥于传统；个人仍关心企业活力，但整体处世信条却是“少惹麻烦”；企业内部缺乏创新，强调兼并；企业资金充裕。

（8）官僚化早期。官僚化早期的企业特征是：强调是谁造成了问题，而不去关注该采取什么补救措施；各种冲突、背后中伤及内讧层出不穷；注意力都集中到内部的地盘之争上，外部的客户反而成了多余的东西。

（9）官僚期。官僚期的企业特征是：制度繁多，行之无效；与世隔绝，只关心自己；偏执狂束缚了企业，每个人习惯“都撂挑子”；没有把握变化的意识；要想与企业行之有效地打交道，客户必须想出种种方法，绕过或打通层层关节。

（10）死亡期。一个企业即使在官僚期无药可救，也可能要经过很长的时间才会真正进入死亡期。当没有人再对这类企业承担义务时，企业将被顾客抛弃、被政府管理者抛弃。

（二）管理在企业生命周期中的角色

管理在企业生命周期中充当什么样的角色呢？爱迪斯认为，是领导，是保持企业健康成长并预防与治疗企业在发展道路上所出现的各种病态性问题。领导的作用应该是使企业进入盛年期并保持盛年状态，这也是管理的功能所在。爱迪斯将常见的管理风格分为以下四种类型：

P 型：P 代表实现（perform）企业目标，属于“独行侠”式的管理风格。管理者通常采取独往独来的做法，每天最早上班，最晚下班，既没有时间开会和训练员工，也不充分授权，对于公司的未来缺乏长远规划。

A 型：A 代表系统化、常规化管理者，规划好企业的各项活动，以便在适当的时机以适当的强度完成适当的工作，即执行（administer）。管理者只追求形式，如同准时上下班的公务员，员工一切奉命行事，却忽略了工作的实质内容和意义。

E 型：E 代表创新精神（enterprising），包括创造力和承担风险的精神。这种被称为“纵火者”的管理者，心思无法捉摸，随时有新的想法，但很少真正落实。

I 型：I 代表整合（integrating），管理者试图在企业内形成一种相互依赖又亲近的文化，以滋养独一无二的企业“信念”。这一类型的管理者善于倾听别人的意见，具有强烈的政治嗅觉，能够观察各种事物的发展过程，然后找出重点，属于“超级追随者”。

爱迪斯认为，书上所描述的理想管理者在现实生活中根本不存在。人们常见的管理者，其管理风格往往是接近于上述 P，A，E，I 四型中的一种，只是程度不同而已。没有人可以独立完成所有事情，企业需要的也不是单一型的管理者，而是能够在制度上促成互补的管理团队。对高科技公司来说，一定要注意互补性及团队间的平衡，因为权力分配及组织框架会影响到企业的走向。只有适当的权力平衡，才能创造健康的企业文化，实现良性互动。如果不能团结合作，不能妥善处理内部问题，公司很快就会瓦解。

要执行决策，管理者需要一定的能量。能量的来源有三个：职权（authority）、权力（power）及影响力（influence）。职权是制定决策的权力，也就是“行”和“不行”的权力，这是个人的工作岗位所固有的正式权力。权力是指奖惩权力，这取决于被需要和被取代的可能性程度。影响力是一个人所具备的不靠职权或者权力就能去做事的能力。影响力往往来自于能使我们所要指挥的人按照要求去行动的信息。爱迪斯将这三种能量来源相组合，称为权威（见图 7－6）。

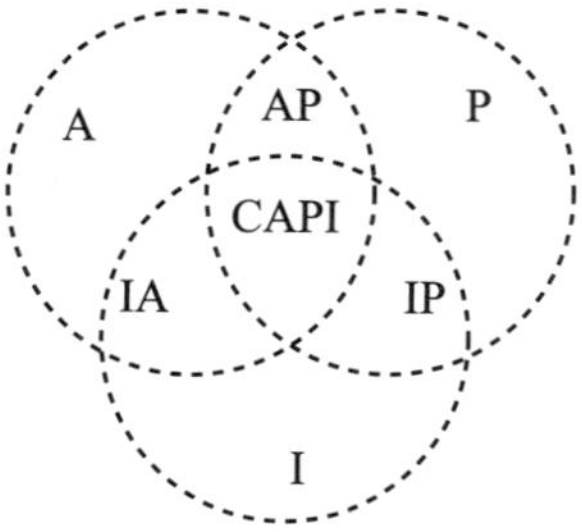

图 7－6　权威力量组合

其中，AP 是授予的权力，即伴有奖惩权的制定决策的法定权力；IP 是间接的权力，行使这种指挥权的人认为自己在施加影响，而被影响的人感觉到的却是权力；IA 是有影响力的职权，在专业的管理学著作中称为被接受的权威或者职业权威；CAPI 是三种能量的结合。尽管单独的个体不可能具有超过责任范围的所有 CAPI，但一群人加起来就具备了所要求的 CAPI。为了能把 CAPI 组合起来，管理者必须为组成 CAPI 的各种利益团体创造出一种“大家都是赢家”的环境。爱迪斯认为，有效的管理即制定正确的决策并加以实施。所制定的决策质量和实施效率共同决定了管理过程的质量。在盛年期，企业能够制定出高质量的决策，并且能够很好地加以实施，所以企业既有灵活性，又具有可预测性、可控制性。但是，只有当企业制定和实施决策的能力提高了，PAEI 发展成熟并制度化了，企业所要照顾的利益也得以整合并融为一体了，这一生命周期才会出现。

（三）企业文化变革和组织变革

爱迪斯通过大量的篇幅将 PAEI 和 CAPI 与各个生命阶段结合起来，进行企业文化预测和企业控制权预测，并提出了“爱迪斯法”。爱迪斯法可用于协助改进企业文化，核心是如何将企业的“内耗能”转化为“外向能”，如何引发企业由内向外的改革，为企业成长中的问题寻求解决方案。爱迪斯法分为 11 个阶段：（1）组织诊断（由组织自己的管理团队实施）；（2）组建和培训团队（以解决在诊断中所确认的最重要的问题）；（3）变革管理（导入新的程序和系统以提高组织的回应性与适应性）；（4）确定使命、价值观和愿景（确定战略重点和规划）；（5）组织结构重组（以更好地支撑新战略）；

(6) 管理信息系统建设（审视和开发管理信息系统，以适应新需求，重视建立一套责任体系）；(7) 爱迪斯“技术转换”（授权和批准组织推行爱迪斯法，直至每个层级，支持自我持续进步）；(8) 拓展最佳绩效水平（绩效优化）；(9) 战略资源分配（评价长期方向和每个组织单元的适应性，并确定新的方向以取代已终止的活动）；(10) 系统的“控制论”结构（通过确定第三阶段的变革管理体系，使组织具有持续的适应能力，进而与第四、五阶段的结构整合起来）；(11) 协作式奖励薪酬系统（确保奖励薪酬与新业务形态及战略相关联、相匹配）。

三、汉迪的三叶草组织理论

查尔斯·汉迪（Charles Handy，1932—　），被誉为“管理哲学之父”。从 1981 年开始，他开始“组合式人生”实践。作为当代英国最负盛名的管理大师，他不仅具有严谨的逻辑思维能力，同时还具有非凡的想象力，出版了十几部在大西洋两岸乃至全世界都颇有影响的著作，这使他成为新秩序的预言家；他提出了多种管理思想，描述组织与个人工作方法变革的一些主要发展方向，并以“四种管理文化”“组织与人的关系”“未来工作形态”等新观念而闻名于世，成为继德鲁克之后在世界上拥有读者最多的管理学权威。由于他在理论方面的成就主要是通过推理和亲身实践得来的，他因此又获得了“艺术管理大师”的称号。

（一）四种管理文化

汉迪提出四种管理文化理论：

1. 权力文化

权力文化的组织类似于一张蜘蛛网，从一个中心点会放射出众多线路，同样，权力文化的组织会依职能和产品划分出各个不同的部门。在古希腊神话中，代表这种文化的保护神是宙斯（也就是这种文化中的领导人），所以权力文化又称为宙斯式文化。宙斯象征父系家族的传统：不是很理性，但往往散发着慈爱的力量，冲动而富有领袖魅力。

2. 角色文化

这种文化假定人是单纯理性的，人们能够通过并应该通过概念逻辑的方法去分析研究任何事物。这种文化的保护神是太阳神阿波罗，代表了秩序与法规，所以又称为阿波罗式文化。其优势在于稳定性、可预期性，让人有安全感；缺点是否定人性，僵化、无弹性，所有变化都被故意忽视，组织对事物的反应会被公式化。

3. 任务文化

这种文化把管理和不断成功地解决问题联系起来，采用别出心裁的管理方式建立组织。雅典娜是这种文化的保护神，所以这类文化又被称为雅典娜式文化。其优点是组织中存在着热衷投入而团结一致的参与感，组织成员互相尊重、互相帮助，因此其适合冒险开发阶段；缺点是代价高昂。

4. 个性文化

个性文化又叫狄俄尼索斯式文化。狄俄尼索斯是古希腊神话中的酒神，他代表个性文化，所以个性管理文化实质上是一种存在主义的文化。其优势在于，组织的成员既自由，又可享受组织提供的协作、资助、弹性与商讨交涉的权力；缺点是所有的协调都将沦为无止境的协商，这是因为组织根本无法对这群人施加任何制裁。

（二）三种组织形式

汉迪认为，我们正处于一个不连贯的时代，各种变化可能都是意想不到的，而这种不连续的变化则要求我们要敢于怀疑，打破陈规，以非正常的方式来考虑问题；不能再盲目地认为通过时间隧道，社会会缓慢地、自然而然地、平稳地取得根本的进步。不连贯的时代呼唤新的组织、新的技术、新的能力和新的工作模式。在未来，人们的工作环境将发生巨大的改变，主要有以下趋势：第一，不再偏重于劳动密集型生产；第二，多数企业向知识型企业转变；第三，社会向服务业发展。工作环境的变化将带来组织结构的变化，汉迪提出了三种新的组织结构类型：

1. 三叶草组织

三叶草是一种小小的、苜蓿般的植物，每一花茎上长有三片叶子。这种植物是爱尔兰国家的象征，被爱尔兰的守护神圣帕特里克用来象征上帝的三种面貌，即三位一体。汉迪使用这种植物来说明今天的组织模式：三种迥然不同的人组成了组织，这三种人各怀不同的期望，接受三种不同的管理，领不等的工资，并且被以不同的方式组织起来。

三叶草的第一片叶子代表核心工作人员，汉迪称之为“专业核心”，他们由资深专家、技术人员和管理人员组成。这部分人对组织来讲是至关重要的，不能随便更换，他们使得本组织区别于其他组织，失去了这些人也就相当于失去了组织。

三叶草的第二片叶子代表与企业存在合同关系的外包人员。把那些不重要的、可以让别人代劳的工作以订约的方式外包给那些以此工作为专长的人，或者那些只付出较少的代价就可以使工作做得更好的人去做，那些人就是与企业存在合同关系的外包人员。这些人是按业绩而不是按工作时间获取报酬。

三叶草的第三片叶子是指具有很大弹性的专家或者自雇工作者，例如兼职工或是顾问。

汉迪认为后两种人员是把自己看做拥有独特的顾客组合和项目组合的“组合式工作者”，他们并不完全依赖于某一种收入来源。

2. 联邦组织

“联邦”就是指各种不同的个别团体聚合在一面共同的旗帜下，使用某种共同的身份。它保持了个别团体的小规模和独立性，是一种自治和合作的结合。其结果是综合两种团体的优点：使大团体在进入市场和金融中心时能打出一面漂亮的旗帜，却无须耗费时间以扩张规模；使小团体具备自己所必需的伸缩性和每一个团队成员一直追求的“共同体感”。

3. 3I 组织

汉迪给出了一个成功与效率的公式：3I＝AV，AV 表示增加的价值（addedvalued），3I 代表智慧（intelligence）、信息（information）和思想（ideas）。在竞争激烈的信息社会，人们想从知识中获取价值，仅靠自己的脑力是不够的，还需要处理有用的信息和依靠有价值的思想。3I 组织必须关注那些知识起关键作用并且脑力比体力重要的领域。

（三）悖论的平衡方法

汉迪在《空雨衣》一书中总结了当代社会所面临的九大悖论：智慧悖论、工作悖论、生产力悖论、时间悖论、财富悖论、组织悖论、时代悖论、个人悖论以及正义悖论。这些悖论过去与未来都会存在，使人们感到困惑并影响组织的发展。他提到，有一天在明尼阿波利斯市的一个公园里看到一尊雕像，那是一件铜铸的无人穿着的空雨衣。这件空心雨衣正是人们无法摆脱的悖论的象征。那天上午，他还参观了一家大型跨国公司的总部，穿行在一排又一排的桌子、一间又一间的办公室之间，感到那里的人们正处于为了他们的角色而牺牲掉自己个性的危险之中，只是些无名的“角色扮演者”。

汉迪认为人们总是在变化与矛盾中尽力获得平衡，因此组织商业活动没有万全之策，不论用何种方法，都必须将管理与灵活性结合，要做到良好的沟通和角色的平衡。他提出了悖论的三种平衡方法：一是在持续成长的同时施行新变革的“S 曲线”。如果能在第一条曲线上升时即着手培养第二条曲线，一旦第一条曲线走向衰落，就可以转向上升中的第二条曲线，从而步步登高，不致坠落巅峰、一蹶不振。二是必须在想做与做得到之间取得平衡的“甜甜圈理论”。理想的工作应是以“甜甜圈”的中心为重心，外围为自由发挥的空间。三是充分运用妥协艺术的“中国式契约”。妥协是进步的先决条件，唯有双方各让一步，才能创造双赢的局面；彼此间必须相互信任，对共同的未来有信心。

（四）组合式职业

在汉迪 49 岁那年，父亲去世。他父亲是爱尔兰教会牧师。汉迪发现，一条小小的讣告，让无数人放下一切事务，从各地专程赶来。他父亲的老上司、大主教告诉在场的人，他父亲是一个特别的人，帮助了许许多多的人。这一切让汉迪反思自身：“我繁忙的生活和所谓的成就，跟父亲所影响的这么多人比起来，又算得上什么呢?”因此，汉迪提前从组织中退休，开始实践自己的“预言”，离开组织的庇荫自谋生路，脱离“大象”的世界（即大型组织），当一只“跳蚤”（即自由职业者）。在成为“自由人”之后，汉迪开始实践他自己的理念，一年中大体上是 100 天学习，150 天做有薪工作，25 天做义务工作，90 天做家庭工作、假日休闲，努力在这四项工作中找到最佳均衡。汉迪后期思考的重点，也正是通过对自身经历的反思，倡导我们过由有薪工作、免费工作（如公益)、学习、家庭工作以及休闲组成的“组合式人生”。

当代管理思想家中，就天赋、创造性和思想性而言，无人可及汉迪。他能做到跳出管理世界的圈子，从圈外看圈内，他看到的不调和、反传统的景象使关心管理和组织未来的人感到不安又深受启发。“三叶草”“空雨衣”“大象”“跳蚤”……汉迪借助他的书籍，不断探究英国语言的隐喻潜能。这些意象引人入胜，而且总有一种严肃的深层用意。他有关“未来组织形态和工作方式”的一系列预言已经被西方发达国家的社会经济变革历程所证实。

四、坎特的组织变革理论

罗莎贝丝·坎特（Rosabeth Moss Kanter，1943—　），哈佛商学院教授，被尊称为“管理学的理论女王”。她于1989—1992年间担任《哈佛商业评论》主编，还是世界妇女论坛的创始人之一。20世纪80年代，坎特出版了两部主要著作——《变革大师》和《当巨人学跳舞时》，她因呼吁大公司（尤其是美国公司）进行改革而闻名。IBM等公司的经理认为，正是坎特促使他们进行了变革，她因此被誉为“大公司的舞蹈老师”。

坎特认为，“孤独的狼”似的创业者时代已经过去，而在“后创业者的时代”，经济发展的未来要靠大公司，进而提出了“后创业者时代的管理原则”：第一，目标最小化，选择最大化。降低固定成本，尽可能多地运用“可变的”或“临时的”达到目的的手段。第二，通过影响力和组合找到方法。通过参与和投入获得权力，而不是通过全面控制或完全的拥有。第三，鼓励“折腾”，使事情处于动态之中。为了产生意想不到的创造性的新组合，鼓励人员、职能和产品不断地重新组织。把人员调整重新定义为积极的(一个更新之源)，而不是消极的。

采纳这些原则，有可能导致企业的灵活性和员工的安全感需要之间的紧张。坎特的建议是，员工应该转变观念，不要把安全感系于某个具体职位或企业，而要系于就业能力，即能够始终找到就业的知识。而对于灵活的、反应快的公司，坎特推荐如下战略：首先，发展更好的协同性，使企业有更多的内部协作和更好的整体性；其次，建立与其他公司的联盟；最后，开发新的“溪流”，即那些让企业走向未来的新的商机。她认为：“这些后创业者时代的战略，能够把缺乏活力的组织改变为全球商业奥林匹克竞赛的敏捷选手，能够让那些肥胖臃肿的大公司懂得如何跳舞。”

坎特还提出了“授权”的概念。“授权”这个词不是坎特发明的，德鲁克和福莱特以各自的方法描述过它，但坎特真正把授权带到实践中，解释企业如何实现它、授权员工可带来什么好处。她说：“在停滞不前且保守的公司中与在革新的公司中，授权的程度有着显著不同，也影响到权力使用的有效性。”近年来，坎特对这一课题中由公司欺骗行为造成的授权是否在实践中适用表示出极大的怀疑。她说：“举例来说，经理可能声称他们授权给了雇员，但他们实际上做得怎么样呢?”

此外，坎特还提出了著名的坎特法则，认为尊重员工是人性化管理的必然要求，是回报率最高的感情投资；人性化管理就要有人性化的观念和人性化的表现，最为简单和最为根本的就是尊重员工的私人身份，把员工当做一个社会人来看待和管理，让管理从尊重开始。大部分人都喜欢享受工作，喜欢有领导魅力的经理，有着高度的自觉性和进取精神，把工作视为生活中的重要内容，愿意为尊重自己的经理分忧解难。如果持续受到尊重和认可，员工则愿意和经理成为朋友，成为互相促进的工作伙伴。作为女性，坎特的观点自然不乏女性主义的视角。她特别强调，大公司应该认识到家庭生活的重要性。她不仅理解组织，而且理解组织中人们的情感和态度。

坎特的理论中包含有很强的社会学因素。她的思想观点是非常人性化的，属于人文主义传统范畴。坎特作为一个在管理思想上处于最前沿的人，在研究管理和组织、森严的传统观念等问题上，具有公认的领先地位。她的思想在当今以重大发现和变革为特征的商业领域独占鳌头。

五、阿吉里斯的组织防卫与双环学习理论

美国管理学家、组织学习理论的主要代表人物之一克里斯·阿吉里斯（Chris Argyris，1923—2013）在其著作《克服组织防卫》中提出了组织防卫与双环学习理论。

组织防卫是指组织面对障碍或威胁时的一种自保性反应。组织防卫一旦出现，就会阻断对相应障碍或威胁的深层探究，使得参与者无法发现那些障碍或威胁产生的真正原因。组织防卫产生于阿吉里斯提出“行动科学”（其主要理念是：人是具有自主能动性的，他们完全可以进行并胜任自我管理）中的“防卫性推理”的思想。这种推理拒绝公开和坦诚相对，以信息的含糊为基本特征，例如，沟通时隐藏自己的真实想法、维护自己和别人的面子、将错误归因于别人或环境的因素等，而这恰恰又源自人们从孩提时就接受的社会化训练。人们在日常生活和工作中使用防卫性推理进行思考和行动，是因为他们在这样的环境中长久养成的习惯。随着个人进入组织，这种防卫性推理也被带入了组织，进而形成组织防卫。因为已经成为习惯，所以人们并不会意识到自己所提倡的“信奉理论”（认为应该是这样的）和自己所实际使用的“实用理论”（实际上是那样的）之间存在着巨大的差距。由此可见，防卫性推理的使用，也会阻止人们对防卫性推理本身的质疑、检测和修正。

阿吉里斯认为，克服组织防卫，必须重视组织学习。组织学习就是要发现组织中存在的问题和障碍，并分析其形成的原因，进而消除障碍、解决问题。正是因为习惯性防卫是一种防卫性的、阻止人们勇敢面对错误和纠正错误、阻碍组织不断改进和发展的重要因素，所以组织学习便具备了存在的价值和意义。阿吉里斯所谓的组织学习，不是指组织本身的学习，而是说组织内的个体行为代表组织产生了组织学习的行为。

他进一步提出，组织学习的关注点应当从单环学习转移到双环学习上来。如果说单环学习强调的是对现状的“认知”，那么，双环学习就是强调对造成现状原因的“反思”，而且是从自身出发的反思。阿吉里斯从理论分析和逻辑推导上构建出了学习型组

织的学术路径，环环相扣，在“应然”的背后推论出“所以然”。避免组织“智障”的唯一办法，就是不断提高组织的自省能力和自我超越能力的双环学习，而不是那种自我强化和作茧自缚的单环学习。

双环学习意味着管理者的行为基于所掌握的信息，他们就有关问题进行辩论并作出反应。他们乐意顺时而变，愿意向他人学习，这样就产生了一个学习和理解的循环。不过阿吉里斯也清醒地认识到，“大多数组织对单环学习的模式非常拿手，在双环学习上却困难重重”。毕竟从人性的另外一个角度来说，放弃部分传统的权力，也是时下的管理者所不愿意的。在双环学习中，组织不仅为了提高效率和实现目标而总结经验和对策，还要在对组织准则、目标、战略和价值观质疑的过程中学会发现问题和解决问题。所以企业必须形成鼓励怀疑，欢迎挑战，勇于放弃的态度，培养开放、变通的学习精神。双环学习是创新性学习和认知性学习，与单环学习相比更适用于动态环境中的企业组织。

学习型组织似乎是彼得·圣吉的专利。但事实上，是阿吉里斯首先提出“学习组织”这一概念的，而该思想的奠基之作正是阿吉里斯的《克服组织防卫》。如果说彼得·圣吉是管理学界的明星，是通过出演学习型组织这部戏出名的话，那么阿吉里斯则是这部戏的编剧和导演，是阿吉里斯的著作让圣吉有了演出的可能。这是学习型组织理论的基本发展脉络。

第六节　战略管理学派发展

20 世纪 80 年代的战略管理学派出现了两位重量级代表人物，即美国著名管理学家迈克尔·波特和日本著名管理学家大前研一，大大地推动了战略管理学派的发展。

一、波特的竞争战略理论

迈克尔·波特（Michael E. Porter，1947—　），竞争战略、国民经济发展、竞争力方面的权威，被誉为“竞争战略之父”。1982 年，年仅 35 岁的波特成为哈佛商学院终身教授。波特在世界管理思想界被称作“活着的传奇”，他开创了企业竞争战略理论并引发了美国乃至全世界关于竞争力讨论，是当今世界上竞争战略和竞争力方面公认的第一权威；曾在 1983 年被里根总统任命为美国产业竞争委员会主席。

波特的代表作是被称为“竞争三部曲”的《竞争战略》(1980)、《竞争优势》(1985)、《国家竞争优势》(1990)。三部曲中，他所提出的“三种基本竞争战略”“五力模型”“价值链”“钻石模型”“产业集群理论”等奠定了波特在世界战略研究领域的大师地位。

（一）三种基本竞争战略

在《竞争战略》一书中，波特提出了三种基本的竞争战略：成本领先战略、差异化战略及聚焦战略。其中，聚焦战略又可以分为成本聚焦和差异化聚焦。具体如图 7－7 所示。

		竞争优势	
		低成本	差异化
竞争范围	定位较宽	成本领先	差异化
	定位较窄	成本聚焦	差异化聚焦

图 7－7　基本竞争战略

成本领先战略是指企业通过在内部加强成本控制，在研究、开发、生产、销售、服务等领域内把成本降到最低限度，成为行业中的成本领先者的战略。差异化战略是提供与众不同的产品和服务，满足顾客特殊的需求，形成竞争优势的战略。通常企业可以在服务水平、零配件的提供、工艺设计、产品性能、寿命及使用的便利性上实现差异化。聚焦战略是指把经营战略的重点放在一个特定的目标市场上，为特定的地区或特定的顾客群体提供特殊的产品或服务。为了应对各种竞争力量，企业应将注意力至少集中在这三种基本竞争战略之中的一种上。

如何分析竞争对手？波特认为可以从未来目标、假设、现行战略和能力等要素出发。具体而言，未来目标存在于各级管理层和多个战略方面；假设是指竞争对手对自己的假设和竞争对手对产业及产业中其他公司的假设；现行战略是指该企业如何竞争；能力是指竞争对手的强项和弱项（见图 7－8）。

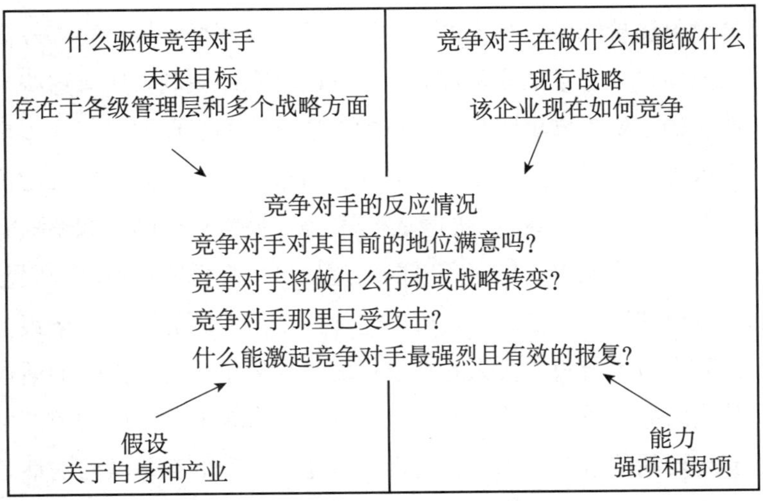

图 7－8　竞争对手分析四要素

（二）五力模型

波特还在《竞争战略》一书中提到，一个产业内部的竞争状态取决于五种竞争力量，五种竞争力量共同决定产业的竞争强度和盈利性。这五种竞争力量是：新进入者的威胁、替代产品或服务的威胁、买方讨价还价能力、供方讨价还价能力、现有公司间的争夺（见图7-9）。

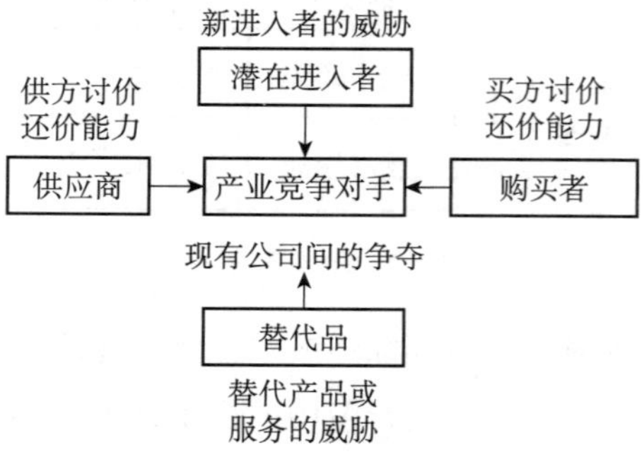

图7-9　五力模型

第一，新进入者的威胁。行业必须针对新竞争者做出竞争性的反应，这会不可避免地消耗自身的部分资源，因此会降低利润率。对于一个产业来讲，新进入者威胁的大小取决于产业的进入壁垒和可能遇到的行业内已有竞争者的反击。

第二，替代产品或服务的威胁。广义地看，一个产业的所有公司都在与生产替代产品的产业竞争。替代品设置了产业中可谋取利润的定价上限，从而限制了一个产业的潜在收益。替代品所提供的价格-性能选择越有吸引力，产业利润的“上盖”压得就越紧。如果行业的产品或服务在市场上有可行的替代品，那么产品的价格就会受到影响，从而降低利润率。

第三，买方讨价还价能力。买方的产业竞争手段是压低价格、要求较高的产品质量或索取更多的服务项目，并且从竞争者彼此对立的状态中获利，所有这些都是以产业利润为代价的。产业的主要买方集团每一成员的上述能力的强弱取决于众多市场情况的特征，同时取决于这种购买对于买方整个业务的相对重要性。如果买方有讨价还价的能力的话，它就会压低价格、要求高质量的产品或服务，使得行业的利润率降低。

第四，供方讨价还价能力。供应商可能通过提价或降低所购产品或服务的质量来向某个产业中的企业施加压力。供方压力可以迫使一个产业因无法使价格跟上成本的增长而失去利润。供方实力是与买方实力此消彼长的。如果供应商实力强的话，它就会提高价格、降低产品或服务的质量，使行业的产品价格无法跟上成本的增长而失去利润。

第五，现有公司间的争夺。如果行业内现有竞争者间的竞争激烈的话，它们会采取各种手段来争夺市场地位。一方面，有些竞争手段如价格竞争等会使产品价格降低，从而使行业利润降低；另一方面，有些竞争手段如广告战、产品引进、增加顾客服务等有可能扩大需求或提高产品差异化水平，从而使整个行业受益。

管理者需要对这五种力量进行评估，结合对其他环境因素（如工会、政府的力量等）的分析，确定存在的威胁和机会，以此为基础选择适合的竞争战略。波特指出，管理者应该选择能够给企业带来竞争优势的战略。

五力模型与竞争战略的关系如表 7－3 所示。

表 7－3 波特五力模型与竞争战略的关系

五种力量	竞争战略		
	成本领先战略	差异化战略	聚焦战略
新进入者的威胁	具备讨价还价能力以阻止潜在对手的进入	培育顾客忠诚度以挫伤潜在进入者的信心	通过聚焦战略建立核心能力以阻止潜在对手的进入
替代产品或服务的威胁	能够利用低价格抵御替代品	顾客习惯于一种独特的产品或服务，因而降低了替代品的威胁	特殊的产品和核心能力能够防止替代品的威胁
买方讨价还价能力	具备向买家提供更低价格的能力	因为选择范围小而削弱了大买家的谈判能力	因为没有选择范围，使大买家丧失谈判能力
供方讨价还价能力	降低供应商提高成本的影响	更好地将供方的涨价部分转嫁给顾客	进货量低，供方的讨价还价能力就高，但差异化聚焦的公司能更好地将供方的涨价部分转嫁出去
现有公司间的争夺	能更好地进行价格竞争	品牌忠诚度能使顾客不理睬竞争对手	竞争对手无法满足相关顾客的需求

（三）价值链

价值链是企业在一个特定产业内的各种活动的组合，竞争者在价值链之间的差异是竞争优势的关键来源。在《竞争优势》一书中，波特使用价值链（见图 7－10）这一工具，详细阐述了企业如何建立自己的竞争优势。竞争优势归根到底产生于企业为客户所能创造的价值，因此，企业要想建立竞争优势，就必须清楚自己能为客户做些什么，也就是说要清楚自己在价值链中处于什么位置。

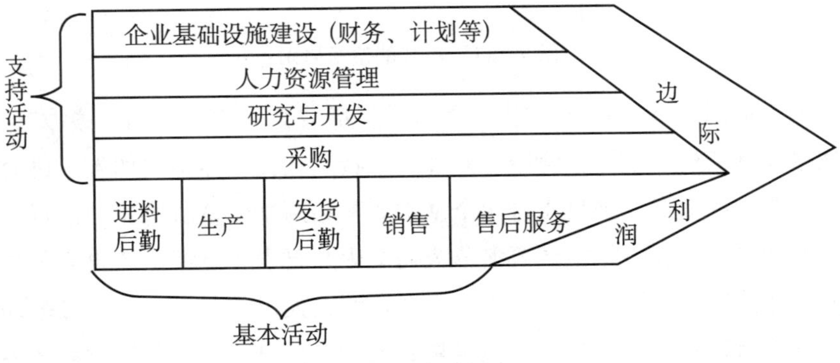

图 7－10 价值链分析框架

价值链由基本活动和支持活动构成。

1. 基本活动

基本活动包括：（1）进料后勤，包括与接收、储存和分配相关联的各种活动，如原材料搬运、仓储、车辆调度、退货等；（2）生产，包括与将投入转化成最终产品形式相关的各种活动，如机械加工、包装、组装、检测、印刷和设备管理等；（3）发货后勤，包括与集中、储存和将产品发送给买方有关的各种活动，如成品订单处理、实物分配等；（4）销售，包括给买方提供产品的方式和引导买方进行购买有关的活动，如广告、促销、渠道选择和定价等；（5）售后服务，包括与提供服务以增加或保持产品价值有关的各种活动，如安装、维修、培训等。

2. 支持活动

支持活动主要包括：采购；研究与开发；人力资源管理；企业基础设施建设。

（四）钻石模型

如果说价值链是分析企业内部活动的微观分析工具，五力模型是分析企业所属产业环境的中观分析工具，那钻石模型就是分析国家和地区竞争力的宏观分析工具。波特在《国家竞争优势》中构建的钻石模型如图 7－11 所示。

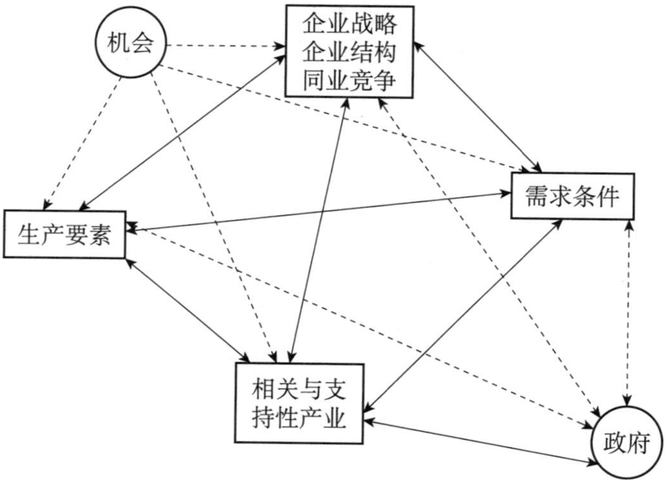

图 7－11　完整的钻石体系

钻石模型包括四个基本要素，它们分别是生产要素、需求条件、相关与支持性产业、企业战略及其结构以及同业竞争。此外，波特还在钻石体系内加入了机会和政府两个变量。钻石模型的命名，来自于这四个基本要素和两个变量所构建的钻石形关系。

第一，生产要素。波特把生产要素分为初级生产要素和高级生产要素。初级生产要素是指企业所处国家和地区的地理位置、天然资源、人口、气候等，通过被动继承或者简单的投资就可获得；高级生产要素包括高级人才、科研院所、高等教育体系等，需要在人力和资本上先期大量投资才能获得。波特认为，在现代社会，初级生产要素的重要性已经变得越来越小，高级生产要素则扮演着日益重要的角色。

第二，需求条件。在钻石模型中，需求条件主要是指本国市场对该项产业所提供产品或服务的需求数量和成熟度。例如，日本地狭人稠，所以，日本的家电都朝小型、便携的方向发展。正是因为日本国内市场拥有一群最挑剔的消费者，才使得日本拥有全球最精致、最高价值的家电。

第三，相关与支持性产业。单独的一个企业或单独一个产业，都很难保持竞争优势，只有形成有效的“产业集群”，上下游产业之间形成良性互动，才能使产业竞争优势长久保持。例如，意大利拥有领导世界的金银首饰业，就是因为意大利的机械业已经占领了全球珠宝生产机械 60％的市场，而且意大利回收有价金属的机械制造水平也领先全球。

第四，企业战略、企业结构和同业竞争。这是波特提出的企业治理三角问题，是指企业家如何创立、组织和管理公司，如何应对同业竞争对手等问题。企业的战略、组织结构和管理者对待竞争的态度，往往同国家环境相关，同产业差异相关。一个企业要想获得成功，必须善用本国的历史文化资源，形成适应本国特殊环境的企业战略和组织结构，融入当地社会，并符合所处产业的特殊情况。

钻石模型是一个动态的体系，它内部的每个因素都会相互拉动并影响到其他因素的表现，同时，政府政策、文化因素与领导魅力等都会对各项因素产生很大的影响。

波特的钻石模型建立在对发达国家的经济学分析基础上。但是，对于发展中国家，尤其是经济正在起飞的国家，这个模型也具有极大的借鉴和参照意义。

此外，波特在《国家竞争优势》一书中，通过对 10 个国家的数据分析，提出每一个国家的经济崛起必定伴随着相关产业集群的诞生，只靠一个企业单打独斗是不可能成功的。政府也不能根据自己的意愿凭空创造产业集群，产业集群是市场力量通过钻石模型的各因素相互作用自发形成的。政府的角色是为产业集群的发展提供良好的国内竞争环境。过度的政府干预和保护，往往会阻碍产业集群的健康发展。这对于那些想要“一枝独秀”的企业或者寄希望于政府优惠政策甚至保护措施来培育竞争力的企业和国家来说，无疑是一剂清醒药。

二、大前研一的日本企业战略理论

大前研一（Kenichi Ohmae，1943— ），日本著名管理学家，被誉为“战略先生”“日本战略之父”。他曾是麦肯锡公司的咨询顾问，初入麦肯锡公司时，他对咨询管理一窍不通，从事了九年核物理工作的大前研一只能从头学起。公司图书馆有大批客户的资料，他在研究这些客户的思考笔记的基础上，完成了处女作《战略家的思想》（1982）一书，填补了日本企业管理研究的空白，大大提高了麦肯锡在日本的知名度。在进入麦肯锡的第三年，大前研一成为全球拥有客户最多、最忙碌的管理顾问之一。郭士纳、韦尔奇以及日本的许多知名企业 CEO 都成了他的座上客，而他本人也成为麦肯锡当时咨询费最高的王牌顾问。

（一）日本式竞争战略的特点

大前研一提出，经营战略就是如何实现竞争优势，如果没有竞争对手，就没有必要制定战略，而制定战略的唯一目的就是使公司尽可能有效地比竞争对手占有持久的优势。他总结了日本式竞争战略的几个显著特点：(1) 强化企业经营的职能性差异。一家企业即使在人力、物力方面与竞争对手相差无几，也可以获得竞争优势，企业可以集中稀有的宝贵资源重点出击，使之用于某一关键性的经营职能。一般来说，在不同的产业领域中，成功要素取决于竞争者如何发挥最具决定性的经营职能。(2) 利用对手的弱点。要清楚地掌握对手的弱点，企业务必将自己的产品与竞争对手的产品做详尽的比较来获得线索，为企业定价和成本构成等方面构建竞争优势的基础。(3) 不断问“为什么”。只要不厌其烦地多问“为什么”，就一定可以发掘更多打破常规、价值非凡的理念，并把这些理念应用到生产、市场营销和工程设计上来，必然会为企业带来竞争优势。(4) 为使用者寻求最大利益。企业所能做到的，是如何在某些客观条件的限制之下，选择若干具有战略性的设计变量作为奋斗目标。

（二）战略 3C

大前研一注意到，顾客是日本学者进行战略研究的核心及公司价值的关键所在。在此基础上，他提出了企业“战略三角”的概念，即在任何企业战略的构架过程中，必须考虑到三个主要参与者：公司自身（corporation）、顾客（customer）和竞争者（competition）。“战略 3C”中的每一个环节都是一个有着自己利益和目标的实体。他指出，“放在战略三角的环境中去看，战略家的工作就是取得与竞争有关的优越业绩，这是获得商业成功的关键因素。同时，战略家必须确保他的战略能很好地与市场的需求和自身的实力相匹配”。为此，他还建议：真正有效的商业战略是“一个公司通过它能够以一种可接受的代价获得比竞争对手有利的位置的战略”。他进一步提出这一优势竞争理论可以用四种方法获得：通过强调关键成功因素；通过建立相对优越的基础；通过寻求积极的主动权；利用战略的自由度。他发现日本企业倾向于有一个起推动作用的战略家、领袖或者是被其称为有思想者特质的远见者，他们拥有一套独特的思维模式，该模式能充分考虑公司、顾客和竞争对手动态的相互作用，并准确制定出指导行动的一系列全面的目标和计划。通过他们，战略三角结合成一个有活力的行动目标和相互作用的体系，而最终一系列综合性的行动目标和计划就会应运而生。

（三）全球化战略的五个阶段

大前研一是全球化的极端代表。他毫不忌讳地宣称：“我的户籍是世界性的，我是世界公民，只不过恰巧生在了日本。”作为第一批宣称全球经济到来的管理大师之一，大前研一前瞻性地预言了资金、企业、消费者和信息将会跨越国界而流动，这四种元素在大多数领域的竞争中正在日益全球化。他把企业的全球战略分为五个阶段：第一阶段，一个企业既需要强有力的产品概念，又需要以出口为导向；第二阶段，该企业需要在目标国家建立分支机构来对当地市场进行营销分析；第三阶段则在主要市场复制生产作业；第四阶段是“内化”，目的是要在那些地区把母公司加以克隆，配齐研发、工程、财务、人事和其他总部职能；第五阶段，完整的全球公司出现，这样的企业可以方便地转移自身的某些职能，诸如品牌管理或研发，既可以转向老的中心，也可以转向新的中心，目标是要在该活动领域取得卓越地位。

近十年来，大前研一曾多次在中国进行实地考察，对中国经济颇有研究。他认为，中国惊人的力量将对日本、欧洲、美国以及其他富裕地区造成冲击。对消费者来说，这是不可多得的好处。中国生产将降低成本，提高品质，以及促进工业产品的创新，不只是因为中国企业自己的努力，还因为渴望立足中国的全球企业将把它们最佳的做法引进当地。

第七节　其他管理思想及发展

20 世纪 80 年代，领导理论、管理过程学派等也得到了一定的发展；一些著名管理实践者的重要思想也成为这个时期管理思想的重要组成部分。

一、领导理论发展

在这一时期，促进领导理论发展的主要代表人物是沃伦·本尼斯和约翰·科特。

（一）本尼斯的领导思想

1. 转型领导力

本尼斯认为，组织和领导是无法分开的，新型的组织需要新型的领导者。就已有的流行的领导理论而言，有两种比较具有代表性的看法：一是伟人论，可以理解为英雄造时势；二是大爆炸论，即时势造英雄。本尼斯认为，这两种理论都不够理想，经不起时间的考验，当前的新环境需要新的领导理论，他进而提出了“转型领导力”的概念，认为在知识经济时代，知识型员工的增多，专业水平的提高及其复杂性、创意与想象力的重要性都呼唤着新的领导者。在新形势下，新型领导力倍加重要，这种新型领导力能把人的积极性调动起来，能使组织成员得到成长，能让人们在工作中有热情和满足感，具有革新气质，敢对环境说“不”，能够引导人们去践行组织愿景，愿意培养潜在的领导者，发挥员工的自主性，容忍错误与失败。

2. 领导者与管理者、追随者

本尼斯认为，管理者与领导者存在明显的差异，主要体现在：（1）管理者照章管理，领导者创新管理；（2）管理者是仿制品，领导者是原创品；（3）管理者维持现状，领导者力求发展；（4）管理者重视系统和结构，领导者重视人员；（5）管理者依赖对员工的控制，领导者激发员工的信任；（6）管理者着眼于短期目标，领导者着眼于长远目标；（7）管理者想的是怎样做以及何时做，领导者想的是做什么以及为什么做；（8）管理者始终盯着眼前的盈亏，领导者放眼于发展前景；（9）管理者忍受现状，领导者挑战现状；（10）管理者是典型的好士兵，领导者就是他自己；（11）管理者正确地做事，领导者做正确的事。

管理者与领导者的差异中，最鲜明的区别是：管理者正确地做事，领导者做正确的事。具体来讲，管理者顺从于环境，熟悉日常事务，惯于处理常见问题，知道“怎么办”，追求效率，完成任务；领导者则敢于向环境说“不”，有愿景，有决断力，既知道“为什么”，又知道“怎么办”，追求效果和长远目标。简单地说，管理者是规范的守成，领导者是开拓的创新。

本尼斯认为，任何组织的成功，不仅需要伟大的领导者，还需要伟大的追随者。英雄的时代已经一去不复返，在环境日益多变、复杂的今天，独行侠已难起作用，团队合作越来越重要。领导者与追随者如影随形，他们之间具有共同的品质，如倾听他人的意见、与同事合作、共同面对问题等。他反对伟人论，反对领导力只能体现在组织顶层之类的观点。

3. 领导者品质及领导力学习

本尼斯认为，一个高级管理者能够走到所在的位置，一般不会缺少相应的技术能力、概念能力和业务能力。在未来的社会中，领导者将因包括人际能力、鉴赏力、决断力和人格在内的“软能力”而显得优秀、超群。在四种能力中，人格是最重要的，是领导力的关键。本尼斯发现领导者是那些能够充分表现自我的人，领导力的本质就是充分自由的自我表现。领导者是后天造就的，更多地靠自身的努力，不断地成长、发展，才走到优秀领导者的位置。所以，他对领导力的论述建立在两个基础之上：一是领导力是每个人在人生中的任何阶段都可以学习的；二是成为领导者的过程就是成为一个完整的人、一个合格的人的过程，一个不断表现和施展自己的过程。

按照本尼斯的观点，领导者的素质与能力是可以习得的：一是要了解自己。了解自己是一个认识自己、创造自己的过程。二是要了解世界。本尼斯提出了三种学习模式，即维持性学习、震撼性学习和创新性学习。

4. 领导活动的四大主题及领导风格

本尼斯为了寻找优秀领导者的共性，花了两年时间调研及访谈了 90 位领导者（其中，60 人是成功的首席执行官，30 人是公共服务领域的优秀领导者），进而提出了领导活动的四大主题，即愿景、沟通、定位和自我调整。（1）通过愿景唤起专注。愿景是一种组织梦想，这个梦想只有在组织中引起共鸣，才能成为真正的未来蓝图。杰出的领导者通常兼具构筑愿景的想象能力和实施愿景的管理能力，并能够把两种能力协调得很好。在构筑愿景之后，领导者所要做的就是向组织成员传达愿景，使愿景融入组织文化，渗透于组织的血脉之中。(2) 通过沟通赋予意义。领导者需要把组织愿景传递给全体员工，使员工认同并追随组织愿景，以形成一种社会结构，即组织意义的载体。(3) 通过定位取得信任。愿景与定位的关系是想法与行动的关系，定位是愿景的具体化和承担者。领导者要维持和激发信任，必须做到以下四点：始终如一；言行一致；值得信赖；诚信正直。(4) 自我调整。自我调整就是领导者结合组织的实际情况，形成学习型组织。作为自我调整的实现方式，组织的学习是与外部环境的变化相适应的，是与未来趋势的预期相配套的，更是与新的组织目标相吻合的。

在四大主题的基础上，本尼斯指出，领导风格有不同模式。领导者在官僚制结构和新型组织结构中的领导风格是不一样的，前者是 COP 范式，即控制 (control)、命令 (order)、预测 (predict)；后者是 ACE 范式，即联合 (align)、创造 (create)、授权 (empower)。在 COP 范式中，领导者起推动作用；在 ACE 范式中，领导者起拉动作用，拉动的方式是用愿景吸引人，使目标得到组织成员的认同，使领导者和追随者为共同目标而奋斗。领导者从 COP 范式到 ACE 范式的转变是一个长期而艰巨的过程。体现 ACE 范式的领导者是一种新型领导者，他们是“艺术家”，不是专家；是教练，不是指挥官。他们的能力并不体现在个人成就上，而是体现在释放员工能量上。

此外，本尼斯还指出要打破五个关于领导的神话。第一，必须认识到领导能力不是极其稀缺的；第二，领导不是横空出世，而是“造”出来的；第三，大多数领导者是平常人（或看起来完全无异于他人）而不是伟人；第四，领导不是组织高层的专利，各级别都有相应的领导；第五，领导不是如何控制支配、发号施令、操作摆布，而是如何使大家团结一致去追求无限美好的目标。

本尼斯的领导理论博大精深，特别是他关于领导力危机、领导者与管理者的区别、领导者与追随者的关系、领导者品质、领导力学习以及领导活动的共性等方面的论断，正在深刻地影响着这个时代各类组织的领导实践和领导学科教育。本尼斯作为领导学大师及奠基者，在领导理论与实践方面的探索及其所取得的丰硕成果，在管理思想史上无疑具有里程碑式的意义。

（二）科特的领导与变革思想

约翰·科特（John P. Kotter，1947— ），美国著名组织行为学家，领导与变革领域的权威，师从著名的组织理论学家保罗·劳伦斯。1980 年，33 岁的科特被哈佛商学院聘为终身教授，成为哈佛大学历史上获此殊荣的最年轻的学者之一。

科特在多年教学与管理实践的基础上，于 1990 年和 1995 年先后在《哈佛商业评论》上发表了《领导者真正做什么》和《领导变革：为什么企业转型的努力会失败》两篇代表作，分别阐述了他的领导思想和组织变革思想。

1. 科特的领导思想

科特把领导定义为通过一些不易察觉的方法，鼓动一个群体或多个群体的人们朝着某个方向、目标努力的过程。他认为，管理工作主要处理复杂的问题，核心是控制。管理过程的要求包括：持续达到预期的效果；必须尽可能地远离不安全和冒险（避免风险）；不能建立在超常或难以实现的东西上。而领导工作主要处理变化的问题，核心是变革。领导者首先通过规划组织的愿景确定前进的方向，然后与下属交流，激励他们去实现愿景。总之，管理行为与领导行为的侧重点不一样（见图 7－12）。

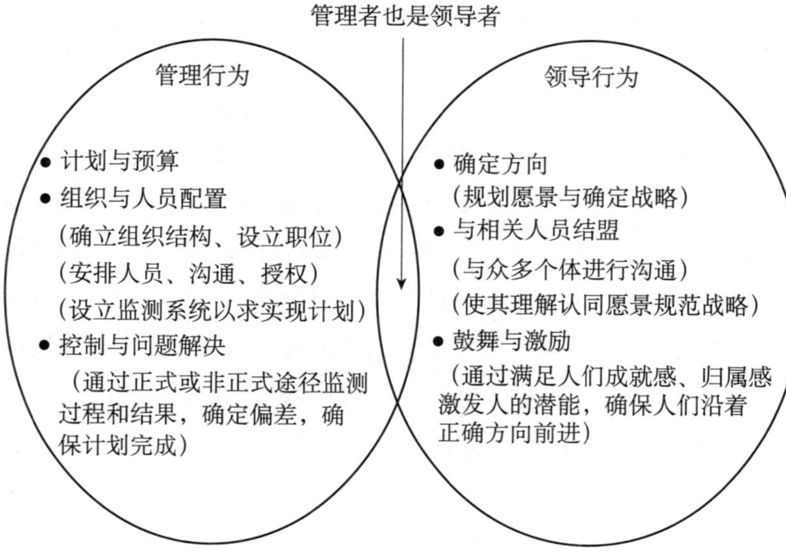

图 7－12　管理行为和领导行为的不同

科特认为，现实中并非所有的人都既擅长领导又精通管理。一方面，并非所有的管理者都是领导者。有些人能够成为卓越的管理者，却不能成为优秀的领导者，组织提供给管理者某些正式权力，并不能保证他们实施有效的领导。另一方面，并非所有的领导者都是管理者。有些人具有杰出的领导才能，但不能成为强有力的管理者，并不是所有的领导者都具备完成其他管理职能的潜能，一个人能够影响别人不代表他同样也能够计划、组织和控制。

领导补充了管理，但不能替代管理；过强的管理与过弱的领导或过强的领导与过弱的管理都不可取。组织存在的一个难题是，如何将强有力的领导和强有力的管理结合起来，并使其相互制衡。因此，成熟的组织同时重视优秀的领导者和优秀的管理者，并力图将这两种人纳入同一团队中。

科特认为，在新环境、新规则、新观念下，企业管理思想都有一个适应变化的过程。但作为领导者的基本特征不能变，这些特征包括：(1) 行业和企业知识。领导者要有广泛的行业知识，充分了解公司情况。(2) 在公司和行业中的人际关系。领导者需要在公司和行业中建立一套广泛而稳固的人际关系。(3) 声誉和工作履历。领导者在公司的主要活动中要有很高的声誉和出色的工作履历。(4) 能力和技能。领导者思维敏捷，表现出相当强的分析力，良好的判断力以及能从战略上、全局上考虑问题的能力。(5) 个人价值观。领导者要十分正直，能公正评价所有人和组织。(6) 进取精神。领导者要有充沛的精力和进取心。

2. 科特的组织变革思想

科特曾用 10 年的时间留心观察了 100 多家试图把自己改造得更具竞争力的公司，从中总结出一些重要经验。第一条经验是，变革过程要经历一系列阶段，常常需要一段相当长的时间，跳过其中的一些阶段，只会造成一种速度上的假象，绝不会产生令人满意的结果。第二条经验是，在变革的任何阶段中出现的关键性错误，都会造成毁灭性的影响，会阻碍变革，并否定前面已经取得的成果。

科特又总结出了组织变革的八个步骤及其相应的八个常犯错误（见图 7-13）。

第一步：制造紧迫感	错误 1：缺乏足够的紧迫感
第二步：组建强有力的领导联盟	错误 2：未能组建一个强有力的领导联盟
第三步：构建愿景规划	错误 3：缺乏愿景规划
第四步：沟通这种愿景规划	错误 4：欠缺对愿景规划的沟通
第五步：授权他人实施这种愿景规划	错误 5：没有扫清实现愿景规划道路上的障碍
第六步：计划并夺取短期胜利	错误 6：没有系统的计划和夺取短期胜利
第七步：巩固已有成果，深化变革	错误 7：过早地宣布大功告成
第八步：使新的工作办法制度化	错误 8：未能让变革在企业文化中扎根

图 7-13 组织变革八个步骤及常犯错误

步骤一，制造紧迫感。紧迫感是进行变革活动的必要前提，让组织中有足够的人在工作中保持一定的紧迫感是组织开始变革的基础。组织必须通过考察市场和竞争现状，识别、讨论危机与机遇，甚至通过故意制造组织危机使员工产生紧迫感，进而意识到进行变革的必要性和重要性。

步骤二，组建强有力的领导联盟。组织一旦有了紧迫感，变革就势在必行。这时，有成功变革经验或是有远见的领导者就会着手组建强有力的领导联盟，鼓励群体成员协同作战，而不是将领导变革的任务和重心放在一个人身上。

步骤三，构建愿景规划。构建清晰的愿景规划有助于指导变革，并激发组织成员的干劲，而设计实现这一愿景规划的战略可以让组织成员明确努力方向。

步骤四，沟通这种愿景规划。利用各种可能的媒介手段，与组织成员沟通新的愿景规划和战略，并通过领导联盟的示范来传授新的行为。

步骤五，授权他人实施这种愿景规划。充分的授权是在组织中进行成功变革的必要环节。授权不是为了将权力给予或者转移，而是为了扫除变革过程中的障碍。此外，改变严重损害愿景规划的体制和结构，鼓励冒险，鼓励非传统的观点和行为。

步骤六，计划并夺取短期胜利。变革领导者需要适时地夺取短期胜利，帮助肯定变革成果，为变革工作的正确性提供证明，以鼓舞人心。

步骤七，巩固已有成果，深化变革。利用日益提高的信誉，改变与愿景规划不相适应的体制、结构和政策；聘用、晋升和发展那些能够执行愿景规划的员工；利用新项目、新论点使变革推动者再次激活整个过程。

步骤八，使新的工作办法制度化。变革取得成功后，组织需要通过建立一定的企业文化来巩固变革成果，阐明新的工作行为与企业成功之间的联系，以企业文化来培养组织共同的价值观，推进变革活动的深入。

科特进行实证研究的目的是提高管理者工作的有效性，而不是单纯为了积累和发展学术知识，因此，其著作和文章主要面向商业圈而不是学术圈。他常用自己的框架来综合他人的研究成果，用于指导商界人士。由于这方面的原因，科特虽然被奉为首屈一指的领导大师，却不被认为是领导学研究的"学术带头人"；他是一位学者，更是一位务实的学者。

二、管理过程学派发展

美国著名管理学家、组织行为学的权威斯蒂芬·罗宾斯（Stephen P. Robbins，1943— ）是这一时期管理过程学派的主要代表人物。他研究兴趣广泛，在组织冲突、权力和政治、开发有效的人际关系技能等方面撰写了多部非常具有影响力的教材，其中包括1979年出版的《组织行为学》与1994年出版的《管理学》。这些教材都曾多次再版，并在美国的上千所大学，以及加拿大、拉丁美洲、澳大利亚、新西兰、亚洲、欧洲等地的数百所大学中使用。

罗宾斯以管理过程为研究主线，详尽地阐述了管理的计划、组织、领导和控制职能。此外，他还通过大量的研究材料和案例客观地展现了自己在管理者角色和作用、企业的社会责任、组织结构设计、管理变革、作业管理等方面的观点，为管理实践者领悟管理的真谛作出了有益的贡献。

1. 管理的四大职能

罗宾斯将管理的职能分成计划、组织、领导和控制四个方面。其中，计划职能是指规定组织的目标并制定整体战略和具体的细节方案；组织职能是指决定组织要完成的任务是什么，谁去完成，这些任务如何分类组合以及谁是决定者等；领导职能是指如何激励下属和指导员工的活动，并进行有效的沟通和解决冲突；控制职能是指监控目标的执行，并将实际的表现与预先设定目标进行比较，以纠正出现的偏差和失误。

2. 对管理者的约束

对于理论界对管理者作用的争辩，罗宾斯有着自己的见解：管理者既不是软弱无能的，也不是全能的。他们通常受到两种约束：一种来自组织内部的组织文化，另一种来自外部的组织环境。组织文化是指组织成员共有的价值和信念体系，一个组织的文化来源创始人的倾向性、愿景和第一批成员从组织管理实践中领悟到的东西；而组织环境是指对组织绩效起着潜在影响的外部机构和力量，分为一般环境（经济条件、政治条件、社会条件和技术条件等）和具体环境（供应商、顾客、竞争者、政府和公司集团等）两种。

3. 决策制定

罗宾斯强调，管理者工作的实质是决策，因为决策贯穿管理过程的始终，其具体制定过程包含八个步骤：（1）识别问题；（2）确定决策标准；（3）为决策标准分配权重；（4）拟订方案；（5）分析方案；（6）选择方案；（7）实施方案；（8）评价决策效果。

4. 战略管理与企业家精神

罗宾斯认为，在日益变革的现代环境中，战略管理的重要性日益突出，具体可以分为三个层次：公司层战略、事业层战略与职能层战略。其中，公司层战略决定每一种事业在组织中的地位，而职能层战略要与事业层战略保持一致。在企业运营中，预先制定的战略计划使得组织与个人的目标相一致，给予员工与管理者共同奋斗的方向，所以战略管理的过程实际上就是战略计划实施和评估的过程，这一过程包括以下九个步骤：（1）确定组织当前的宗旨、目标和战略；（2）分析环境；（3）发现机会和威胁；（4）分析组织的资源；（5）识别优势和劣势；（6）重新评价组织的宗旨和目标；（7）制定战略；（8）实施战略；（9）评价结果。

企业家精神是战略计划的一个特殊方面。罗宾斯将企业家定义为追求机会，通过创新满足需要而不顾手中现有资源的人。企业家的特征表现为：他们趋向于独自解决问题、设定目标、依靠自己的努力实现目标；他们崇尚独立，特别不喜欢被别人控制；他们不怕承担风险，但绝不盲目地冒险，而是更愿意冒那种自认为能够控制结局的风险。他们的战略重点由对机会的感觉驱动，而不是由现有的资源驱动；他们的倾向是密切监视环境的变化以从中发现机会；他们不惜冒财务风险，不惜承受心理压力，也要将企业办起来，然后去克服资源的约束，将组织结构、人员、营销计划和其他要素结合起来以实现整体战略。

5. 工作设计与人力资源管理过程

罗宾斯认为，工作设计是指将任务组合起来构成一项完整职务的方式，在设计的过程中有多种方法，包括工作专业化、工作轮换、工作扩大化、工作丰富化、工作团队、弹性工作时间等。他进而指出了人力资源管理过程的九个方面：一是人力资源规划；二是招聘与解聘；三是筛选；四是确定和选聘有能力的员工；五是定向，即将某项职务的候选人安排到工作岗位上去；六是培训；七是绩效考评；八是职业发展；九是劳资关系。

6. 作业管理

罗宾斯认为，作业管理是指从劳动力、原材料等资源到最终产品和服务的转换过程中的设计、作业和控制。制造业和服务业的作业管理所面临的挑战就是不断提高生产率。在作业计划中，能力、位置、过程和布局这四种要素决定了长期战略方向，而进度、物料和需求这三种短期要素决定了短期目标的实现。

7. 企业社会责任与管理道德

罗宾斯不同意古典理论按照股东利益来经营业务的观点，由于公众期望、长期利润、更好的氛围、政府调节和社会弊端等因素的影响，他认为现代企业必须注意社会责任和管理道德问题。其中，社会责任是指一种工商企业追求有利于社会长远目标的义务，而不是仅仅局限于法律和经济所要求的义务。而道德是指规定行为是非的惯例或原则，其标准有四种：第一种是功利观，目标是为绝大多数人提供最大的利益；第二种是权利观，目标是尊重和保护个人的自由；第三种是公正观，要求管理者公平和公正地加强和贯彻规则；第四种是社会契约整合理论，要求管理者根据实证因素和规范因素制定道德决策。一个管理者的行为是否合乎道德，是管理者道德发展阶段与个人特征、组织结构、组织文化相互作用的结果。

8. 组织行为学的研究领域

罗宾斯提出，每一个组织都具有三个共同的特征：第一，组织有一个明确的目的，这个目的一般是以一个或一组目标来表示的；第二，组织都是由人组成的；第三，组织会发展出一种系统性结构，用以规范和限制成员的行为。组织行为学更关注人在工作中的活动，研究领域包括个体行为和群体行为，其目的在于解释与预测行为。针对个体，他提出了四个核心概念：态度、个性、知觉和学习；而针对群体而言，他认为群体行为并不等同于单个个体行为的简单相加，因为工作团队是为了实现某个特定目标而相互协作的个体组成的正式群体，这种团队形式有利于创造集体精神，使管理层有时间进行战略性思考，提高决策速度，促进员工队伍多元化，并提高工作绩效。

9. 组织结构

罗宾斯认为组织的框架体系可由组织结构来描述。组织结构可以分解成三种成分：复杂性、正规化和集权化。复杂性是指组织分化的程度，体现在劳动分工、纵向等级层次和组织单位的地理分布等；正规化是指组织依靠规则和程序引导员工行为的程度；集权化是指决策制定权力的分布。组织结构的设立和变革称为组织设计，它应该遵循的原则有劳动分工、统一指挥、职权与职责相匹配等。

组织结构可分为机械式和有机式两种。其中，机械式的组织结构又可以分为职能型结构与分部式结构两种，职能型结构是指管理当局可以选择相似或相关职业的专家们一起组建结构；分部式结构是指管理当局建立自我包容的单位，每个单位或事业部都有充分的战略和运营决策权。而有机式的组织结构则分为简单结构、矩阵结构和网络结构三种：简单结构是指组织具有低复杂性、低正规化和职权集中在一人手中的特点；矩阵结构是指将产品部门化和职能部门化的优势结合起来的一种结构；而网络结构是指依靠一个很小的中心组织，以合同为基础进行制造、分销或其他关键业务的经营活动结构。

10. 管理变革

罗宾斯认为，变革在于环境的不确定性，组织的变革需要一种催化剂，而管理者应充当变革推动者的角色。管理变革的方法有组织结构变革、技术变革、人的变革、组织文化变革等。他强调，必须激发创新，才能保持竞争力。在日常工作中，最常见的三种可以激发组织创新力的因素是组织结构因素、文化因素和人力资源因素。

11. 沟通的作用

要想成为一个好的管理者，善于沟通是成功的因素之一。沟通是意义的传递与理解，有口头方式、书面方式、非语言方式、体态语言、语调和电子媒介等。沟通过程中存在很多会使信息失真的障碍，管理者可以通过反馈、简化语言、积极倾听、控制情绪和注意非语言所要表达的意义等方式来克服这些沟通障碍。

三、管理实践者思想

这一时期的很多日本企业具有很强的影响力，其中比较成功的当属松下幸之助创立的松下电器和盛田昭夫创立的索尼公司。这两个公司的成功除了沿袭日本企业优秀的管理方式外，与两位管理实践者的出色管理也是密不可分的。此外，美国企业虽然受到日本企业的强有力冲击，但也不乏佼佼者，韦尔奇和吉宁就是美国管理实践者的杰出代表人物。

（一）松下幸之助的管理思想

松下幸之助（Konosuke Matsushita，1894—1989），日本松下公司创始人，被誉为“经营之神”。1918 年，23 岁的松下幸之助在大阪建立了松下电气器具制作所，开始了松下电器的历史。

在当代日本实业界有“经营四圣”的说法，是指索尼的创始人盛田昭夫、本田的创始人本田宗一郎、京瓷的创始人稻盛和夫与松下的创始人松下幸之助。松下幸之助创造了世界上最成功的品牌之一，并积累了巨大的个人财富。他驰骋商海 70 余年，与公司一起经历了世界大战、世界经济危机和日本国内产业的不景气。他孜孜不倦地著述，发表了大量简明又富含哲理的文章。“终身雇佣制”“年功序列制”等日本企业的管理制度都由他首创。松下幸之助在长期的企业经营中形成了自己独特的经营理念。概括起来，以“自来水哲学”“水坝式经营”“玻璃式经营”最为经典。

1. 自来水哲学

松下在创业初期，有一次去大阪天王寺附近找一个朋友，路上遇见一个拉木板车的工人正在用公用自来水龙头饮水。自来水并不是全免费的，可是这个工人能够免费享用这有价值的东西。于是，松下联想到企业的社会责任，应当使人们享受到像自来水一样的产品与服务——到处可取，人人可用。松下认为：“公司乃是社会的公器，公司要发展，必须有与社会共存荣的思想。要通过企业的经营活动，带动社会走向繁荣。”他提到，“我的任务就是制造像自来水一样的电器用具，这是我的生产使命，尽管实际上不容易办到，但我仍要尽力使价格降低到最便宜的水准”。这就是“自来水哲学”。他把自来水哲学确定为公司最基本的经营理念，相当于宪法中的总纲，要求全体员工遵照执行。自来水哲学的深层价值，在于把企业使命最终定位于社会责任上。这一哲学中蕴涵的服务思想、顾客至上的观念，以及推动社会走向繁荣和富裕的愿望在当今仍然具有深刻的意义。

2. 水坝式经营

在松下幸之助的经营秘诀中，“水坝式经营”是十分独到的。他把从自然、人生、社会中受到的启迪，运用到经营管理中来。人们修筑水坝的目的主要是蓄水，一方面拦洪，另一方面提供水源，后来又开发出发电等提供能源的作用。水坝储蓄是为了释放。松下幸之助认为，企业也需要这种调节和启动的机制，如此才能遇险不惊。公司的各部门要像水坝一样，即使外界形势有所变化，也能维持稳定和发展。设备、资金、人员、库存、技术、企划、新产品的开发等，都应该像水坝一样，这样才可以保持宽裕的运营弹性。在有形的水坝之外，他更倡导建立无形的水坝，这就是“心理水坝”，也可以叫做“水坝意识”。这种无形的水坝是指导和制约其他水坝的。在某些方面，“心理水坝”体现为“忧患意识”“心理承受能力”等。商场瞬息万变，风云难测，有此水坝，才能处变不惊，应付裕如。

3. 玻璃式经营

“玻璃式经营”，实际上主要是关于内部管理的内容。所谓“玻璃式”，也就是要像玻璃那样透明。松下幸之助曾解释说，在工厂还只有五六个人的时候，他每月都和公司的会计做公开的结算，把结果向大家公布，这种方法激发了员工的进取热情。大家听到这种结果都兴奋地认为，这个月如此，下个月应该更加努力。由于这种经营方法的成功，松下在设立分公司的时候也仍然采取这种方式，让分公司、事业部也公开企业的情况。其实，公开账目等做法只不过是松下玻璃式经营的一小部分，这种经营方式的内容远比此丰富，还包括明确目标和公开经营状况。松下向来注重向部下和员工揭示目标，不仅年年月月如此，松下还做过“五年计划”，像政府制定规划那样指明远期目标。公开目标可以唤起员工的责任感和工作热情，在公开经营状况上，松下幸之助总是把喜讯带给员工，请大家分享成功的欢乐；不好的时候，他也如实地把所有的一切都讲出来，依靠大家的力量共渡难关。

松下幸之助非常重视人才管理，“造人先于造物”是松下幸之助人才观的直接反映。他认为，人类是万物之王，人必须遵循并顺应自然法则来驾驭万物，通过物质和精神的生产改善人类以及万物的共同生活。根据人性的本质观，要求经营者尊重人、关心人、信任人，并努力满足人的需求，充分发挥人的主观能动性，使人能够自我实现、自我发展。企业是由人组成的，必须充分发挥人的作用。他注重维系人心，采取精神与物质结合的激励办法，使员工紧密聚集在公司拼命工作，以保证其高效率和高利润。

（二）盛田昭夫的管理思想

盛田昭夫（Akio Morita，1921—1999），20 世纪 80 年代日本最著名的企业家之一，日本索尼公司创始人之一，日本公司国际化的先驱。第二次世界大战期间，盛田昭夫在日本海军服役时认识了日本精密仪器会社的总工程师，比他大 13 岁的井深大先生，两人于 1946 年一起创立了东京通信工业株式会社（索尼公司的前身），并由此建立了长达 40 年的合作伙伴关系。

第二次世界大战后，在日本经济非常艰难的情况下，盛田昭夫发挥其天赋，创造了许多个日本“第一”：1950 年，开发出了日本第一代磁带录音机和磁带；1954 年，利用美国元件制造出日本第一台半导体收音机；1955 年，生产出第一台全部由日本自制的半导体收音机；1960 年，索尼公司生产出世界第一台半导体电视机；1961 年，索尼美国公司成为在华尔街上市的第一家日本公司；1965 年，生产出第一台家庭录像机；1972 年，又成为日本第一家在美国建厂的公司；80 年代，索尼公司开始出售随身听微型收录机。从此，“日本制造”便成为高品质电器的代名词。

1. 精于营销，品牌第一

索尼公司在营销管理上有三大过人之处，那就是：品牌策略、渠道策略、顾客策略。1953 年，盛田昭夫第一次去国外旅行期间，就觉得他们公司的全名——东京通信工业株式会社不适合自己的产品。在日本，盛田有时把公司简称为“东通工株式会社”，他在美国时却发现没有人会读这两个名字，“东京通信工程公司”的翻译也太笨拙。盛田有一段时间曾使用过“东京电信技术”的名字，但后来得知有一个美国公司也使用这个名字。盛田觉得如果不能生产出某种精巧的产品，他们公司的名字便不会被人知道，但有一个好名字反过来又会促进产品的声誉。于是，为了起一个在世界各地都能被认出、任何语言都能发出一样声音的新名称，盛田昭夫经过许多周折才确定了一个响亮的名字。他用简单的大写字母组合 SONY 代表自己的产品，并于 1958 年将公司的名称由“东京通信工业株式会社”改为“SONY 公司”，进而在东京股票交易所登记。此后不久，索尼公司把 SONY 的名字在 170 多个国家都进行了注册。在索尼公司成立 35 年之际，公司领导人进行征求公司和产品名称的国际性招标活动，但他们收到了上百个不要改名的要求，因此，公司决定不作任何改动。SONY 这个品牌如今已深入到千家万户，成为日本电子产品的代表象征之一。应该说，SONY 这个品牌名称的传播是融民族性与国际性于一体的范例。

2. 价格 U 形曲线

在产品售价上，盛田昭夫别出心裁地设计了价格 U 形曲线，体现了他的长远眼光。当时美国布罗瓦公司一次订货 10 万台产品，盛田昭夫高兴的同时又犯愁，因为按当时索尼公司年生产能力来说不能按时交货。如果接受订货，那就必须增加设备，扩大生产规模，但盛田昭夫并不因此就盲目决定扩大生产能力。他考虑到如果公司扩大规模以后不再有大量的订货，增加的设备就失去了作用，造成企业的损失。怎样使对方以公司最有利的数目来订货，并能使订货长期持续下去呢？他经过反复考虑，最后决定从价格入手来解决这个问题。按照一般的定价方式，订数越多，单价越低；订数越少，单价越高。布罗瓦公司也正是根据这一常规来大批量订货的。盛田昭夫根据公司的生产能力，设计了一个U形价格曲线：订货5 000台时，按原定价不变；多于此数，价格逐渐下降，到1万台时，价格降至最低；超过1万台后，价格逐渐上升，至10万台时价格更高。最后的结果自然是对方首批按1万台订货成交，剩下的货分几批订购，索尼公司便可以从容安排生产，及时交货，又不必盲目地增加设备投资。

3. 勇于创新，以新产品带动市场

索尼产品之所以在世界上独领风骚，其秘诀就是：勇于创新，不断开发新产品。新产品总是具有旧产品所没有的新性能，大众也总是对新产品怀有好奇的心理，这就是产品创新得以成功的基础，而盛田昭夫则是把新产品的优势发挥到淋漓尽致的高手。他指出要确定目标，刻意求新，而且对企业而言，模仿并不是坏事，模仿是创新的基础，就如同孩子的成长一样。在索尼公司，随处可见这样一条醒目的标语："索尼，研究使它与众不同。"这正是"索尼人"的座右铭，也是盛田昭夫的座右铭。创新需要科技带路，索尼公司在研究开发方面舍得投入大量资金，研究费用一般占年销售额的6%，个别年份达到10%。索尼公司的新产品简直令人目不暇接，它们在电子行业创造了许多个世界"第一"。这一个个的"第一"，闪耀着索尼公司"永远争第一"的精神。正是不断的创新，使索尼公司的产品风靡全球，领导着电子产品的新潮流，使索尼公司发展成为具有目前规模的跨国大公司。

4. 提倡家庭化意识，调动员工积极性

盛田昭夫强调，管理者最重要的任务就是调整好领导与被领导之间的关系，从而在企业中建立一种"大家庭"的意识，使企业的每个人视厂如家，与企业同舟共济。只有这样，每个员工才能充分发挥自己的主观积极性。他常常拿日本企业和美国企业作比较。在美国，企业的全体人员被明显地分成股东、管理者和员工三个部分，人们之间缺乏信赖，自然也缺乏为共同目标而努力的积极性。此外，盛田昭夫认为人们来工作并不仅仅是为了挣钱，钱不是有效的工具，如果想调动员工的积极性，对待他们就要像对待自己家里的一个值得尊敬的成员一样。他提出，"不管在世界什么地方，都把我们的雇员看成是索尼家族的成员，他们是我们难得的同事"。索尼公司在招聘员工时，都努力使应聘者了解公司的意图，把应聘者当做真正的同事，而不是谋利的工具。索尼公司不给任何管理者私人办公室，促使管理人员与他们手下的工作人员坐在一起，共同工作和休息。盛田昭夫自己也常常去视察公司的每一个机构，力图见到并了解每一个员工。只要有可能，他就会出现在某个分公司、某个工厂的办公室里，同基层的员工聊天。

5. 善砌"石墙"，充分发挥每个人的能力

盛田昭夫认为，应该鼓励员工的独创精神，防止埋没每个人的个性和才能，这样的企业才会充满活力。他把美国企业的用人制度比喻为砌砖墙，而把日本企业的用人制度比作砌石墙。在美国的企业里，企业要求被录用的工作人员要像按一定规格生产出来的砖一样，必须能正好嵌进预定的位置里，否则就不能使用，这样做的结果必然是把那些有某方面才能的人拒之门外。砌石墙则不然，石头不可能是按一定规格生产出来的，而是形状不规则的，砌墙时要根据每块石头的不同形状来安排它们最合适的位置。企业用人也是这样，先录入新员工，然后再观察他们的不同特点，考虑如何发挥他们的最大专长，把他们放在最合适的工作岗位上。这样尽管各个“石头”形状不同，但他们有机地结合在一起，就可以发挥最大的效能。随着“石头”本身的变化和工作任务的变化，有时候还要不断变换“石头”的位置，以保持最合适的安排。因此，盛田昭夫非常强调人的实际才能而不大重视学历。

6. 实行内部晋升，激发员工潜能

盛田昭夫主张实行内部晋升制度，企业的中高层管理人员基本上是企业“土生土长”的。他在索尼公司基本上实行无过失不解雇原则，给认真工作的员工以充足的安全感，做到终身雇用、人尽其才。他还非常信赖雇员，认为如果一个公司的所有主张全部出自管理部门，那么这个公司就不会有很大的发展，雇员在提建议时不要过多地考虑上司的意见。他还鼓励组织内部成员对某一问题提出不同的看法。

日本企业管理的三大支柱是终身雇佣、年功序列工资以及企业工会，盛田昭夫的管理便是典型代表。他的核心管理理念就是家庭化意识，非常注重对于人才的培养与管理，提倡内部晋升。盛田昭夫还提倡模仿，认为模仿是创新的前奏，值得企业界人士反思。

（三）韦尔奇的管理思想

杰克·韦尔奇（Jack Welch，1935—　），美国通用电气公司前董事长兼首席执行官，被誉为“最受尊敬的 CEO”“全球第一 CEO”“美国当代最成功最伟大的企业家”等。1981 年，年仅 45 岁的韦尔奇就任通用公司第八任董事长，成为通用电气公司历史上最年轻的董事长。

韦尔奇以其开放性思维改变了通用电气公司原来的官僚主义氛围，以强硬的作风、追求卓越的理念推动通用重组业务，提高员工的参与意识，营造变革型的企业文化，创建学习型组织，实现通用电气公司六西格玛管理，最终将通用电气推向了财富神坛。在韦尔奇执掌通用电气的 19 年中，公司发展迅速。人们常说“创业难，守业更难”，但韦尔奇打破了这个说法，他创造了这个奇迹，将通用电气这个“百年老店”经营得重放光彩。他的贡献也远不止于通用电气一家公司，他所倡导和实行的管理革命，重新弘扬了为股东创造价值这一企业经营的根本原则，扭转了第二次世界大战以来国际大企业普遍福利化的倾向，使企业获得了真正的动力；他创造了一种最有益于人才成长的文化，造就的不仅是一代企业家，更造就了一种积极向上的精神。今天的通用电气已经成为赫赫有名的“经理人摇篮”“商界的西点军校”，全球《财富》500强中有超过1/3的首席执行官都是从通用电气走出来的。韦尔奇的管理经验被越来越多的人采纳，几乎成为现代企业的一种典范模式。

1. 活力曲线

通用电气公司长寿的秘诀之一就是实施“活力曲线”：一个组织中，必有20%的人是最好的，70%的人是中间状态的，10%的人是最差的。这是一个动态的曲线，即每个部分所包含的具体人一定是不断变化的。一个合格的领导者，必须随时掌握那20%和10%包含的人的姓名与职位，以便做出准确的奖惩措施。最好的应该马上得到激励或升迁，最差的就必须马上走人。活力曲线其实就是一条强制淘汰曲线，用韦尔奇的话讲，活力曲线能够使一个大公司时刻保持小公司的活力。

关于“活力曲线”的判断标准，韦尔奇按照所谓4个E加1个P的标准把员工分为ABC类。4个E和1个P是：精力（energy）、激励（energize）、决断力（edge）、执行力（execute）以及激情（passion）。考量的办法并不复杂，以业绩为横轴，公司价值观为纵轴，构建一个坐标系，依次将每名员工归入相应象限：第一象限是两方面都好、应奖励的对象；第三象限是两方面都不符合规则的对象，即10%的应被淘汰的员工；处于第二象限、业绩不好但符合公司价值观的，有待帮助和考验。最值得注意的是处于第四象限的业绩好但价值观不符的，韦尔奇称他们为“害群之马”，需要及时改正或开除，否则会有极大隐患。

2. 无边界组织

韦尔奇把通用电气公司变成一个无边界的企业。他减少层次，向官僚体制和等级制度开战；他创立听证会制度，在企业内建立了信心和信任机制，为无边界革新奠定了基础；他倡导“非正式性”和无拘无束，主张取消所有限制思想和学习自由流动的东西；他推动了全球化进程，打破了通用电气与世界其他地方分隔开来的地理界限；他推行顾客至上和服务第一，建立起企业与顾客之间的联系和交流；他根除了“不是土生土长的”观念，主张向沃尔玛、东芝、惠普等公司学习，汲取其他公司的新思想和最好的实践。通过上述这一切，韦尔奇创造了一个无边界的组织，可以使人们“专注于发现更好的方法、更好的思想，而无论其源头是某个同事、通用电气的另一个业务部门、街道那边的另一家公司抑或地球另一端的某个公司，他们都会与我们分享其最好的思想和实践”。无边界成为韦尔奇的一个标志性概念，无边界企业成为韦尔奇的理想，在其中，人员、思想和创造性能够自由流动。

3. 六西格玛管理

韦尔奇对现代企业的杰出贡献不仅在于首创无边界管理模式，更重要的是在1995年启动了六西格玛（6σ）标准。6σ本身正是一种将犯错误的概率降到最低的统计学概念：在100万个造成缺陷的机会中，只有不到3.4个缺陷。也就是说，完美率能达到99.999 66%。它是由摩托罗拉公司通信部门领导人乔治·费希尔于1987年率先提出并推行的一种控制产品合格率的系统管理理念及方法，即一切从客户出发，对产品质量进行全过程、全方位的科学管理与监控，追求零缺陷和顾客最大满意度。韦尔奇进一步发展了 6σ，将之应用于公司所经营的一切活动，如债务记账、信用卡处理系统、卫星时间租赁、法律合同设计等。通用电气通过 6σ 管理基本消灭了每天在全球从事生产的每一产品、每一道工序和每一笔交易的缺陷与不足。

在通用电气公司，6σ 管理的实施由经过严格培训的被称为“黑带大师”（借用空手道术语，意为高手）和“黑带”的员工来带领与指导，他们时刻活跃于各种项目中，努力消除一切误差。训练“黑带”要花费 4 个月的时间，但要成为一名精通诸样分析工具的“黑带大师”，得花费两年的时间才能获得正式认证的资格，“黑带大师”还必须主持 20 个获得预定可节省效益的项目。在通用电气公司，还有一支“绿带”队伍，他们业余时间参加质量控制项目，工作时间则做各自的本职工作。通过韦尔奇的有效推动，6σ 已经从一种统计学工具变成了一门管理艺术。在通用电气，它不仅被广泛应用于生产环节，还拓展到人力资源、市场营销等部门。其结果也非常成功：每个“黑带大师”每年可主持 4～6 个项目，并在每个项目中为公司节省 25 万～30 万美元；生产水平从 1995 年的 3.5σ 提升到 1998 年的 6σ，其收入增长了 11%，利润提高了 13%。

通用电气还将执行官 40%的奖金与 6σ 的成效挂钩。通过这种“跳火炭”式的刺激方法，将 6σ 的重要性强烈地传递给公司的每一个人，进而将 6σ 项目安排在最重要的议事日程上。执行官的责任还包括如何制定相应的补偿或奖励机制来扶植 6σ 的成长。当然，补偿或奖励机制必须清晰明确，避免过于杂乱，否则容易出现负面效应。

此外，韦尔奇在通用电气公司推行“群策群力计划”，并非常重视创建学习型组织。“群策群力计划”就是聘请外面受过训练的专业人员来提供帮助，这些人员多数是大学教授，他们与员工的谈话不会让员工觉得他们别有所图，员工与这些人交谈会感到放心。在这样的座谈会上，有 40～100 名员工被邀请参加，他们可以自由地谈论对公司的看法，讨论他们看到的一些官僚行为，特别是在申请批复、报告、开会和检查中遇到的一些不愉快的事情。韦尔奇创立的学习型组织具备四个基本特征：（1）开放的信息分享；（2）通过投资于学习来兑现对学习的承诺；（3）不惩罚错误或者失败，将教训融入整个组织，每个人都可以从前车之鉴中学习；（4）不断地学习，使之成为文化的一部分。这样，韦尔奇将一个“百年老店”塑造成世界上最大的学习型组织，并形成了一种思想和智慧超越传统与层级的学习型文化。

（四）吉宁的管理思想

哈罗德·吉宁（Harold Geneen，1910—1997），世界著名跨国公司——国际电话电信公司（ITT）的缔造者、前首席执行官、董事长。他出生在英国南部沿海城市伯恩茅斯，后同父母移居美国。他是美国公认的最积极进取的、以收购为导向的首席执行官之一，是继阿尔弗雷德·斯隆后美国企业界的管理天才。他的办法就是收购、收购、再收购。在吉宁领导 ITT 的头 10 年时间里，ITT 连续买进了共计 350 家公司，其中包括喜来登酒店集团和列维特父子公司等，平均每年要买 40 家。到 1970 年，ITT 已经由 400 家独立的公司组成，在 70 个国家开展经营活动。ITT 在吉宁的手里变成了当时世界上最大的、令人畏惧的巨无霸企业。吉宁因此成为全美最具传奇色彩的企业家。

1. 重视分散化经营和推理式决策

管理好巨型企业，对几乎所有的企业家来说都是很难做到的，然而在吉宁看来却未必。他的基本组织管理观是：分散化经营是实力的源泉。他以旺盛的精力和热情管理着那些公司，就像一只尽职的老母鸡管理一大群嗷嗷待哺的小鸡一样。在一份年度报告中，他这样描述自己的工作：“每天办公超过 10 小时，一年超过 200 天投身于全世界不同管理层面的管理会议，这些在纽约、布鲁塞尔、香港、布宜诺斯艾利斯召开的会议，决策基于推理而产生，而所有决策必须依赖的事实都是存在的，所以作出的决策几乎都是必然的。计划和会议的作用是把推理硬性地推到前面，使它的价值和需要被大家所认同。”正是依靠这种近乎疯狂的工作热情和以直觉、经验判断为主的“推理式决策”，ITT 取得了令人瞠目的跨越式发展。

2. “木柴炉子烹饪”经营哲学

吉宁在批判了国际时兴的企业管理 X 理论、Y 理论、Z 理论等诸多理论后，提出了一个惊人的“G 理论”：管理者不能光依靠某一理论去管理企业或做其他任何事。在吉宁看来，他还从未碰见过一个总经理，仅仅根据某套公式、图表或管理理论来管理企业。恰恰相反，许多出色的企业管理者连中学都未读完，更不用说学什么管理理论了。但是，他们和企业同呼吸、共命运，和企业一起成长。他认为，企业管理的最好方法，就是时刻想象是在使用一个木柴炉子做饭。在这样原始的炉灶上做饭，烹饪者不能控制火焰，不能控制空气流动的变化，所以对每一件事都特别谨慎小心——他依照菜谱，但总是添加一些自己喜爱的东西，不会严格酌量每一种作料和香料，但开始烹调后，他眼睛盯着锅里，观察着温度的变化……闻一闻，又用指头蘸一点放在口里尝尝，味道不对，再加点什么东西……不管在干什么，最重要的是不忘时时检查，直到菜烧好了，才能从炉灶上端走。可以说，成功地管理一个企业的艺术，就全部包含在烧这份菜的功夫之中了。吉宁强调，成功的诀窍，不管是在企业管理领域还是在生活中，就是不相信任何诀窍，没有诀窍，没有公式，没有理论。

值得一提的是，吉宁辞职的第二年，ITT 出现巨额亏损，他的继任者显然无法承受他那样的疯狂工作方式。在之后的十多年里，吉宁无可奈何地目睹了这座由他亲手打造并倾注毕生精力和智慧的商业帝国是如何江河日下的。1997 年，吉宁在落寞中去世，同年，ITT 被兼并。

小结

20 世纪 80 年代管理思想的主要特点是：组织文化大行其道；管理思想风靡世界。

组织文化学派创建，埃德加·沙因提出了组织文化理论，特伦斯·迪尔和阿伦·肯尼迪提出了企业文化理论，威廉·大内提出了 Z 理论，理查德·帕斯卡尔提出 7S 模型的理念，吉尔特·霍夫斯泰德指出民族文化的差异有五个维度。

品质管理思想引起人们的广泛关注，在该领域，出现了两位造诣颇深的大师级人物——戴明和朱兰。戴明提出的质量管理十四要点和戴明环等思想后来被很多企业奉为圭臬；朱兰提出的质量管理的“二八法则”、质量三部曲等质量管理思想至今仍影响着世界。这一时期，还有一些学者开始关注未来，托夫勒和奈斯比特就是两位杰出的代表。

在跨国企业研究方面，英国学者邓宁在吸收过去国际贸易和投资理论精髓的基础上提出国际生产折中理论。

在组织理论发展方面，红极一时的畅销书《追求卓越》的作者彼得斯指出了优秀企业具有贵在行动、接近顾客、精兵简政等八大特质，把人们的视线又重新引回到对人的关注上来；爱迪斯提出了企业生命周期理论；汉迪提出了所谓的三叶草组织、联邦组织以及 3I 组织等新型组织形式，具有很高的实践价值；坎特将社会学的因素融入组织变革和组织创新中，思想充满了浓厚的人本主义色彩；阿吉里斯提出的双环学习理论提醒管理者应该如何运用组织知识对现状加以反思，进而促使其通过改进措施来消除障碍、解决组织问题。

在战略管理学派发展方面，“竞争战略之父”波特获得的崇高地位缘于他所提出的三种竞争战略、五力模型、价值链、钻石模型、产业集群理论等。而具有“战略先生”“日本战略之父”美誉的大前研一总结了日本式竞争战略的显著特点。

在领导理论发展方面，本尼斯提出了“转型领导力”的概念，提出了领导活动的四大主题，即愿景、沟通、定位和自我调整。科特总结出组织变革的八个步骤及其相应的八个常犯错误。

在管理过程学派发展方面，罗宾斯详尽地阐述了管理的计划、组织、领导和控制职能。

这一时期，管理实践者的思想不可忽视。被誉为“经营之神”的松下幸之助信奉“自来水哲学”，提倡“水坝式经营”和“玻璃式经营”，重视客户服务和关心员工；盛田昭夫树立品牌第一的理念，在企业内部提倡家庭化意识；韦尔奇以其强硬的作风、追求卓越的理念推动通用电气重组业务，实施“活力曲线”；吉宁重视分散化经营和推理式决策，其基于“木柴炉子烹饪”经营哲学的管理实践及思想流传至今。

思考题

1. 20 世纪 80 年代组织文化学派的主要代表人物及其思想是什么？

2. 沙因的组织文化理论的主要观点是什么？
3. 迪尔和肯尼迪提出的企业文化重塑过程是什么？
4. 霍夫斯泰德关于跨文化管理的主要思想是什么？
5. 品质管理理论的主要代表人物及其思想是什么？
6. 未来学派的主要代表人物及其思想是什么？
7. 邓宁关于跨国企业管理的主要思想是什么？
8. 彼得斯关于卓越公司的主要思想是什么？
9. 爱迪斯的企业生命周期理论的主要观点是什么？
10. 汉迪的主要管理思想及贡献是什么？
11. 坎特的组织变革理论的主要观点是什么？
12. 阿吉里斯的组织防卫与双环学习理论的主要观点是什么？
13. 波特的竞争战略理论的主要观点是什么？
14. 大前研一的战略管理理论的主要观点是什么？
15. 20 世纪 80 年代领导理论发展取得了哪些成就？
16. 20 世纪 80 年代管理过程学派取得了哪些成就？
17. 松下幸之助的主要管理思想及贡献是什么？
18. 盛田昭夫的主要管理思想及贡献是什么？
19. 韦尔奇的主要管理思想及贡献是什么？
20. 吉宁的主要管理思想及贡献是什么？

第八章

20 世纪 90 年代以来管理思想

自 20 世纪 90 年代起，人类进入了信息社会和知识经济时代。世界经济一体化的进程明显加快，科学技术创新和推广的速度大幅提升，组织结构日益呈现出扁平化、虚拟化、网络化趋势。新的时代特征和商业环境催生了大量的管理思想和技术，管理学界形成了一股巨大的变革与创新潮流，管理思想呈现出百花齐放、百家争鸣的繁荣景象。

知识管理理论在这一时期走进大众视野。野中郁次郎提出了 SECI 模型及知识螺旋，准确揭示了知识生产的起点和终点，明确辩识了知识生产模式的常规类别。安妮·布鲁金将智力资本定义为使公司得以运行的所有无形资产的总称，将智力资本分为市场资产、知识产权资产、人才资产和基础结构资产，并要求对它们进行评估和管理，从而搭建起一套知识管理系统。托马斯·达文波特和劳伦斯·普鲁萨克将管理知识、运营知识的概念引入到工商管理中，进一步丰富了知识管理理论。

创新也在这一时期成为管理学界的一个热门话题。克莱顿·克里斯坦森从行业历史和技术发展的角度分析了渐进性创新导致行业中已定型企业遭到失败的过程，并提出了应对突破性技术变革风暴的五项原则。贝思·罗杰斯以满足消费者对新产品的需求为立足点，提出了企业产品创新战略，认为企业不仅要引入新产品，还必须富有想象力地改进已有产品以满足日益复杂并不断变化的消费者需求。

全球经济一体化趋势使跨国企业管理成为一个世界性的话题。冯斯·琼潘纳斯和查尔斯·汉普顿-特纳两人继吉尔特·霍夫斯泰德之后进一步研究了文化差异、文化冲突和自然的文化交叉管理，精辟地阐释了文化如何影响我们的行为以及不同文化之间的相互影响。苏曼特拉·戈沙尔和克里斯托弗·巴特利特研究了全球竞争中的战略、组织和管理问题，分析了跨国公司的四种类型和个性化公司的三种组织特征，并就如何组建和管理个性化公司提出了一系列建议，以帮助跨国企业在新经济条件下建构具有独特竞争优势的组织模式。

组织理论在这一时期继续快速发展。彼得·圣吉提出了学习型组织的五项修炼技能，为经理人提供了工具和概念性原型。梅雷迪思·贝尔宾提出了贝尔宾团队角色理论，解释了群体中的不同个体如何进行分工合作。戴夫·尤里奇重新定义和发展了人力资源的九种角色，帮助人力资源管理者转变已经过时的观念。吉姆·柯林斯与杰里·波拉斯从实证的角度研究企业管理方略，回答了是什么使那些高瞻远瞩的公司基业长青的问题，并深入挖掘了企业从优秀到卓越的原因。

营销管理学派在沉寂多时之后又获得了新的发展。尼尔·雷克汉姆、劳伦斯·弗里德曼与理查德·鲁夫强调企业间分工合作的重要性，认为企业伙伴关系是企业核心竞争力的来源，并从贡献、亲密、愿景的角度论述了如何建立成功的企业伙伴关系。

流程再造学派异军突起，为管理理论注入了新的活力。迈克尔·哈默和詹姆斯·钱皮强调组织必须明确自己的关键生产流程，并使之尽量简洁有效。钱皮进一步提出了企业 X 再造理论，把流程再造的思想应用于组织之间的关系处理上，并总结出 X 再造进程中存在的错误等；哈默则列举了企业的九大行动纲领，为企业变革指明了方向。

企业经营环境的变化使得传统的战略管理模式面临重大挑战，战略管理学派继续发展。加里·哈默尔与普拉哈拉德对如何界定核心竞争力，如何在核心竞争力的基础上开发核心产品和终端产品，以及如何搭建一个能有效利用核心竞争力的战略架构等作了详细的阐述。亨利·明茨伯格系统研究了战略理论的演变过程，将战略理论分为三大类十大流派，并对每个学派的贡献与不足进行了深入分析。金伟灿与勒妮·莫博涅提出了蓝海战略，轰动学术界与企业界，甚至引起了许多国家和地区的政治领导人的高度重视。罗伯特·卡普兰和戴维·诺顿创造性地整合了创新理论、知识管理、流程再造、战略管理等众多学术流派的理论精华，构建了平衡计分卡理论，不仅为企业的组织绩效评价提供了良好的实用工具，还系统解决了战略的描述、衡量和管理等一系列管理难题。

概括起来，进入 20 世纪 90 年代以后，人类社会迈进了一个以信息经济、客户经济、知识经济为鲜明特色的崭新时代，呈现出了管理文化全球化、管理形态知识化、管理组织虚拟化、管理手段网络化、管理理论综合化等特点，为管理学者与企业家带来了更多新的研究方向与挑战。管理思想发展与演变的历史进程正处于一个学派林立、群星璀璨、成果丰硕的繁荣时期。

第一节　知识管理理论

进入 20 世纪 90 年代，伴随着经济全球化和国际金融一体化以及信息技术的迅猛发展，知识经济逐渐成为时代的特征，如何在知识经济中保持更强的竞争力，成为企业及管理学者必须考虑的问题，知识管理也成为企业管理的一项不可或缺的重要内容。在这种背景下，日本著名知识管理大师野中郁次郎、英国知识管理学家安妮·布鲁金和美国两位知识管理学家托马斯·达文波特和劳伦斯·普鲁萨克从不同角度出发，系统阐述知识管理，成为知识管理理论的主要代表人物。

一、野中郁次郎的 SECI 模型

野中郁次郎（Ikujiro Nonaka，1935— ），被誉为“知识管理理论之父”和“知识管理的拓荒者”。他用了 30 多年的时间跟踪日本企业的变化，揭示日本企业成功的奥秘。不少学者聚焦日本管理看到的只是优良的生产技术，企业和顾客、供货商、政府部门之间的良好关系，终身雇佣制度，重视年资等“日式管理”的特色。而野中郁次郎提出：日本企业的过人之处，本质上是其组织的知识创造能力。他认为，一个企业比其他企业更为优秀的原因，在于它能有组织地充分调动蕴藏在员工内心深处的个人知识。谁能获得这种独特的组织能力，谁就能持续创新并获得竞争优势。1995 年，《创造知识的公司》一书的出版为野中郁次郎赢得了国际声誉。大前研一称该书为“日本有史以来最重要的管理学著作”。书中，野中郁次郎从“显性知识”和“隐性知识”的关系入手，试图从理论上解读这种组织能力。

（一）隐性知识与显性知识

野中郁次郎将知识分为隐性知识与显性知识。知识在组织中能够形成桥梁，以促进隐性知识与显性知识的相互转化，在这一过程中，知识创新的来源便会有乘数的效果。隐性知识是指未经正式化的知识，包括企业、经营者或员工的经验、技术、文化、习惯等，是属于个人经验与直觉的知识，不容易用语言来沟通和表达，是难以形式化、具体化的技能。此类知识是主观的、体认的知识，涉及个人的认知与意念。显性知识包括一切以文件、手册、报告、地图、程序、图片、声音、影像等方式所呈现的知识，如传统的书面文件或电子化后的档案等。

隐性知识和显性知识有很大区别：前者是无形的，很难用语言表述和交流；后者则通常是有形的，也容易被学习掌握。野中郁次郎认为隐性知识更为重要，这对西方普遍认为知识最好由教育和培训来传递的看法提出了挑战。他提出，最有价值的知识不是从别人那里获得的，而是我们自己创造的。

（二）SECI 模型和知识螺旋

野中郁次郎指出，在企业创新活动的过程中，隐性知识和显性知识二者之间互相作用、互相转化，知识转化的过程实际上就是知识创造的过程。知识转化有四种基本模式，包括社会化（socialization）、外化（externalization）、联结化（combination）和内化（internalization），即著名的 SECI 模型（见图 8－1）。

第一，社会化。在个人之间的隐性知识相互作用的社会化阶段，个人可以不通过语言而从他人那里获得隐性知识。例如，新进工程师可以通过观察、模仿来学习资深者的技术与精神风格。

第二，外化。由隐性知识转换为显性知识，用语言、形式将想法与诀窍表达出来。

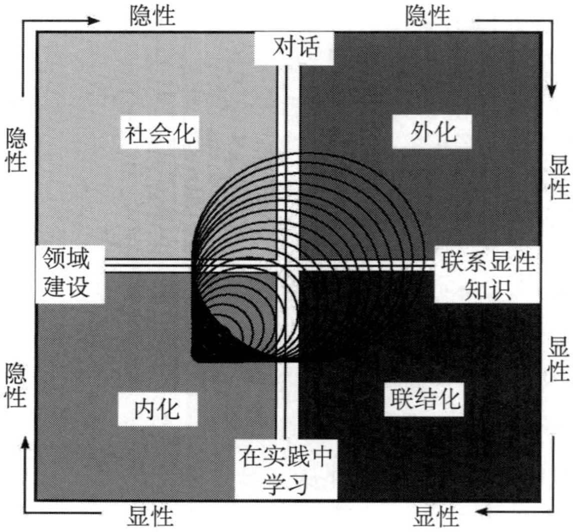

图 8-1　SECI 模型及知识螺旋

例如，摩托罗拉的读书会就是依据员工的兴趣，建立起知识性社群，针对员工共同有兴趣的课题，分享各自特殊的经验、感受和观点，让参与讨论的成员将其个人的隐性知识表达出来，促使成员在这个知识性社群的互动中产生创新的观念。

第三，联结化。透过各显性知识间的联结，可进一步创新、分享、散播知识，为知识增值。例如，组织可以通过内部网络与相互联结的知识库，将公司的信息与知识分享给全球员工使用。

第四，内化。内化是将显性知识转化为隐性知识的过程。例如，将操作性经验制作成文件手册、训练教材，在公司内部公共网络里分享与沟通，促使显性知识转化为个人隐性知识。

总体上说，知识创造的动态过程可以概括为：高度个人化的隐性知识通过社会化、外化和联结化在整个组织体系中传播，被员工吸收和升华。在这个过程中，知识实现增量增值和结构转变。

SECI 模型强调，组织自身不可能创造知识，个体的隐性知识是组织知识创造的基础。组织调动出个体创造及积累的隐性知识，通过知识转换，在组织层次上加以放大，并且在较高层次上结晶。野中郁次郎将这个周而复始的过程称为“知识螺旋”。在知识螺旋中，隐性知识与显性知识之间的相互作用，随着层级的攀升而扩展。总之，组织的知识创造是一个螺旋发展过程，它源自个体，并且随互动社群的扩大，超越部门、事业部、企业，不断向外弥散。

（三）场——知识创造的基地

在近代自然科学尤其是物理学中，“场”是一个极为重要的概念。把“场”的概念引入社会研究的人中，行为科学家勒温最为典型，他以拓扑论来解释社会现象，堪称这一研究的范式。野中郁次郎的贡献是把“场”运用于知识创造研究之中。他把“场”定义为“分享、创造及运用知识的动态的共有情境”，“为进行个别知识转换过程及知识螺旋运动提供能量、质量及场所”。这种“场”包括物质的、虚拟的、心灵的空间。参与者将自己的情境带入“场”。通过与他人及环境的互动，场的情境、参与者及环境会发生变化。场的本质是相互作用，野中郁次郎指出，人们在知识创造的过程中大体上会历经四种不同的场。每个场分别提供一个基地，以利于进行某一特定阶段的知识转化程序，并使知识的创造加速进展。将四个场的四个知识转化程序前后连贯起来，就构成一系列不断自我超越的程序，同时也随之显现了知识转化的螺旋式演进情况。

第一，原始场。在原始场，个人之间基于同情或爱慕，排除掉自我与他人之间的障碍，彼此交互表露其感觉、情绪、经验与心态。原始场是知识创造过程的起点，属于社会化阶段。个人之间面对面的接触经验对隐性知识的移转与转化十分重要。因此，应强调开放式组织设计，使员工能充分接触顾客，以促进个人之间的直接交流及沟通。

第二，互动场。将拥有特殊知识与能力的一些人跨越业务单位组成计划小组，让这些小组的成员在互动场彼此交换想法，同时也对他们自己本身的想法加以反省及分析。互动场代表外化阶段，大家持开放态度，彼此充分对话，将隐性知识转变为显性知识，可以创造新知识及价值。

第三，电脑场。电脑场代表联结阶段，利用在线网络、文件和数据库等资讯来强化这项知识的转化程序。

第四，练习场。练习场代表内化阶段，能促使显性知识转化为隐性知识。人们在练习场能应用实际生活中或模拟的显性知识，并持续将这些知识内化。

野中郁次郎的 SECI 模型及知识螺旋准确揭示了知识生产的起点和终点，清晰地辨识了知识生产模式的常规类别，对组织知识创造过程的认识和分析独树一帜。但是，他的知识管理理论也存在一定的不足。例如，只对日本企业进行案例研究，没有考察其他文化背景下的企业；研究方法带有浓厚的日式风格，其理论深度还有挖掘的空间。

二、布鲁金的智力资本管理理论

安妮·布鲁金（Annie Brooking，1947—　）曾在欧洲经济共同体担任高级信息处理顾问达 12 年之久；创建和领导了欧洲第一个工业人工智能研究与咨询团体——英国的“知识系统中心”；1985 年为欧共体的斯普里特工程设计了第一个成功的高级信息处理工程——知识库系统设计方案。1996 年，她出版了《第三资源：智力资本及其管理》一书，认为当今世界各地的大公司都开始认识到它们最宝贵的资产是无形资产，而继资本、劳动之后脱颖而出的“第三资本”就是智力资本。

（一）智力资本及管理

布鲁金指出，智力资本是指使公司得以运行的所有无形资产的总称。它可分为四类：市场资产、知识产权资产、人才资产与基础结构资产。市场资产是指公司所拥有的与市场相关的无形资产，其中包括各种品牌、客户及他们的信任、长期客户、备用存货、销售渠道、专利专营合同协议等。知识产权资产包括技能、商业秘密、版权、专利和各种设计专有权，还包括贸易和服务的商标。人才资产是指群体技能、创造力、解决问题的能力、领导能力、企业管理技能等体现在公司雇员身上的才能。基础结构资产是指使企业得以运行的那些技术、工作方式和程序。布鲁金指出，必须进行智力资本审计，考察公司所有的无形资产。审计步骤一般有：(1) 确定调整内容、目标、范围和限制因素；(2) 决定最优内容组合；(3) 为内容设定最高值；(4) 选择审计方法；(5) 分项审计；(6) 将资产值编入智力资本信息库。

智力资本的管理过程包括确定智力资本、制定智力资本发展计划、审计智力资本、将审计结果记录并归档于智力资本知识库中、保护智力资本、发展和更新智力资本、推广人力资本。为了保护智力资本管理的顺利进行，需要利用各种专业技能，包括战略管理技能、知识产权管理技能、市场技能、信息技术管理技能和人才资源技能等。

（二）知识管理

知识包括真理与信念、角度与概念、判断与期待、方法与专业技能。知识是积累起来的，经过组织和综合能被较长时间用于应对具体的情况和问题。知识可以分为四个层次：确立目标或设想的知识、系统知识、实用知识、自动知识。确立目标或设想的知识只能在潜意识中被运用，且用来确定如何设立我们的目标和价值标准；系统知识是指系统、方式和参照方法的知识；实用知识是指决策和事实性知识；自动知识是指能够自动运用的知识。知识管理包括智力资本管理中所有的步骤，其具体步骤如下：对知识进行分辨、确定关键性知识、设计知识、编写知识、推广知识、制定知识管理政策、建立公司知识信息库。

（三）智力资本评估

评估智力资本并不只是因为公司的相当一部分资产是无形资产，而是出于以下原因：(1) 让管理人员知道公司价值所在；(2) 为衡量成绩和发展建立标准；(3) 作为筹集资金或贷款的依据。在某种程度上，提高智力资本的价值与传统上计算无形资产的商誉的财务方法是不相容的，因为传统的看法认为无形资产和商誉经过一段时间后会贬值。但在布鲁金看来，现在趋势已经逆转，无形资产，特别是品牌和商标的价值不是减少，而是增加了。有些品牌的寿命比它们的折旧期限要长，价值要增加很多，这反映了利用全球媒介宣传的优势以及全球经济一体化的潮流。评估资产的方法包括成本评估、市场评估和收入评估等。

布鲁金将管理实践中遇到的问题理论化，进行深化研究，对智力资本的内涵、管理方法以及智力资本的评估等都有着自己独到的见解，在市场战略、管理、技术和新兴的智力资本等领域具有很深的影响。布鲁金重视将管理实践升华到理论层面的做法，值得管理实践者们学习。

三、达文波特和普鲁萨克的知识管理理论

托马斯·达文波特（Thomas H. Davenport，1954— ），埃森哲战略变革研究院常务董事，曾任麦肯锡咨询公司信息技术部主任。1983 年起，他开始介入商业研究领域。劳伦斯·普鲁萨克（Laurence Prusak），IBM 知识管理研究院创始人和执行主管。达文波特与普鲁萨克系统论述的知识管理、知识员工管理、注意力经济等理念对管理界产生了巨大影响。他们合著有《营运知识：工商企业的知识管理》（1997）等。

（一）关于知识管理

1. 什么是知识

达文波特和普鲁萨克认为，知识是结构性经验、价值观念、关联信息以及专家知识的流动组合。知识为评估和吸纳新的经验与信息提供了框架。知识产生并运用于人的大脑。在组织机构里，知识往往不仅存在于文件或数据库中，也根植于组织机构的日常生活、程序、惯例及规范中，可以通过计算机和网络进行编码、存储和传播。知识与数据、信息既有联系，也有区别，知识由经验、真理、判断、直觉、价值观与信仰等组成。知识不是数据，也不是信息；数据是有关实践中一些离散的、互不关联的客观事实，本身并没有内在意义；信息是产生变化的数据，具有实际意义。

2. 知识市场

与个人知识不同的是，组织知识因为受到多种因素的推动而处于高度运行状态，即交换、购买、开发、更新等。要让知识有效运行与利用，必须理解推动知识运行的主要因素，即市场机制。知识市场里有讨价还价的“买家”与“卖家”，有将买卖双方撮合在一起的“经纪商”，甚至还有能够运用市场知识创建无形产业的“企业家”。知识市场的参与者在其中进行交易是基于这样一种期望：他们能够以某种方式从中获益。在多数组织中，知识市场明显效率低下，其原因主要有三个：知识市场信息的不完善性；知识分布的不对称性；知识的地域性。知识市场存在的严重缺陷，我们称之为知识市场的病态，即各种错误观点的存在严重阻碍了知识的流动，主要表现为知识垄断、人为的知识稀缺、交易壁垒等。公司可以采取多种方法改变知识市场效率低下的状况，包括：精明地使用信息技术，将知识交流看做有助于形成统一的战略的方式以促进市场的健康发展，以及创立知识奖励机制。

3. 知识的产生、编码和传递

知识的产生，既包括组织内部开发产生知识，也包括组织从外部获取知识。所获取的知识并不一定是新创造的，只要是组织所欠缺的就可以。获取知识最直接、最有效的办法就是购买，包括购买拥有知识的整个机构或是雇用拥有知识的个人，还可以租用外

界的知识。一个组织产生知识的常规途径是为实现某一目标成立专门的单位或小组；知识还可在组织内部的非正式、自行组合的网络内形成。组织可以鼓励跨部门、跨单位的知识交流，并为日常工作中从未交谈过的员工提供相互交流的机会。

知识的编码是将知识转化成易于理解和可运用的形式，包含四个基本原则：管理者必须决定对知识进行编码以达到什么样的商业目的；管理者必须能够鉴别达到这些目的的相关知识；管理者必须对知识的用途及编码的合适性进行评估；编码者必须识别用于编码和分类的相应手段。

有许多文化因素制约着知识的传递，包括：缺乏信任；缺乏时间和集会地点；人员交流困难；地位与奖励归于知识拥有者等。对此，有以下几种可能的解决办法：通过面对面的交流建立关系和信任；通过教育、讨论、出版物、合作和工作轮换来建立共同的基础；确立进行知识传递的时间和地点，如交流会、会议报告；根据分享情况评估工作表现，给予奖励等。

4. 知识管理的职位与技术

达文波特和普鲁萨克认为，最成功的组织就是那些使知识管理成为每个人工作中的一部分的组织。当然，这通常需要某些全职知识员工的努力，使知识管理成为普遍的现象；组织中的每一位员工都应成为知识管理人员。新知识职业人员是知识的综合人，包括图书管理员、记者和编辑等。知识工作者应该具备技术技能和内在技能两个方面：前者包括结构性的知识、技术能力和专业经验；后者包括品性、政治修养和文化素质等。尽管知识管理是一个比较新的研究领域，但通过技术来获取和利用知识的尝试已有很长的历史。知识管理技术是一个范围很广的概念，它所包含的不只是从网络中分享信息，还有专家系统与人工智能、实时知识系统和长期分析系统等。

（二）关于知识员工管理

知识员工具有较高的专业能力、教育背景和行业经验，他们工作的主要目的是知识的创造、分享和应用。知识员工在成为大部分组织成功关键要素的同时，也给组织常规管理方法和组织原则提出了独特的挑战：他们具有流动性，而且关注其经验能否应对未来的挑战；他们分散在组织结构和全球体系中，然而其工作的相互依赖性和复杂性却要求他们能和不同职能部门、工作场所、时区甚至是不同组织的员工进行有效合作；他们必须掌握大量的知识并不断更新；他们从事的工作具有天然的紧迫性；需要他们解决的问题和投资的机会很新奇，不经常发生。与以往的体力工作形式相比，知识员工的显著特征是：喜欢自主；能为他们从事的工作找到很好的理由；看重自己的知识，不愿轻易分享。

知识员工的绩效与工作环境之间存在以下关系：(1) 知识员工喜欢封闭的办公室，但交流似乎在开放的办公室中会更好；(2) 知识员工聚集在一个特定的地理区域；(3) 在工作过程中，知识员工需要移动，并在办公室外面投入很多时间，包括开会、在别人办公室里非正式谈话或者出差；（4）知识员工需要多重合作；（5）知识员工需要专注；（6）知识员工在办公室工作；（7）知识员工与亲近的人交流；（8）知识员工并不关注那些华而不实的设备。

对待知识员工，组织可能会经历特殊管理变革：（1）从仅仅监控工作到参与工作；（2）从组织官僚结构到组织社团；（3）从雇用、解雇员工到招聘、留住员工；（4）从建立手工技能到建立知识技能；（5）从评估可见工作绩效到评估无形知识成效；（6）从忽视文化到建立知识-友好文化；（7）从支持官僚主义到将其拒之门外；（8）从依赖内部员工到考虑多种资源。

（三）关于注意力经济

达文波特等人认为，注意力是对于某条特定信息的精神集中。当各种信息进入人们的意识范围时，人们关注其中特定的一条，然后决定是否采取行动。注意力可划分为三组，每一组包括两种对立的注意力：（1）被动的（如电影广告、工作任务、坏天气）或主动的（如电视广告、爱好、彩虹）；（2）因厌恶引起的（如没有无魅力的人、死亡、失败的痛苦）或因喜爱引起的（如俊男靓女、孩子出生、获胜的激动）；（3）有意的（如商业谈判、买车、情人）或无意的（乘车往返上下班、买牛奶、配偶）。

根据经济学的观点，他们创造性地提出对注意力的衡量，提出了全新的观念，称为注意力货币。在目前信息超载的情况下，人们普遍缺乏对过量信息的有效的、准确的提炼和处理，形成相对的注意力短缺，从而导致企业管理层缺乏对员工的有效管理，员工缺乏对新知识、新技能的有效组合和使用，客户缺乏对某个企业的注意力集中。因此，由注意力短缺形成的经济现象就需要注意力货币。解决公司注意力不足的办法有：第一，制定注意力日程表；第二，把注意力集中用于新想法及其实施上；第三，购买注意力，如奖励那些真正把精力用于切实关系到企业成功的事件上的人；第四，建立注意力保护机制。

达文波特和普鲁萨克的杰出贡献在于将管理知识、营运知识的概念引入工商管理，丰富了知识管理理论。他们认为，知识是未来工商企业保持竞争优势的唯一源泉。此外，达文波特的《注意力经济》被誉为从“知识时代”到“注意力时代”的开创性著作，首次探索了正在蓬勃发展的注意力经济，并且勾画出组织如何应对注意力经济的计划。

第二节　创新理论

知识经济时代，创新成为管理的一大主题，创新理论应运而生。美国创新管理大师克莱顿·克里斯坦森和英国管理学家贝思·罗杰斯是创新理论的两位杰出代表人物。

一、克里斯坦森的颠覆性创新理论

克莱顿·克里斯坦森（Clayton M. Christensen，1952— ），创新管理学科创始人。1984年，他与麻省理工学院的教授们共同创建了一家高科技制造公司——陶瓷处理系统公司，并任董事长兼总裁；2000年又创建了创新视野咨询公司；2005年创建了创新视野合资公司。

克里斯坦森不仅是一位杰出的管理学家，而且是身体力行的管理实践者，是“颠覆性创新”（disruptive innovation）与“颠覆性技术”（disruptive technology）理念的创始人。在实践中，克里斯坦森从企业运行机制、决策模式出发，对很多优秀企业的决策及其结果进行了考察，提出了它们“成功地执行渐进性创新，但未能处理好颠覆性创新”的观点，并指出其原因所在，从而为创新问题的研究提供了新视角，同时也为管理者解决颠覆性创新技术问题提供了思路。

（一）颠覆性创新

克里斯坦森在《创新者的窘境》（1997）一书中首次正式提出颠覆性创新的概念。他认为创新有不同的路径，第一种创意路径是维持性创新，即在现有市场上使得现有产品或服务更好、更快或更便宜，虽然这些提升可能是困难的或者是昂贵的，但它们毕竟是在已知的路径中应用现有的一系列能力和流程。第二种创新路径是通过不连续的变化，甚至可能是通过技术上的能力破坏。例如，以计算机为基础的文字处理技术的发展排除了机械打字创新的需要，这类创新特别需要不同于企业既有的能力或技能，也可能是通过表面上对现有技术重新组合的创新，或针对不同市场大幅度地加强现有的产品或服务。后一类创新路径称为颠覆性创新，与现有维持性创新相比，这类创新起初立足的市场不是现有的主流市场，而是一些低端市场或者新市场。随着技术的进步，产品性能的提高，新产品逐渐侵蚀现有的市场，甚至取代现有产品或改变产业规则。

（二）应对颠覆性技术的五项创新原则

克里斯坦森还是“颠覆性技术”这一理念的首创者，也因此获得了“颠覆大师”的美誉。颠覆性技术的本质在于以新兴的更便宜、更简便的技术取代目前的主流技术。它的出现和发展有一定规律可循，而且这些规律是让经理人员无法忽视或是对抗它们的。应对颠覆性技术有五项创新原则。

原则一：组建新的独立事业部门，融入需要颠覆性技术产品的客户之中。那些在颠覆性技术领域及时找到自己位置的主流企业，几乎没有多少例外，都是由经理人员建立了一个自主的组织，来负责组建一个围绕颠覆性技术的新的独立事业部门。这种组织不受主流企业客户的左右，把自己融入另一类客户当中，也就是需要颠覆性技术产品的那些客户中。

原则二：下放颠覆性技术商业化责任，提高针对小型市场机会的反应速度。有证据显示，大型组织内部的正式或非正式的资源配置程序都使它很难将资源和人才集中用于瞄准小型的市场。有些大型的既有企业能在颠覆性技术所形成的新市场上占据有利位置，是因为它们把这种颠覆性技术商业化的责任下放给规模恰好跟目标市场相匹配的一个组织。小一点的组织可以更为容易地对小型市场上出现的成长机会做出反应。

原则三：突破既定的思维模式和已有的知识，有计划地学习所需要了解的新东西。我们既定的思维模式和已有的知识不足以支持对颠覆性变化进行判断，因此要有计划地学习所需要了解的新东西，这会提醒经理人员假设预测是错误的而不是正确的，而且他们选择采用的策略也可能是错误的。在这样的假设下进行投资和管理，就会促使经理人员制定一种计划来学习需要了解的东西，这是成功对付颠覆性技术的更为有效的方法。

原则四：分析组织现有的潜能和缺陷，创造一种新的潜能来解决新的问题。一个组织的潜能存在于两个方面：一是它的运行程序。这是一套方法，人们从中学会将劳动、能源、原材料、信息以及资金和技术等投入转化为价值更高的产出。二是这个组织的价值观，它是组织中的管理者和雇员在做出优先选择决策时所使用的一把无形的尺子。组织潜能（组织运行程序和价值观）的可塑性是有限的，这就需要我们分析组织现有的潜能和缺陷，并创造一种新的潜能来解决新的问题。

原则五：密切关注市场趋势，了解主流客户如何使用产品。那些在今天表现不佳的产品，有可能在明天表现得恰到好处。归根结底，产品性能超越市场需求这一现象是引起产品生命周期发生阶段性更替的基本机制。

（三）发现威胁与寻找机会

每一项颠覆性技术的诞生，都会伴随一些成功者和失败者的出现。即使是最优秀的经理人员，在他们的市场被颠覆性技术创新者入侵时也都会手足无措。他们想知道自己的企业是不是那些颠覆性技术创新者的攻击目标，以及如何及时防范这样的攻击。另外一些人则很希望发现创业机会，他们在盘算着怎样辨别颠覆性技术的潜在机会，以建立新的企业和打造新的市场。当强势企业积极投资于它们的重要客户所钟爱的产品和服务时，它们由此开始走向衰败。创新有两难抉择：要努力图存，但努力方向之中却危机四伏。创新者的任务是确保这项创新（虽然看上去没有实在意义）既能够在公司内部引起高度重视，又不能不顾及现有客户的需要，因为他们支撑着公司的利润和成长。只有两者兼顾，尤其要围绕着新的价值定位对新兴市场进行认真研究和开发，并且责成一个具体组织负责这项工作，这个组织的规模和利益还必须与这个市场上的客户的独特需求相吻合，上述问题才能得到解决。

克里斯坦森在实践的基础上，从企业运行机制、决策模式出发，包括资源的分配模式、主流用户对创新的影响等，从本质上解释了已定型公司“成功地执行渐进性创新，但未能处理好破坏性创新”的原因所在。他的创新理论给企业界带来了一轮强力冲击波，比尔·盖茨曾经戏言：“自从克里斯坦森提出颠覆性理论后，出现在我桌上的每一份提案都自称是‘颠覆性的’。”克里斯坦森的颠覆性创新理论也受到了英特尔及思科等高新科技公司管理层的追捧。

二、罗杰斯的产品创新理论

20世纪90年代，人们对于产品创新的期望不断升级，市场营销面临严峻的挑战，发展新产品或者改进新产品成为企业战略中至关重要的部分。贝思·罗杰斯（Beth Rogers，1957—　），英国管理学家，在经济组织的产品理论方面作出了系统的归纳和创新研究，对企业的发展给出了各种建议和忠告，有着极其重要的实践意义。罗杰斯因1996年出版的《产品创新战略》一书而声名鹊起。她认为如果一个经济组织的产品不能满足消费者的需求，那么这个经济组织迟早会一败涂地；企业不仅要引入新产品，还必须富有想象力地改进已有产品，以满足日益复杂并不断变化的消费者需求。

（一）创造性的产品

罗杰斯指出，企业的新产品战略要有创造性。一个企业要在20世纪90年代获得某种程度上的保障，唯一的途径就是向既有的事物挑战，向所有的可能性奋进。然而很少有企业在创造性方面达到令人满意的程度，变革的要求常常被忽视或被压制。根据产品要经过投入期、成长期、饱和期和衰退期的产品生命周期理论，在产品进入饱和期之前进行产品创新并成功的话，企业会经历一个新的繁荣阶段。所谓的创造性是指人类描绘新事物蓝图的思维过程，是一个新设想诞生的过程，而革新是指将优选方案转化为产品的过程，两者并不等同。

（二）创造性的人与团体

罗杰斯认为，有创造性的人是独立的、能够打破思维定式的，他们为人乐观，幽默风趣。创造型人才不贸然下结论，敢于承担风险，善于想象，能面对事物的多元化而且思考缜密，其中最杰出者还善于检验自己的设想并做好一切准备，把设想坚持不懈地付诸实施。对企业而言，最有价值的创造性人才还要具有相关的以知识和主动精神为基础的业务技能，要坚持真理，不受局限和蒙蔽，并乐于承担责任。雇主要寻求应聘者的创造性特质，但更多的情形是企业的雇佣大军中已经有了许多创造型人才，下一个任务就是开发这些人力资源。产品开发小组首先要保持独立，尽量摆脱公司固有文化的压力；其次要有富有激励性的目标，并保持一种紧迫感；再次，要能容忍错误和不同见解；最后，要相互信任。

（三）新产品突破

建立小组后，首先应该努力实现新产品突破，要形成抽象的产品构想，许多新产品构思是对原有事物的重新组合。许多公司成功地运用重组的方法发展了产品生产线，但它们坚持围绕现有产品组合开发新产品。其次，绝大多数有成就的企业家都是先明确需求，然后以一种系统性的方法去满足需求。需求分为四种：特定需求、定制需求、模糊需求和变动需求。界定了目标需求并希望加速开发项目的小组应该首先从公司外部寻找解决问题的办法，查看是否已经存在一种满足这项需求的发明创造。在寻找未被利用的发明时，当地专利局能提供最直接的帮助。留意并寻找外部途径不仅对发展本公司的组合有利，还能让公司时时获悉竞争对手的动向；同时，这也使公司大体上与现有科技保持同步，这一点对企业的预期寿命来说十分重要。

（四）产品概念与质量标准

提出了产品构思之后，就要集中精力完善产品概念。罗杰斯认为，不管产品是否有形、可见、可触摸、可携带，都要有一个能为顾客提供的核心功能，如手表计时、食物充饥。衡量物质产品质量的八个标准包括：一致性、艺术性、可靠性、便利性、耐用性、业绩、功能和质量观感。一致性是指产品要与各种规定及顾客的要求保持一致；艺术性是指产品的外观设计应能够为其带来竞争优势；可靠性是指产品的质量要能够赢得顾客的信赖；便利性是指产品应该做得便于调整、拆卸和安装，并易于与其它厂商的产品兼容；耐用性是指产品的使用寿命要相对较长；业绩是指产品可以通过获取奖项来赢得“质量优异”这一无形资产；功能是指产品要满足顾客最看重的需求；质量观感是指顾客信任提供产品的厂商，认为“这家厂商的产品会很可靠”。衡量服务性产品质量的五个标准包括：可靠性、可感知性、反应能力、依赖感和想顾客所想。可靠性是指服务人员信守服务承诺；可感知性类似于上面所说的艺术性，即服务设施、装备以及服务人员的素质具备竞争优势；反应能力是指对顾客来讲，服务人员乐于助人、行动敏捷；依赖感是指服务人员的知识面和自信、礼貌态度让顾客放心；想顾客所想是指服务人员要倾听顾客的意见。

（五）核心产品的变化

罗杰斯通过分析产品的生命周期指出，核心产品在整个生命周期中要不断变化，这种变化十分重要。同样，产品涉及的服务和无形产品也要发生相应的变化。总之，产品变化通常被看做延长产品生命周期的理想办法，同时，它也是市场定位的方法，或者说是一个被替代品市场重现青春的办法。随着产品的成熟，变化核心产品的需求也在不断增长。利用时间、空间和质量这几个主题进行变化，能够促成合理的创新。在产品的生命周期中，为了适应变化着的消费者需求，服务和无形产品也应该变化。

第三节　跨国企业与跨文化研究发展

世界经济的一体化进程把管理带出国界，使之成为世界性的话题，跨国企业与跨文化研究进一步受到重视。为此作出突出贡献的代表人物是两对合作者，他们分别是荷兰管理学家冯斯·琼潘纳斯和英国管理学家查尔斯·汉普顿-特纳，以及印度管理学家苏曼特拉·戈沙尔和美国管理学家克里斯托弗·巴特利特。

一、琼潘纳斯与特纳的跨文化研究

冯斯·琼潘纳斯（Fons Trompenaars，1953—　）与查尔斯·汉普顿-特纳（Charles Hampden-Turner，1934—　）是跨文化管理研究的倡导者。他们一起创办了跨文化管理咨询公司，并合作出版了《跨文化浪潮》（1993）、《七个资本主义国家文化》（1993）等几部在国际上极具影响的著作。

（一）跨文化浪潮

琼潘纳斯和特纳在《跨文化浪潮》一书中着重讨论了文化差异及其对经营管理的影响。他们认为没有一种“最好的组织方式”，在不同的文化背景中总有一些组织方式或许比别的组织方式更适宜、更有效。因此，如果跨国公司管理者愿意并且能够搞清楚外国文化对这些不同的组织方式的反应的话，那么所有的方式都有可能成为它们在跨国管理中的备选项。此外，不同国家间的文化存在着很大的差异，所以跨国公司的管理者应尊重这种差异，并对因此形成的多样性加以利用。两个不同文化的群体在进行商业往来时，也要针对对方的文化特征采取相应的行动。

1. 五种文化冲突

琼潘纳斯和特纳列举了五种文化冲突：

第一，普遍主义和特殊主义。普遍主义崇尚“唯一最佳方式”，即在任何情况下都可以用一套规则。普遍主义的方法较为笼统，它认为好的、正确的东西都可以界定，处处管用。比如在瑞士、德国这种原则性极强的社会，在红灯时过马路，即使当时没有车辆，也会遭人白眼，美国、加拿大、澳大利亚也是属于这种文化的国家。特殊主义则关注于任何给定情况的独特事实，针对不同的情况采取不同的行动。在特殊主义者眼前，一个人并不单单是一位公民，而是朋友、兄弟、丈夫、孩子或是对自己极为重要的人，需要给予不一般的关爱。因此，不管原则怎么样，他们都得支持和保护他。中国、韩国、马来西亚等国家是特殊主义文化的代表。

第二，集体主义和个人主义。集体主义和个人主义的思维模式也存在一定程度的对立。如美国人通常将个人利益置于组织之前，强调个人价值、个人利益的实现，而法国人和埃及人则认为集体的利益至高无上，高于个人利益。

第三，情感型文化和情感中立型文化。情感型的人（如意大利人）很容易用大笑、微笑、做鬼脸、皱眉头或做手势等方式来表达自己的感受，他们更愿意即时宣泄自己的情绪。相反，情感中立型的人（如日本人）一般不会轻易表达自己的感受，而是会小心翼翼地克制自己的情绪。

第四，专一型文化和扩散型文化。在专一型文化中，管理者把自己与下属的工作关系同其他事情区分开来。在扩散型文化中，每一生活空间和性格层次都会影响到其他所有的方面，比如不论在哪儿碰见董事长，他都是至高权威。

第五，成就型文化与因袭型文化。所有社会都给予一些人高于他人的地位，表明对这些人及其活动要给予特别关注。不过，一些社会根据个人成就给予地位，另一些则根据年龄、阶层、性别、所受教育来因袭地位。前一种叫做成就地位，与行为相关；后一种叫因袭地位，与状态相关。

2. 四种企业文化

他们又界定了四种企业文化：

第一，家庭型文化。典型的家庭型文化存在于法国、意大利、日本和印度等国，在企业中则表现为一种权力导向文化。在这种文化中，领导者好比是一家之长，他最清楚应该做什么，以及什么有益于下属。日本的企业文化就是传统家庭文化的体现。

第二，埃菲尔铁塔型文化。这是德国企业典型的文化模式。在这种文化中，权威来自于职位，每个职位均按规定享有某种程度的决策制定权和承担一定的责任。下属的服从并不是因为他们从感情上把上级视为家庭中的长辈，而是由于接受直接上司的领导是他们的职责。

第三，导弹型文化。导弹型文化的企业则把组织视为瞄向战略目标的导弹。众多的英国、美国及瑞典企业是这类组织的典型。在这些企业中，文化是以任务和目标为导向的，通常体现在工作小组或项目组的身上。这种文化和前面两种文化的区别在于，员工的职责不是固定的，企业的最高原则是不惜一切代价完成任务或达到目标。

第四，孵化器型文化。美国加州硅谷中的新兴企业，如早期的苹果公司等，是此类组织的典型。这些企业与众不同之处在于，其企业结构是围绕着如何实现个人需要和抱负的目标设置的。在这种文化中，管理的目的是要消除常规任务对员工的束缚，使他们能够全身心地投入创造性活动，保护和激发每名员工的创造力与积极性是该文化下企业管理的唯一的职能。组成孵化器企业的员工都是知识工人，他们要求在决策制定上享有高度的自主权。

（二）七个资本主义国家文化

琼潘纳斯与特纳合作出版了《七个资本主义国家文化》一书，该书通过对美国、英国、瑞典、法国、日本、荷兰、德国七个经济表现长期卓越的资本主义国家进行的跨文化的比较研究，发现价值观、习惯以及与社会发展或艺术密切相关的文化风格是影响社会经济成就的主要因素，从而探寻出这些国家创造财富的秘密。

他们认为，资本主义创造财富具有七种增值过程，而且相对应地隐含有七种“价值两难”（见图 8－2）。

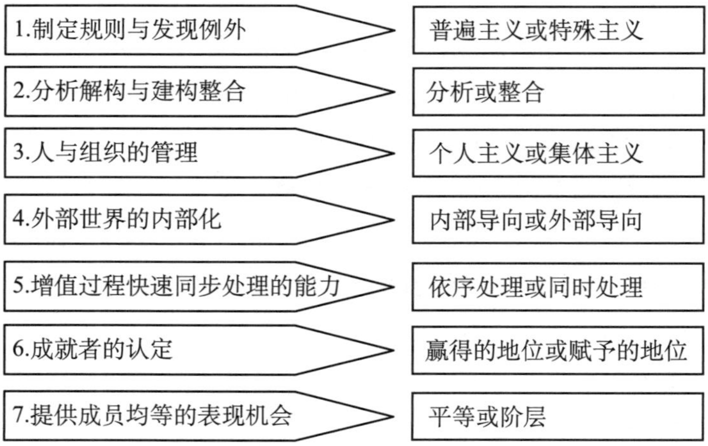

图 8－2　资本主义创造财富的七种增值过程及其“价值两难”

他们重点对美国的七种增值过程及其“价值两难”进行了分析，并以此为基础，简要地分析了其他六个国家的文化情况。美国文化具有以下特点：

第一，美国辉煌的经济成就，基本上可以归因于美国人对普遍主义（制度规则）与分析的极端重视。美国文化极端热衷于分析，解构多于建构。美国人那种抽丝剥茧的偏好是其他国家的人赶不上的。这可能也是美国人在机器时代能够有那些杰出表现的原因。

第二，美国管理者最富个人主义色彩，美国文化的精神是致力于让所有个人的美梦成真。个人主义加上内部导向使得美国人跳槽频繁，他们只顾自己利益而不管团体和公司的需要，甚至牺牲团体和公司的利益，这导致美国每年有 68 万家公司倒闭，其中包括很多大公司。

第三，美国文化的时间观念基本上是序列式的，因此美国企业会要求全体员工与时间竞赛，无论是作业、机器还是装配线，一切都要更快。

第四，美国文化对成就（赢得的地位）与平等的重视，深深地影响着美国人对企业经营的想法，比如把企业经营当成竞赛或公平的竞技。绝大多数美国人都认为地位应该由成就而非年龄、教育、家庭背景、身份关系来决定。因承袭或身份而来的地位，不仅不道德，还不切实际，会让组织上层充满尸位素餐的枯枝。

二、戈沙尔与巴特利特的跨国公司研究

苏曼特拉·戈沙尔（Sumantra Ghoshal，1948—2004），哈佛商学院监委会成员、

印度商学院第一任院长，被认为是对欧洲管理思想体系最有影响的人物之一。克里斯托弗·巴特利特（Christopher A. Bartlett，1943— ），国际企业领域的泰斗，曾是麦肯锡公司的一名咨询师，哈佛商学院教授。戈沙尔是巴特利特的学生，他们作出的一个重大贡献是将国际管理单独作为一个研究领域，而不是将其作为国际经济学的一个分支。按照他们的观点，国际管理的核心问题在于全球环境中的战略制定和决策。他们于 1989 年合作出版了《跨越边界的管理》一书，该书发展了“跨国公司”的概念，并指出一种新的国际商业战略和机构模式正在崛起。

（一）跨国公司的类型与管理

戈沙尔和巴特利特认为，跨国公司分为四种类型：

第一，多国公司（multinational corporation）。它的优势在于对当地市场的灵敏反应。这种类型的公司是各个分散经营的当地公司的联合体，通过人事控制网络互相联通，如向海外派员，所派人员在海外公司身居要职。

第二，全球公司（global corporation）。它的优势是规模效应和成本优势。这种类型的跨国公司拥有大规模的生产设备，制造的是标准化产品。全球公司的海外机构使产品源源不断流入全球市场的运输管道，在战略决策、资源和信息等方面受控于总公司。

第三，国际公司（international corporation）。它的优势是可以将知识和专业技术转移至不发达的海外。这种类型的公司是由各个协调经营的当地公司组成的联合体，总公司对核心业务有较为全面的掌握。

第四，跨国公司（transnational corporation）。它继承了国际公司的优点，同时又更进了一步，要从各地的具体业务中发掘出可以推广至全球的商业机会。跨国公司既要考虑到当地的实际情况，又要考虑到全球效益以及技术转移问题，力争做到更好、更廉价、更迅速。

他们认为，跨国公司需要强大的地区管理来感知和响应不同国家所存在的机遇：第一，平衡多元性，促进合法化。高层管理者运用更为巧妙的管理手段，如员工晋升、创建短期决策论坛以及控制关键资源等，促进多元性的规范与合法化。第二，管理复杂性，培育灵活性。跨国公司必须了解与综合运用集权制、正规化和社会化等多种协调模式，以实现协同效应，而非只沿袭传统的某种模式。第三，树立信念，转变思维模式。公司管理者必须对公司清晰、连贯的组织发展蓝图有共同的认识，理解和接受组织目标的逻辑性和重要性，并通过分支机构拓宽他们的认知和相互联系，透过整个组织来提高每个个体的认同感；促使员工个体树立起对公司目标的坚定信念，并将蓝图转换成实际行动。

（二）个性化公司的特征与管理

20 世纪 90 年代中期，戈沙尔与巴特利特又合作出版了《个性化公司》一书，对商业变革做了更深入的探究。他们认为，眼下正在发生一场革命，牵头的是ABB和通用电气这样的先驱公司，公司不再强迫员工遵循严格的规章制度，而是对机构本身进行调整，使其适应员工的才干和能力，这完全可以称得上“个性化公司”。通过这样做，这些公司“释放了被企业束缚的人质”，让个人能有创新和为公司增添价值的空间。

他们认为，个性化公司管理具有区别于其他管理模式的三种组织特征：激发员工的能动性；创造和传播知识；保持持续变革。建立和管理个性化公司具有以下措施：（1）重新塑造员工的行为。用纪律代替服从、支持取代控制、信任代替契约、拓展代替限制。（2）构建组织能力。新的组织不能实行工作任务的等级管理，而应是一套管理程序的组合。（3）开发个人能力。为了更好地发挥各级管理者的作用，应对他们担当新角色所需要的管理能力有清楚的认识。（4）管理变革过程。合理化调整，给企业注入创新动力；赋予企业活力，发展整体合作精神；企业再生，实现持续的自我更新。

（三）重塑道德契约

戈沙尔与巴特利特并不接受一些经济学家提出的把公司看成一个经济实体的观点，也不认为企业的经营目标就是从社会中获取最大限度的利润。他们认为公司作为现代社会最重要的机构之一，必须不断地为其赖以生存的环境创造新价值，成为社会进步的主要源泉。在这种观点之下，公司与员工、公司与社会之间形成了与以往完全不同的新的道德契约关系（见图8－3）。

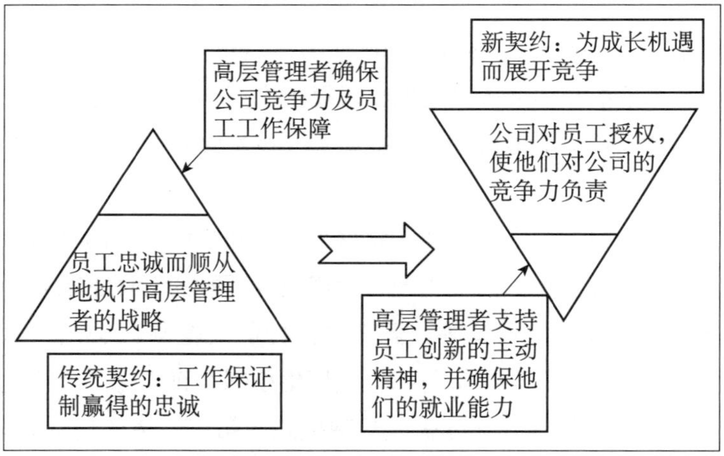

图8－3　新的道德契约：职位和责任的颠倒

他们认为，在新的道德契约中，员工不再被看成是被攫取价值的公司资产，而是代表了一种职责，并成为增加价值的来源。采用这种理念，意味着公司将拒绝家长式作风和傲慢的思想，并构成终身制劳动合同的基础。在这种契约下公司的市场绩效并不是来源于最高领导层那种至高无上的权威，而是来源于雇员的主动性、创造性和技能；同时，公司应对雇员的长期就业保障和福利承担责任，而且应该帮助他们在从事的工作中干出卓越的业绩。

第四节 组织理论发展

20 世纪 90 年代以来，组织理论继续快速发展，相继出现了彼得·圣吉的学习型组织理论、鲍勃·特里克的公司董事理论、梅雷迪思·贝尔宾的团队角色理论、戴夫·尤里奇的人力资源角色理论以及吉姆·柯林斯和杰里·波拉斯的从优秀到卓越公司理论等。

其中，英国管理学家鲍勃·特里克（Bob Tricker，1941— ）对董事和董事会进行了专题研究。他在代表作《董事》（1996）一书中系统介绍与分析了董事的职责、作用，董事会的构成及董事面临的挑战等，对每家公司的董事、经理及众多股东都具有极大的参考价值。下面重点阐述该时期出现的其他重要组织理论。

一、圣吉的学习型组织理论

彼得·圣吉（Peter M. Senge，1947— ），美国著名管理学家，被誉为“学习型组织之父”；麻省理工学院斯隆商学院资深教授，国际组织学习协会创始人和主席；曾在麻省理工学院斯隆商学院师从系统动力学奠基人杰伊·弗雷斯特教授攻读管理学博士学位，研究系统动力学整体动态搭配的管理理念。1991 年，他与戴明、阿吉里斯、沙因、肖恩等大师级前辈和一些有崇高理想的企业家共同发起成立了麻省理工学院“组织学习中心”，致力于将系统动力学与组织学习、创造原理、认知科学、群体深度对话及模拟演练游戏相融合，发展出一种学习型组织的蓝图。

1990 年，圣吉发表了他的代表作《第五项修炼：学习型组织的艺术与实务》，被西方企业界誉为“21 世纪的企业管理圣经”，并被《哈佛商业评论》评为“过去 75 年中影响最深远的管理书籍之一”。该书还荣获世界企业学会最高荣誉的开拓者奖，在全世界范围内引发了一场创建学习型组织的管理浪潮。

圣吉的最大贡献是提出了“学习型组织”的概念及其操作要义，为组织的健康长远发展提供了指引。圣吉认为，学习本是人的一种天性，人的绝大多数行为、知识和能力，并非天生的本能，而是后天习得的。在社会还处于贫困落后的情况下，人们追求的主要是物质财富，工作是获得财富的手段，因而工作观是工具性的。但是，随着社会的发展，人们变得富裕起来，开始追求精神层面的满足，要充实和发展自己，实现自身价值，就要通过不断的学习来获取知识和动力。于是，学习被提到与生命的意义相联系的高度上来，学习成了生活中至关重要的因素。他透彻领悟了他导师的深奥理论，但自己却致力于使系统动力学的要领简单化、通俗化和可操作化，从而发展出影响世界的“学习型组织”理论。他认为，企业要适应市场复杂多变的形势，只有提高学习能力、提升自身素质。未来真正出色的企业将是能使企业各阶层人员全心投入，并有能力不断学习的企业，也就是“学习型组织”。未来唯一持久的优势是有能力比你的竞争对手学习得更快、更好。

（一）什么是学习的智障

圣吉曾提出过几个非常著名的问题：一个组织中的每个个体，其智商达到120以上，但为什么这个组织的整体智商却可能只有62？为什么1970年名列《财富》500强的大公司到了20世纪80年代已经有1/3销声匿迹了？在他看来，这完全是因为组织中存在“学习的智障”，进而阻碍了组织的学习及成长，使组织被一种看不见的巨大力量侵蚀甚至吞没了。学习的智障主要包括：（1）“局限思考”。员工一般只知道干自己的工作，而不会宏观地理解他们以及他们企业的目标是什么。现代组织功能导向的设计，将组织功能切割分工，更加深了这种学习的智障。（2）归罪于外。这种情况可能每天都在一些公司上演。制造部门责怪设计部门，而设计部门又回头责怪营销部门，这种职业化的互相推诿让圣吉深恶痛绝，他把这称为“归罪于外并发症”，并认为这是局限思考的副产品，是以片断的方式来看外在的世界。（3）缺乏主动积极的整体思考。真正具有前瞻性的积极主动，除了正面的想法之外，还必须以整体思考的方法和工具来深思熟虑、细密量化。一些公司的最终失败，常常是源自对缓缓而来的致命威胁视而不见。圣吉不厌其烦地告诫那些企业，要学习看出缓慢、渐进的过程，必须放慢我们认知变化的步调，并注意那些细微以及不太寻常的变化。（4）“管理团队的迷思”。在圣吉眼中，这种迷思有点不务正业的味道。“企业中的管理团队经常把时间花在争权夺利或避免任何使自己失去颜面的事发生，同时佯装每个人都在为团队的共同目标而努力，维持一个组织团结、和谐的外貌。”

（二）五项修炼突破学习智障

一个组织如何突破学习智障，成为学习型组织？圣吉提出了五项修炼。

1. 自我超越

自我超越就是要不断地认清并强化个人的真正愿望，集中精力，培养耐心，客观地观察现实。这项修炼牵涉两个潜在的运动：（1）不断学习如何将当前事实看得更加清楚；（2）景象和现实之间必然会产生差异，这一差异引发的“创造性张力”又会使学习势在必行。不断创造和超越是一种真正的终身学习。组织整体对学习的意愿与能力根植于各成员对于学习的意愿与能力。此项修炼兼收并蓄了东方和西方的精神传统。

2. 改善心智模式

心智模式是根深蒂固的，它会影响我们如何了解这个世界，以及如何采取行动的许多假设与思维等。我们通常不易察觉自己的心智模式，以及它对行为的影响。在管理的许多决策模式中，决定什么可以做或不可以做，也经常是一种根深蒂固的心智模式。圣吉提醒管理者注意在组织层次进行的思考方式会产生强大力量，而且针对这些方式的本质进行非防御性探索非常重要。

3. 建立共同愿景

共同愿景是组织中人们所共同持有的意愿，它创造出众人是一体的感觉。如果有任何一项领导理念几千年来一直能鼓舞人心，那就是拥有一种能够凝聚并坚持实现共同愿景的能力。一个缺少全体共有目标、价值观与使命的组织必定难成大器。圣吉强调了共同创造的重要性，指出共同愿景只能是众多个人愿景汇集而成。只有当愿景带来的工作不再被团队成员视为与自己无关时，这一愿景才成为共同愿景。

4. 团队学习

不少实例证明了集体智慧高于个人智慧，团队拥有整体搭配的能力。当团队真正在学习的时候，不仅团队会产生出色的成果，个别成员成长的速度也比运用其他学习方式更快。团队学习是发展团队成员整体搭配能力与实现共同目标能力的过程，其修炼包括两个方面：深度会谈和讨论。深度会谈是一个团队的所有成员提出心中假设，真正一起思考的能力。深度会谈和讨论两种方法相互补充，但要想获得互补的效果，就必须将两者区分开来。许多团队不能将两者区分开来，因而也无法做到有意识地在两者之间转换。

5. 系统思考

圣吉认为事物彼此相关，所以系统思考才是最好的选择。系统思考就是要全面地考虑问题。唯有对整体而不是对部分深入地加以思考后，我们才能系统地抓住问题本质，以求从根本上解决问题。从系统思考的阐述中引发出一种系统原型，能够帮助经理找出重复形式，诸如某些问题的产生方式和系统内置的发展局限。

在五项修炼中“系统思考”的地位远远高于前四项修炼，因为要使组织行为有效、完整且长远，需要站在整体的角度纵观全局、系统思考，才能看见整个世界的发展和关联，而不是仅仅立足于眼前的一幕。圣吉的五项修炼，突破了传统的静态思考和表面推动，真正从改善心智和内因驱动出发，真正把团队和个人的愿景结合起来，实现终身学习。如果说前四项修炼只是升华前的积累，那么只有通过第五项修炼才能厚积薄发，建立起真正的学习型组织。

在圣吉之前的管理学者大都是用西方传统的片断思考方式看待企业，将企业管理切割成各种功能管理。圣吉突破了原有方法论的模式，以系统思考代替机械思考，以整体思考代替片断思考，以动态思考代替静止思考。由于引入了全新的方法，圣吉不再是“头痛医头，脚痛医脚”地观察企业的问题，而是直逼本源，试图通过一套修炼办法提升企业的“群体智力”。

二、贝尔宾的团队角色理论

梅雷迪思・贝尔宾（Meredith R. Belbin，1926—　），英国管理学家团队工作理论的先驱，被誉为“团队角色理论之父”。他曾担任剑桥大学产业培训研究组组长、就业发展所主任。1988 年，他创立了贝尔宾协会，致力于组织互联空间——一种以计算机为基础的人力资源管理系统，今天这一系统已被广泛应用。

贝尔宾在 1981 年提出著名的团队角色理论，认为一支结构合理的团队应该由八种人组成，即：推进者、执行者、完美主义者、智多星、监控者、协调者、凝聚者和信息者。在此基础上，他又在 1988 年增加了“技术专家”的角色定位，从而形成了完整的“贝尔宾团队九角色模型”。完美的团队是一支以行为为主、以理性思考为主、以人事为主的，由不同角色组成的结构合理的团队。

（一）以行为为主

1. SH——推进者（shaper）

推进者是那些具有大量的脑力、精力和迫切追求功名的人，他们通常会是好的管理者，因为他们产生行动并在压力下兴奋进取。他们给团队注入活力，并且能在发生复杂情况并阻碍事情进程时发挥重要作用。推进者在集体讨论和活动时会施加重要影响，以推进事物发展进程，因此是保证一个团队积极行动的最有效成员。

2. IMP——执行者（implementer）

执行者具有实践的常识和良好的自我控制能力与纪律，但是也可能缺乏自发性并表现刻板。执行者由于可靠和拥有执行力而对一个团队很有用，他们会做所需要做的，而不管是否令人感觉舒服。好的执行者常常由于在解决必要任务时具有好的组织技巧和能力而发展到高级管理者的职位。

3. CF——完美主义者（completer finisher）

完美主义者具有很强的坚持能力，并且非常注重细节；不经常委托别人，而是倾向于自己完成所有的任务。他们在那些需要高度的精力集中和精确性的任务中是非常宝贵的；在管理中以自己追求的高标准和坚持到底的信心而胜出。

（二）以理性思考为主

1. PL——智多星（plant）

智多星是改革者和发明家，具有高度的创造性，却不善于与其他人交流不同观点。他们的主要作用是产生新的建议并解决复杂的问题，通常在一个工程的初始阶段或者当项目进展失败时非常需要他们；他们通常会是一些组织、工程的创始人和新产品的原创者。然而，在一个团队内有太多的智多星可能会有负效应，尤其是当他们倾向于花费时间强调自己的观点并相互攻击时。

2. SP——技术专家（specialist）

技术专家是指那些具有技术技巧和专业知识的个人，他们往往对别人的领域不感兴趣，最终会变成狭窄领域的专家，难以成为一流的专家。他们在一些团队中是不可或缺的，因为他们提供了基于项目的杰出技术。

3. ME——监控者（monitor evaluator）

监控者是严肃思考的、具有不受过度兴奋影响的内在免疫力的谨慎个体。他们最适合分析问题并且评估观点和建议，大多占据了战略性的职位并热衷于高水平的职位。

（三）以人事为主

1. CO——协调者（coordinator）

协调者的显著特征是他们具有使其他人朝着共同目标工作的能力。他们在处理相近或者相同阶层的同事关系时会比处理直接的上下级关系做得更好，通常倾向于平静地处理问题。

2. TW——凝聚者（team worker）

凝聚者是团队中最具支持性的成员，是良好的倾听者，通常是一个集体中受欢迎的成员。他们的作用是在团队中起润滑的作用，防止团队内出现个人之间的矛盾。他们往往不会成为高级管理者，尤其是当推进者在生产管理中占支配地位时。

3. RI——信息者（resource investigator）

信息者通常是热心的、机灵的性格外向者，善于与团队内外的人沟通交流，是天生的调查者，善于发掘新的机会和发展新的联系。他们善于社交活动并具有刺探他人信息的能力，善于收集和报告团队外的观点和资源，是建立对外联络并执行对外协商的最佳人选。

贝尔宾团队角色理论研究群体中的个体及其与其他个体是如何分工合作的。个体在群体中扮演一定的角色，并且按照角色的规范行动，个体在扮演不同功能的角色时，能力差异非常大。在不同规模的群体中，个体的角色功能需求又很不相同。在一个团队中，角色种类越多（即团队越平衡），就越容易取得成功。所以，最重要的是让谁与谁搭档，怎样发展和塑造团队中的各种角色。团队角色理论表明，一个团队要成为高绩效的团队，必须具备以下特征：角色齐；容人短处，用人所长；尊重差异，实现互补；增强弹性，相互补台。

三、尤里奇的人力资源角色理论

戴夫·尤里奇（Dave Ulrich，1953—　），美国密歇根大学商学院教授，人力资源领域的管理大师，被誉为“人力资源管理的开拓者”。他主要研究如何使组织通过人力资源培养快速发展、学习、协作、责任和领导力等方面的能力，并在此领域享有盛誉；他在评估企业策略与人力资源实践和企业核心能力方面作出了突出贡献。

（一）人力资源管理与人力资源管理者角色及其发展

21 世纪，企业之间的竞争已转向知识和科技的竞争，而这种竞争从根本上讲是人才的竞争，企业人力资源管理被提升到战略高度。企业快速构筑自身的人力资源竞争力是维持生存并促进持续发展的保证。对于企业来说，竞争对手可以模仿企业的资金渠道、战略和技术，却不能模仿企业中的人。因此，需要对人力资源的职责、作用、角色的技能进行动态的思考，以实现其价值的创造功能，并建立企业的持续竞争优势。

为了迎接挑战，企业人力资源管理者不再只是从事传统的企业人力资源管理工作，其角色也逐渐处于转变之中（见表 8－1）。

表 8－1　人力资源管理者角色转变

传统人力资源管理者角色	当代人力资源管理者角色
职能型	战略型
质	量
管制	协助
短期	长期
行政	咨询
以运作为重点	以经营为重点
面向内部	面向外部和顾客
被动反应	主动出击
行为型	解决问题型

尤里奇在 1996 年出版的《人力资源教程》一书中认为，作为企业获取竞争力的帮手，人力资源管理应更注重工作的产出，而不是致力于从事的工作和行为。根据人力资源管理工作的方向和行为（方向是从长期到短期，从战略性到操作性；行为是管理流程到管理人），他归纳了人力资源管理的四个基本角色，分别是管理战略性人力资源、管理组织的机制结构、管理员工的贡献度、管理转型和变化（见图 8－4）：

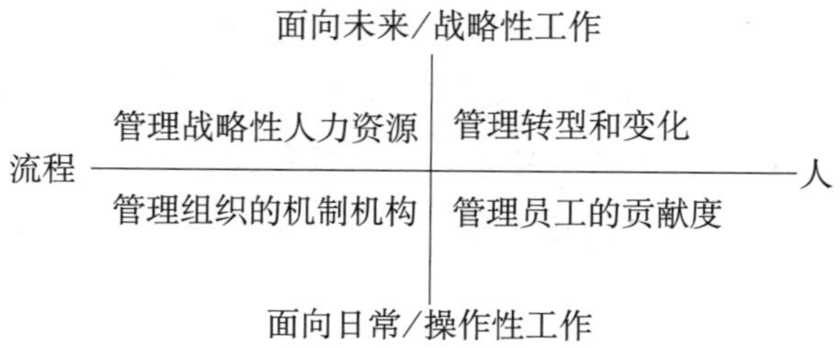

图 8－4　人力资源管理的多重角色模型

在此基础上，尤里奇根据每个角色的结果对应的有效的产出、形象化比喻和行为定义了人力资源管理者的角色（见表 8－2）。

表 8－2　人力资源管理者角色的定义

角色/区分	有效的产出/结果	形象化比喻	行为
管理战略性人力资源	实施战略	战略伙伴	把人力资源和经营战略结合起来
管理组织的机制结构	建立有效的机制机构	行政专家	组织流程的再造：共享的服务项目
管理员工的贡献度	提高员工的能力和参与度	员工激励者	倾听并对员工的意见做出反应：为员工提供所需资源
管理转型和变化	创建一个崭新的组织	变革的推动者	管理转型和变化：保证应变的能力

其中，战略伙伴角色的职能主要集中于把人力资源的战略和行为与经营战略结合起来。人力资源部门参与企业战略规划，传播人力管理技术，推动员工群体的沟通，成为首席执行官的战略伙伴。在这一角色中，人力资源管理者以战略伙伴的面目出现，通过提高组织实施战略的能力来保证经营战略的成功。

行政专家角色是人力资源的传统角色，主要通过两种方法来提升行政效率：(1) 保证人力资源的有效性；(2) 通过招聘、培训和奖励管理者来提高生产率，减少浪费，从而提高整个公司的效率。

员工激励者角色意味着人力资源管理者需要帮助维持员工和企业之间的心理契约，把精力投入到员工日常关心的问题和需求上来，积极地倾听和反应，并向员工提供满足他们不断变化的要求所需的资源；创造一个学习的氛围和环境，让企业员工置身其中，激发出一种自然的学习动力和工作成就感。

变革的推动者角色要求人力资源管理者在本着尊重和欣赏企业的传统与历史的同时，具备为未来而竞争的观念和行动。当人力资源管理者行使变革的职责时，他们已经在组织中建立了高度的信誉，能够对关键的决策者、直线管理者及员工产生巨大的影响。

2005 年，尤里奇和他的合作者在《人力资源管理价值新主张》一书中认为，人力资源管理者的角色是发展的（见表 8－3）。

表 8－3 人力资源管理者角色的发展

20 世纪 90 年代中期	21 世纪中期	思想的进化
员工激励者	员工激励者 人力资本开发者	员工对组织成功越来越重要。员工激励者聚焦于当下的员工；人力资本开发者聚焦于如何让员工为未来做好准备
行政专家	职能专家	人力资源管理活动是人力资源价值的核心。有些人力资源管理活动通过高效的管理手段（例如技术手段）来完成，有些通过政策及干预来完成，扩大了“行政管理专家”的角色
变革的推动者	战略伙伴	作为战略伙伴，有多方面的表现：业务专家、变革推动者、知识管理者和顾问。变革推动者只代表战略伙伴角色的部分内涵
战略伙伴	战略伙伴	作为战略伙伴，有多方面的表现：业务专家、变革推动者、知识管理者和顾问。变革推动者只代表战略伙伴角色的部分内涵
	领导者	前四种角色的总和等于领导力。人力资源领导者包含领导人力资源管理部门、与其他职能部门合作、保证公司管理秩序，以及监控人力资源团队的含义

总之，在21世纪中期，人力资源管理者的角色可概括为五种：（1）员工激励者，负责确定雇主与雇员关系是一种具有互惠价值的关系；（2）人力资本开发者，负责建设未来的员工队伍；（3）职能专家，负责设计和开展能够保证个人能力与创造组织能力的人力资源管理活动；（4）战略伙伴，帮助各层次直线经理达成其各自的目标；（5）领导者，将所有的人团结在一起，并得到人力资源管理部门内部以及外部人员的信任（见图8－5）。

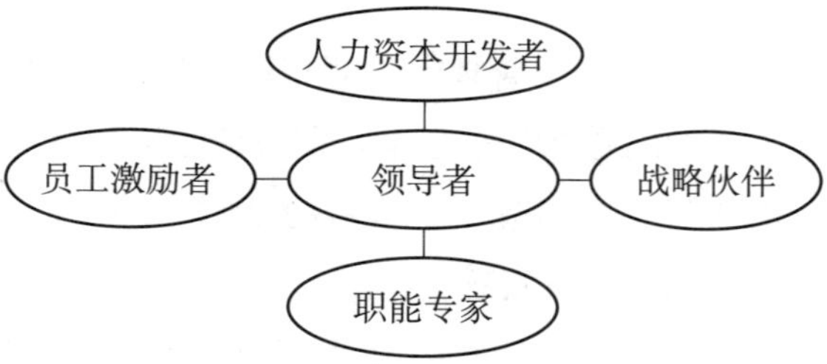

图8－5　人力资源管理者角色总结

（二）企业人力资源管理者技能

尤里奇认为，人力资源管理者的素质可以影响19%可控的企业绩效。他的研究结果显示，“只有大约50%的企业绩效处于管理层的控制之内，其他50%可能是源自政府、天气等不可控因素。在可控的企业绩效里，19%取决于人力资源管理者的素质”。显然，提高人力资源管理者的素质，已经成为提高企业绩效的一个捷径。尤里奇用一个三角模型（见图8－6）来描述未来的企业人力资源管理者应掌握的四种技能。

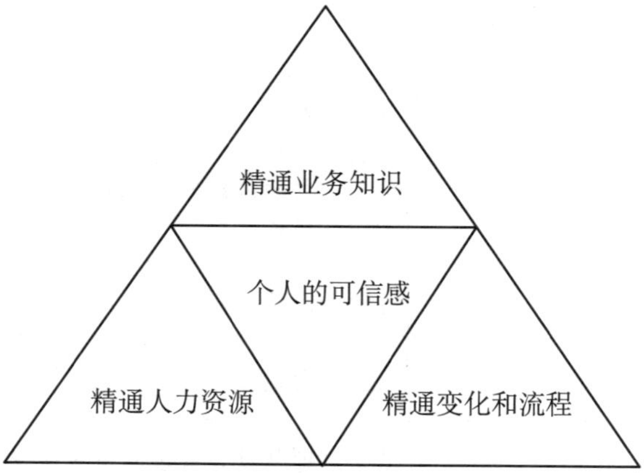

图8－6　未来人力资源管理者能力模型

（1）精通业务知识，要求人力资源从业人士成为企业核心经营、管理层的一部分，了解并参与基本的业务活动，具备强烈的战略业务导向能力。

（2）精通人力资源，是指人力资源管理要确保基本的管理和实践相互协调，并担负起行政职能。

（3）个人的可信感，是指人力资源从业人士应具备良好的人际影响能力、问题解决能力和创新能力。

（4）精通变化和流程，要求人力资源管理者懂得如何领导企业变革与重组。

很显然，这四种技能与人力资源管理者的几大新角色是相互对应的。

当前，对人力资源进行思考的有关书籍，几乎所有的标题都集中在“人力资源做什么”上。而尤里奇改变了这种观念，他把注意力放在“人力资源提供的是什么”上。他重点关注与探讨企业的人力资源管理如何为股东、客户、员工和经理创造价值；提出了企业人力资源管理如何向更具战略重要性的角色演变，成为帮助企业取得业务成功的关键领域，同时，要扮演好这一角色，人力资源管理者需具备哪些能力。此外，具有里程碑意义的是尤里奇重新定义了人力资源管理的四种角色，即管理战略性人力资源、管理组织的机制结构、管理员工的贡献度、管理转型和变化。尤里奇的这些贡献，不仅推动了人力资源管理者转变观念及认识到自身的更大价值，还促使他们朝更加专业化的方向发展。

四、柯林斯与波拉斯的从优秀到卓越公司理论

美国管理学家吉姆·柯林斯（Jim Collins，1958—　）曾在默克公司、星巴克、时代明镜集团、麦肯锡公司等世界知名公司任高级经理人，担任过数百家企业的顾问，并为许多非营利组织提供过咨询服务，包括约翰·霍普金斯医学院、彼得·德鲁克非营利管理基金会等。另一位美国管理学家杰里·波拉斯（Jerry I. Porras，1938—　）是斯坦福大学商学院组织行为与变革荣誉教授。多年来，柯林斯和波拉斯坚持从实证的角度研究企业管理方略，二者合著的《基业长青》（1994），柯林斯独著的《从优秀到卓越》（2001）、《再造卓越》（2009）等管理学巨著，对当代企业管理实践产生了深远的影响。

（一）基业长青

1988—1994 年期间，柯林斯与波拉斯采用严格的标准，从《财富》500 强工业公司和服务类公司两种排行榜中选出 18 家极其优秀的公司（他们称之为“高瞻远瞩公司”），并且系统地为每一家公司精心选择了一家对照公司进行追根究底的研究，以发现高瞻远瞩公司长盛不衰的秘诀。研究目的有两个：（1）找出高瞻远瞩公司共同拥有的使它们有别于其他公司的基本特质和动力，并把这些发现转化为有用的观念架构；（2）有效地把这些发现和观念向大家介绍，以便影响管理方法，造福想创立、构建和维持高瞻远瞩公司的人士。他们的最终成果便是《基业长青》这本书。

1. 12 个迷思

研究结果表明：必须破除 12 个迷思，公司才能基业长青。这些迷思是流行于公司和经营者中的错误理念。他们认为，任何一个公司，无论基业长青还是昙花一现，都有意无意地由一种理念所指引，失败的公司在于依据了错误的理念。这 12 个迷思及实际

情况是：

（1）伟大的公司靠伟大的构想起家。事实是，在18家高瞻远瞩公司中有15家开始时并没有伟大的构想。真正重要的是建立一个公司，并根据形势变化不断修改自己的构想，与时俱进，而不是为一个先验的目标努力，这样才有成功的机会。

（2）高瞻远瞩公司需要杰出而眼光长远的魅力型领导者。事实上，这种领导往往会由于独裁或得到员工的极度崇拜而对公司长期发展有害。高瞻远瞩公司历史上若干最出众的CEO并不是高姿态魅力型领导的典型，他们专心致志地构建一种宏大而持久的制度，并不刻意成为伟大领袖。他们追求的是制造时钟（构建永续发展的组织），而不是成为报时人（只依靠伟大的领导人、伟大的构想或创造产品的人）。

（3）最成功的公司以追求最大利润为首要目的。事实是，对于高瞻远瞩公司来说，赚钱只是目标之一，而且不见得是最重要的目标。它们虽然都追求利润，但同时为一种核心理念指引，这种理念包括核心价值和超越了只知赚钱的使命感。

（4）高瞻远瞩公司拥有共通的正确价值观。事实上，没有放之四海而皆准的正确核心价值观，不同公司应有不同的价值观，只要适合本公司，就都能成功。

（5）唯一不变的是变化。事实是，高瞻远瞩公司几乎都虔诚地维持核心理念，很少改变。它们的核心价值观稳如磐石，不会随着时代的风潮改变，某种程度上，它们的核心价值观经历百年而一成不变。但是，这类公司在稳固核心理念之余，也展现出追求进步的强大动力，可以改变和适应但不会破坏公司的核心理念。

（6）绩优公司事事谨慎。事实是，高瞻远瞩公司勇于投身于并巧妙地运用“胆大包天的目标”以刺激进步。这种目标像攀爬高山，像登陆月球，也许风险很高，却使得组织成员活力迸射，生发出巨大的前进动力。

（7）高瞻远瞩公司是每一个人的绝佳工作地点。事实是，只有切实符合高瞻远瞩公司核心理念和规范准则的人，才会发现那里是他们绝佳的工作地点。几乎像教派文化一样，高瞻远瞩公司对自身的主张、希望获得的成就极为明确，根本不容纳那些不愿或不符合它们确切标准的人。

（8）最成功公司的最佳行动都来自高明、复杂的战略规范。事实是，高瞻远瞩公司的部分最佳行动来自实验、尝试错误和机会主义，靠的也是机遇。时过境迁之后，看似高明的长远眼光和事前规划经常都是“我们多方尝试，保留可行项目”。就这点而言，高瞻远瞩公司是在模仿生物物种择强汰弱的进化。

（9）公司应高薪雇用外来的首席执行官才能刺激根本变革。实际上，高瞻远瞩公司的首席执行官大都是自己培养的，“庙里的和尚同样能念经”，同样能引起重大变革和新构想。在世界500强的企业当中，有超过75%的企业领导人是从内部提拔的。

（10）成功的公司最注重的是击败竞争对手。其实，公司最大的竞争对手是自己，不是要击败对手，而是要战胜自我，要克服自我满足。能够击败竞争对手，是它们不断自问“如何自我改进，使明天做得比今天好”的附带结果。

（11）鱼与熊掌不可兼得。事实上，高瞻远瞩公司不会受非此即彼的二分法的限制。它们采用兼容并蓄的融合法，以一种看似矛盾的观点追求鱼与熊掌兼得。

（12）高瞻远瞩公司主要依靠愿景宣言。事实上，高瞻远瞩公司的地位的获得，重要的不是宣言，而是行动。在建设高瞻远瞩公司的过程中，拟出一篇宣言可能是有用的一步，但只是一千个步骤里的一步而已。

2. 如何实现基业长青

（1）做造钟师，不要做报时人。伟大的公司的创始人通常都是制造时钟的人，而不是报时的人。他们并非致力于培养自己充满魅力的人格特质，而是致力于构建高瞻远瞩的公司组织特质，他们最大的创造物是公司本身及其代表的一切。“造钟”就是建立一种机制，使得公司能够依靠组织的力量在市场中生存与发展，而不必依靠某位个人、某种产品或某个机会等偶然的东西。随着市场的进一步完善与规范，企业必须越来越依靠一个好的机制，包括好的组织结构、好的评价考核体系、好的战略管理方法等。

（2）拥护兼容并蓄的融合法，反对二分法。高瞻远瞩公司不受二分法的限制，而是用兼容并蓄的方法让自己跳出这种困境，使它们能够同时拥有若干层面的两个极端。它们不在非黑即白之间选择，而是想出办法，兼容黑白。

（3）保存核心，刺激进步。高瞻远瞩公司能够应对环境不断变化的挑战，除了基本的信念之外，很重要的一个保障就是“保存核心，刺激进步”（见图 8－7）。

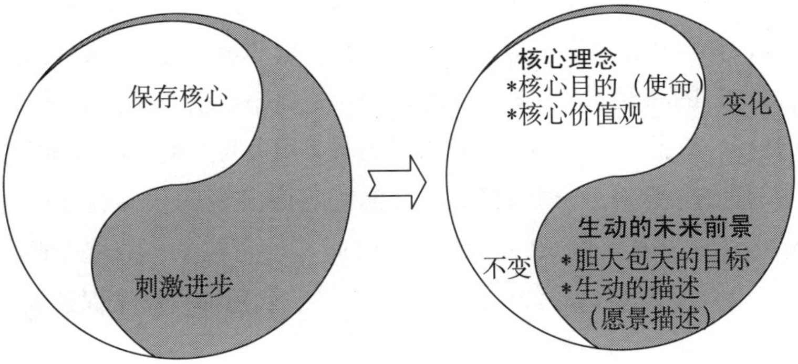

图 8－7　高瞻远瞩公司的永远不变和应时而变

那么，如何才能保存核心，刺激进步？高瞻远瞩公司采取以下一系列机制：

第一，胆大包天的目标。胆大包天的目标可以促使大家团结，这种目标光芒四射、动人心弦，具有冒险性和刺激性，能够激发所有人的力量，只需略加解释（或者根本不需要解释）大家就能立刻了解。胆大包天目标的制定者从不认为他们做不到要做的事情。胆大包天目标发生作用主要靠机制而非魅力型领袖，例如，韦尔奇规定公司的每一项事业都要成为业界数一数二，否则就淘汰。企业的这种通过追求胆大包天的目标来刺激进步的做法不能因为领袖的去世而停止。当然，胆大包天的目标必须符合核心理念。

第二，教派般的文化。柯林斯指出，“利润是生存的必要条件，而且是达成更重要目的的手段，但对很多高瞻远瞩公司而言，利润不是目的，利润就像人体所需要氧气、食物、水和血液一样，这些东西不是生命的目的，但没有它们，就没有生命”。利润之上的更高追求在伟大的公司里是被作为“教派般的文化”来灌输的。“利润之上的追求”如果不明确、不具体，就会是空洞的口号。高瞻远瞩公司一般非常重视培训、严格选拔，提倡精英主义、保守秘密、控制信息，以及强调与众不同。

第三，“自家长成”的经理人。柯林斯发现，18 家高瞻远瞩公司在总共长达 1700 年的历史中，只有四位首席执行官来自外部。“自家长成”的经理人熟悉了解本公司文化，更易带领公司进行变革。保持优秀领袖的一贯性，也就是保持核心的一贯性。

第四，择强汰弱的进化。高瞻远瞩公司不是高明的远见和战略性规划的结果，而是大致上由一种基本程序带来的结果——尝试许多实验，抓住机会，保留效果良好又符合核心理念的部分，修正或放弃作用不好的部分，即进步是各种行为的附带结果，而不是刻意而为的。最重要的是，高瞻远瞩公司更能建立各种机制来造成这种进化的出现，并刻意引为己用。例如，3M 公司规定科技人员可以把最多 15％的时间用在自己选择和主动提出的计划上；员工成功推出一种新产品后，可以得到机会把这种产品视为自己的计划，由部门来经营。

第五，永远不够好。高瞻远瞩公司的关键问题不是“我们做得有多好”，也不是“我们怎样做才能表现得更好”，而是“我们怎样做才能让明天比今天更好”。它们设定强有力的机制来保持永不满足的心态，从而在外部世界提出要求之前就刺激变革和改善。例如，宝洁采用内部品牌互相竞争的方法来刺激进步；摩托罗拉等公司制定“创新或死亡”机制，不断废弃占销售比重很高的成熟产品；惠普根据“量入为出”的规定，反对长期负债，力保小公司才有的高度节俭和效率来经营公司。高瞻远瞩公司根本不会在长期成功和短期绩效之间选择，它们先为长期目标努力，同时又用极为严格的短期标准要求自己。

（4）追求持续的协调一致（持之以恒）。高瞻远瞩公司的根本在于转化核心理念和追求进步的精神，使之融入组织结构的所有层面，化为愿景、战略、政策、程序、文化、工作设计、会计制度等，即公司的一切作为。采取各种机制来保持核心理念和刺激进步，而且追求持续的协调一致。

（二）从优秀到卓越

柯林斯认为，优秀是卓越的大敌。为了探索从优秀公司成长为卓越公司的内在机制，柯林斯和他的研究团队历时 5 年，对 1965—1995 年 30 年间出现在《财富》500 强排行榜上的每一家公司（共计 1 400 多家）进行了研究和筛选，最终确定了 11 家实现从优秀到卓越跨越的公司，与另外 11 家直接对照公司和 6 家未能保持卓越的对照公司（间接对照公司）进行比较研究（见图 8－8）。他们的一些研究结论出人意料。例如，在 11 家实现跨越的公司中，有 10 家的首席执行官是从公司内部提拔的；经理人的薪酬结构与公司经营业绩并无多大关联；技术能加速公司从优秀到卓越的转变，但不能促使其实现跨越；平庸的公司，即使规模很大，也不一定会成为卓越公司；一个公司从优秀到卓越跟其所从事的行业是否处在潮流之中没有关系，哪怕是一个从事传统行业的企业，即便它最初默默无闻，也可能实现卓越。

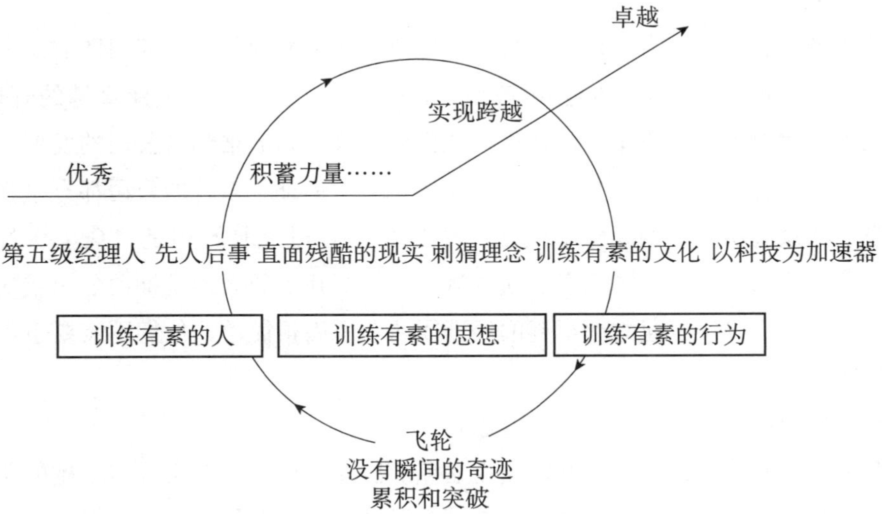

图 8-8　从优秀到卓越的框架

1. 第五级经理人

在研究早期，柯林斯似乎在有意忽视领导人的作用。但是随着研究的深入，“数据赢得了胜利”，他惊奇地发现，领导人成为卓越企业最重要的因素，而且从优秀到卓越的公司经理人几乎像是一个模子里刻出来的。为了区别于一般企业的领导人，他把这些领导人称为“第五级经理人”（level 5 leadership）。所有从优秀到卓越的公司在蜕变期都出现了第五级经理人，而对照公司却普遍缺乏第五级经理人。第五级经理人是柯林斯实证研究的重大发现（见图 8-9）。

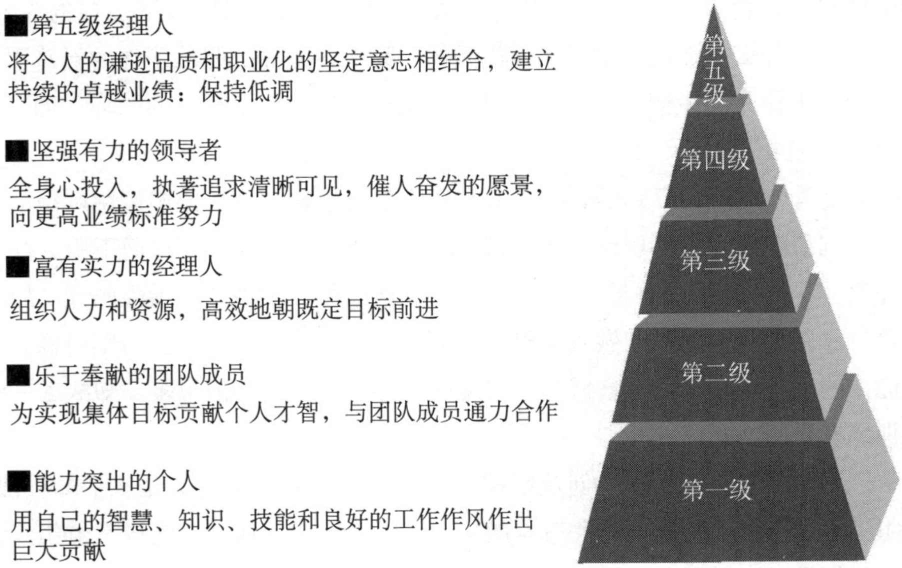

图 8-9　第五级经理人

第五级经理是个人的谦逊品质和职业化的坚定意志相结合的典范，他们具有双重人格：平和而执著，谦逊而无畏。

2. 先人后事

按照常理，企业要先有战略，然后再找做事的人，而柯林斯研究团队的研究结果正好相反。他们发现，实现跨越的公司遵循“让合适的人上车”“组建卓越的管理团队”的原则，即先找对人，再决定要做什么。他们还发现公司的报酬与公司的发展并不存在系统的关联性，合适的员工才是公司最重要的财富。另外，卓越的公司都有坚强的经营团队，没有“众星拱月”的现象。反之，许多对照公司采取的却是“众星拱月”的模式，整个公司为伟大的天才搭建了表演的舞台；高高在上的天才是推动公司成功的主要力量；这些天才几乎很少建立起卓越的经营团队，原因很简单，他们不需要也不想有卓越的经营团队。

3. 直面残酷的现实（但绝不失去信念）

只有那些直面残酷的现实，并以此为起点的优秀公司，才能实现向卓越的跨越。实现跨越的公司把自满视为大敌，领导不是始于远见卓识，而是始于让人们面对残酷的现实，并采取积极的行动；他们积极营造一个让大家说真话、多争论的氛围，使公司在与优秀、强大对手的竞争中成长壮大，而且还要保持必胜的信念。

4. 刺猬理念（三环内部的简化）

柯林斯引用《刺猬和狐狸》的寓言故事来形象地阐述刺猬理念和三环理论。狡猾的狐狸总是想出各种办法来对付刺猬，然而刺猬每次都是通过蜷缩成一团、依靠身上的尖刺应对。尽管狐狸比刺猬更聪明，但是刺猬屡战屡胜，刺猬制胜的一个重要原因就是简单，它把复杂的世界简化成了单个有组织性的观点、理论和原则，只知道一件大事并坚持不懈，使其发挥统帅和指导作用。

柯林斯提出，刺猬理念是一个简单、明确的概念，它来自对以下三环的深刻理解：第一，你能够在什么方面成为世界上最优秀的；第二，是什么驱动了你的经济引擎；第三，你对什么工作充满激情。一个发展成熟的刺猬理论，需要全部的三环，即三环中的交叉部分（见图 8-10）。

能推动优秀公司迈向卓越的领导人或多或少都属于刺猬型。他们运用刺猬的天性为公司发展出刺猬理念和三环理论。实现跨越的公司更像刺猬——简单而不引人注目的动物，只知道“一件大事”，并且坚持不懈，明白自己能在哪些方面做到全世界最出色，而且知道自己在哪些方面不能做到最出色。而未能实现跨越的对照公司则更像狐狸——狡猾而诡诈的动物，从来没有掌握刺猬理念的优势，知道的事情很多，却缺乏一致性。

5. 训练有素的文化

通常，对于新兴组织而言，创业精神一般很强，训练有素的文化水平却一般很低。如果组织中不见了创业精神，训练有素的文化也没有养成，那就会变成官僚组织。新兴组织如果要提升到卓越组织，训练有素的文化是使它提升的关键。保持强大的创业精神，同时具备训练有素的文化是最理想的。很多新兴组织都“卡”在这里，因为它们没有办法创造一种训练有素的文化。

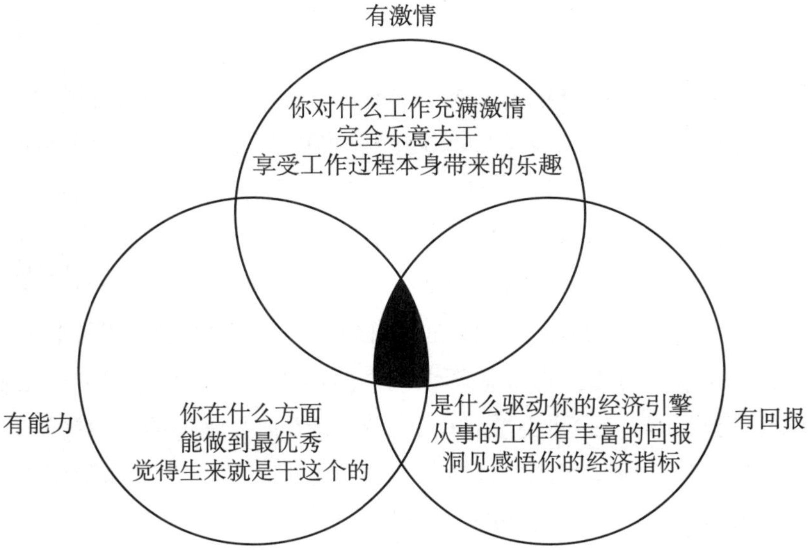

图 8-10　刺猬理念的三环图

训练有素的文化具有双重性：一方面要求人们遵守一贯的制度；另一方面给予人们制度框架下的自由和责任。实行严格的管理可以弥补员工的能力和纪律的欠缺，却扼杀了优秀员工的创新性。解决问题的方法就是用训练有素的文化替代官僚主义和等级制度，并将训练有素的文化和创业精神结合起来，从而会得到激发卓越绩效的神奇力量。

6. 以科技为加速器

在社会环境不断的变动中，唯有适者得以生存，卓越的企业能适应巨变，屹立不摇。真正卓越的企业多半都曾历经好几代的技术变化，包括电力、电视或互联网等。它们在过去就曾经努力适应，在未来也将继续努力应变，永葆长青。

在柯林斯研究团队和 84 位卓越公司主管的访谈之中，80%的受访者都没有把科技列为转变期内最重要的五大因素之一，这其中甚至包括像纳科尔这样以率先使用技术而闻名的卓越公司。因此，柯林斯认为，科技本身并不是公司发展的主要原因，它只有服从于刺猬理念，直接与刺猬理念中的三环相关，才能成为加速发展的根本推动力，否则只能是加速灭亡的工具。

7. 飞轮和厄运之轮

当所有上述要素组合在一起，就能产生飞轮效应，即每一个组成部分都对飞轮产生了一个推力。在训练有素的人、训练有素的思想和训练有素的行为的综合作用下，经过力量的积蓄，飞轮开始转动并且越转越快，最终实现跨越和持续卓越。在转变的过程中，没有“瞬间的奇迹”，只有“累积起来的变化”“演变”“进化”。这一点对于那些急于实现跨越的公司尤其值得重视。而那些不想通过飞轮逐圈旋转来积累动能，而是设法直接跨越，如企图通过大量收购来实现突破的行为将导致“厄运”，这就是“厄运之轮”。

（三）再造卓越

2009年，柯林斯出版了《再造卓越》一书，认为强者恒强并非世间法则，但衰落是可以避免、可以察觉、可以逆转的。卓越企业也可能摔跟头，但有的公司从未放弃，仍然可以东山再起。柯林斯提到：为什么贝尔斯登、雷曼兄弟公司、房利美这些曾经的业内翘楚纷纷陨落？为什么那么多卓越的公司难以基业长青？企业帝国是如何陨落的？我们又该如何尽早预测并避免这种局面出现？一个企业在坠入万劫不复的深渊之前颓势会延续多久？一个陷入衰退的企业又该如何自救？柯林斯和他的研究小组直面这些难题，认真分析了11家在历史上走过从辉煌到衰落历程的企业，并对这些企业的历史进行了深入剖析。历时4年多的研究项目向我们揭示了企业衰落的五个阶段：狂妄自大、盲目扩张、漠视危机、寻找救命稻草和遭人遗忘或濒临灭亡。但如果对于上述五个阶段能做到了然于胸，那么领导者就能极大地降低企业坠入谷底的概率。

柯林斯与波拉斯合著的《基业长青》回答了是什么使那些高瞻远瞩的公司基业长青的问题。这些公司不是因为有了伟大的构想，也不是因为有了一位富有魅力的领导人，更不是以追求最大利润为首要目的，而是有指导实际运营的核心价值观。高瞻远瞩公司的成就绝不只是创造了长期的经济报酬而已，它们已经深深地融入整个社会之中。与达尔文发现“进化论”的方式相同，柯林斯也是考察许多的“物种”之后才发现卓越企业惊人的一致性。柯林斯的《从优秀到卓越》一书瓦解了绝大多数热门管理理论和实践：对超级CEO的崇拜，对IT的热炒，兼并和收购的狂潮等。它不会使平庸的公司成为优秀的公司，却会使优秀的公司成为卓越的公司。

柯林斯著作的架构非常清晰，调研翔实，求证小心。与其他类似的管理理论书籍不同的是，作者没有陷入简单的数据、案例的类比之中，而是运用了大量生动、翔实的企业决策、运营实践进行横向比较；分析观点之具体、语言之准确，为那些有志于建立经得起时间考验的伟大公司的创业者提供了实际指导。

第五节　营销管理学派发展

20世纪90年代以来的营销管理学派继承和发扬了传统的营销管理理论，开始注重战略与合作。英国管理学家尼尔·雷克汉姆为此作出了杰出贡献。

尼尔·雷克汉姆（Neil Rackham，1942—　），全球著名营销大师，研究提高销售效率和成功率的先驱者。他于1974年创立了全球权威的销售咨询、培训和研究机构——荷士卫公司，并兼首任总裁；他成功地将研究和分析的方法引入销售队伍管理的视野，是公认的成功销售先锋。他的经典著作《SPIN 销售》（1988）是第一本以全新视角研究大型销售的书籍，书中倡导的 SPIN 销售模式风靡全球，成为推销高价产品和大规模销售的最佳利器，从而奠定了他在全球销售研究领域的泰斗地位。此外，1996 年他与荷士卫公司的其他两位合作伙伴弗里德曼、鲁夫一起出版了《合作竞争大未来》一书，这本书也是营销及战略领域的一部经典之作。

（一）SPIN 销售法

大订单销售具有时间跨度大、顾客心理变化大、参与人员复杂等特点。雷克汉姆以在大宗交易过程中顾客意识和行为不断变化的过程为贯穿始终的线索，在 IBM 和施乐等公司的赞助下，他带领一个研究小组，经过 12 年的努力研究与实践，终于在 1988 年正式对外公布了 SPIN 模式。这期间，他测量了经 SPIN 销售法培训过的第一批销售人员生产率的变化，结果表明，培训过的人在销售额上比同一公司的参照组的销售员提高了 17%。

SPIN 其实是情境性（situation）、探究性（problem）、暗示性（implication）、解决性（need-payoff）四个英文单词的首字母合成词，SPIN 销售法就是指在营销过程中职业地运用实情探询、问题诊断、启发引导和需求认同四大类提问技巧来发掘、明确和引导客户需求与期望，从而不断地推进营销过程，为营销成功创造基础的方法。SPIN 销售法的程序大致如下：

第一，利用情境性问题（比如问“先生从事什么职业”）来了解客户的现状，以建立背景资料库（比如收入、职业、年龄、家庭状况等）。销售人员通过资料的收集，才能进一步导入正确的需求分析。此外，为避免客户产生厌烦与反感情绪，情境性问题必须适可而止。

第二，销售人员会以难题性问题（比如问“你的保障够吗”）来探索客户隐藏的需求，使客户透露出所面临的问题、困难与不满足，通过技巧性的接触来引起准客户的兴趣，进而营造主导权，使客户发现明确的需求。

第三，销售人员会转以隐喻性问题使客户感受到隐藏性需求的重要与急迫性，由销售人员列出各种线索以维持准客户的兴趣，并刺激其购买欲望。

第四，一旦客户认同需求的严重性与紧迫性，且必须立即采取行动时，销售人员便会提出需求-代价的问题，让客户产生明确的需求，以鼓励客户将重点放在解决方案上，并了解解决问题的好处与购买利益。

不过，并不是所有销售情况都会遵循上述发问顺序。例如：当客户立即表达明确的需求时，销售人员可以立即问需求-代价的问题；有时候，销售人员在询问隐喻性问题以探索隐藏性需求的同时，需辅以情境性问题来获取客户更多的背景资料。

（二）合作竞争大未来

企业只有结合彼此的核心资源，才能拥有发展的能力，这绝不单是制造工种上的分工，而是要进入一个更为广阔的分工合作领域。雷克汉姆等人在《合作竞争大未来》中认为，企业伙伴关系是企业核心竞争力的来源，必须重视建立成功的企业伙伴关系。

真正的企业变革指的是组织之间以团结合作、合理创造价值的方法来产生变化，公司开发出新的合作经营方法，协助企业取得前所未有的获利能力与竞争力。即使还在建立关系的初期阶段，许多公司从这种新关系中所获得的成效也已远超过从组织缩编或组织重建所获得的成本削减效益，这种新的关系就被称为伙伴关系。雷克汉姆通过对积极参与伙伴关系建立与运作的人员的大量调查发现，有三个共同因素屡见于每个成功的伙伴关系中，即贡献、亲密、愿景。这三个条件是促使伙伴关系成功不可或缺的因素（见图 8－11）。

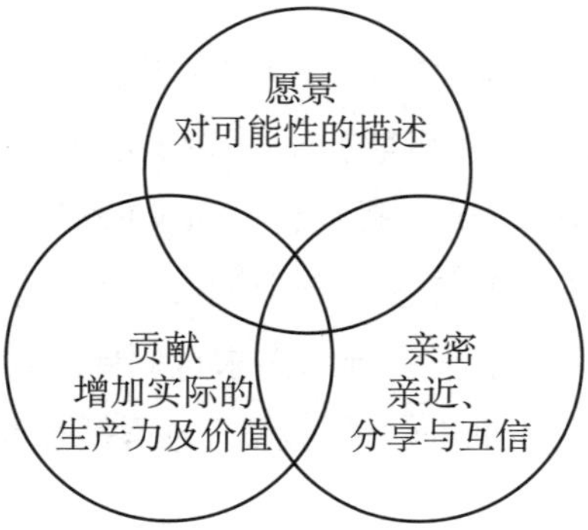

图 8－11　伙伴关系的重要因素

（1）贡献。对消费者的贡献是成功伙伴关系的最根本因素。伙伴关系会使得厂商的物流与配送系统更有效率，但真正的意义在于使消费者可以更快地买到产品。伙伴关系的贡献也意味着商品的不合格率可以降低，但最后的判定则视消费者是否认知商品品质已获得改善而定。

（2）亲密。伙伴关系不同于交易关系，它超越了组织之间单纯的交易关系，加入了“亲密”元素。客户的亲密感是一种本质的改变，代表着销售观点的转移。只有建立亲密的客户关系，伙伴关系才能维系长远。

（3）愿景。愿景之所以重要，是因为它提供了为什么要建立伙伴关系的答案。愿景明确描述出潜在的价值，为伙伴关系提供方向指引，也为这个过程中的风险与花费提供合理化的理由。

不同组织间在对于伙伴选择标准的应用上会有所差异，但对于成功伙伴企业在选择标准的选用上可以找到一些共同之处。有四项最基本、最重要的条件决定供应商-客户的关系能否顺利地转型成为伙伴关系：（1）创造贡献的潜能。即是否能在伙伴关系中创造真正、独特的价值。而这是在传统的供应商-客户关系形态下所无法达成的。（2）共有的价值。供应商与客户在价值观上是否有足够的共通性让伙伴关系真实可行。（3）有利伙伴关系的环境。客户的购买模式或态度是否适合建立伙伴关系。（4）与供应商目标一致。该伙伴关系是否与客户自己的方向或市场策略一致。这四个条件与成功的伙伴关系之间都有极强的关联度。如果能够满足这些条件，伙伴关系会有极大的成功机会。相反，如果其中有任何一项无法符合，对于伙伴关系的起步都不是一个好的预兆。

雷克汉姆开发的 SPIN 销售法从谈话提问技巧和谈话条理性角度提供了一种全新的营销理念与方法，为许多欧美高新技术公司所倚重。该方法曾被 60%以上的 500 强企业所应用。SPIN 提问模式犹如销售人员手中的一幅交通图，为销售人员开发客户的需求指明方向，步步接近目标，直到目的地——明确客户需求。SPIN 销售法是划时代的革命，它通过一系列提问启发准客户的潜在需求，使其认识到购买此产品能够为他带来多少价值。

此外，雷克汉姆等依据多年潜心建立伙伴关系中获得的宝贵经验，从贡献、亲密、愿景的衡量角度告诉我们怎样才能建立获益良多、双赢共存的伙伴关系，并从筛选、谈判、组合、克服问题等不同切入点入手试图解决建立伙伴关系过程中的问题。伙伴关系是一种重要的核心竞争力的来源，与正在大量减耗中的其他竞争来源相比有着独特优势。如果供应商及其销售部门继续将重心摆在产品、效率或其他的内部竞争优势来源上，将会面临相当大的危机。最大的尚未被运用的竞争优势蕴藏在组织之间而非组织内部。他们提出的新的经营战略是：不是总要期盼抢到更多的蛋糕，而是要将蛋糕做得更大——合作竞争大未来。

第六节　流程再造学派

美国两位著名管理学家迈克尔·哈默与詹姆斯·钱皮创立了流程再造学派。迈克尔·哈默（Michael Martin Hammer，1948—2008），被誉为“流程再造之父”，曾担任 IBM 软件工程师与哈默公司总裁；詹姆斯·钱皮（James Champy，1942—　），指数咨询公司的创始人和董事长。

1990 年，哈默在《哈佛商业评论》上发表《再造：不是自动化，而是重新开始》，率先提出企业再造的思想；1993 年，哈默和钱皮合作出版了《企业再造》一书，该书被奉为企业改革的“圣经”，其出版标志着企业再造理论的正式诞生。正是他们的企业再造思想使现代经营管理领域发生了深刻的变革，遍及全球的许多企业将他们所倡导的理念运用于自身的经营活动和组织结构中，创造了惊人的业绩。

一、企业再造

企业再造理论的矛头直指流行 200 多年的亚当·斯密的分工理论——“劳动生产力最大的增进，以及运用劳动时所表现的熟练、技巧和判断力，似乎都是分工的结果”。分工理论在不断提高企业生产效率的同时，也给企业在“客户经济”时代的持续发展套上了一道无形的枷锁。因此，以恢复业务流程本来面目为根本内容的企业再造理论应运而生。

企业再造（business processre-engineering，BPR）也译为“业务流程再造”“公司再造”“再造工程”。哈默和钱皮对企业再造作了如下定义：所谓企业再造，就是针对企业业务流程的基本问题进行反思，并对企业业务流程进行彻底的重新设计，以便在成本、质量、服务和速度等当前衡量企业业绩的这些重要的尺度上取得显著的进展。

（一）再造的动力

哈默和钱皮提出：3C，即顾客（customer）、竞争（competition）与变革（change），无论是现在还是未来，都是再造的根本，为企业开辟了新天地。

1. 顾客

企业再造是需要满足顾客价值的最大化，充分实现从以产品为中心的管理思想过渡到以顾客为中心的管理思想上来。现在的顾客，无论是企业还是个人都知道自己想要得到什么，想用什么方式支付货款，如何通过自己所希望的条件买到想要的东西，因此不会去找那些对市场供求关系的惊人变化不了解、不重视的公司。

2. 竞争

竞争是现代企业面临的生存环境，随着经济的发展，竞争变得更加残酷，更加扣人心弦，这也是派生出各种新型管理模式的原因之一。在竞争中，优胜劣汰，企业或因价格最低廉，或因产品质量最优秀，或因服务最佳而取胜，但不论是其中的哪一种情况，都会很快成为所有竞争者的准则。

3. 变化

顾客和竞争在变化，而变化本身的性质也在变化。最重要的一点是，变化不仅无所不在且还持续不断，这已经成了常态。开展根本性、彻底性的企业再造，就是要满足企业应对这种变化的企业生存环境的需要，以获得显著的效果。

他们认为，公司已不再适宜根据亚当・斯密的劳动分工理论组织自己的工作。在当前的3C世界中，以任务为导向安排工作岗位的做法已经过时，取而代之的是公司应以流程为中心去安排工作。

（二）再造的四个关键词

第一个关键词是“根本的”。企业人员在着手改革前，必须先就自己所属的公司及其如何运作提出基本问题：为什么我们要干这项工作？为什么我们要这样干？这些基本问题会促使人们去注意在从事他们的业务工作时所因袭的那些规则和前提。结果，人们往往发现那些规则已经是过时的、错误的、不适当的。

第二个关键词是“彻底的”。彻底的重新设计意指要从事物的根本着手，不是对现有的事物作表面的改动，而是把旧的一套都抛掉。彻底性在这里有一个定性的问题，基本上把企业再造归属于对企业进行革命的角色上，意味着对企业从深层次开始进行追根溯源，对既定的企业流程、制度以及管理不是进行肤浅的改良、提高或修修补补，而是进行急风暴雨式的革命，重建企业的业务流程，所以绝对不可以把企业再造归属于改革或者改良。

第三个关键词是“显著的”。再造不是要在业绩上取得点滴的改善或者逐渐的提高，而是要在经营业绩上取得显著的改进。点点滴滴的改进只需要微调，显著的改进则需要破旧立新。哈默和钱皮提出，进行再造的公司分为三种情况：一是公司已深陷困境，除再造别无选择。20 世纪 80 年代初的福特汽车公司就是属于这种情况。二是公司尚未陷入困境，但其管理层已预见到企业将面临困难。20 世纪 80 年代后期的艾特纳人寿和意外事故保险公司就是一例。三是着手再造的公司正处于鼎盛时期，管理层有雄心壮志，富有进取心，想取得更好的业绩。

第四个关键词是“流程”。绝大多数的企业人员并不是以流程为导向。他们忙于任务，忙于本职工作，重视人事，重视结构，但不重视流程。业务流程定义为一系列业务活动，其中包括将某种或多种东西投入并创造出对顾客有价值的产品。

哈默在 1995 年出版的另一本重要著作《再造管理》中曾做了一些反思，觉得以前过于强调“戏剧化”“抛弃一切”等。他提出：“彻底这个特征对于重新规划固然重要和令人兴奋，但并不是其最重要的方面。在重新规划的定义中的关键字是流程：一系列从起点到终点的完整活动，这些活动一起为顾客创造价值。”另外，哈默指出《企业再造》一书的核心理念是：在企业的运作中，绩效的显著提升只有通过根本性的变革才能实现。但“再造”不是增强企业竞争力的万灵药，要想打败竞争对手，“再造”只是解决方法之一。如果错误地了解或夸大了它们的实际作用，就会引起误解，企业的经营者就会把精力投入到寻找灵验的理念中去，就像所有的猎人都希望能得到百发百中的“银子弹”，这是哈默不想看到的。

（三）再造的共同特征

哈默和钱皮认为，再造后的业务流程经常出现以下共性或特征：

第一，若干职位组合成一种职位。原先若干种不同的职位或任务被整合或压缩成一种，流水线将不复存在。业务流程整合后，大大降低了行政管理费用。

第二，工作人员有决定权。公司实施再造后，在横向上和纵向上都会压缩业务流程。纵向压缩使得工作人员由过去的不得不向上级管理层请示汇报转变为现在的自己有权作出决定。这样做的好处是可以减少延误、降低管理费用、改善对客户的反馈与授予实际操作人员以更大的权力。

第三，业务流程中的各步骤按照自然顺序进行。用自然顺序代替人为的直线顺序，即对流程实行“非直线化”，可以从两个方面加快工作进度：一是多种工作能同时进行；二是一种流程中前后步骤之间的时间减少，从而降低了出现重大变动的概率。

第四，业务流程多种多样。传统的追求整齐划一的标准化生产已经过时，我们需要使同一流程具有多种形式，以满足当今环境下的不同需求。

第五，哪里最合适，就在哪里安排工作。打破组织结构的界限，重新安排工作，能改进总的业务流程。

第六，减少检查和控制。再造后的业务流程只是在具有经济意义的范围内才应运用控制手段，那些非增值的检查和控制工作将会极少出现。

第七，最大限度地减少调整工作。再造后的流程由于减少了原有流程的对外接触点，从而也减少了因数据不一致而需要调整的机会。

第八，一名综合经理是企业同其客户的唯一联系人。得到授权的项目经理直接向顾客提供服务，由于了解整个工作流程，掌握的信息更多，因此能够把工作做得更好；反之，传统的向顾客提供服务的员工代表，由于信息不足、权力不够，服务效果也不会很好。

第九，普遍实行集中运作和分散运作相结合。信息技术能够使企业在同一流程中把集中的优点和分散的优点结合起来，进而产生规模经济。

对业务流程进行再造后，每一名雇员的工作也就从狭窄的、以任务为导向的劳动转变为多方面的劳动；雇员过去是按照指令工作，现在则要自己考虑，作出选择和决定；流水线的劳动消失了；职能部门丧失了存在的理由；管理人员不再起监工那样的作用，而更像是教练；工作价值观也随着出现新的刺激而发生变化。实际上，企业的方方面面都会发生变化。

哈默和钱皮认为，信息技术在企业再造中起着至关重要的作用，当今最新的信息技术是各种再造的一部分，正是由于信息技术，才使公司有可能对业务流程进行再造，可以说信息技术是业务流程再造必不可少的催化剂。不过，如果信息技术利用不当，不仅会强化旧的思维方式和行为模式，还会阻碍再造的进行。

（四）再造的实施者

如何挑选和组织真正实施再造的人，是再造取得成功的关键。再造的实施者主要包括以下团队及人员：(1) 领导人，即有权批准和发动整个再造的高级主管人员；(2) 流程主持人，即负责一个特定流程及其再造工作的管理人员；(3) 再造小组，即由若干名致力于某个特定流程再造的个人组成的小组，负责调查研究现行流程存在的问题并监督流程的重新设计及贯彻实施；(4) 指导委员会，即一个由若干名高级经理组成的决策机构，策划本公司的总的再造策略并监督再造进度；(5) 再造总管，即公司内负责制定再造方式和方法的人，同时负责公司内各个分散的再造项目的协调工作。上述团队及人员的关系应该是这样的：领导人任命流程主持人，流程主持人在再造总管的帮助和指导委员会的支持下召集流程再造小组进行流程的再造。

二、企业行动纲领

当今世界的经营环境进入了一个前所未有的过度竞争时代。哈默在《企业行动纲领》一书中为这样的世界提供了九种具有强大功能和实用性的相互联系而又自成一体的经营管理思路，即企业九大行动纲领。

纲领一，让客户觉得与你做生意是件很容易的事情。以客户为企业的经营导向，从客户的角度来看待交易环节上的所有问题，简化一切浪费客户金钱的手续，清除一切消耗客户精力的多余环节。

纲领二，为你的客户增加更多的价值。在客户眼里，企业存在的目的就是给客户创造价值，为他们提供效用。为了把更多的附加值传递给客户，首先，必须摒弃以产品为中心的传统经营观念，把客户摆在第一位，把自己的产品摆在第二位；其次，要弄清楚客户用你提供给他们的东西做了些什么，要区分出你出售的和客户购入的；最后，要放宽视野，正确对待你的客户潜在的问题，不要仅限于你自身和你所提供的产品方面的问题。

纲领三，创建业务流程至上的企业。谁掌握了业务流程管理这个法宝，谁就能够长期立于不败之地。在实施业务流程管理的过程中，需要注意以下事项：坚持实施首尾相连的业务流程，为客户创造一切价值；确保每个员工了解业务流程，清楚自己在其中肩负的责任；任命业务流程负责人，由他负责考核、协调和改进业务流程；围绕业务流程，将硬件设施、奖励制度、组织结构进行整合，创建对业务流程保持欢迎态度的企业等。

纲领四，用业务流程的强大力量驯服混乱无序的“猛兽”。组织可以通过业务流程管理来改变混乱无序的状态，比如用业务流程的力量调节员工的能力，通过详细的业务流程设计使改革得以重复进行，同时不要让员工认为业务流程会与其创造力发生冲突，要坚决推行规范化和通力协作的进程。总之，业务流程不是一种官僚制，而是使工作更具条理化，更清楚易懂。

纲领五，将管理建立在测定工作的基础上。组织要重视工作绩效的测定——使测定工作成为管理的一个组成部分，而不是数据统计的一项任务，使之成为每位经理工作的一部分。

纲领六，结束对组织的僵化管理。企业的领导者必须把企业团结为一个整体，一位强有力的领导者会通过自己的个性力量和远见卓识，带来一种有别于正式结构所提供的凝聚力。

纲领七，为最终客户的利益分销，而不是向最终客户推销。在消费者经济时代，我们希望看到分销渠道的最终目标不是为生产商销售产品，而是帮助客户及时得到并使用自己所需的产品。现在，生产商和中间商都必须清楚，只有客户才能给他们带来真正的实惠。在利益共同体之间无论发生摩擦还是浪费，都会使各方深受其害。

纲领八，公司之间业务流程的再造与整体化。一旦认可了公司之间存在着流程，我们就能开始对其进行再造而改善其绩效了。这种公司间的再造有三种方法：第一，使不同公司内的部分业务流程的联结更为流畅；第二，超越公司的界限进行工作转移，以便每项工作都能由最擅长的公司来完成；第三，信息共享，即两家公司使用同样的信息数据。

纲领九，强化极具进取性的整合构想。如果公司通过虚拟整合突破了自己外部的“墙”，开始与其他公司密切合作，那么公司就不再是自我供给的个体，而成为一个更大系统的组成要素。而随着虚拟整合的不断发展，公司必须培养一种新能力：与供应商、客户、共同供应商及共同客户开展顺畅的协作。

三、企业X再造

钱皮在《企业X再造》一书中指出企业X再造（X-engineering the corporation）的概念，就是通过信息技术的广泛应用，重新规划跨越组织界限的业务流程，以实现营运绩效的突破性提升。X再造进程要求企业重新审视企业与客户、供应商、合作伙伴、雇员、股东甚至竞争对手之间的关系。其涉及范畴相当广泛，几乎涵盖了企业营运战略及战术的方方面面。流程、策略、参与构成了企业实施X再造进程的“百慕大三角”，它涵盖了大家所熟知的、因实施X再造进程而将被重新规划的企业实践活动。

“第一角”——流程。流程分为三组：一是企业可以自己完成的流程，这些业务流程是企业可以用来获取竞争优势的唯一途径；二是企业可以与其他组织协同完成的业务流程，这些业务流程涉及企业、供应商、合作伙伴以及客户之间的信息、货物、资金的流转和交换，对于企业来说十分重要；三是企业依靠其他组织来完成的业务流程，这些业务流程并非企业的营运核心。

“第二角”——策略。根据客户的不同确定不同的营商策略对于企业而言是至关重要的，无论企业的营商策略是什么，决定成败的唯一因素是能否为客户创造出新的价值。钱皮认为，目前至少存在7种有价值的、具有普遍意义的营运策略：定制、革新、定价、质量、服务、速度以及多样性。

“第三角”——参与。企业在审视自身业务流程并最终确定采用何种营运策略时，还应当考虑在实施X再造时，哪些组织将真正参与进来，参与程度如何。钱皮认为，有四种参与程度：初级，独自对业务流程进行重新规划；中级，与其他类型组织（如客户和供应商）协同工作；高级，与两种不同组织协同工作；顶级，与三种其他类型组织协同实施X再造。

钱皮指出，实施X再造进程的动机有两种：一是降低成本；二是为客户创造更多价值。寻求实施X再造的最佳机遇时，应当紧紧抓住以上两个关键因素，同时要认清成本与价值的实现并不是相互排斥的。实施X再造应当牢记几条准则：审视资金的流转；开阔再造的思路；预见客户的行为；勾勒出故障的轮廓；瞄准上游企业的业务流程。此外，钱皮还列举了实施 X 再造应该避免的几个常见陷阱与错误。

哈默和钱皮合著的《企业再造》一书引起了企业界的重大变革，在世界的每个角落和各个行业中掀起了再造热潮。实践证明，企业的再造获得了巨大的成功。但是，正如作者自己所指出的那样，企业再造所引发的冲击局限于在公司内部围绕业务流程高效率地安排工作，远远不能满足技术变革和全球经济整合对企业提出的更高要求——企业再造的触角不能局限于企业的股东，企业的管理者、雇员、供应商、合作伙伴以及客户等都应当包括在内。钱皮的《企业 X 再造》正是着眼于拓展这一进程的迫切性，“X”在这里代表跨越组织之间的各种界限。基于可以把整个世界连接为一个无缝交易网的电子信息技术，突破长期以来横亘在企业、客户、供应商以及竞争对手之间的“高墙”，将相关企业的业务流程连接在一起，使所有合作伙伴共同为形成一个有效、崭新的多企业实体而努力，这会产生比企业各自为政更持久的生命力。

企业再造理论为企业的发展带来了新思路，但也存在很高的风险。正如哈默和钱皮在书中所说的，50%～70%从事再造的企业都没有达到预期的效果或者说失败了。到 1996 年年底，该理论的吸引力开始减弱，主要原因是再造工程对人员和组织的本质产生了副作用。比如，在一张白纸上重新构建企业流程的方法忽视了企业过去几年甚至是几十年来左右组织行为的文化研究，而且，企业再造显得不人道，它变成了解雇成千上万工人的同义词。哈默出于一个虔诚的基督徒的良知对这种副作用忧心忡忡，甚至夜不能寐，他承认，再造工程没有足够考虑人的因素，这大概是源自他的工程师背景。1997 年，哈默对再造工程的得失做了总结，又出版了《超越再造工程》一书，澄清了实践中的概念乱用。此后几年，哈默潜心钻研，并继续着他的顾问生涯，新积累的材料和经验使他在 2001 年推出了新著《企业行动纲领》。他认为如今的新经济是顾客经济，如今的市场是买方市场，从稀有物品到稀有顾客这一转变是区别过去 10 年和未来 10 年的本质标志。这本书旨在指导商业人士如何在一个顾客占据优势地位的经济环境中生存和拼搏，书中体现出来的人本精神可看做对再造工程人性关怀不足的弥补，也体现着哈默作为一名学者的责任感。不难看出，哈默的经历体现着一位有责任心、不断进步的管理大家的风范。

第七节 战略管理学派发展

企业经营环境的变化使得传统的战略管理模式面临挑战。战略管理学派的重点开始由以适应环境变化为主的竞争定位理论转向以创造未来为主的核心竞争力理论。战略管理的研究也呈现出强调理论的动态性、从实践中学习、进一步整合各学派观点等特点。这一时期，该学派出现了许多重量级人物及重要思想，包括加里·哈默尔、C. K. 普拉哈拉德的核心竞争力理论；亨利·明茨伯格的战略形成理论；金伟灿与莫博涅的蓝海战略理论；罗伯特·卡普兰和戴维·诺顿的平衡计分卡理论。

一、哈默尔与普拉哈拉德的核心竞争力理论

加里·哈默尔（Gary Hamel，1954— ），美国战略管理大师，哈佛商学院研究员，1993年创建了策士公司并任董事长；C. K. 普拉哈拉德（C. K. Prahalad，1942—2010），印度裔管理学家，公司战略和跨国公司管理领域大师，先后出版了《竞争大未来》《金字塔底层的财富》《消费者王朝》三部曲，奠定了其在管理学界的地位。

普拉哈拉德是哈默尔的博士生导师，两人的相遇与合作被人们称为“管理思想界的福音”。他们于1990年在《哈佛商业评论》上发表了《公司核心竞争力》一文后，核心竞争力的概念迅速被企业界和学术界所接受；1994年，两人又合作出版了巅峰之作《竞争大未来》，被认为是20世纪90年代最有影响力的管理学著作之一。

（一）核心竞争力

20世纪80年代，美国和欧洲的大型跨国公司相继在多个过去占有优势的经营领域中败给日本公司。哈默尔和普拉哈拉德在对众多跨国企业进行深入研究的基础上（尤其是通过对日本企业的实地调查，并与美国的同类企业进行比较）对日本企业的战略作出了细致的解读，试图寻找到日本企业全面超过美国企业的真正原因。他们通过对案例的比较研究表明，取得全球领导地位的基础正在变化，竞争优势的真正根源是管理层整合整个公司的技术及生产技能而形成的公司能力，这些能力使得各项经营业务能够迅速捕获不断变化的机会。多元化大公司好比一棵大树，树干和主要枝杈是核心产品，较小的枝杈是不同的业务单元，树叶、花朵和果实是终端产品，而提供滋润、营养和稳定的根系则是核心竞争力。比如索尼公司的缩微能力，就是核心竞争力。

他们进而认为，公司核心竞争力是企业内部集体学习的能力，尤其是关于如何协调不同的生产技能和整合多种技术的能力。与物质资本不同，公司的核心竞争力不仅不会在使用和共享中丧失，反而会在这一过程中不断成长。在他们看来，核心竞争力的基本特征主要体现在三个方面：首先，核心竞争力应反映客户长期最看重的价值，要对客户的核心利益有关键性的贡献；其次，核心竞争力必须具有独树一帜的能力，并且难以被竞争对手所模仿和替代；最后，核心竞争力应具有延展到更广泛市场领域的能力。

由于核心竞争力具有稀缺性、难以模仿性等特征，因此，对于核心竞争力的重视和研究，实际上是将企业竞争优势的生成问题转化为获取和保持企业竞争优势的问题，进而赋予企业可持续发展的基础。核心竞争力的独特之处在于：越是使用，越是分享，它就越得到增强。核心竞争力不仅是把已有的业务黏合成一团的黏合剂，还是新业务开发的引擎，像佳能公司一系列不同产品的背后是几项共享的核心竞争力，而不同的业务恰恰是脉络分明的。比如，正是佳能在光学、成像技术和微处理器控制方面的核心竞争力，使它得以在复印机、激光打印机、相机和扫描仪这些看起来不同的市场上占据重要

地位。

企业的核心能力各有不同，但这种核心能力要通过核心产品物化到企业的最终产品中，核心竞争力与最终产品通过核心产品衔接起来。一家公司可能拥有一条很有竞争力的产品生产线，但它在开发核心竞争力上却是落后者，这一点可以从核心竞争力、核心产品、最终产品的区别与联系中理解。企业的核心竞争力是企业获取超额收益和保持企业竞争优势的关键。核心竞争力理论将企业竞争战略提高到新的层次，即为未来而竞争。核心竞争力不仅涉及技术体系的协调一致，还与工作的组织、价值观的传递有关，还体现在沟通、参与以及对跨组织边界工作的深刻认同上。

（二）竞争未来

1994 年，普拉哈拉德和哈默尔出版了《竞争大未来》一书，进一步阐述了核心竞争力和战略意图这两个标志着他们学术成就的概念，并用实际案例分析了核心竞争力的优势所在。他们认为，公司的竞争不仅要着眼于现在，更重要的是要放眼未来，争取在未来的竞争中获得优势，从而赢得公司的长远发展。未来的竞争是一种多阶段的竞争，必须在三个层次上全面入手：第一，寻找新的商机领域的竞争；第二，使产业朝着有利于自己的方向发展的竞争；第三，市场地位和市场份额的竞争。未来的竞争的关键不是赶上对手而是超越对手，成为产业的主导者，要做规则的制定者而不仅仅是执行者。

此外，普拉哈拉德对世界上的贫困群体一直保持密切的关注，为此他写作了《金字塔底层的财富》一书，该书的内容来自他寻找医治贫困良方的“漫长而孤独的旅途”。普拉哈拉德指出，每天生活在 2 美元贫困线下的 40 亿人口是一个巨大却被冷落了的市场。“这 40 亿人口可以成为下一轮世界贸易和繁荣的引擎。”他计算世界九大发展中国家的购买力（中国、印度、巴西、墨西哥、俄罗斯、印度尼西亚、土耳其、南非和泰国）大概有 12.5 万亿美元——这是一个不能被忽略的市场。市场潜能的真正来源不是发达国家的富裕阶层，也不是新兴的中产消费者，而是亿万热切的贫困人群，他们第一次加入了市场经济的洪流。

哈默尔与普拉哈拉德的主要战略思想在于积极建立并发挥企业的核心竞争力。如何定位企业的核心竞争力是企业创造竞争优势的前提；在合理定位核心竞争力之后，则是如何发挥这种核心竞争力在实践中充分发挥竞争优势。核心竞争力这一管理思想的重要性在于：核心竞争力具有稀缺性、难以模仿性等特征，对于核心竞争力的重视和研究，实际上是将企业竞争优势的生成问题转化为维系竞争优势的问题，进而赋予企业可持续发展的基础。这也就是为什么认清、维护和加强自身的核心竞争力是企业“性命攸关”的问题。

二、明茨伯格的战略形成理论

亨利·明茨伯格除了在经理角色研究领域成就卓著外，在战略管理领域也成就不凡，主要体现在战略形成（strategic formulation）的十大学派、战略计划批判以及战略5P模型上。

（一）战略形成的十大学派

1998年，明茨伯格与合作者出版了《战略历程》一书，介绍并剖析了战略形成的十大学派，并将十个学派归结为说明性、描述性和结构性三大学派。这十大学派分别从不同的角度或层次分析反映了战略形成的客观规律，对战略管理理论作出了贡献，它们互相补充，共同构成了完整的战略管理理论体系。

（1）设计学派。该学派的代表人物是钱德勒和安德鲁斯，他们认为战略形成过程是一个孕育过程，实际上是把企业内部优势和劣势与外部机会和威胁进行匹配的过程，并据此建立了著名的SWOT战略分析模型。

（2）计划学派。该学派认为战略产生于一个受控的、正式的过程，该过程被分解成清晰的步骤，每个步骤都采用核算清单进行详细的描述，并由分析技术来支撑；该学派认可了设计学派大多数的前提，但它相比设计学派的简单和非正式的模式，更强调步骤性和命令式的控制。其最具影响力的代表人物是伊戈尔·安索夫。

（3）定位学派。该学派第一次将战略分析的重点由企业转向产业，强调了外部环境的重要性，认为战略形成是一个分析过程。它源于迈克尔·波特的两本轰动性的著作：《竞争战略》和《竞争优势》。迈克尔·波特的五种竞争力量分析模型、三种通用战略、价值链模型是定位学派的主要分析工具。

（4）企业家学派。该学派认为战略形成是一个构筑愿景的过程。企业家学派将战略形成过程集中在少数企业领导人身上，他们凭借其直觉、智慧、经验以及洞察力等进行直觉判断以决定企业活动领域和发展方向。这一学派最核心的概念就是愿景，它是对战略的心理描述，产生于或至少是表现在领导者的头脑之中。

（5）认知学派。该学派认为战略形成是一种发生在战略家思想中的认知过程，战略表现为不同的认知视角，包括概念、计划和框架等，它们决定了人们如何处理环境中的输入信息。认知学派揭示了战略形成过程是一个认识的过程，在战略的认识和实践（经验）之间架起了一座桥梁。

（6）学习学派。该学派是在对设计学派、定位学派和计划学派中的“理性”传统提出质疑的基础上形成的，认为战略形成是一个自发过程，而且组织所处的环境具有复杂和不可预测的特性，因此战略的制定只能在不断学习的过程中形成和执行，战略形成与发展就是思想与行动、控制与学习、稳定与改变相结合的艺术性过程。这一学派的代表人物是林德布洛姆和奎因。

（7）权力学派。该学派认为战略形成是一个协商过程，战略形成的过程不是某一个人（如企业领导者、战略家等）而是组织内部各种权力冲突或与组织外部各种控制力量相互妥协、谈判的结果。

（8）文化学派。文化学派认为战略制定过程本质上是根植于组织中的文化及社会价值观的作用，战略是一种观念的形式，文化倾向于维持现有战略。由于日本企业经营的成功，对企业文化的研究在 20 世纪 80 年代形成一个高潮，如：安德鲁·佩蒂格鲁对英国化学公司进行了详细研究；费尔德曼探讨了文化与战略演变的关系；彼得斯和沃特曼所著的《追求卓越》一书也曾详细论述如何用文化优势维持组织稳定的战略观念。

（9）环境学派。该学派重点研究组织所处外部环境对战略制定的影响，认为环境在战略形成过程中扮演中心角色，组织必须适应环境，并在适应环境的过程中找到自己生存和发展的位置。

（10）结构学派。该学派认为战略形成是一个变革过程。它属于综合性学派，汇集了各种学派的观点，提供了一种调和不同学派的方式，认为不同学派都有自己的时间和位置，由此为战略管理的研究带来了秩序。

这十个学派可以划分为三类，其中前三个为说明性学派，它们关注的是战略应如何明确地表述，而不是战略形成过程中的一些必要工作。随后的六个学派对战略形成过程中的具体方面进行了思考，它们侧重于描述战略的实际制定和执行过程，而不是侧重于描述理想的行为。最后一组属于结构性学派，这一学派崇尚综合，将战略的各个部分，如战略制定过程、战略内容、组织结构和组织关系等集中起来，归结成清晰的阶段和时期。

（二）战略计划批判

明茨伯格认为，战略计划不但不是战略思考，还经常有损于战略思考，使管理者混淆了真正的愿景与数字游戏之间的区别。这种混淆说明了问题的本质：最成功的战略是愿景而非计划。所谓的战略计划其实只是战略编程，是对已有的战略或愿景的表达和阐述。一旦企业理解了战略计划和战略思考的不同，它们就能回归到原来的战略制定过程，即根据管理者对所有信息来源（基于本人和组织其他成员的亲身经历得到的“软”洞察以及通过市场研究等途径得到的“硬”数据）的学习所得，进而综合出公司应追求的愿景。计划者应尽可能专注于战略制定的过程而不是战略内容，他们应提供战略思考所需的正规分析或硬数据，扩大对问题的考虑面，而不是寻找正确答案。他们的作用类似于催化剂，是辅助、鼓励管理者进行战略思考。计划者可以是战略的编程者，帮助细化实现愿景所需的具体步骤。

（三）战略 5P

明茨伯格认为，人们在生产经营活动中的不同场合以不同的方式赋予企业战略不同的内涵，说明人们可以根据需要接受多样化的战略定义。在这种观点的基础上，明茨伯格借鉴市场营销学中的 4P 模型，提出企业战略是由五种规范的定义阐述的，即计划（plan）、计策（ploy）、模式（pattern）、定位（position）和观念（perspective），这构成了企业战略的 5P。这五个定义从不同角度对企业战略这一概念进行了阐述。

第一，战略是一种计划。战略是一种有意识、有预计、有组织的行动程序，是解决一个企业如何从现在的状态达到将来位置的问题。战略主要为企业提供发展方向和途径，包括一系列处理某种特定情况的方针政策，属于企业“行动之前的概念”。

第二，战略是一种计策。战略不仅仅是行动之前的计划，还可以在特定的环境下成为行动过程中的手段和策略，一种在竞争博弈中威胁和战胜竞争对手的工具。

第三，战略是一种模式。战略可以体现为企业一系列的具体行动和现实结果，而不仅仅是行动前的计划或手段。也就是说，无论企业是否事先制定了战略，只要有具体的经营行为，就有事实上的战略。

第四，战略是一种定位。战略是一个组织在其所处环境中的位置，对企业而言就是确定自己在市场中的位置。把战略看做一种定位，就是要通过正确地配置企业资源形成有力的竞争优势。

第五，战略是一种观念。战略表达了企业对客观世界固有的认知方式，体现了企业对环境的价值取向和组织中人们对客观世界固有的看法，进而反映了企业战略决策者的价值观念。

此外，明茨伯格对管理教育，尤其是 MBA 教育颇有微词。他的批评言论都收集在《管理者而非 MBA》一书中。他指出，“坐在教室里学不到领导一个企业的方法”。领导力和管理是密不可分的。明茨伯格的发难得到了数位国际管理学教育泰斗的响应，他们试图将管理学转化为一门科学或一种职业，忽略它在情绪上不够理性的方面。

明茨伯格认为，商学院教授的是商业管理上的各种功能而不是管理实践本身，它们向学生反复灌输狭隘的、唯利是图的思维方式，漠视社会责任感，这样教育出来的人通常把手下的员工看做一种资源，而不是活生生的人。明茨伯格对管理咨询也非常不满，他认为传统的 MBA 毕业生就像病毒一样从机体内部摧残管理实践，他们使公司对其他形式的管理方法视而不见，培训经理的方法也单一化。明茨伯格绝非以旁观者的身份挑剔指责 MBA 教育，他身体力行地在麦吉尔大学建立了自己的管理培训项目——国际实践管理教育，这个项目是为那些有一定世界顶级公司管理经验的人专门设计的。

在进行严格的学术研究、理论思辨后，明茨伯格总能把自己的精彩观点宣泄式地、前卫地表达出来，因此也有学者将他比作管理学界的“摇滚明星”。他所做的工作和取得的成就，衬托出了管理学的光彩，并使管理理论同管理实践融为一体。

三、金伟灿与莫博涅的蓝海战略理论

金伟灿（W. Chan Kim，1952— ），出生于韩国，担任欧洲工商管理学院波士顿咨询集团布鲁斯·亨德森战略与国际管理教授；勒妮·莫博涅（Renee Mauborgne），欧洲工商管理学院策略和管理学教授、杰出研究员。两人合著的《蓝海战略》一书，自 2005 年出版后在全世界引起很大反响，打破了哈佛商学院出版社有史以来出售国际版权的纪录。蓝海战略思想的提出，不仅轰动了学术界、企业界，还引起了许多国家和地区政治领导人的高度重视。韩国前总统卢武铉指定其为政府部门高级管理者的必读书籍。

（一）蓝海战略的含义

蓝海战略是金伟灿和莫博涅在研究 1880—2000 年 100 多年间 30 多个产业 150 次战略行动的基础上提出来的。他们认为，市场可分为“红海”和“蓝海”：红海代表已知的市场空间，蓝海代表未知的市场空间。企业如果要在未来的竞争中取胜，不能仅靠与对手竞争，还要开创蓝海——隐含庞大需求的新市场空间，从而走上获利性增长之路。换句话说，所谓的蓝海战略，就是企业从关注并超越竞争对手，转为向买方提供价值飞跃，从而开启巨大的潜在需求，重建市场和产业边界（摆脱“红海”，开创“蓝海”）。

金伟灿和莫博涅指出，价值创新是蓝海战略的基石。价值创新理论挑战了基于竞争的价值和成本的权衡取舍关系，不是瞄准现有市场高端或低端顾客，而是面向潜在需求的买方大众；不是一味细分市场、满足顾客偏好，而是合并细分市场、整合需求。蓝海其实也不是一个完全没有竞争的领域，而是一个通过差异化手段得到的崭新的市场领域，在这里企业凭借其创新能力获得更快的增长和更高的利润。蓝海思路就是避开竞争，创造新的市场空间。随着时间的推移和产业的发展，蓝海也会向红海转化（见表 8-4）。

表 8-4　红海战略和蓝海战略的比较

红海战略	蓝海战略
● 在已经存在的市场内竞争	● 拓展非竞争性市场空间
● 参与竞争	● 规避竞争
● 争夺现有需求	● 创造并攫取新需求
● 遵循价值与成本互替定律	● 打破价值与成本互替定律
● 根据差异化或低成本的战略选择，把企业行为整合为一个体系	● 同时追求差异化和低成本，把企业行为整合为一个体系

（二）蓝海战略的主要内容

1. 蓝海战略的价值创新

企业要在红海中生存发展，就必须有超过竞争对手的资源（包括人、财、物）和实力（合适的发展战略），才能攫取已知需求下的更大市场份额。随着市场竞争日益激烈，市场空间变得越来越拥挤，利润增长的前景也变得越来越黯淡。在蓝海中则与之相反，未开发的市场空间和需求的创造意味着可以对利润高速增长的预期，是企业发展的良好机会。一般蓝海是通过扩展已经存在的产业边界而形成的，也有一些是在现有的红海领域之外创造出来的。蓝海战略的价值创新是以开创更广阔的新市场来保持企业的获利性增长，而不是挑战竞争对手所创造的新纪录，不是通过瓜分现有本已日趋萎缩的市场需求来扩大企业的市场份额。蓝海战略理论的出发点是高利润增长，战略业务创新则是其主要思路。蓝海战略需要企业突破原有思维局限，开发出增长型业务，将战略创新纳入科学严谨的战略管理系统，以保证创新的成功概率，使创新行为获得系统支撑。

2. 蓝海战略的管理方法

蓝海战略承袭前人的思路，提供了一套结构化的分析框架，首先聚焦于客户价值，再通过一系列规定动作完成对客户价值的排列组合，最终形成全新的业务战略。蓝海战略体系的“战略布局图”“四步操作框架”“四象限战略视觉图”三个工具和六项原则，构成了一个比较完整的战略制定与实施系统。蓝海战略体系具有内在统一的、以客户价值为核心的思维逻辑，在客户分析概念上提出了客户三层次理论，尤其突出其“非客户”概念在战略突破上的作用。

3. 蓝海战略的战略布局

构思蓝海的战略布局需要回答四个问题：第一，哪些被产业认定为理所当然的元素需要剔除？这个问题剔除产业中企业竞争攀比的元素，这些元素经常被认为理所当然，虽然它们不再具有价值。第二，哪些元素的含量应该被降低到产业标准之下？这个问题促使我们作出决定，看看现有产品或服务是否在功能上设计过头，只为打败竞争对手，造成企业所给超过顾客所需并徒然增加成本。第三，哪些元素的含量应该被提高到产业标准之上？这个问题促使我们去发掘产业中消费者不得不作出的妥协。第四，哪些产业需要创造从未有过的元素？这个问题帮助我们发现买方价值的全新源泉，以创造新需求改变产业战略定价标准。

（三）蓝海战略的六项原则

金伟灿和莫博涅着重论述了蓝海战略的六项原则，即四项战略制定原则和两项战略执行原则。前者包括：重建市场边界；注重全局而非数字；超越现有需求；遵循合理的战略顺序。后者包括：克服关键组织障碍；将战略执行变成战略的一部分。

原则一，重建市场边界。从硬碰硬的竞争到开创蓝海，可以使用六条路径重建市场边界：(1) 产业。跨越他择产业看市场。一家企业不仅与自身产业对手竞争，同时与他择产品或服务的产业对手竞争。例如，日本电信运营商 NTT DoCoMo 于 1999 年推出 i-mode 手机一键上网业务，将只使用语音服务的顾客变为使用语音和数据服务（音乐、图片、资讯）的顾客。(2) 战略集团。跨越产业内不同的战略集团看市场。突破狭窄视野，搞清楚什么因素决定顾客选择。例如，曲线美健身俱乐部专为女性服务，剔除奢华设施，小型化社区布点，会员依次使用一组器械，每周三次，每次半小时完成，每月只需 30 美元。(3) 买方群体。重新界定产业的买方群体。买方是由购买者、使用者和施加影响者共同组成的买方链条。例如，诺和诺德公司是一家胰岛素厂商，将胰岛素和注射笔整合创造出 NovoLet 注射装置，便于病人随身携带使用。(4) 产品或服务范围。跨越互补性产品和服务看市场。互补性产品或服务蕴涵着未经发掘的需求，简单方法是分析顾客在使用产品之前、之中、之后都有哪些需要。例如，北客公司发现市政府并非关注公交车本身价格，而是关注维护费用，通过使用玻璃纤维车身，提高车价同时降低了维护成本，创造了与市政府的双赢。(5) 功能情感导向。跨越针对卖方的产业功能与情感导向。市场调查反馈的往往是产业教育的结果，企业通过挑战现有功能情感导向能发现新空间，如果在情感层竞争，可去除哪些元素，使之功能化？反之亦然。例如，快美发屋针对男性用户，取消按摩、饮料等情感元素，以“气洗”替代“水洗”，专注剪发，使理发时间缩减为 10 分钟，费用从 3 000 日元降到 1 000 日元。(6) 时间。跨越时间，参与塑造外部潮流。从商业角度洞悉技术与政策潮流如何改变顾客获取的价值，如何影响商业模式。例如，苹果公司通过 iPod 和 iTunes 提供正版音乐下载服务，提供海量音乐库，降低单曲下载费用。

原则二，注重全局而非数字。一个企业永远不应将其战略规划外包给别人，伟大的战略洞察力是走入基层、挑战竞争边界的结果。蓝海战略建议企业绘制战略布局图，将一家企业在市场中现有战略定位以视觉形式表现出来，开启企业组织各类人员的创造性，把视线引向蓝海。

原则三，超越现有需求。企业为增加自己的市场份额努力保留和拓展现有顾客，常常导致更精微的市场细分。然而，为使蓝海规模最大化，企业需要反其道而行，不应只把视线集中于顾客，还需要关注非顾客。不要一味通过个性化和细分市场来满足顾客差异，而应寻找买方共同点，将非顾客置于顾客之前，将共同点置于差异点之前，将合并细分市场置于多层次细分市场之前。非顾客可以分为三个层次：第一，徘徊在企业的市场边界，随时准备换船而走的“准非顾客”；第二，有意回避市场的“拒绝型非顾客”；第三，处于远离市场的“未探知型非顾客”。

原则四，遵循合理的战略顺序。遵循合理的战略顺序，以确保将蓝海创意变为战略执行，从而获得蓝海利润。企业须按照购买者的效用、价格、成本、适用性等四步战略顺序来构建蓝海战略。

原则五，克服关键组织障碍。执行蓝海战略的挑战是严峻的，管理者通常会面对四重障碍：一是认知障碍，组织沉迷于现状；二是有限的资源，执行战略需要大量资源；三是动力障碍，缺乏有干劲的员工；四是组织政治障碍，来自强大既得利益者的反对。

原则六，将战略执行变成战略的一部分。执行蓝海战略的企业最终需要求助于最根本的行动基础，即组织基层员工的态度和行为，必须创造一种充满信任和忠诚的文化来鼓舞人们认同战略。要想在基层建立信任与忠诚，鼓励资源合作，企业需要将战略执行变成战略的一部分，需要借助公平过程来制定和执行战略。实现公平过程的关键不在于新的目标、期望和责任，而在于人们是否清楚地理解了它们。围绕公平过程的原则组织蓝海战略的制定，一开始就将战略执行变成战略创建的一部分，就能够将政治游说和偏袒减少到最低，使人们集中精力执行战略。

蓝海战略的颠覆性思想在很大程度上反映了在当今的商业现实和竞争态势下，全球的企业界对寻求新的战略手段以实现获利性增长的强烈愿望，为企业指出了一条通向未来的增长与利润的新路。两位管理学家为企业甩脱竞争提供了一套系统性的方法，他们展示了一套经过实践证明的分析框架和工具供企业成功地开创和夺取蓝海；通过对各种产业中为数众多的战略行动的分析，还提出了成功制定和执行蓝海战略的六项原则，这些原则告诉企业该如何重建市场边界、注重全局、超越现有需求、遵循合理的战略顺序、克服组织障碍并把战略的执行变成战略的一部分。蓝海战略的理论与工具的开发，就是要使蓝海战略的制定和执行变得像在已知市场空间的红海中竞争一样的系统化和易于实践。

同所有的理论一样，蓝海战略也有其不足的地方，特别是未能在对红海和蓝海更清晰区分的基础上展开理论探索，因而使其在许多问题上出现一些局部混乱和理论模糊，容易使人产生误解，也损害了蓝海战略理论的实践指导价值。值得注意的是，蓝海战略并非适合于所有的企业，企业必须先分析其具体情况再作选择。实际上，最高明的竞争策略是红海和蓝海的组合，一方面引领行业发展，充分获得利润；另一方面利用蓝海战略获取竞争优势，维护自身的利益与地位。

四、卡普兰和诺顿的平衡计分卡理论

罗伯特·卡普兰（Robert S. Kaplan，1940—　），哈佛商学院教授。卡普兰的研究、教学以及咨询领域是战略实施和运营管理，其关注的重点是如何通过成本管理和绩效管理系统让公司成功实施战略和实现卓越运营。戴维·诺顿（David P. Norton，1941—　），平衡计分卡协会的创始人、主席兼 CEO，复兴全球战略集团创始人之一。

1992 年，卡普兰和诺顿在《平衡计分卡：良好绩效的评价体系》一文中提出一种新的绩效评价体系——平衡计分卡（balanced scorecard，BSC）。平衡计分卡自诞生之日起就显现出了强大的生命力，2000 年《财富》世界 1 000 强公司中，有 70%的公司使用了平衡计分卡系统；《哈佛商业评论》更是将平衡计分卡评为 75 年来最具影响力的战略管理工具。

（一）平衡计分卡的产生和发展

20 世纪 90 年代以来，知识资本的地位日益凸显。信息技术的出现和全球市场的开放改变了现代企业经营的基本前提。价值创造模式已经从依靠有形资产向依靠无形资产转变，进而对绩效评价系统产生重要的影响。关注无形资产价值创造机制的新经济要求建立新的绩效评价系统，以辨认、描述、监控和反馈那些驱动企业组织成功的各种无形资产的能力。在这种背景下，1990 年，卡普兰和诺顿带领一个研究小组对 12 家公司进行了为期一年的研究，以寻求一种新的绩效评价方法。他们讨论了多种可能的替代方法，最后决定采用平衡计分卡。当时，平衡计分卡从客户、内部业务流程以及学习与成长等几个层面丰富和拓展了绩效测评的指标，弥补了传统财务指标的不足，促使企业在了解财务结果的同时能对自己在增强未来发展能力方面取得的进展进行监测。

平衡计分卡自提出以来，不断完善和发展。这在卡普兰和诺顿出版的五本平衡计分卡系列著作中得到充分体现。两位大师最初在《平衡计分卡：化战略为行动》一书中主要把平衡计分卡视为一个包括财务、客户、内部业务流程和学习与成长四个层面的指标体系，用来进行绩效评价。随后，大量组织采用了平衡计分卡并取得了立竿见影的效果后，卡普兰和诺顿发现这些组织不仅用平衡计分卡使财务评价指标与未来绩效动因相结合，而且通过平衡计分卡进行战略沟通及实施，于是又出版了《战略中心型组织：如何利用平衡计分卡使企业在新的商业环境中保持繁荣》一书，介绍了早期实施平衡计分卡的公司如何将平衡计分卡运用到战略管理系统中，并提出五项管理原则，即动员、转化、协同、激励和管控。战略中心型组织意味着用平衡计分卡把围绕整个战略目标的经营单位、共享服务单位、小组和个人联系起来，保持所有的组织资源（管理团队、业务单位、支持部门、信息技术、员工等）协调一致，关注有关战略的关键管理流程，建立新的中心、协调和学习机制，从而使组织获得了非线性的业绩突破，真正实现了整体价值大于各部分价值之和。

随着实践的推动，卡普兰和诺顿又认识到可以通过平衡计分卡四个层面目标之间的因果关系来描述战略并使之直观化，这就是战略地图。他们在 2003 年出版了《战略地图：化无形资产为有形成果》一书，描述了内部业务流程、学习与成长层面中创造价值的基本要素，并将无形资产分为人力资本、信息资本和组织资本三大类，提出无形资产只有与战略协调一致，才能创造价值。而战略地图为协调人力、信息、组织资本和战略提供了框架，并为战略提供了充足、具体的细节，使其成为有意义的、可衡量和可运转的战略。在该书中，两位大师给出了这样的等式：

突破性成果＝战略地图（描述战略）＋平衡计分卡（衡量战略）
＋战略中心型组织（管理战略）

组织取得突破性业绩的三要素之间的关系是“你无法描述的，就无法衡量；你无法衡量的，就无法管理”。

为了进一步拓展“协同”这一原则，卡普兰和诺顿于 2006 年出版了《组织协同：运用平衡计分卡创造企业合力》一书，论述了如何运用战略地图和平衡计分卡促使组织单元与公司员工等协同于公司整体战略，形成组织合力和实现协同效应。而为了构建一个综合的战略管理体系，他们又于 2008 年出版了平衡计分卡的巅峰之作——《平衡计分卡战略实践》。该书描述了公司怎样在战略与运营之间建立强有力的连接，使员工的日常工作能够支持企业的战略目标；提出了由开发战略、诠释战略、协同组织、规划运营、监控与学习和检验与调整六个阶段组成的综合战略管理体系。至此，平衡计分卡形成了一套能够将战略与运营有效联系起来的独立、全面的管理体系。

（二）平衡计分卡的框架及四个层面

平衡计分卡的目标和指标来源于企业的使命、核心价值观、愿景和战略。使命是组织存在的核心目的，即组织为什么存在，组织为人类作出了什么样的贡献和创造出什么样的价值，它反映了组织存在的理由，同时也反映了员工在组织中工作的动机。核心价值观是指导组织决策和行动的永恒原则，它反映了企业组织深层的信仰，并在全体员工日复一日的行动中表现出来。愿景是人们对组织未来的期望、发展蓝图和预期目标，描绘了组织在未来 5 年、10 年甚至更长时间里最终想成为什么样子。使命和愿景为组织制定了总目标和方向，它们帮助股东、客户和员工理解组织及组织期望实现什么，只有当组织界定了使命和愿景将如何实现战略时，使命和愿景才变得更具操作性。战略是组织在认识其经营环境及实现使命过程中所接受的显著优先权和优先发展方向。战略是选择为或不为，是平衡计分卡的核心。有效的战略制定过程可以找到不同于竞争对手的、为客户创造价值的做法。成功的战略决定了企业在竞争环境中的定位并能帮助企业实现目标。

平衡计分卡包括四个层面：财务层面、客户层面、内部业务流程层面以及学习与成长层面。通过每个层面的目标、指标及行动方案，将组织的使命、核心价值观、愿景和战略转化为现实。因此，在确定平衡计分卡的目标和指标时，必须对照组织的使命、核心价值观、愿景和战略，确保目标和指标的协调一致。在明确了企业的使命、愿景和战略后，平衡计分卡战略地图提供了一个框架，用以说明战略如何将无形资产与价值创造流程联系起来（见图 8－12）。

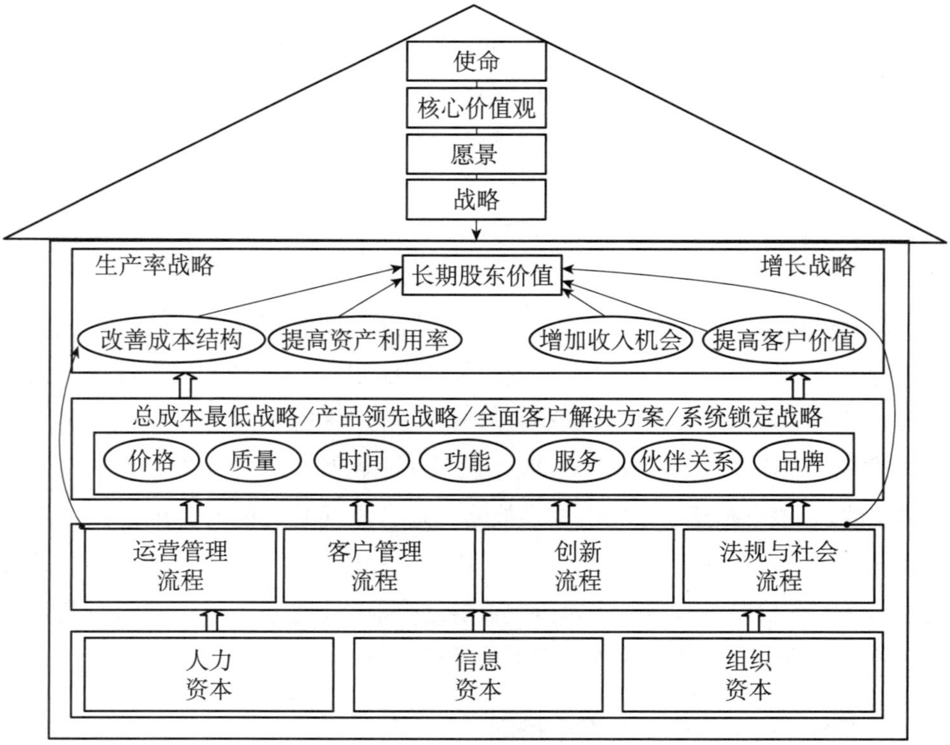

图 8－12　平衡计分卡简要框架

平衡计分卡是集管理学之大成的综合管理理论，它不仅是一个绩效评价系统与战略管理系统，还是一种沟通工具，着重强调四个层面目标因果关系的重要性，强调财务指标与非财务指标、组织内部要素与外部要素、前置指标与滞后指标、长期目标与短期目标的平衡。平衡计分卡的四个层面的目标连接为一条因果关系链，使无形资产与战略协调一致，改善流程业绩，进而驱动客户和股东成功（见图 8－13）。

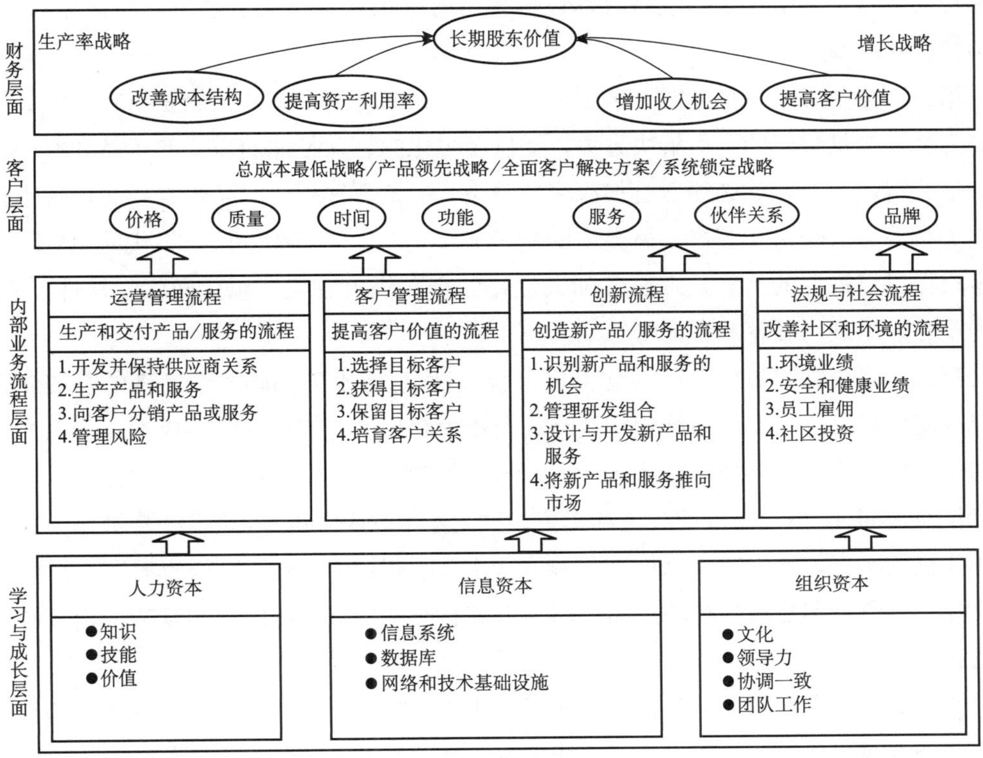

图 8－13　平衡计分卡的四个层面

1. 财务层面

财务层面的最终目标是追求长期股东价值。企业的财务业绩通过两种基本方式来得到改善：收入增长和生产率改进。收入增长可以通过两种途径实现：一是提高客户价值，即加深与现有客户的关系，销售更多的产品和服务，例如，银行努力使经常账户客户使用本行发行的信用卡并从本行贷款。二是增加收入机会，企业通过销售新产品或发展新的客户创造收入增长。

2. 客户层面

客户层面包括衡量客户成功的滞后指标，如客户满意度、客户保持率、客户获得率、客户获利率、市场份额、客户份额等。但是，只是使客户满意并保留客户几乎不可能成为战略，收入增长需要特殊的客户价值主张。企业应当确定特殊的细分客户，即为企业带来收入增长和盈利的目标客户。在明确目标客户之后，企业应当明确如何为目标客户创造差异化、可持续的价值，通过确定目标和指标来反映它想要提供的价值主张。

卡普兰和诺顿总结了四种通用的价值主张，即竞争战略：

第一，总成本最低战略。实行总成本最低战略的企业，如西南航空、丰田汽车、戴尔、沃尔玛等，为客户提供高竞争性价格、稳定的质量、快速购买和良好的产品选择。

第二，产品领先战略。实行产品领先战略的企业，如索尼、奔驰和英特尔，强调产品创新和产品领先。产品领先战略的价值主张强调为客户看重并愿意支付更高价格的特征和功能。这个价值主张的战略目标包括突出的表现以及比竞争对手产品优越的速度、准确性、尺寸或能耗等。

第三，全面客户解决方案。全面客户解决方案的价值主张强调建立与客户的长期关系，为客户提供最好的全面解决方案，提供客户化的、满足他们需要的产品和服务。企业一旦获得新客户，就必须通过加深客户关系、围绕多种相关产品和服务的销售来拓宽客户关系等方法来留住客户。最突出的例子是 20 世纪 60 年代到 80 年代的 IBM 公司，为客户提供了最好的信息技术服务和人性化的全面解决方案（包括硬件、软件、安装、现场服务、培训、教育和咨询等）。

第四，系统锁定战略。20 世纪 90 年代，以信息技术为基础的新经济的发展使系统锁定战略得以流行。实行系统锁定战略的企业为客户创造较高的转换成本，从而产生长期的可持续性价值。例如，选择 eBay 以外的拍卖服务购买或销售产品的客户，会丧失大批仅通过 eBay 拍卖服务的买主和卖主；试图把微软 Windows 兼容计算机换为苹果麦金托什机的客户，就无法使用许多仅能在 Windows 操作系统下运行的程序。系统锁定战略要求竞争者不能模仿核心产品，因为该核心产品拥有合法保护和复杂结构及持续升级的秘密。

特定的价值主张的目标和指标定义了企业的战略。通过开发特定价值主张的目标和指标，企业将战略转化为所有员工都能理解并通过努力工作来改善的有形指标。

3. 内部业务流程层面

客户层面的目标描述了战略-目标客户和价值主张，财务层面的目标描述了成功战略（收入增长和生产率改进）的结果。一旦企业对这些财务和客户目标有了清晰的战略判断，内部业务流程层面和学习与成长层面的目标将描述战略如何实现。内部流程实现两个关键的企业战略要素：向客户生产和传递价值主张，降低并改善成本以实现生产率改进。内部流程可以分为以下四类：

第一，运营管理流程。运营管理流程是指生产和交付产品或服务的流程。卓越的运营可以为企业带来质量、成本、生产和服务提供流程的反应速度方面的巨大改进。运营管理流程可能包括四个重要流程：开发并保持供应商关系；生产产品和服务；向客户分销产品和服务；管理风险。

第二，客户管理流程。新经济提升了客户关系的重要性，了解客户并吸引和保留他们的价值主张是所有战略的基础。客户管理流程主要是指建立并利用客户关系以提高客户价值的流程，它为组织选择、获得、保留和增长目标客户的业务提供了能力，一般包括四类流程：选择目标客户、获得目标客户、保留目标客户和培育客户关系。

第三，创新流程。创新流程是指开发新产品、服务、流程和关系。管理创新包括四个重要流程：识别新产品和服务的机会；管理研发组合；设计与开发新产品和服务；将新产品和服务推向市场。不管战略如何，所有企业都应该在战略地图中至少涉及一个创新目标。

第四，法规与社会流程。法规与社会流程主要是指改善社区和环境的流程，如遵纪守法、满足社会期望、建立繁荣的社区等。有效的法规与社会流程可以驱动长期股东价值创造。企业一般从以下几个维度管理其法规与社会流程：环境业绩；安全和健康业绩；员工雇佣；社区投资。

4. 学习与成长层面

学习与成长层面描述了组织的无形资产及其在战略中的作用。无形资产可以描述为“存在于组织内，用于创造不同优势的知识”或“组织员工满足客户需要的能力”。无形资产包括专利、版权、员工知识、领导力、信息系统和工艺流程等不同的项目。这些无形资产的价值不可能被独立地衡量出来，它们的价值来自它们帮助企业实施战略的能力。无形资产可分为三类：人力资本；信息资本；组织资本。卡普兰和诺顿引入了“战略准备度”的概念来衡量无形资产，战略准备度越高，无形资产协助创造收入的速度越快。

（三）战略地图

战略地图是平衡计分卡的发展和升华，它提供了一个可视化表示方法：在一页的视图中说明了四个层面的目标如何被集成在一起描述战略。战略地图阐明了客户和财务层面期望的成果与卓越的内部关键流程之间的因果关系——关键流程为目标客户创造并传递企业的价值主张，促进财务层面的生产率目标的实现。进而，战略地图还确定了内部流程卓越运营所必需的无形资产。

通过建立战略地图，企业可以理清战略的逻辑性，明确创造价值的关键内部流程以及支持关键流程所需的无形资产。平衡计分卡将战略地图目标转化为指标和目标值，并为每一目标制定行动方案，通过执行行动方案，战略得以实施。每个企业都应该为其特殊的战略目标制定战略地图。但是，对采用不同战略的企业来说，客户层面的价值主张、内部业务流程层面、学习与成长层面存在一定差异，它们的战略地图也各有不同。图 8－14 是一张总成本最低战略地图模板。

总成本最低战略关注的是竞争性的价格、优良的质量、快速购买和有限的选择。因此，运营管理流程是采用这种战略的企业必须关注的关键内部流程。企业必须与供应商保持长期良好的关系。为客户提供产品和服务的流程不仅应当在全行业成本最低，而且必须稳定、优质、反应快速。总成本最低战略要求客户管理流程为客户提供便利，了解最大客户群最希望得到的产品和选择，并且通过提供有限的产品和服务来降低运营成本。实施总成本最低战略的企业是产品的追随者而不是领导者，创新流程的焦点在于流程而不是产品。企业追求流程创新以期降低成本，提高质量，改善订单、转换、分销和客户管理流程。法规与社会流程方面的良好业绩可以防止引起成本提高的事故和环境问题。人力资本方面，强调员工降低成本、缩短周转期和提高质量方面的知识与能力；信息资本方面的目标涉及对降低成本有重要影响的供应商和客户的电子化关系，以及为员工提供关于成本、质量、流程周期等的数据；组织资本则应该放在局部流程学习和最佳实践共享上。

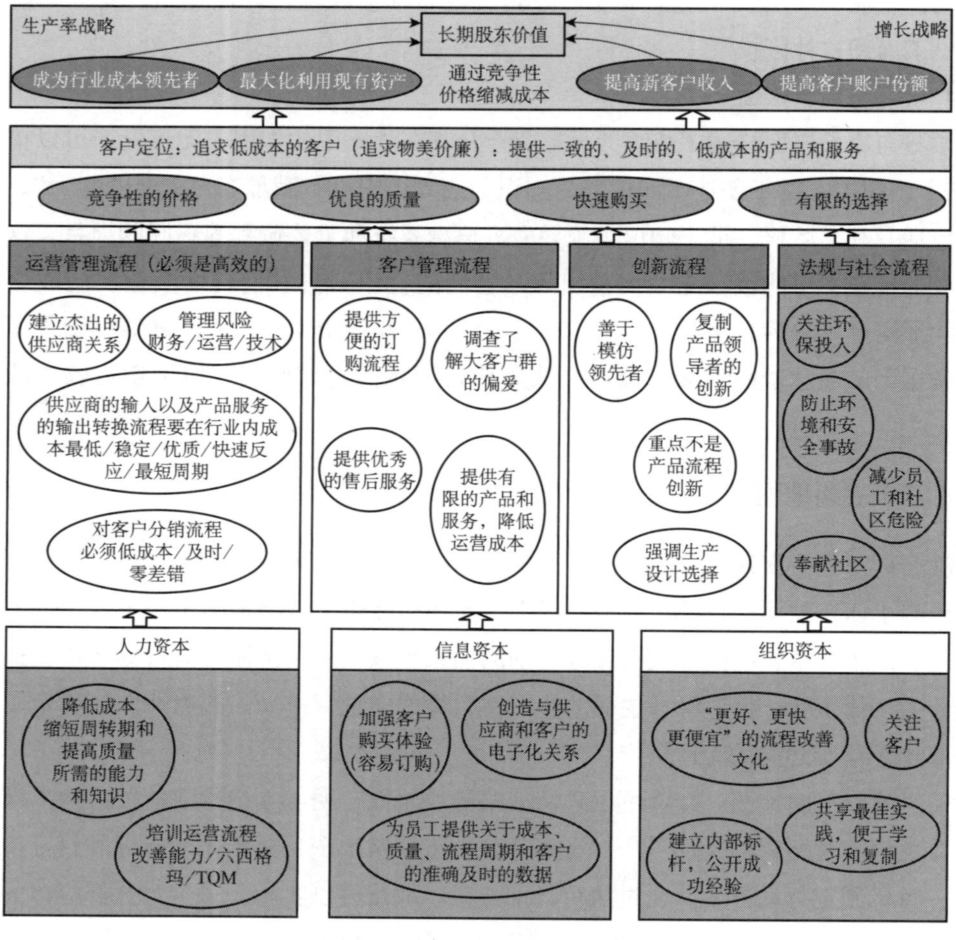

图 8-14　总成本最低战略地图模板

（四）基于平衡计分卡的战略管理流程

卡普兰和诺顿提出的基于平衡计分卡的战略管理流程，是由六个阶段构成的闭环系统（见图 8-15）。

（1）开发战略。在开发战略阶段，组织应该解决三个问题：一是明确使命、价值观和愿景；二是开展战略分析，以审视内外部环境，了解对组织的竞争和运营将会产生影响的各种因素；三是制定战略。

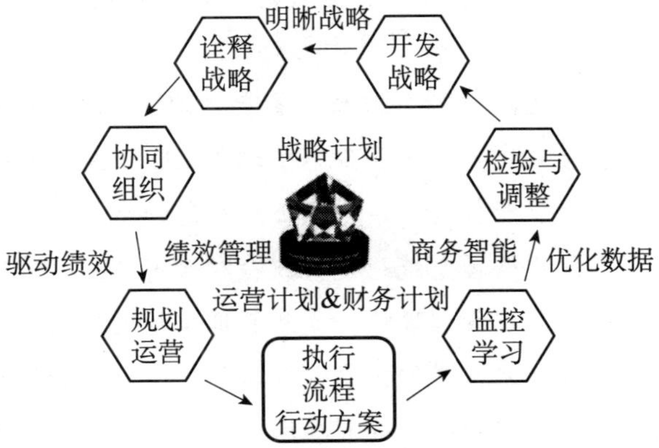

图 8－15　基于平衡计分卡的战略管理流程

(2) 诠释战略。在诠释战略阶段，组织应该解决五个方面的问题：一是开发战略地图；二是确定目标和选择指标；三是确定目标值和行动方案；四是提供预算和建立责任机制；五是建立主题团队。

(3) 协同组织。在协同过程中，组织要解决三个问题：一是明确协同的顺序和查验点；二是协同组织总部与业务单元；三是协同业务单元与支持单元。

(4) 规划运营。在规划运营过程中，组织要解决两个问题：一是改进关键流程；二是制定运营计划。

(5) 监控和学习。组织应该通过召开运营回顾会议审视部门和职能单元的绩效情况并找出存在的问题；同时，召开战略回顾会，讨论各单元平衡计分卡上的指标和行动方案，评估战略执行的进程和障碍。

(6) 检验与调整。除了经常性的运营和战略回顾会议，组织还需要单独召开战略检验和调整会议，以检测基本战略假设是否依然有效，进而适时进行调整。

平衡计分卡的出现一方面适应了管理实践的要求，弥补了传统财务评价系统的不足。它有效地反映了无形资产如何转化为企业的价值，迫使组织思考其战略并描述无形资产（体现在学习与成长层面）将如何影响内部业务流程和客户，从而最终为财务目标作出贡献。另一方面，平衡计分卡是集管理学之大成的一种新的管理平台：它关注客户，强调通过创新或改进少数关键流程为客户创造价值；注重团队工作和知识共享，突出了知识管理和学习型组织的重要性；其建立和实施过程可以使企业建立持续的竞争优势。平衡计分卡作为一种有效的战略管理工具已被实践检验。鉴于平衡计分卡在理念和工具上的先进性，很多公共部门也尝试将其引入各自的战略性绩效管理体系，并取得了不同程度的成功。

小结

20 世纪 90 年代以来管理思想的主要特点是：管理理论集成创新；管理思想多元发展。

知识管理已成为企业管理一项不可或缺的重要内容。“知识管理理论之父”野中郁次郎区分了隐性知识与显性知识，提出了知识管理的 SECI 模型和知识螺旋；布鲁金将智力资本分为市场资产、知识产权资产、人才资产和基础结构资产，并对它们进行评估和管理，从而搭建起一套知识管理系统；达文波特和普鲁萨克将管理知识、运营知识的概念引入工商管理，丰富了知识管理理论。创新管理学科创始人克里斯坦森从行业历史的角度，从公司外部产业和技术发展的角度，分析了颠覆性创新导致行业中已定型公司失败的过程，并提出了应对颠覆性技术的五项原则；罗杰斯提出了产品创新战略，认为企业不仅要引入新产品，还必须富有想象力地改进已有产品，以满足日益复杂并不断变化的消费者需求。

在跨国企业与跨文化研究方面，琼潘纳斯和特纳两人继霍夫斯泰德之后精辟地阐释了文化如何影响我们的行为以及不同文化之间的相互影响；戈沙尔和巴特利特合作研究了全球竞争中的战略、组织和管理问题，提出了跨国公司的四种类型和个性化公司的组织特征。组织理论在这一时期呈现出百家争鸣的局面。“学习型组织之父”圣吉提出了学习型组织的五项修炼；“团队角色理论之父”贝尔宾提出了九种角色的定位模型；尤里奇重新定义了人力资源管理的四种角色；柯林斯和波拉斯从实证的角度研究企业管理方略，先后写出了《基业长青》《从优秀到卓越》等管理学著作，回答了是什么使那些高瞻远瞩公司基业长青的问题，并深入挖掘了企业从优秀到卓越的原因。

此外，全球著名营销大师雷克汉姆首创 SPIN 销售法；“流程再造之父”哈默和他的合作者钱皮系统阐述了流程再造的概念、动力、共同特征和实施者等；哈默提出了企业的九大行动纲领，为企业变革指明了方向；钱皮研究了企业 X 再造理论。

这一时期，战略管理学派得到跨越式发展：哈默尔与普拉哈拉德提出了核心竞争力理论；明茨伯格系统地研究了战略理论的演变过程，将战略理论分为三大类十大流派，并总结出战略 5P 模型；金伟灿与莫博涅提出了蓝海战略；卡普兰和诺顿在坚持企业财务目标的基础上，创造性地整合了知识管理、创新理论、流程再造等理论，开创了平衡计分卡，将组织绩效理论从狭隘的工具层面高屋建瓴地推向了战略层面。

思考题

1. 知识管理理论的主要代表人物及其思想是什么？
2. 创新理论的主要代表人物及其思想是什么？
3. 琼潘纳斯和特纳关于跨文化研究的主要观点是什么？

4. 戈沙尔与巴特利特关于跨国公司研究的主要观点是什么？
5. 圣吉的学习型组织理论的主要观点是什么？
6. 贝尔宾的团队角色理论的主要观点是什么？
7. 尤里奇的人力资源角色理论的主要观点是什么？
8. 柯林斯和波拉斯的从优秀到卓越公司理论的主要观点是什么？
9. 雷克汉姆关于营销管理的主要思想及贡献是什么？
10. 哈默尔与普拉哈拉德的核心竞争力理论的主要观点是什么？
11. 明茨伯格关于战略管理的主要思想是什么？
12. 金伟灿与莫博涅的蓝海战略理论的主要观点是什么？
13. 卡普兰和诺顿的平衡计分卡理论的主要观点及意义是什么？

参考文献

1. 方振邦，徐东华．管理思想百年脉络．3 版．北京：中国人民大学出版社，2012.
2. 方振邦，韩宁．管理百年．北京：中国人民大学出版社，2016.
3. 孙耀君．西方管理思想史．太原：山西人民出版社，1987.
4. 孙耀君．西方管理学名著提要．南昌：江西人民出版社，1995.
5. 郭咸刚．西方管理思想史．3 版．北京：经济管理出版社，2004.
6. 赵志军．管理思想史．北京：高等教育出版社，2009.
7. 小乔治．管理思想史．北京：商务印书馆，1985.
8. 雷恩，贝德安．管理思想史：第 6 版．北京：中国人民大学出版社，2009.
9. 厄威克．管理备要．北京：中国社会科学出版社，1994.
10. 克雷纳．管理百年．海口：海南出版社，2003.
11. 沃纳．管理思想全书．北京：人民邮电出版社，2009.
12. 欣德尔．管理大师及其思想精髓．大连：东北财经大学出版社，2009.
13. 法约尔．工业管理与一般管理．北京：机械工业出版社，2007.
14. 韦伯．新教伦理与资本主义精神．西安：陕西师范大学出版社，2002.
15. 德鲁克．管理的实践．北京：机械工业出版社，2006.
16. 马斯洛．动机与人格：第 6 版．北京：中国人民大学出版社，2007.
17. 麦格雷戈．企业的人性面．北京：中国人民大学出版社，2008.
18. 孔茨，韦里克．管理学：第 10 版．北京：经济科学出版社，2003.
19. 科特勒．营销管理：第 11 版．上海：上海人民出版社，2004.
20. 卡斯特，罗森茨韦克．组织与管理：系统方法与权变方法：第 4 版．北京：中国社会科学出版社，2000.
21. 伯法．生产管理基础．北京：中国社会科学出版社，1981.
22. 本尼斯．领导力实践．北京：中国人民大学出版社，2008.
23. 斯隆．我在通用汽车的岁月．北京：华夏出版社，2005.

24. 彼得．彼得原理．北京：机械工业出版社，2007.

25. 明茨伯格．经理工作的性质．北京：中国社会科学出版社，1986.

26. 明茨伯格，等．领导．北京：中国人民大学出版社，2004.

27. 朱兰．朱兰质量手册：第 5 版．北京：中国人民大学出版社，2000.

28. 托夫勒．第三次浪潮．北京：中信出版社，2006.

29. 彼得斯，沃特曼．追求卓越．北京：中信出版社，2007.

30. 汉迪．空雨衣：变革时代的商务哲学．北京：华夏出版社，2000.

31. 爱迪思．企业生命周期．北京：中国社会科学出版社，1997.

32. 波特．竞争战略．北京：华夏出版社，2005.

33. 李海明．松下幸之助经营之道．北京：北京燕山出版社，2010.

34. 汉普登-特纳，特龙佩纳斯．国家竞争力：创造财富的价值体系．海口：海南出版社，1997.

35. 圣吉．第五项修炼：学习型组织的艺术与实务．上海：上海三联书店，2003.

36. 柯林斯，波拉斯．基业长青．北京：中信出版社，2009.

37. 柯林斯．从优秀到卓越．北京：中信出版社，2002.

38. 金伟灿，莫博涅．蓝海战略．北京：商务印书馆，2008.

39. 野中郁次郎，竹内弘高．创造知识的企业：日美企业持续创新的动力．北京：知识产权出版社，2006.

40. 达文波特，普鲁萨克．营运知识：工商企业的知识管理．南昌：江西教育出版社，1999.

41. 哈默，钱皮．企业再造．上海：上海译文出版社，2007.

42. 哈默．企业行动纲领．北京：中信出版社，2002.

43. 钱皮．企业 X 再造．北京：中信出版社，2002.

44. 卡普兰，诺顿．平衡计分卡：化战略为行动．广州：广东经济出版社，2004.

45. 卡普兰，诺顿．战略地图：化无形资产为有形成果．广州：广东经济出版社，2005.

46. Frederick W. Taylor. The Principles of Scientific Management. NY：Norton & Company，Incorporated，1981.

47. Ernest Dale. The Great Organisers. NY：McGraw-Hill Book Co.，1960.

48. Henry Mintzberg，et al. Strategy Safari：A Guide Tour Through the Wilds of Strategic Management. NY：Free Press，1998.

49. Robert S. Kaplan，et al. The Strategy-Focused Organization：How Balanced Scorecard Companies Thrive in the New Business Environment. MA：Harvard Business

School Press，2000.

50. Robert S. Kaplan，et al. Alignment：Using the Balanced Scorecard to Create Corporate Synergies. MA：Harvard Business School Press，2006.

51. Robert S. Kaplan，et al.. The Execution Premium：Linking Strategy to Operations for Competitive Advantage. MA：Harvard Business School Press，2008.

图书在版编目（CIP）数据

管理思想史/方振邦，刘琪编著．—3 版．—北京：中国人民大学出版社，2019.10
21 世纪工商管理系列教材
ISBN 978-7-300-27408-9

Ⅰ．①管… Ⅱ．①方… ②刘… Ⅲ．①管理学-思想史-世界-高等学校-教材 Ⅳ．①C93－091

中国版本图书馆 CIP 数据核字（2019）第 196572 号

21 世纪工商管理系列教材
管理思想史（第 3 版）
方振邦　刘　琪　编著
Guanli Sixiangshi

出版发行	中国人民大学出版社		
社　　址	北京中关村大街 31 号	**邮政编码**	100080
电　　话	010－62511242（总编室）		010－62511770（质管部）
	010－82501766（邮购部）		010－62514148（门市部）
	010－62515195（发行公司）		010－62515275（盗版举报）
网　　址	http://www.crup.com.cn		
经　　销	新华书店		
印　　刷	北京昌联印刷有限公司	**版　　次**	2011 年 5 月第 1 版
开　　本	787 mm×1092 mm　1/16		2019 年 10 月第 3 版
印　　张	19 插页 2	**印　　次**	2025 年 5 月第 7 次印刷
字　　数	403 000	**定　　价**	42.00 元

中国人民大学出版社　管理分社

教师教学服务说明

中国人民大学出版社管理分社以出版工商管理和公共管理类精品图书为宗旨。为更好地服务一线教师，我们着力建设了一批数字化、立体化的网络教学资源。教师可以通过以下方式获得免费下载教学资源的权限：

★ 在中国人民大学出版社网站 www.crup.com.cn 进行注册，注册后进入“会员中心”，在左侧点击“我的教师认证”，填写相关信息，提交后等待审核。我们将在一个工作日内为您开通相关资源的下载权限。

★ 如您急需教学资源或需要其他帮助，请加入教师 QQ 群或在工作时间与我们联络。

中国人民大学出版社　管理分社

教师 QQ 群：648333426(工商管理)　114970332(财会)　648117133(公共管理)
教师群仅限教师加入，入群请备注(学校+姓名)

联系电话：010-62515735，62515987，62515782，82501048，62514760

电子邮箱：glcbfs@crup.com.cn

通讯地址：北京市海淀区中关村大街甲 59 号文化大厦 1501 室（100872）

管理书社　　人大社财会　　公共管理与政治学悦读坊